Sekundarstufe II

Biosphäre

Genetik

Cornelsen

Biosphäre

Sekundarstufe II, Genetik

Herausgegeben und bearbeitet von:
Joachim Becker, Dormagen; Christian Gröne, Lünen;
Michael Jütte, Dortmund; Monika Pohlmann, Bergisch Gladbach;
Volker Wiechern, Bochum

Redaktion:
Dr. Peggy Radant

Designberatung:
Katharina Wolff-Steininger
Ellen Meister

Layoutkonzept, Umschlaggestaltung,
Layout und technische Umsetzung:
SOFAROBOTNIK GbR, Augsburg & München

Grafik:
Karin Mall, Berlin
Tom Menzel, Klingberg

www.cornelsen.de

1. Auflage, 5. Druck 2018

Alle Drucke dieser Auflage sind inhaltlich unverändert und können im Unterricht nebeneinander verwendet werden.

Druck: Mohn Media Mohndruck, Gütersloh

ISBN 978-3-06-420054-8
ISBN 978-3-06-420042-5 (E-Book)

PEFC
PEFC/04-31-1033

PEFC zertifiziert
Dieses Produkt stammt aus nachhaltig bewirtschafteten Wäldern und kontrollierten Quellen.

www.pefc.de

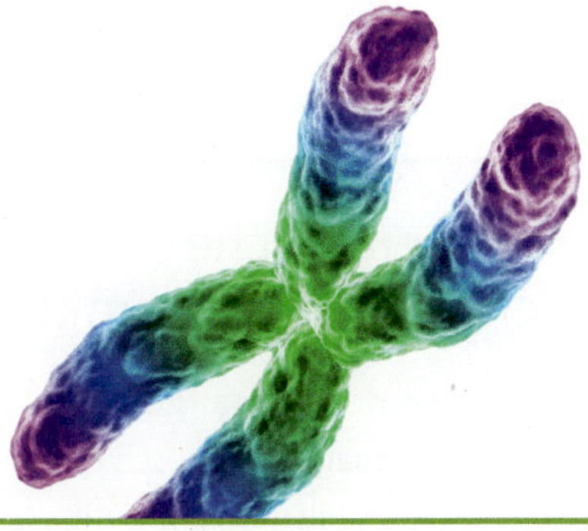

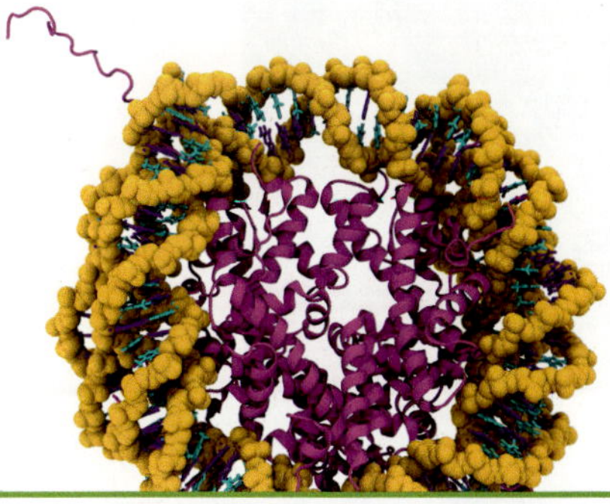

Biotechnologie 130

Humangenetische Forschungsschwerpunkte 172

BIOLOGISCHES PRINZIP

Basiskonzept Reproduktion

Menschen pflanzen sich fort. Bei der Befruchtung verschmelzen die Zellkerne der Spermienzelle und der Eizelle. Die Zellkerne enthalten genetisches Material des Mannes und der Frau, das in der befruchteten Eizelle kombiniert wird. Aus dieser Zygote geht durch Zellteilung, Zelldifferenzierung und Gestaltungsbewegungen ein vollständiges Lebewesen hervor. Wenn die Gene ausgeprägt werden, tragen die Nachkommen Merkmale ihrer Eltern. Dies ist ein Beispiel für die geschlechtliche Fortpflanzung, die die meisten vielzelligen Lebewesen zeigen. Bei der ungeschlechtlichen Fortpflanzung, zum Beispiel bei der Knospung mancher Pflanzen, können Nachkommen ohne die Bildung von Geschlechtszellen entstehen. Da sich alle Lebewesen unter der Weitergabe von genetischem Material fortpflanzen, handelt es sich um das ***Basiskonzept Reproduktion.***

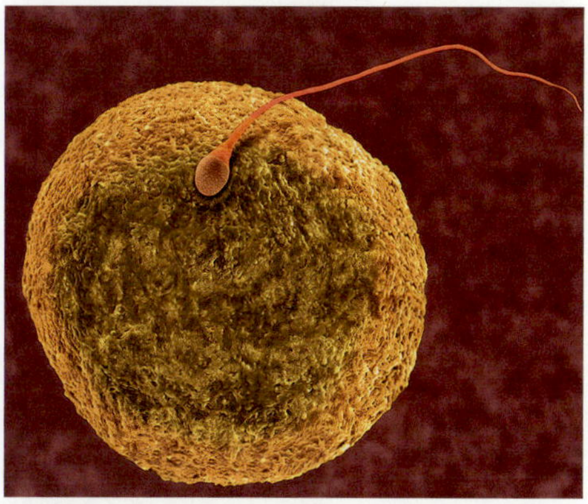

01 Spermienzelle und Eizelle des Menschen

BIOLOGISCHES PRINZIP

Basiskonzept Variabilität und Angepasstheit

Hainbänderschnecken sind unterschiedlich gefärbt. Neben vollständig gelben Individuen kommen auch dunkelbraune Tiere mit schmalen gelben Streifen sowie alle Zwischenformen vor. Die Ausprägung der verschiedenen Farben beruht auf Genen und ist ein Beispiel für Variabilität. Helle Schnecken sind in einer hellen Umgebung besser getarnt, dunkle Schnecken in einer dunklen Umgebung. Die jeweils bessere Angepasstheit führt zu einem höheren Fortpflanzungserfolg. Da alle Lebewesen in einer Population Variabilität zeigen und deshalb unterschiedlich gut an ihren Lebensraum angepasst sind, spricht man vom ***Basiskonzept Variabilität und Angepasstheit.***

02 Hainbänderschnecken

BIOLOGISCHES PRINZIP

Basiskonzept Steuerung und Regelung

Schmetterlinge wie der Kleine Fuchs legen sehr kleine Eier. Aus ihnen schlüpfen Larven. Diese Raupen fressen, wachsen und verwandeln sich schließlich in Puppen. Darin findet die Umwandlung zum fortpflanzungsfähigen Falter statt. Da die Schmetterlingsraupen sehr schnell wachsen, häuten sie sich mehrfach. Die Häutung wird durch das Mischungsverhältnis zweier Hormone bestimmt: Das Juvenilhormon verhindert die Puppenbildung, das Hormon Ecdyson löst Häutungen aus. Mit zunehmender Reife des Raupenkörpers verringert sich die Menge des Juvenilhormons, sodass Ecdyson die Verpuppung auslösen kann. Ecdyson steuert die Häutung, das Mischungsverhältnis der beiden Hormone regelt die larvale Entwicklung. Da solche Vorgänge in vielen Lebewesen beobachtet werden können, spricht man vom ***Basiskonzept Steuerung und Regelung.***

03 Entwicklung beim Kleinen Fuchs

01 Klostergarten in Brünn

Was ist Vererbung?

Im Garten des Augustinerklosters in Brünn führte der Mönch Gregor MENDEL über Jahrzehnte Vererbungsversuche mit Erbsenpflanzen durch. Im Jahr 1866 veröffentlichte er seine Ergebnisse. MENDEL wird heute als der Begründer der Genetik angesehen und seine Erkenntnisse besitzen immer noch Gültigkeit. Damals jedoch wurde seine Veröffentlichung nicht beachtet. Erst um 1900 wurden die Daten wiederentdeckt und überprüft. Weshalb konnten MENDELs Zeitgenossen seine Forschungsarbeit nicht würdigen?

URZEUGUNG UND PRÄFORMATIONSLEHRE · Im Mittelalter waren nahezu alle Naturforscher davon überzeugt, dass vor allem kleine Lebewesen durch *Urzeugung* aus besonderen Gemischen verrottender Materie oder aus schlechter Luft entstehen könnten. Waren diese Lebewesen erst einmal entstanden, so blieben sie nach damaliger Auffassung konstant. Beide Auffassungen brachten es mit sich, dass die Frage der Vererbung und der Kontinuität des Lebens jahrhundertelang nicht diskutiert wurde. Die Idee der Urzeugung konnte erst im 19. Jahrhundert endgültig widerlegt werden. Nun stand fest, dass alle Lebewesen aus Lebewesen hervorgehen mussten. Dies rief eine neue Frage hervor: Wie sorgen die Lebewesen dafür, dass immer wieder Lebewesen ihrer Art entstehen? Eine erste Antwort auf diese Frage gab die *Präformationslehre*. Nachdem durch mikroskopische Studien die Geschlechtszellen bei einigen Pflanzen und Tieren entdeckt worden waren, glaubte man, dass eine der Geschlechtszellen bereits den gesamten späteren Organismus in sich trage. Auch diese Ansicht wurde jedoch im 19. Jahrhundert widerlegt, als man nachweisen konnte, dass sich die verschiedenen Organe der Pflanzen und Tiere aus einheitlichen embryonalen Zellen entwickeln, die keinen vorgebildeten Organismus enthalten. Bei Kreuzungsversuchen verfolgte man in den Nachfolgegenerationen das Auftreten einzelner Merkmale. Dabei standen zumeist solche Merkmale im Vordergrund, die für Züchter von besonderer Bedeutung waren. Die Ergebnisse waren schwer zu interpretieren, weil meist eine Mischung von Merkmalsausprägungen der Eltern auftrat. Breite Anerkennung fand unter den Naturforschern auch die Vorstellung, Lebewesen könnten Eigenschaften, die sie im Laufe ihres Lebens erworben haben, an ihre Nachkommen weitergeben. Die Hypothesen der *Mischvererbung* und der *Vererbung erworbener Eigenschaften* bestimmten die Diskussion über die Vererbung bis weit ins 19. Jahrhundert hinein. Die Frage nach den Mechanismen der Vererbung wurde jedoch nicht gestellt.

ZELLBIOLOGISCHE FORSCHUNG · Fortschritte in der mikroskopischen Technik ermöglichten etwa ab 1850, wesentliche Bestandteile im Aufbau von Zellen zu erkennen. So konnte beobachtet werden, dass sowohl pflanzliche als auch tierische Zellen jeweils aus Zellen hervorgehen. Der Zellkern wurde entdeckt und vom Zellplasma unterschieden, Chromosomen wurden angefärbt. Geschlechtszellen wurden beobachtet und schließlich auch die Vorgänge der Meiose und der Mitose. 1875 konnte Oscar HERTWIG nachweisen, dass bei der Befruchtung von Seeigeleiern die Zellkerne der Spermien- und der Eizelle verschmelzen. August WEISMANN prägte 1876 den Begriff des Keimplasmas. Er hatte beobachtet, dass sich während der Embryonalentwicklung eines Lebewesens die späteren Geschlechtszellen bereits sehr früh von den übrigen Zellen trennten. Er erschütterte damit den Glauben an die Vererbung erworbener Eigenschaften. Viele dieser Entdeckungen gelangen erst, nachdem MENDEL 1866 seine Ergebnisse publizierte. Er wies nach, dass das Auftreten von Merkmalsausprägungen bei den Nachkommengenerationen bestimmten Gesetzen folgt. Es ist auf Faktoren zurückführbar, die von Generation zu Generation weitergegeben werden und die später *Gene* genannt wurden. Zu MENDELs Zeit waren die Vorstellungen der Mischvererbung und der Vererbung erworbener Eigenschaften dominierend. Da die Ergebnisse der zellbiologischen Forschung und der Züchtung nicht zusammengeführt wurden, blieben MENDELs Ergebnisse unbeachtet.

VERERBUNGSFORSCHUNG NACH MENDEL · Erst nach 1900 wurden MENDELs Forschungen mit den zellbiologischen Erkenntnissen in Zusammenhang gebracht: Der Zellkern konnte als Träger der Erbinformation identifiziert werden, die Rolle der Geschlechtszellen wurde deutlich. Chromosomen wurden als Träger der Erbsubstanz vermutet. Die genetische Forschung konzentrierte sich später auf die Frage ihrer chemischen Natur. Dabei standen damals und stehen heute drei Fragen im Mittelpunkt:

- Wie gelingt die mehr oder weniger unveränderte Weitergabe der Erbinformation von Generation zu Generation?
- Wie kommen Veränderungen der Erbinformation zustande, die zu beobachtbaren Merkmalsvariationen bei den Individuen einer Art führen?
- Wie steuert die Erbinformation den Stoffwechsel der Zellen?

Diese drei **Grundfragen der Genetik** werden auf verschiedenen **Systemebenen des Lebendigen** untersucht.

Auf *molekularer Ebene* werden die chemische Natur der Stoffe und die biochemischen Prozesse erforscht, die mit der Vererbung im Zusammenhang stehen. Auf der *Ebene von Zellen* stehen die Zellteilung und die Chromosomen sowie Zelldifferenzierungsprozesse im Mittelpunkt. Auf der *Ebene der Organismen* wird die Ausprägung von Merkmalen beobachtet. Auf der *Ebene von Populationen* schließlich wird untersucht, wie bestimmte Merkmalsausprägungen sich ausbreiten oder verschwinden können.

1 Erläutern Sie die Vorstellungen zur Vererbung, die im Mittelalter bis zum 19. Jahrhundert vorherrschten!

2 Erläutern Sie an zwei Beispielen die Bedeutung zellbiologischer Entdeckungen für die Vererbungsforschung!

STECKBRIEF

Oscar HERTWIG (1849–1922)

Oscar HERTWIG wurde 1849 in Friedberg in Hessen geboren. Er studierte in Jena, Zürich und Bonn Medizin und Zoologie und wurde 1898 Professor für Vergleichende Anatomie an der Universität Berlin, wo er bis zu seinem Tode wirkte. Sein besonderes Interesse galt den zellbiologischen Phänomenen rund um die Entwicklungsbiologie. So beschrieb er 1875 die Befruchtung beim Seeigel und wies 1889 nach, dass die Vorgänge der Meiose bei der Bildung von männlichen und weiblichen Geschlechtszellen grundsätzlich gleich sind. Von ihm stammt der Satz: „Der Zellkern ist der Träger der Vererbung." (1884)

Zellbiologische Entdeckungen

1841 *Spermienzellen und Eizellen bei Säugetieren*

1875 *Befruchtung beim Seeigel*

1876 *Keimplasma*

1882 *Mitose*

1889 *Meiose*

Klassische Genetik

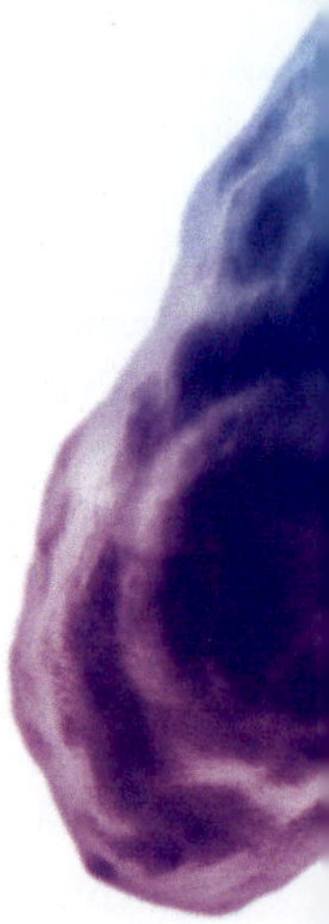

In diesem Kapitel beschäftigen Sie sich mit

- der Entdeckung der ersten Vererbungsregeln und der zugehörigen Theorie;
- den Chromosomen als den Trägern der genetischen Information;
- der Reifeteilung von Geschlechtszellen als Ursache der genetischen Vielfalt;
- unterschiedlichen Mutationstypen und den Methoden der Genkartierung;
- Auswirkungen von Mutationen auf Pflanzen, Menschen und Tiere;
- der Variabilität von Populationen als Ursache evolutionären Wandels;
- der Evolution von Arten und dem modernen Artbegriff.

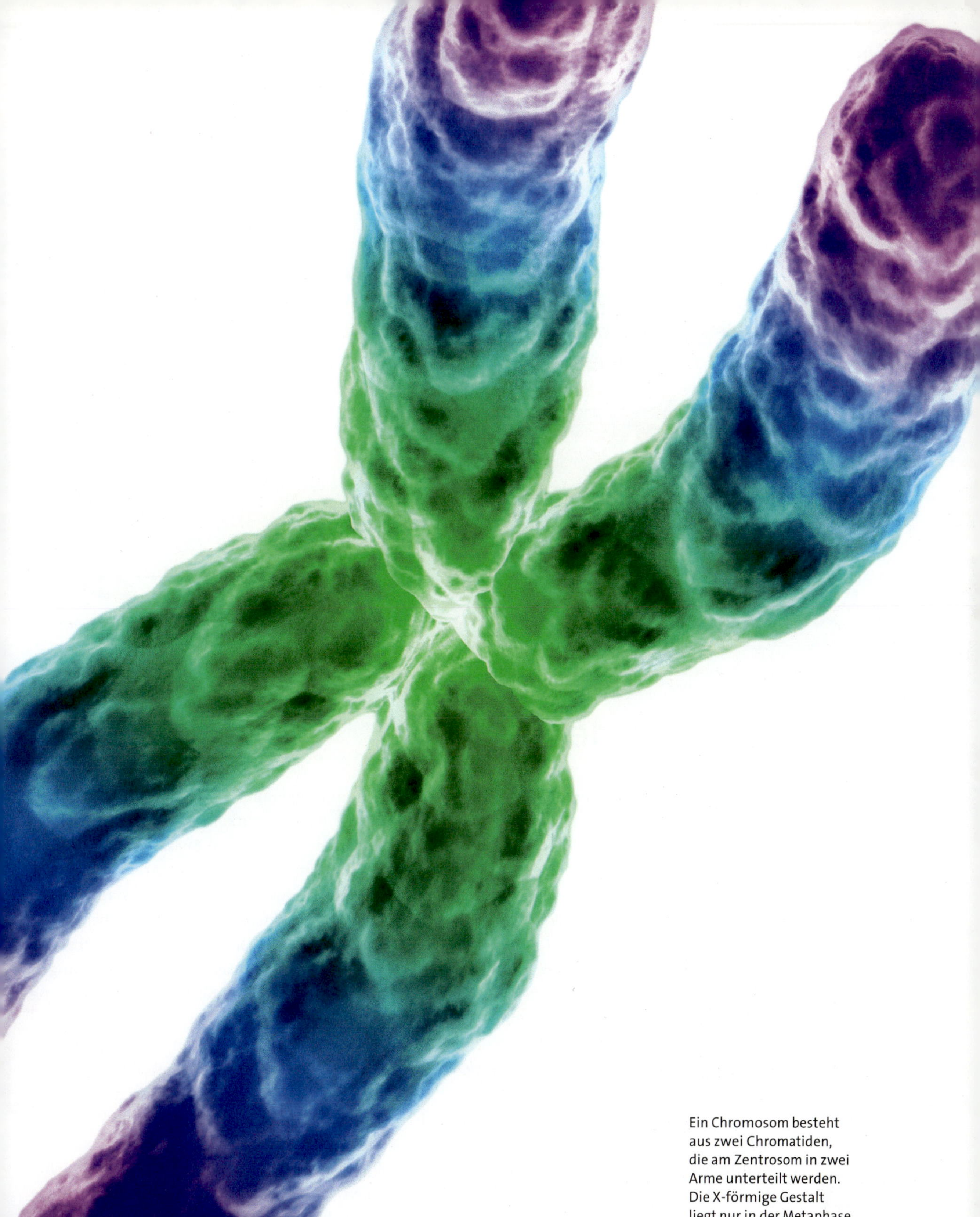

Ein Chromosom besteht aus zwei Chromatiden, die am Zentrosom in zwei Arme unterteilt werden. Die X-förmige Gestalt liegt nur in der Metaphase der Mitose vor.

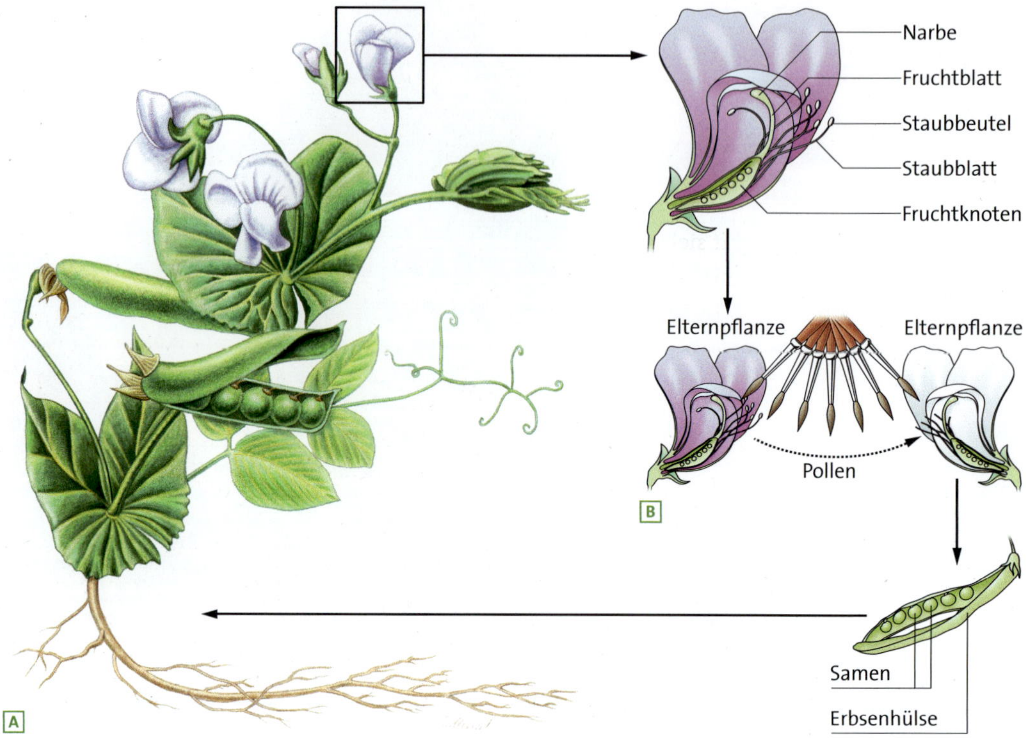

01 Gartenerbse: **A** Erbsenpflanze, **B** kontrollierte Bestäubung

Anfänge der Genetik

Genetische Prozesse sind für das Verständnis des Lebens von fundamentaler Bedeutung. Zu Recht wird die Genetik heute als ein Kernbereich der Biologie betrachtet. Es ist daher nicht überraschend, dass die Genetik auf eine lange Geschichte zurückblickt. Der Garten des Augustinerklosters in Brünn ist Teil dieser Geschichte. Das bevorzugte Versuchsobjekt der frühen genetischen Forschung war die Gartenerbse, mit der die bahnbrechenden Erfolge gelangen. Blicken wir zurück in die Zeit um 1860. Welche Rolle spielte der Abt des Klosters Gregor MENDEL?

NEUE METHODEN FÜR VERERBUNGSEXPERIMENTE · Die im 19. Jahrhundert gewonnenen Kenntnisse zur Züchtung von Pflanzen nutzte MENDEL für seine Experimente im Garten des Augustinerklosters. Pflanzen sind gut geeignete Objekte für genetische Studien. Sie lassen sich in großen Mengen anziehen, erzeugen zahlreiche Nachkommen in Form der Samen und haben kurze Generationszeiten.

MENDEL entschied sich bewusst für die Gartenerbse *Pisum sativum*, da sie wesentliche Kriterien eines geeigneten Versuchsobjekts erfüllt: leichte Kultivierbarkeit, kontrollierbare Kreuzung und Varietäten im Aussehen.

Erbsenpflanzen bringen in ihren Schmetterlingsblüten sowohl männliche als auch weibliche Geschlechtsorgane hervor und bestäuben sich unter natürlichen Bedingungen selbst. Bei diesem Vorgang der *Selbstbestäubung* gelangen Pollenkörner aus den Staubbeuteln auf die Narbe derselben Blüte. Der Bestäubung folgt die *Befruchtung* von Eianlagen im Fruchtknoten des weiblichen Blütenorgans. Es entwickeln sich Erbsensamen. Diese reifen in den Hülsenfrüchten der Pflanzen heran und sind Vertreter einer neuen Pflanzengeneration.

Zur Vorbereitung seiner Experimente suchte MENDEL nach *Merkmalen* der Gartenerbse, die genau definierte und voneinander abgrenzbare *Merkmalsausprägungen* besaßen. Das Merkmal ist dabei eine beobachtbare Eigenschaft wie die Farbe der Blüte oder die Länge der Stiele. Die Merkmalsausprägung ist die konkrete Ausbildung des Merkmals wie die violette Blütenfarbe oder der lange Stiel.

02 Alternative Merkmalsausprägungen bei Erbsensamen:
A rund,
B runzelig

Für seine Kreuzungsexperimente isolierte MENDEL in Vorversuchen *reinerbige Varietäten* der Gartenerbse. Er wählte Erbsenpflanzen aus, deren Merkmalsausprägungen über zahlreiche Generationen konstant geblieben waren. Insgesamt beschränkte er sich auf sieben Paare von alternativen Merkmalsausprägungen. Er achtete darauf, dass jede Elternpflanze im Kreuzungsexperiment einer reinerbigen Sorte angehörte – diese Genauigkeit erwies sich als Voraussetzung für seinen Erfolg.
MENDEL enthüllte, noch bevor Chromosomen und die Meiose überhaupt bekannt waren, die grundlegenden Prinzipien der Vererbung.

MENDELS EXPERIMENT 1 · Im „Experiment 1" seiner Veröffentlichung kreuzte MENDEL Erbsenpflanzen, die sich in einem Merkmal reinerbig voneinander unterschieden. Dies nennt man **Monohybridenkreuzung.** Er nahm Pollen von Pflanzen, deren Vorfahren über Generationen immer runzelige Samen hervorgebracht hatten, und gab diesen mit einem Pinsel auf die Narben von Erbsenpflanzen, die reinerbig runde Samen erzeugten.

Parallel führte er die *reziproke* Kreuzung durch, indem er die Narben von Pflanzen mit runzeligen Samen mit Pollen von rundsamigen Pflanzen kontrolliert bestäubte. In beiden Versuchsansätzen verhinderte MENDEL die Selbstbestäubung der Erbsenblüten durch Entfernen der noch unreifen Staubbeutel. Als Ergebnis der reziproken Kreuzungen waren alle Nachkommen, die Individuen der *ersten Filialgeneration*, in Bezug auf das betrachtete Merkmal gleich. Diese Beobachtung machte MENDEL bei allen Kreuzungen der Gartenerbse unabhängig davon, welches der sieben Paare alternativer Merkmalsausprägungen er untersuchte.
Dieses Phänomen wird als **Uniformitätsregel** und **Reziprozitätsregel** den MENDELschen Regeln vorangestellt: *Kreuzt man Individuen einer Art, die sich in einem oder mehreren Merkmalen reinerbig voneinander unterscheiden, so sind die Merkmalsausprägungen der F_1-Lebewesen einheitlich, uniform. Dabei ist gleichgültig, welcher der beiden Elternteile Träger der einen oder der alternativen Merkmalsausprägung ist.*

STECKBRIEF

Gregor Johann MENDEL (1822 – 1884)

Gregor MENDEL, geboren im österreichischen Heinzendorf, war Mönch und zu seiner Zeit kein namhafter akademischer Naturwissenschaftler. 1850 hatte er sogar das Examen für eine Lehrerlaubnis in Naturwissenschaften nicht bestanden. In Wien absolvierte er umfangreiche Studien in Physik, Chemie, Mathematik und Biologie. Wahrscheinlich waren es seine Arbeiten in Physik und Mathematik, die ihn veranlassten, seine Untersuchungen zur Vererbung mit experimentellen und quantitativen Methoden durchzuführen. Innerhalb von nur neun Jahren entdeckte MENDEL die grundlegenden Prinzipien der Vererbung bei Pflanzen. 1865 trug er seine Erkenntnisse in einer Vorlesung vor und publizierte sie schließlich im Jahr 1866. Die größten Biologen seiner Zeit akzeptierten oder verstanden seine Forschungsergebnisse nicht, zumal das Denken in mathematischen Kategorien noch nicht selbstverständlich war. MENDEL starb 1884 in Brünn.

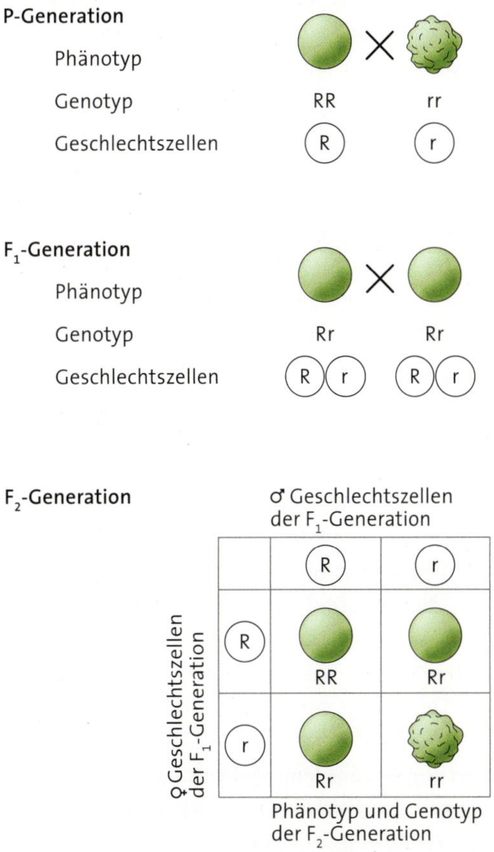

lat. reziprok = wechselseitig

Zwei Kreuzungen sind reziprok zueinander, wenn das Geschlecht der Eltern vertauscht ist.

lat. filia = Tochter

03 Deutung von Experiment 1

lat. parentes = Eltern

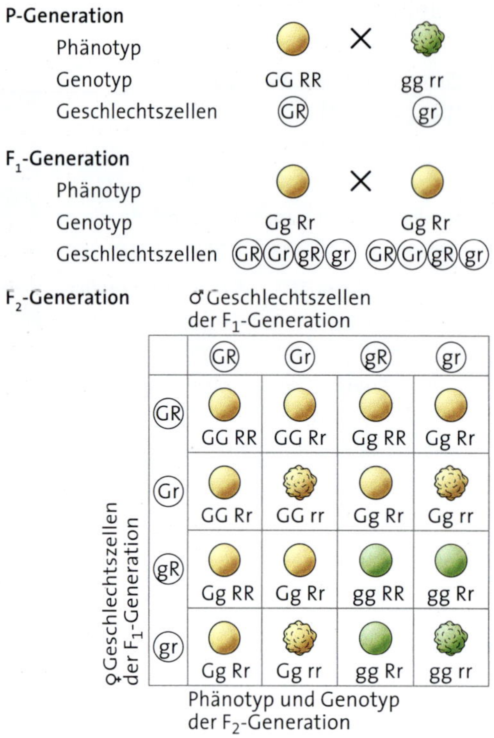

04 Dihybridenkreuzung

ENTDECKUNG VON VERERBUNGSREGELN · MENDEL zog aus den runden Samen der F_1-Generation im folgenden Frühjahr 253 F_1-Pflanzen, die er der Selbstbestäubung überließ. Er erntete 7324 F_2-Samen, von denen 5474 rund und 1850 runzelig waren. Überraschenderweise trat in der F_2-Generation die Merkmalsausprägung „runzelig" wieder auf, obwohl sie in der F_1-Generation nicht zum Vorschein kam. Die Merkmalsausprägung „rund" benannte MENDEL *dominant* und die runzelige Form *rezessiv*. Auch bei den übrigen Paaren verschiedener Merkmalsausprägungen war eine gegenüber der anderen dominant. Entscheidend war, dass das prozentuale Verhältnis der beiden Merkmalsausprägungen in der F_2-Generation immer gleich blieb. Im Experiment 1 ergab sich ein Verhältnis von 5474 : 1850 = 2,96 : 1.

Aus diesem Ergebnis formulierte MENDEL die **Spaltungsregel:** *Kreuzt man die Individuen der F_1-Generation untereinander, so spalten sich die Lebewesen der F_2-Generation bezüglich der alternativen Merkmalsausprägungen in einem bestimmten Zahlenverhältnis auf, zum Beispiel von 3 : 1. Die Annäherung an diese Zahlen wächst mit der Anzahl der F_2-Lebewesen.*

In den folgenden Vererbungsexperimenten untersuchte MENDEL Erbsenpflanzen, die sich in zwei Merkmalen reinerbig unterschieden. Bei dieser **Dihybridenkreuzung** kam er zu folgendem Ergebnis: *Werden Individuen gleicher Art gekreuzt, die sich in zwei oder mehreren Merkmalen jeweils reinerbig unterscheiden, so gelten für jedes der betrachteten Merkmale die Uniformitäts-, die Reziprozitäts- und die Spaltungsregel. Neben den in der Parentalgeneration gegebenen Kombinationen von Merkmalsausprägungen können in der F_2-Generation Individuen mit neuen Kombinationen auftreten.* Die Merkmalsausprägungen werden unabhängig voneinander vererbt. Bei einer Dihybridenkreuzung gilt also die **Unabhängigkeitsregel.**

PARTIKELTHEORIE · Die Ergebnisse von Experiment 1 widerlegten die gängige Hypothese der Mischvererbung. MENDEL stellte ihr die vier Thesen seiner *Partikeltheorie* entgegen.

These 1: Den Merkmalen liegen Partikel zugrunde, die als selbstständige Einheiten unverschmolzen durch die Generationen weitergegeben werden. **These 2:** In den Körperzellen und unreifen Geschlechtszellen liegen jedem Merkmal zwei Partikel zugrunde, eines vom Vater, eines von der Mutter. **These 3:** In jeder reifen Geschlechtszelle befindet sich je ein Partikel eines Partikelpaares. **These 4:** Die Partikel mütterlicher und väterlicher Herkunft werden bei der Geschlechtszellenreifung unabhängig voneinander und in freier Kombination neu verteilt. Die von MENDEL postulierten Vererbungseinheiten bezeichnen wir heute als **Gene** und ihre verschiedenen Zustandsformen als **Allele.** Der **Genotyp** eines Lebewesens repräsentiert die Gesamtheit seiner Gene. Der **Phänotyp** ist die Summe aller Merkmalsausprägungen eines Lebewesens.

1 Analysieren Sie, wie MENDELs Partikeltheorie die phänotypische Zusammensetzung der F_2-Generation in Experiment 1 erklärt!

2 Erläutern Sie anhand der Dihybridenkreuzung, welche Beobachtungen zu den MENDELschen Regeln führten!

Material A ▸ Historische Monohybridenkreuzung mit der Gartenerbse

Phänotypen der P-Generation			Phänotypen der F_2-Generation	
dominant		rezessiv	dominant	rezessiv
runde Samen	x	runzelige Samen	5474	1850
gelbe Samen	x	grüne Samen	6022	2001
violette Blüten	x	weiße Blüten	705	224
aufgeblähte Hülse	x	eingeschnürte Hülse	882	299
grüne Hülse	x	gelbe Hülse	428	152
achselständige Blüten	x	endständige Blüten	651	207
lange Stiele (1 Meter)	x	kurze Stiele (0,3 Meter)	787	277

A1 Werten Sie die Tabelle nach der Methode MENDELs aus und erläutern Sie die Bedeutung der großen Anzahl von Daten für die Aussagekraft statistischer Experimente!

A2 Begründen Sie, weshalb die Gartenerbse als Versuchsobjekt eine gute Wahl war!

A3 Beschreiben Sie die Forschungsmethode zur kontrollierten Kreuzung von Erbsenpflanzen!

A4 Erläutern Sie, welche Thesen von MENDELs Partikeltheorie die Versuchsergebnisse der Monohybridenkreuzung erklären!

Material B ▸ Rückkreuzung

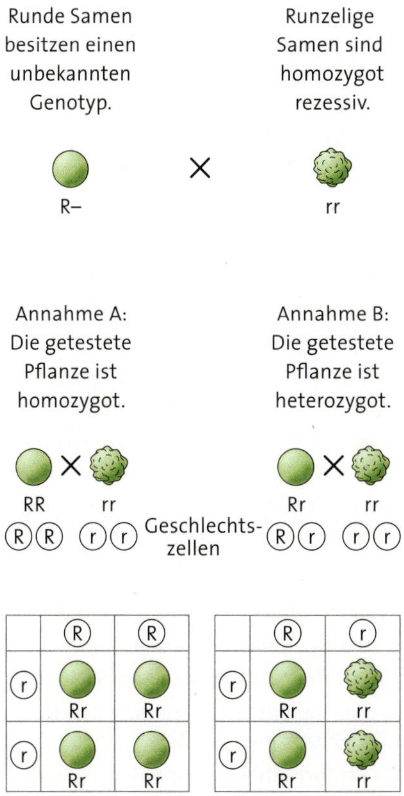

MENDEL überprüfte die Thesen seiner Partikeltheorie experimentell. Durch eine Rückkreuzung testete er den Genotyp rundsamiger Erbsenpflanzen der F_2-Generation, für die es zwei mögliche Allelkombinationen gab.

B1 Beschreiben Sie die Methode der Rückkreuzung anhand der Abbildung und erläutern Sie, weshalb die Rückkreuzung auch Testkreuzung genannt wird!

B2 Erläutern Sie, weshalb in Testkreuzungen der homozygot rezessive Kreuzungspartner nötig ist!

B3 F_1-Rinder mit schwarzem Fell, die aus der Kreuzung zweier Rassen mit schwarzem und rotem Fell hervorgegangen sind, werden mit Rindern mit rotem Fell gekreuzt. Begründen Sie an einem Kreuzungsschema Ihre Erwartung für das Ergebnis!

Material C ▸ Dihybridenkreuzung

♂ Geschlechtszellen

♀ Geschlechtszellen	R	r
R		
r		

Kombinationsquadrat nach PUNNETT

Homozygot schwarz- und kurzhaarige Meerschweinchen werden mit homozygot weiß- und langhaarigen Meerschweinchen gekreuzt.
Alle F_1-Individuen sind schwarz- und langhaarig.

C1 Erstellen Sie das Punnett-Quadrat der F_2-Generation! Ermitteln Sie das Zahlenverhältnis der Phänotypen und kennzeichnen Sie alle reinrassigen Meerschweinchen!

C2 Beurteilen Sie die Bedeutung der Partikeltheorie für die Züchtung am Beispiel der F_2-Individuen!

01 Vater und Tochter

Chromosomentheorie der Vererbung

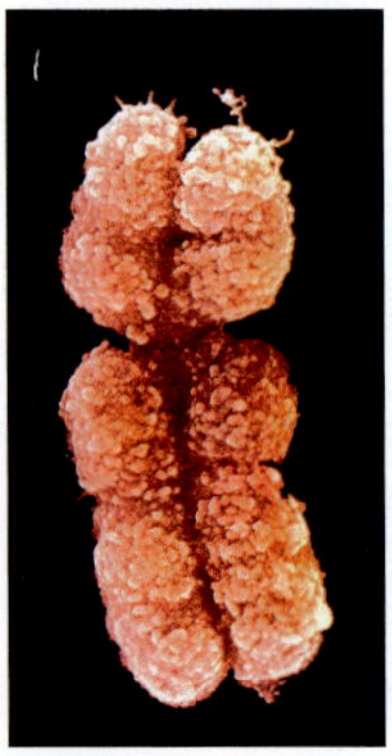

02 EM-Bild eines Metaphase-Chromosoms

Ihre Freunde behaupten vielleicht, sie hätte die Sommersprossen ihres Vaters, obwohl dieser seine eigenen Sommersprossen natürlich noch besitzt! Selbstverständlich geben Eltern ihren Kindern nicht im wörtlichen Sinne ihre Sommersprossen, ihre Haare oder Hautfarbe weiter. Vielmehr statten Eltern ihre Nachkommen mit codierten Informationen in Form von Erbfaktoren aus, die wir heute Gene nennen. Geschätzte 25 000 Gene erben wir von unseren Eltern. Diese bilden unser Genom. Die Weitergabe genetischer Information durch unsere Eltern an uns ist die Ursache für die Familienähnlichkeit. Wie hat man herausgefunden, wo die Gene liegen?

CHROMOSOMEN · Gegen Ende des 19. Jahrhunderts führten verbesserte Mikroskope und neue Färbetechniken zu bedeutenden Erkenntnissen in der Zellforschung. So konnte man während der Kernteilungen fadenförmige Körperchen erkennen, die im Jahr 1888 die Bezeichnung *Chromosomen* erhielten. Der Pflanzengenetiker Carl CORRENS, ein Wiederentdecker der MENDELschen Regeln, stellte die Hypothese auf, dass die Chromosomen im Zellkern die Träger der Gene seien. Folgende zellbiologische Beobachtungen stützten seine These:

- Jedes Lebewesen besitzt in seinen Körperzellen eine exakt festgelegte Anzahl von Chromosomen.
- Diese Konstanz wird bei der Vermehrung von Zellen durch identische Verdopplung der Chromosomen während der Mitose gewährleistet.
- Die Geschlechtszellen enthalten genau halb so viele Chromosomen wie die Körperzellen.

Damit ließen sich die Beobachtungen der zellbiologischen Forschung mit MENDELs Partikeltheorie der Kreuzungsforschung erklären: Die Erbfaktoren sind in den Körperzellen jeweils doppelt und in den Geschlechtszellen je einfach vorhanden. Theodor BOVERI und Walter SUTTON verbanden im Jahr 1903 die übereinstimmenden Befunde der Zell- und Kreuzungsforschung zur *Chromosomentheorie der Vererbung*: *Die Chromosomen sind die Träger der Gene.*

griech. chroma = Farbe
griech. soma = Körper

Art	2n
Wurm *Parascaris*	2
Fruchtfliege	8
Erbse	14
Mais	20
Tomate	24
Maus	40
Mensch	46
Schimpanse	48
Kartoffel	48
Esel	62
Meerschweinchen	64
Pferd	64
Taube	80
Einsiedlerkrebs	254

A

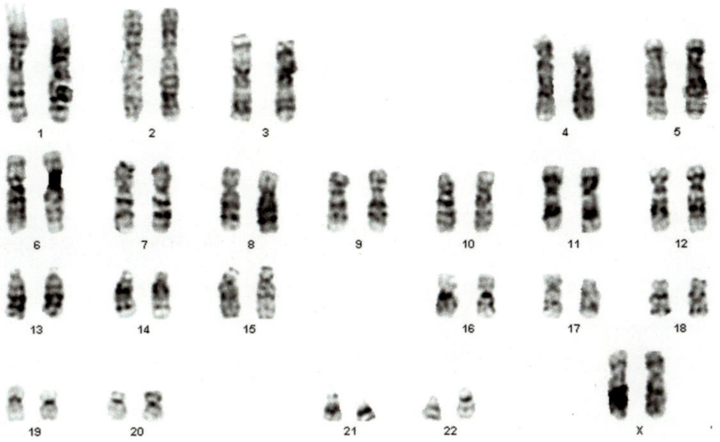

B

03 Chromosomensätze: **A** verschiedene Tier- und Pflanzenarten, **B** Karyogramm des Menschen

IDENTIFIZIERUNG VON CHROMOSOMEN · Im Metaphasestadium der Mitose entstehen mit modernen Färbetechniken charakteristische Bandenmuster auf den Chromosomen, durch die man sie voneinander unterscheiden kann. Chromosomen bestehen vor einer Zellteilung aus zwei parallel verlaufenden Fäden, den **Chromatiden,** die am **Zentromer** zusammenhängen. Man spricht von Zwei-Chromatiden-Chromosomen. Die Chromatiden eines Chromosoms haben das gleiche Bandenmuster und sind genetisch identisch.

Jedes Chromatid hat vom Zentromer aus betrachtet zwei Arme, den kürzeren p-Arm und den längeren q-Arm. Vergleicht man Gestalt und Bandenmuster der Chromosomen einer Körperzelle miteinander, so findet man bei den meisten Lebewesen von jedem Chromosom ein Paar. Diese **homologen Chromosomen** sind genetisch nicht identisch, da sie jeweils von mütterlicher oder väterlicher Herkunft sind. Sie tragen Allele für dieselben Merkmale, können sich aber in der Information für die Merkmalsausprägung unterscheiden. Es liegen damit zwei Chromosomensätze mit *n* Chromosomen vor. Lebewesen aus Zellen mit doppeltem Chromosomensatz sind **diploid,** 2*n*. Die Anzahl der Chromosomen in diploiden Zellen ist ein arttypisches Merkmal.

DIE CHROMOSOMEN DES MENSCHEN · Die Körperzellen des Menschen enthalten 2*n* = 46 Chromosomen. 44 dieser Chromosomen kommen gleichermaßen in den Zellen weiblicher und männlicher Individuen vor. Sie werden **Autosomen** genannt und bilden 22 Paare homologer Chromosomen. Die Zellen von Frauen und Männern unterscheiden sich in nur einem Chromosomenpaar, den **Gonosomen.**

In Zellen von Frauen findet man ein homologes Paar der relativ großen **X-Chromosomen, XX.** Die männlichen Zellen haben ein X-Chromosom und das wesentlich kürzere **Y-Chromosom, XY.** Werden Metaphase-Chromosomen gefärbt und fotografiert, kann man sie nach Größe und Gestalt in einem **Karyogramm** anordnen. Aus einem Karyogramm lassen sich alle zytologischen Chromosomeneigenschaften eines Lebewesens ablesen. Karyogramme nutzt man in der humangenetischen Diagnostik.

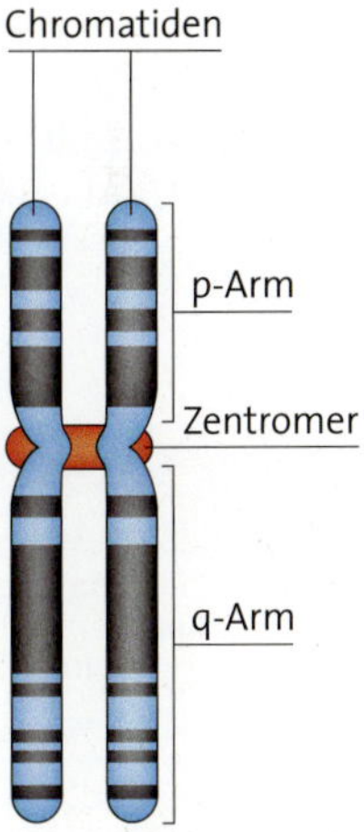

04 Schema eines Metaphase-Chromosoms

1 Definieren Sie die Begriffe diploid, Homologe, Autosomen und Gonosomen!

2 Begründen Sie, weshalb die Chromatiden eines jeden Chromosoms genetisch identisch sind, die homologen Chromosomen jedoch nicht!

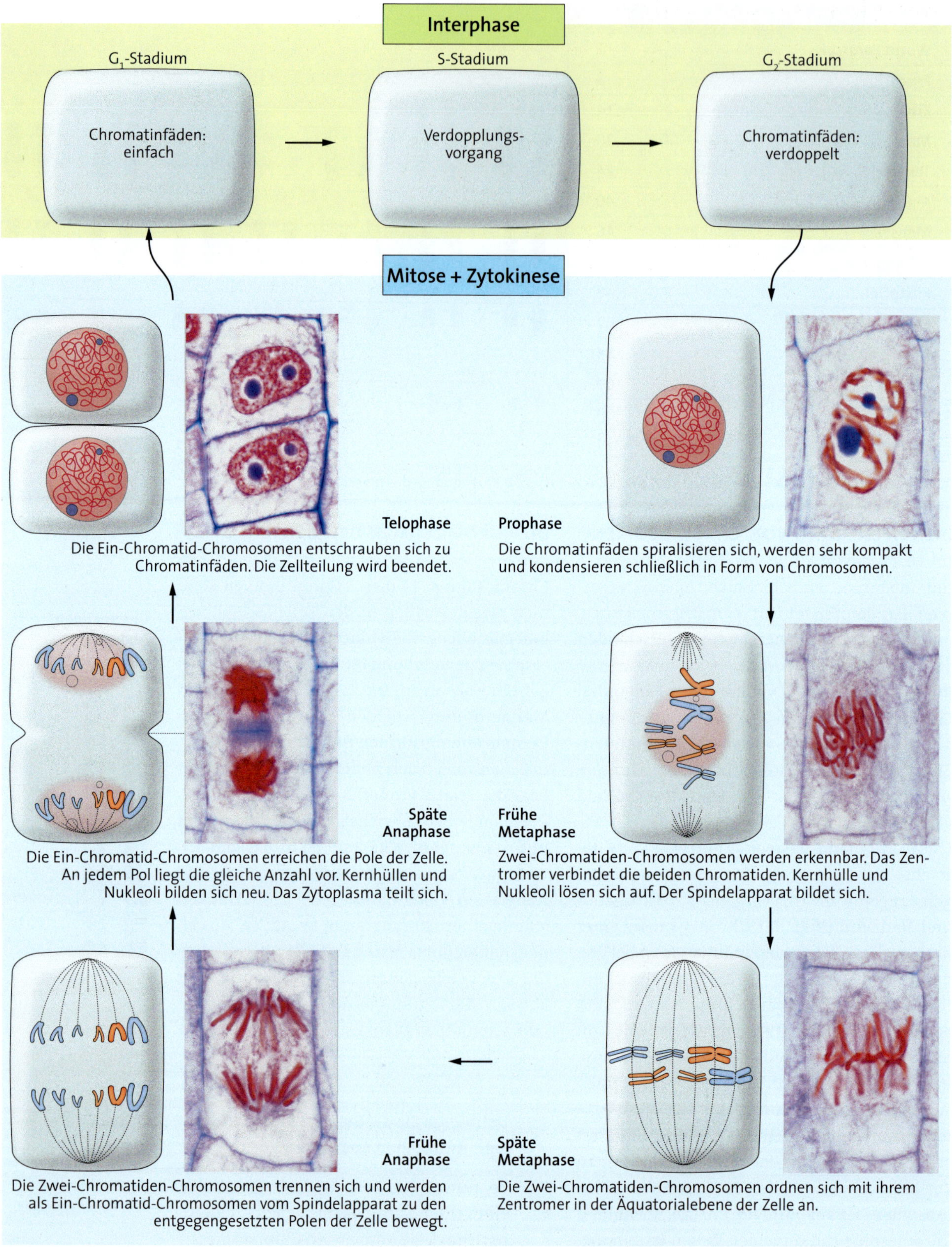

05 Phasen des Zellzyklus am Beispiel der Küchenzwiebel *Allium cepa*

MITOSE · Wachsende Gewebe zeichnen sich durch Zellteilung sowie das Heranwachsen der neuen Tochterzellen aus. Den gesamten Vorgang nennt man **Zellzyklus.** Er ist ein kontinuierlicher Prozess, bei dem jedes Ereignis stufenlos in das nächste übergeht. Für ein besseres Verständnis gliedert man den Zellzyklus jedoch in Abschnitte: *Interphase* und *Mitose*. Bei der mikroskopischen Untersuchung von wachsenden Wurzelspitzen, zum Beispiel der Küchenzwiebel, lassen sich die Chromosomen in den Mitosestadien beobachten. Sie werden als Prophase, Metaphase, Anaphase und Telophase bezeichnet. Bei der Mitose gehen aus einem Zellkern zwei Zellkerne hervor, die untereinander und mit dem ursprünglichen Kern genetisch identisch sind. Damit stellt dieser Vorgang eine genaue Verteilung von identischen Kopien genetischen Materials in Form der Chromosomen sicher. Als Mitose im eigentlichen Sinne bezeichnet man die **Kernteilung,** die Teilung des Zellplasmas ist die **Zytokinese.**

Die Interphase stellt den Zeitraum zwischen zwei Mitosen dar und wird in drei Phasen unterteilt. In der ersten Phase wachsen die Zellen durch Vermehrung ihrer Zellbestandteile und Zunahme des Zellplasmas auf die Größe der Mutterzelle heran. Da keine Neubildung des genetischen Materials erfolgt, wird diese Phase nach dem Begriff *gap* *G_1-Stadium* genannt. Die Verdopplung des genetischen Materials wird im *S-Stadium*, der Synthesephase, erreicht. Die Phase bis zum Eintritt in die Mitose heißt *G_2-Stadium*. Ausdifferenzierte Zellen, die sich nicht mehr teilen, zum Beispiel Nervenzellen, bleiben dauerhaft im G_1-Stadium. Dieses wird dann *G_0-Stadium* genannt. Die Erbsubstanz liegt in der Interphase in fädiger Struktur vor, die sich anfärben lässt und daher als *Chromatin* bezeichnet wird. Erhält eine Zelle das Signal, eine Mitose durchzuführen, tritt sie in das S-Stadium ein. Gleichzeitig mit dem genetischen Material verdoppelt sich in der Nähe des Zellkerns das *Zentrosom* und bildet ein *Zentrosomenpaar*. Die beiden Zentrosomen wandern zu den entgegengesetzten Enden der Kernhülle. Das Material in den Zentrosomen setzt die Bildung der Spindelfasern in Gang, welche die Bewegung der Chromosomen steuern.

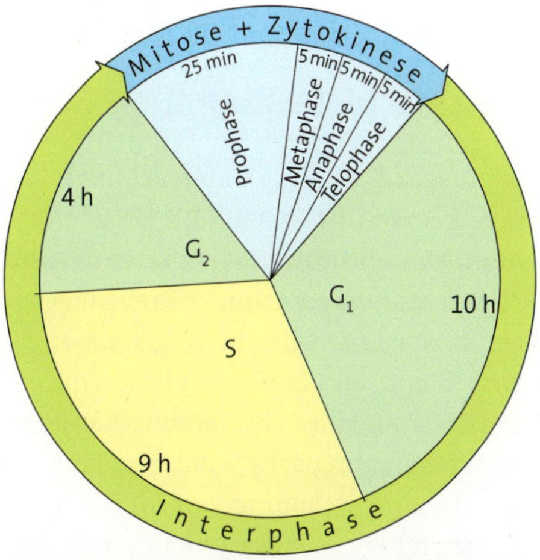

06 Zellzyklus einer Säugerzelle in Kultur

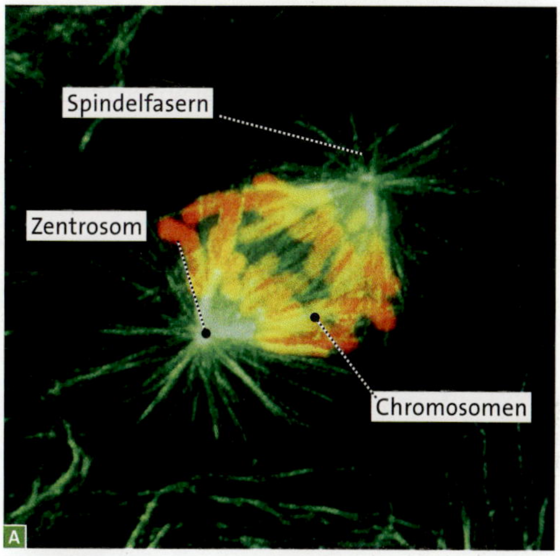

engl. gap = Lücke, Pause

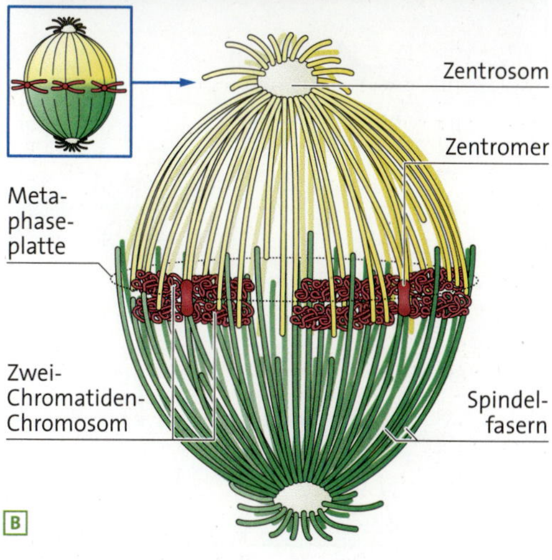

07 Spindelapparat einer menschlichen Zelle während der Metaphase:
A Mikrofoto,
B Schema

3 Nennen Sie die Hauptaufgabe der Mitose und ihre Bedeutung für die Entwicklung eines Lebewesens!

IM BLICKPUNKT FORSCHUNG

Geschlechtsbestimmung

Bei Gregor MENDELs Untersuchungen machte es keinen Unterschied, ob ein dominantes Allel von der mütterlichen oder väterlichen Pflanze stammte. Reziproke Kreuzungen führten immer zu den gleichen Ergebnissen. Heute wissen wir, dass in einigen Fällen die elterliche Herkunft eines Chromosoms bei der Merkmalsausprägung sehr wohl eine Rolle spielt. Um diese Abweichung von MENDELs Regel zu verstehen, müssen wir uns mit der Geschlechtsbestimmung befassen. Beim Menschen erfolgt sie durch Gonosomen. Aber nicht immer spielen Gonosomen die entscheidende Rolle. Eier legende Reptilien wie Schildkröten, Eidechsen und Krokodile haben zum Beispiel gar keine Gonosomen in ihrem Genom.

UMWELTABHÄNGIGE GESCHLECHTSBESTIMMUNG · Die Geschlechtsbestimmung erfolgt bei Reptilien umweltabhängig: Je nach Bruttemperatur der Eier entwickeln sich Weibchen oder Männchen. Die sensible Phase dieser **temperaturabhängigen Geschlechtsbestimmung** liegt je nach Art zwischen dem 1. und dem 20. Tag der Bebrütung.

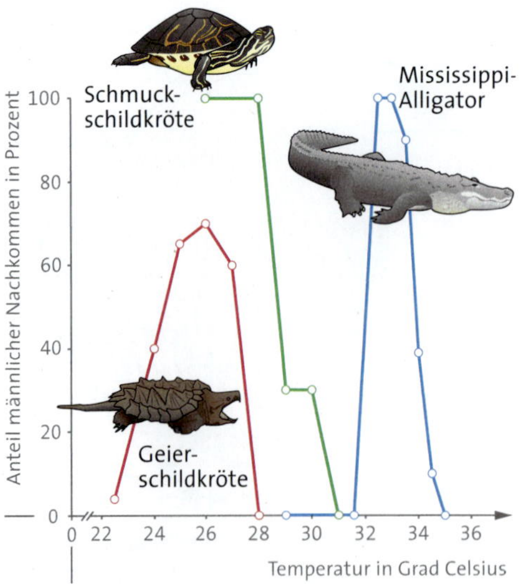

01 Temperaturabhängige Geschlechtsbestimmung bei Reptilien

Über die geschlechtsbestimmenden Faktoren entscheidet meist die Bauart des Nestes, das bei vielen Krokodilen aus gärenden Pflanzen besteht. Bei vergrabenen Eiern ist es die Tiefe, in der die Eiablage stattfindet. Es sind drei Typen der temperaturabhängigen Geschlechtsdetermination bekannt. Typ a lässt bei hohen Temperaturen Weibchen und bei niedrigen Männchen entstehen. Typ b erzeugt bei hohen Temperaturen Männchen und bei niedrigen Weibchen. Bei Typ c begünstigen niedrige und hohe Temperaturen Weibchen, mittlere hingegen Männchen. In allen Fällen ist das Enzym **Aromatase** für die temperaturabhängige Geschlechtsbestimmung verantwortlich. Es wandelt das männliche Geschlechtshormon Testosteron in das weibliche Geschlechtshormon Östrogen um. Forscher beschäftigt die Frage, wie sich die Klimaveränderung auf die Fortpflanzung von Reptilien auswirken könnte. Eine Hypothese zum Aussterben der Dinosaurier zieht die Möglichkeit einer temperaturabhängigen Geschlechtsbestimmung in Erwägung.
Der Fadenwurm *Meliodogyne incognita* reguliert das Geschlecht seiner Nachkommen über die **Populationsdichte.** Gibt es nur wenige Individuen, entstehen Weibchen; ist die Populationsdichte hoch, entstehen Männchen.

CHROMOSOMALE GESCHLECHTSBESTIMMUNG · Die Bestimmung des Geschlechts durch Chromosomen wird auf verschiedene Weise realisiert:

- Anzahl der Chromosomensätze;
- Verhältnis von Autosomen und Gonosomen;
- Kombination von Gonosomen.

Das Geschlecht der Honigbiene *Apis mellifera* und vieler anderer Hautflügler wie Wespen und Ameisen hängt davon ab, ob sie sich aus einer befruchteten oder unbefruchteten Eizelle entwickeln. Die Geschlechtsentwicklung folgt damit dem **Haplo-Diplo-Mechanismus.** Eine befruchtete Eizelle ist diploid und bringt eine weibliche Biene hervor. Dies kann

je nach Nahrungsversorgung im Larvenstadium eine Königin oder eine Arbeiterin sein.
Eine unbefruchtete Eizelle ist haploid und bringt eine männliche Drohne hervor. Von der Waldameise weiß man, dass die Königin bei niedrigen Temperaturen die mit Spermienzellen gefüllte Samentasche im Inneren ihres Körpers nicht öffnen kann und entsprechend viele männliche Ameisen entstehen. Bei Sonnenschein funktioniert die Pumpe der Samentasche besser und es entstehen befruchtete Eizellen, die sich zu Arbeiterinnen entwickeln. Hautflügler sind ein Beispiel dafür, wie die Umwelt das Geschlecht mitbestimmt.

Bei der Fruchtfliege *Drosophila melanogaster* gibt es **Gonosomen.** Weibchen besitzen den Genotyp XX und Männchen den Genotyp XY. Das Geschlecht wird durch das Verhältnis der X-Chromosomen zu den Autosomen bestimmt. Ist für jeden Satz von Autosomen ein X-Chromosom vorhanden, so ist die Fruchtfliege weiblich. Wenn es für zwei Autosomensätze nur ein X-Chromosom gibt, ist die Fruchtfliege männlich. Das Y-Chromosom besitzt bei *Drosophila* keine geschlechtsbestimmende Funktion, ist aber für die männliche Fruchtbarkeit erforderlich.
Bei Vögeln, Schmetterlingen und manchen Fischen haben die Männchen den Genotyp XX und die Weibchen den Genotyp XY. Um Verwirrungen zu vermeiden, verwendet man für männliche Tiere ZZ und für weibliche ZW. Bei diesen Lebewesen erzeugt das Weibchen zwei Typen von Geschlechtszellen, die entweder ein Z- oder ein W-Gonosom tragen. Das Geschlecht der Nachkommen wird also durch die Eizelle bestimmt. Im Gegensatz dazu bestimmt bei den Säugetieren und bei *Drosophila* die Spermienzelle das Geschlecht.
Bei Heuschrecken, Grillen und Schaben gibt es nur das X als Gonosom. Weibchen haben den Genotyp XX, Männchen XO. Das Geschlecht der Nachkommen wird dadurch bestimmt, dass die Spermienzelle entweder ein X-Chromosom oder kein Gonosom enthält.

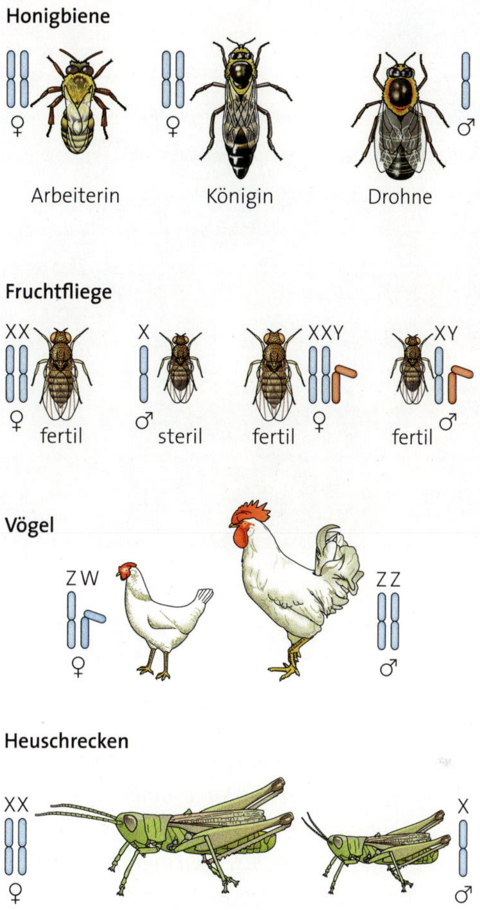

02 Chromosomale Geschlechtsbestimmung

1 Werten Sie das Diagramm in Abbildung 01 aus! Ordnen Sie die dargestellten Tierarten den Typen der temperaturabhängigen Geschlechtsbestimmung zu!

2 Entwickeln Sie Hypothesen zur Rolle des Enzyms Aromatase in der stammesgeschichtlichen Entwicklung der Reptilien!

3 Erläutern Sie, wie Klimaveränderungen das Geschlechterverhältnis und die Populationsgröße von Reptilien beeinflussen können!

4 Vergleichen Sie die Geschlechtsbestimmung von *Drosophila* mit der des Menschen!

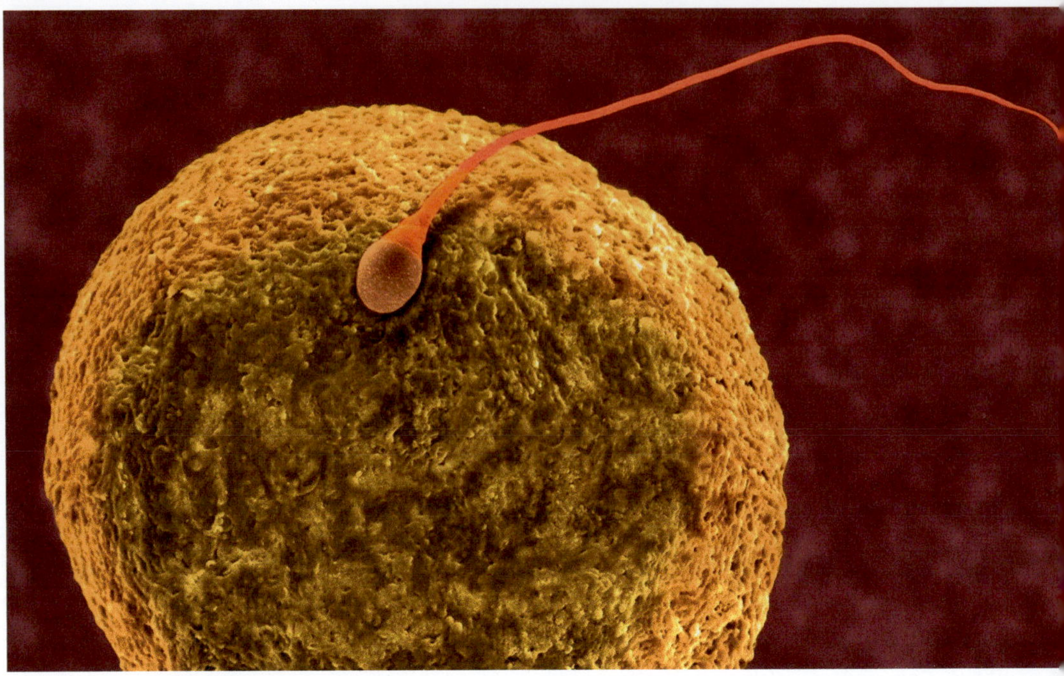

01 Befruchtung einer menschlichen Eizelle durch eine Spermienzelle

Genetische Vielfalt durch Meiose

Nach der Chromosomentheorie der Vererbung erhalten die Nachkommen ihre Gene von den Eltern, indem sie deren Chromosomen erben. Bei der Zeugung eines neuen Lebewesens vereinigen sich zwei Geschlechtszellen und damit auch ihre Chromosomensätze. Im Laufe der Entwicklung eines Menschen muss die Chromosomenanzahl in den Geschlechtszellen halbiert werden, da sich andernfalls der Chromosomensatz von Generation zu Generation verdoppeln würde. Reife Geschlechtszellen müssen daher einen haploiden Chromosomensatz enthalten. Die Halbierung der Chromosomenanzahl muss so erfolgen, dass die vollständige genetische Information erhalten bleibt. Wie entstehen aus diploiden Urgeschlechtszellen haploide Geschlechtszellen?

ERSTE REIFETEILUNG · Den Vorgang der Geschlechtszellenreifung bezeichnet man als **Meiose.** Sie erfolgt in zwei Schritten, den beiden Reifeteilungen. Zunächst erfolgt während der Synthesephase eine Verdopplung des genetischen Materials, sodass Zwei-Chromatiden-Chromosomen entstehen. Während der *ersten Reifeteilung* legen sich die stark verkürzten homologen Chromosomenpaare aneinander. Im Mikroskop ist je eine **Tetrade** aus den vier Chromatiden eines Homologenpaares in der *Metaphaseplatte* der Zelle zu erkennen. Liegen alle homologen Abschnitte der Chromatiden mütterlicher und väterlicher Herkunft dicht nebeneinander, so spricht man von der **Synapsis.** Die Spindelfasern des Spindelapparats bilden eine Verknüpfung zu jedem Zentromer und trennen die homologen Chromosomen voneinander. Ein Zwei-Chromatiden-Chromosom gelangt zu dem einen Spindelpol, das homologe zum entgegengesetzten Pol. Die Zelle teilt sich. Beide Tochterzellen haben nun den haploiden Chromosomensatz. Die erste Reifeteilung ist damit eine **Reduktionsteilung.**

ZWEITE REIFETEILUNG · Im Verlauf der *zweiten Reifeteilung* werden die Zwei-Chromatiden-Chromosomen voneinander getrennt und als Ein-Chromatid-Chromosomen auf die entgegengesetzten Spindelpole verteilt. Es entstehen vier haploide Zellen, deren Chromosomen aus je einem Chromatid bestehen. Jede reife Geschlechtszelle trägt damit das gesamte Genom ihrer Art in sich.

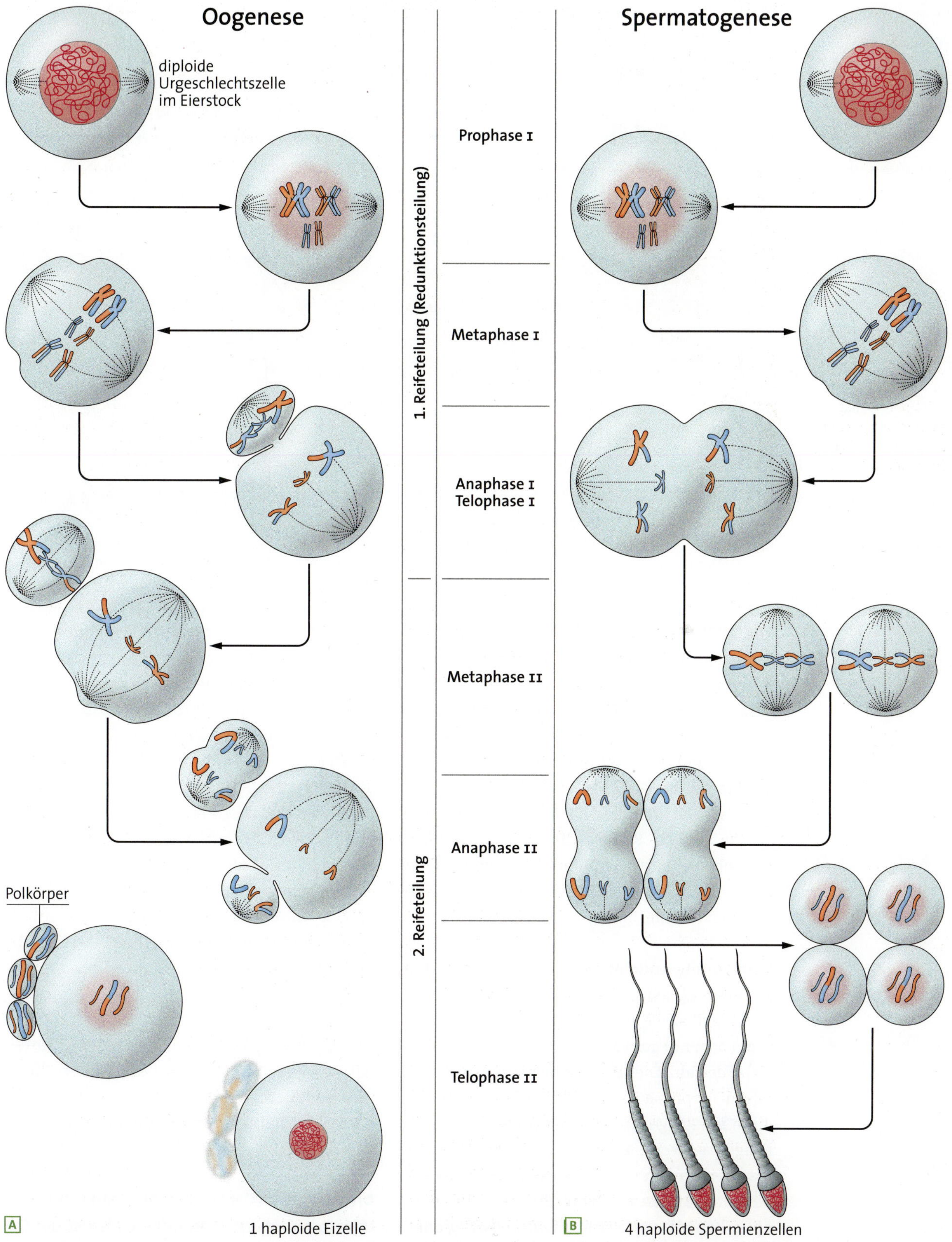

02 Reifung von Geschlechtszellen beim Menschen am Beispiel von drei Chromosomenpaaren: **A** Eizelle, **B** Spermienzelle

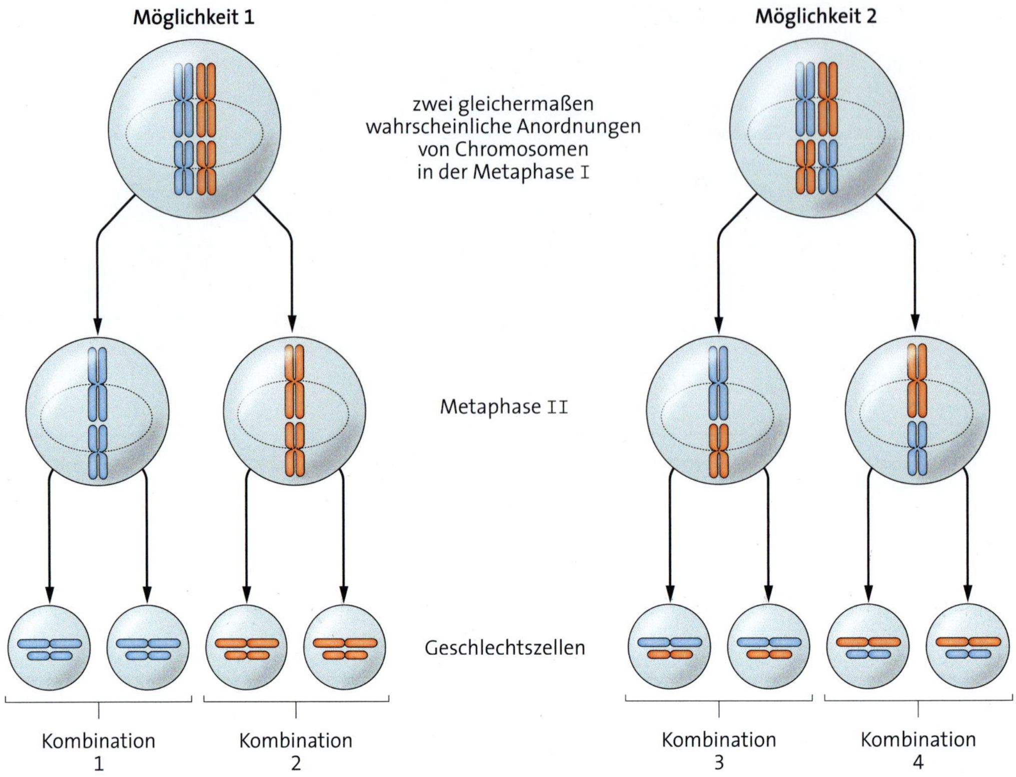

03 Möglichkeiten der Anordnung zweier homologer Chromosomenpaare auf der Metaphaseplatte der Meiose I

REKOMBINATION · Die Verteilung der homologen Chromosomen auf die beiden Tochterzellen während der ersten Reifeteilung erfolgt zufällig. Man bezeichnet dieses Phänomen als *interchromosomale Rekombination* oder **freie Rekombination der Chromosomen.** Dadurch erhöht sich die Anzahl der genetischen Typen von Geschlechtszellen, die bei der Meiose entstehen können. Werden die Gene ausgeprägt, entstehen neue Kombinationen von Merkmalsausprägungen, die zu verschiedenen Phänotypen führen.

Man könnte annehmen, dass nach der ersten Reifeteilung jedes einzelne Chromosom einer Geschlechtszelle entweder nur aus mütterlichem oder nur aus väterlichem genetischen Material besteht. Dies ist aber nicht der Fall.
In der Prophase I, wenn sich im Tetradenstadium homologe Chromosomen über ihre ganze Länge paarweise anordnen, brechen die Chromatiden an den Chiasmata auf und tauschen homologe Stücke aus. Dieser Stückaustausch genetischen Materials wird als *intrachromosomale Rekombination* oder als **Crossing-over** bezeichnet. Dabei entstehen **rekombinante** Chromatiden, die Gene beider Eltern tragen. Beim Menschen werden zwei bis drei Crossing-over-Ereignisse pro Chromosomenpaar beobachtet. Die Durchmischung elterlichen genetischen Materials durch Crossing-over ist damit die Regel.
In der Metaphase II trennen sich die rekombinanten Zwei-Chromatiden-Chromosomen voneinander. Da sie nicht mehr genetisch identisch sind, erhöht sich bei der unabhängigen Verteilung der Chromatiden nochmals die Anzahl der genetischen Typen von Geschlechtszellen, die bei der Meiose entstehen können.

Bei der sexuellen Fortpflanzung entstehen durch Crossing-over Chromosomen mit Anteilen des genetischen Materials beider Eltern. Dies und die freie Rekombination der Chromosomen sind eine wichtige Quelle genetischer Variabilität.

DIE REIFUNG VON EI- UND SPERMIENZELLEN · Interessanterweise verläuft die Meiose der Geschlechtszellen bei Säugetieren und damit auch beim Menschen in beiden Geschlechtern unterschiedlich. Im männlichen Geschlecht bilden sich vier funktionstüchtige Spermienzellen aus einer diploiden Urgeschlechtszelle, im weiblichen Geschlecht entsteht nur eine befruchtungsfähige Eizelle. Bei der Oogenese wird bei jeder Reifeteilung das Plasma ungleich auf die Tochterzellen verteilt. Im ersten Schritt entsteht neben einer volumenreichen Zelle eine plasmaarme Zelle, die als **Polkörper** bezeichnet wird. Während der zweiten Reifeteilung teilen sich der Polkörper und die unreife Eizelle erneut. Dabei entstehen drei Polkörper, die auf der großen, reifen Eizelle haften und später degenerieren.

In der modernen *Reproduktionsmedizin* bietet die *Polkörperdiagnostik* die Möglichkeit, Rückschlüsse auf die genetische Beschaffenheit der Eizelle zu ziehen. Dies geschieht bei der Vorbereitung eines Embryonentransfers in die Gebärmutter einer Frau bei Reagenzglasbefruchtungen, um Embryonen auf genetisch bedingte Erkrankungen zu untersuchen.

Aufgrund dieser Unterschiede zwischen der Oogenese und der Spermatogenese sehen die Eizellen und Spermienzellen des Menschen sehr verschieden aus.
Die Eizelle des Menschen ist mit einem Durchmesser von 200 Mikrometern seine größte Zelle und mit bloßem Auge gerade zu erkennen. Sie liefert mit ihrem Zellplasma die Zellorganellen des neuen Lebewesens und enthält Nährstoffe für die Lebensphase vom Eisprung bis zur Einnistung in die Gebärmutter. Deshalb sind Eizellen besonders groß. Die Spermienzellen sind die kleinsten Zellen des menschlichen Körpers und nur 60 Mikrometer groß. Sie enthalten kaum Zellplasma und steuern zur *Zygote* lediglich ihre Kern-DNA bei.

Die Unterschiede zwischen Ei- und Spermienzelle sind die Folge von Evolutionsprozessen, die sich auch auf ihre Zellgestalt ausgewirkt haben. Millionen Spermienzellen konkurrieren untereinander um eine einzige Eizelle. Nur plasmaarme, das heißt leichte Spermienzellen sind schnell genug am Ziel und tragen ihr genetisches Material in die nächste Generation.

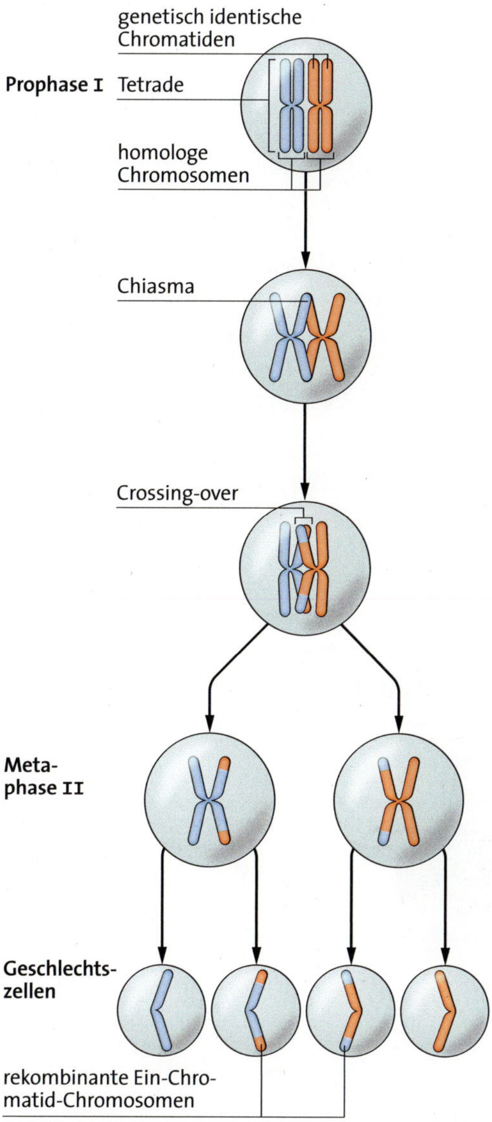

04 Ergebnis von Crossing-over in der Meiose

1 Erläutern Sie die Bedeutung der ersten Reifeteilung!

2 Erläutern Sie die Mechanismen, die zu einer hohen genetischen Vielfalt der Geschlechtszellen eines diploiden Lebewesens führen!

3 Begründen Sie, ob bei einer Befruchtung die Eizelle oder die Spermienzelle des Menschen das Geschlecht des Kindes bestimmt!

4 Erläutern Sie die Ursache für die hohe genetische Variabilität einer sich sexuell fortpflanzenden Population!

Zygote = befruchtete Eizelle

Material A ▸ Die Rolle des Zellkerns bei der Merkmalsausprägung

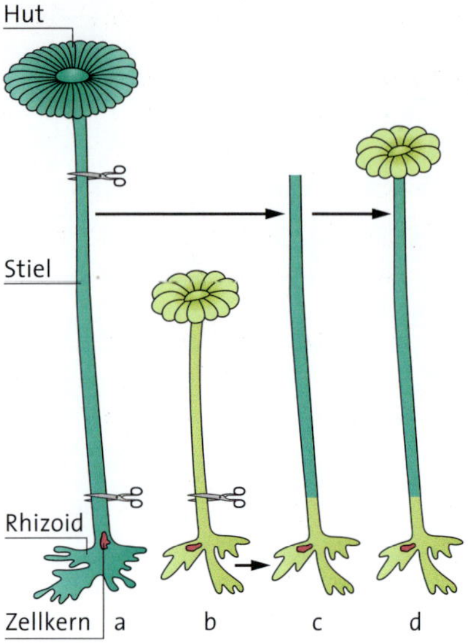

Die marine Schirmalge *Acetabularia* erreicht mit bis zu zehn Zentimeter eine für einzellige Lebewesen ungewöhnliche Größe. Alle *Acetabularia*-Arten sind gegliedert in ein Rhizoid, ein wurzelartiges Haftorgan, und einen unverzweigten, aufrechten Stiel mit Hut. Im Rhizoid befindet sich der diploide Zellkern. Die beiden Arten *A. mediterranea* (a) und *A. wettsteinii* (b) leben im Mittelmeer.

Alle *Acetabularia*-Arten zeigen bei Verletzung ein großes Regenerationsvermögen, indem sie ihren einzelligen Körper nach kurzer Zeit wieder vervollständigen können.

Im Experiment transplantiert man den kernlosen Stiel von *A. mediterranea* auf das kernhaltige Rhizoid von *A. wettsteinii* (c). Die Alge regeneriert sich und trägt den kleinen Hut (d).

A1 Beschreiben Sie das Experiment mit *Acetabularia*!

A2 Geben Sie an, welche naturwissenschaftliche Frage das Experiment beantwortet!

A3 Stellen Sie eine Hypothese zur Rolle des Zellkerns bei der Ausprägung von Merkmalen auf!

Material B ▸ Kerntransplantation

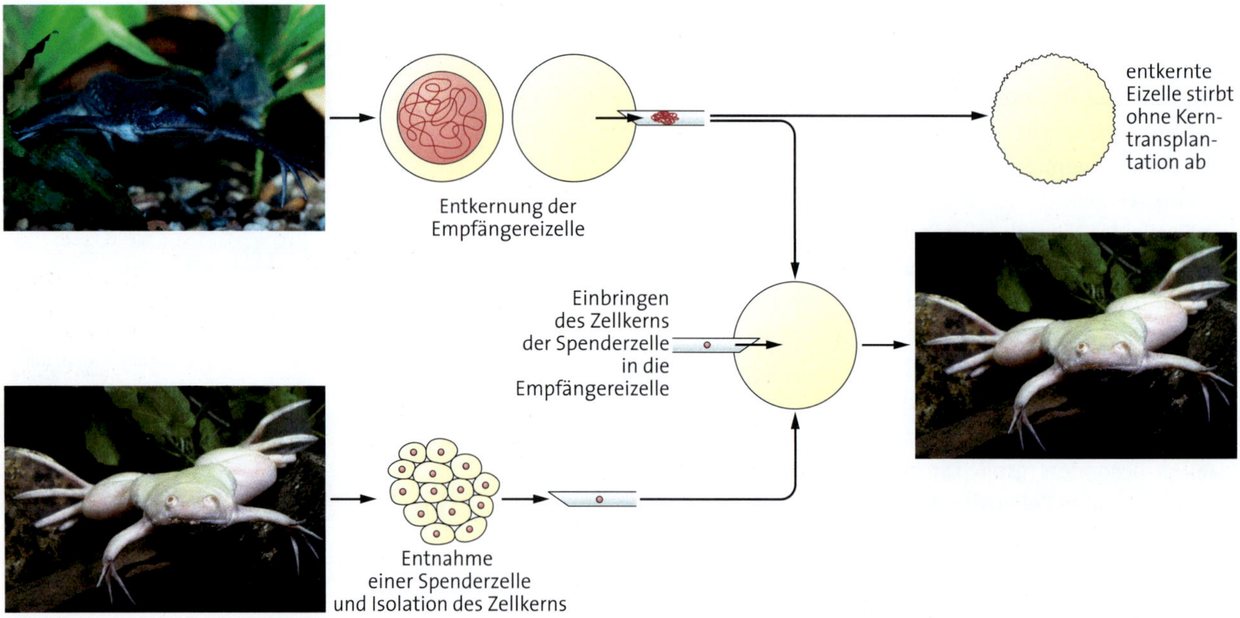

Dem Briten John GURDON gelang im Jahre 1961 ein Aufsehen erregendes Experiment mit dem südamerikanischen Krallenfrosch *Xenopus*. Der Forscher entkernte Eizellen normalfarbiger Frösche und injizierte in diese jeweils einen Zellkern aus Darmzellen eines Albino-Krallenfrosches.

Viele der manipulierten Eizellen wuchsen zu lebensfähigen Albino-Fröschen heran.

Die Technik des Kerntransfers von einer differenzierten Körperzelle als Spenderzelle auf eine entkernte Eizelle als Empfängerzelle ist heute in der Tierzucht als somatisches Klonen etabliert.

B1 Beschreiben und deuten Sie das Experiment zur Kerntransplantation!

B2 Erläutern Sie, welche Aussagen das Versuchsergebnis über das genetische Material von differenzierten Zellen zulässt!

Material C ▸ Der menschliche Entwicklungszyklus

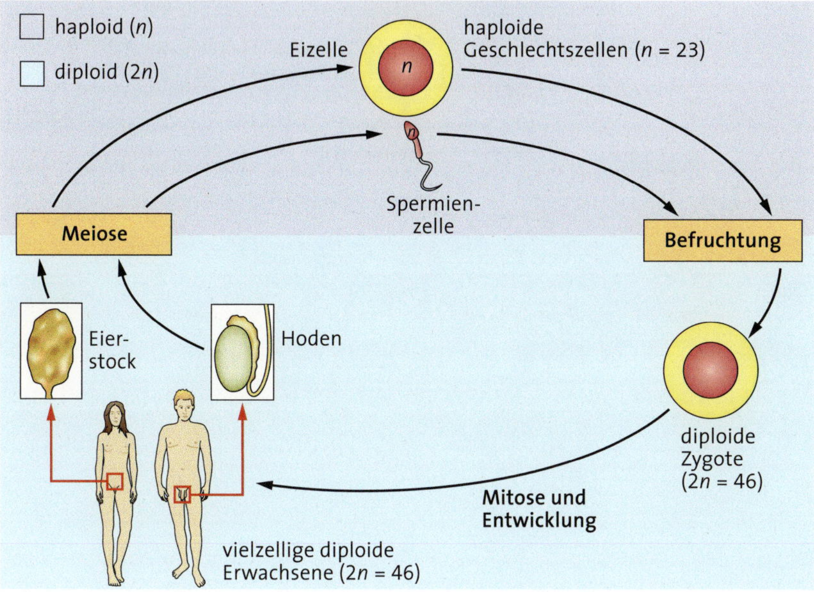

C1 Beschreiben Sie das Schema!

C2 Begründen Sie am Beispiel des Menschen, ob mitotische oder meiotische Zellteilungen dem Wachstum, der Reparatur von Geweben und der Fortpflanzung zugrunde liegen!

C3 Werten Sie die Abbildung im Hinblick auf die ersten beiden genetischen Grundfragen aus! Nehmen Sie dazu Seite 7 zu Hilfe!

C4 Erläutern Sie an diesem Beispiel das Basiskonzept Reproduktion!

Material D ▸ Reifung der Spermienzellen im Hoden des Mannes

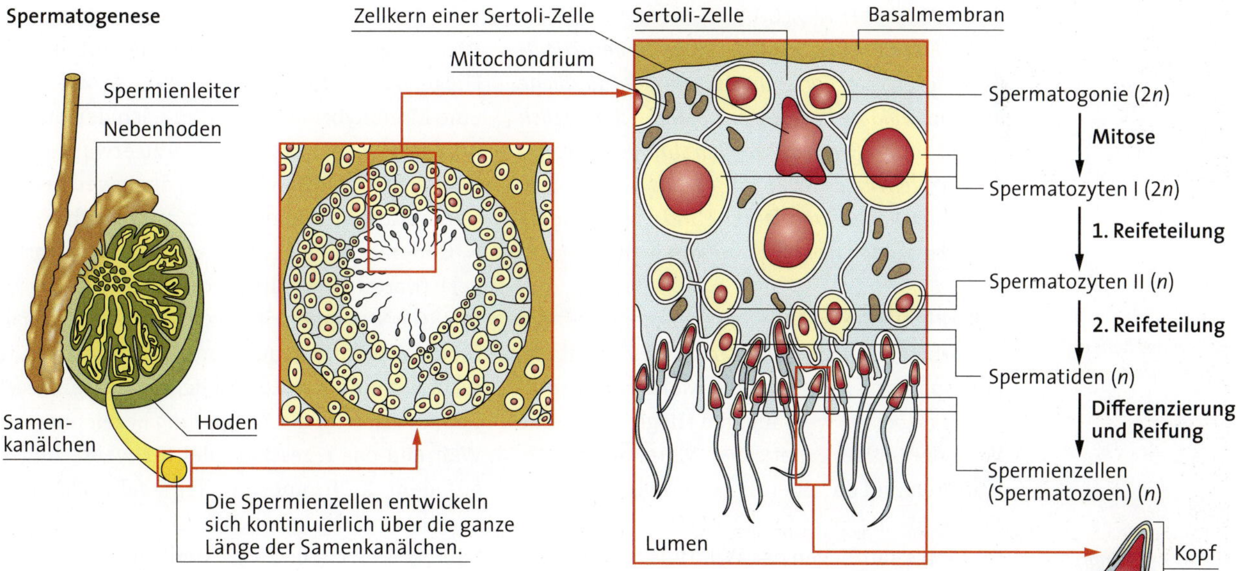

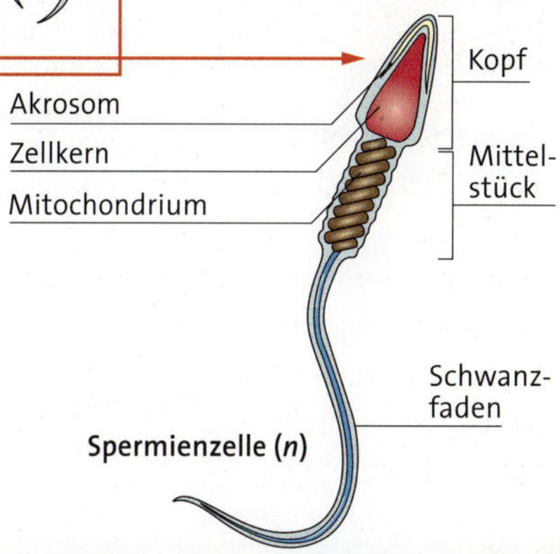

D1 Nennen Sie die abgebildeten biologischen Systemebenen!

D2 Beschreiben Sie die Reifungsstadien einer Spermienzelle unter Berücksichtigung ihres Entstehungsortes!

D3 Sertoli-Zellen enthalten viele Mitochondrien. Entwickeln Sie eine Hypothese zur Bedeutung der Sertoli-Zellen für die Spermienzellreifung!

D4 Recherchieren Sie die Bedeutung des Akrosoms, der Kopfkappe einer Spermienzelle!

01 Wildtyp und weißäugige Mutante von *Drosophila melanogaster*

Genkopplung und Genkarten

Thomas Hunt MORGAN 1866–1945

An der Columbia University in New York machten Thomas H. MORGAN und seine Mitarbeiter im Jahre 1909 eine Entdeckung. In den Zuchtgläschen ihres Forschungsobjekts, der Taufliege Drosophila melanogaster, befand sich plötzlich eine einzige Fliege mit weißen statt der gewöhnlich roten Augen. Wie lässt sich das Auftreten der weißen Augenfarbe deuten? Und welche Augenfarbe würden wohl die Nachkommen zeigen?

Genlocus = Ort eines Gens auf einem Chromosom

Wildtyp = Phänotyp und Genom eines Lebewesens unter natürlichen Bedingungen

X-KOPPLUNG · MORGAN arbeitete mit einem reinerbigen *Drosophila*-Stamm des Wildtyps. Eine spontane Änderung der Merkmalsausprägung wie bei der weißäugigen Fliege ist auf eine Veränderung des genetischen Materials zurückzuführen und damit erblich. Diese bezeichnete MORGAN als Erster als **Mutation.** Er kreuzte rotäugige Taufliegen des Wildtyps mit Fliegenmutanten, die weiße Augen zeigten. Dabei entdeckte er, dass es nicht gleichgültig ist, welches Elterntier die jeweilige Merkmalsausprägung zeigt. Alle Nachkommen der F_1-Generation sind rotäugig, wenn das männliche Elterntier Träger der weißen Augenfarbe ist. Zeigt dagegen die weibliche Fliege die weiße Augenfarbe, spalten die Nachkommen in der F_1-Generation geschlechtsgebunden auf: Männliche Nachkommen haben weiße, weibliche Nachkommen haben rote Augen. Damit zeigen reziproke Kreuzungen zwischen weiß- und rotäugigen Fliegen keine identischen Ergebnisse, wie es für eine Monohybridenkreuzung nach der Uniformitäts- und Reziprozitätsregel zu erwarten wäre. Kreuzte MORGAN Fliegen der jeweiligen F_1-Generation miteinander, so zeigte sich in der F_2-Generation nicht das nach der Spaltungsregel erwartete Verhältnis von 3 : 1.

MORGAN zog den Schluss, dass der *Genlocus* für die Augenfarbe auf dem X-Chromosom und nicht auf einem Autosom liegen müsse. Dieses Phänomen wird als *X-Kopplung* bezeichnet.

Während das rezessive Allel für weiße Augen auf dem X-Chromosom liegt, fehlt der entsprechende Locus auf dem Y-Chromosom. Damit haben Weibchen zwei Genloci, auf jedem X-Chromosom einen. Die Männchen besitzen nur einen Locus auf ihrem einzigen X-Chromosom. Daher werden alle auf dem X-Chromosom liegenden Allele der Männchen im Phänotyp sichtbar. Für X-gekoppelte Gene sind Männchen daher weder homo- noch heterozygot, sondern **hemizygot.** Gene, die auf dem X-Chromosom liegen, zeigen eine von den MENDELschen Regeln abweichende *geschlechtsgebundene Vererbung.*

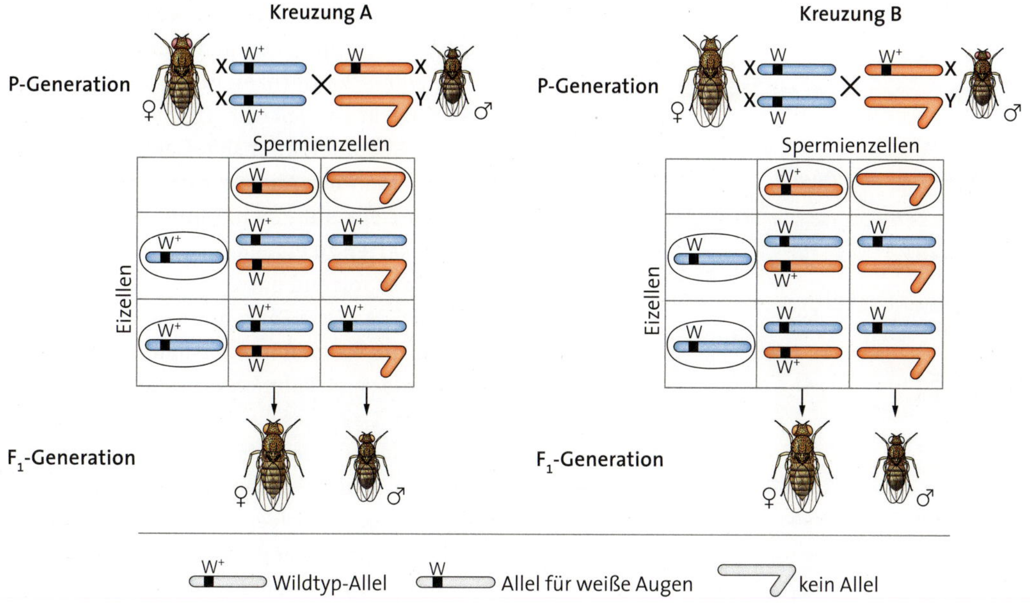

Wildtypallele werden mit + gekennzeichnet.

02 Reziproke Kreuzung von Fliegen mit unterschiedlicher Augenfarbe als X-gekoppeltes Merkmal

GENKOPPLUNG · Die Versuche mit weißäugigen Fliegenmutanten lieferten den ersten experimentellen Beweis dafür, dass Gene auf bestimmten Chromosomen liegen. Damit wurde die Chromosomentheorie der Vererbung bestätigt. Auf dieser Theorie aufbauend wurde die Hypothese geprüft, ob Gene miteinander gekoppelt auf Chromosomen vererbt werden. Die dihybride Kreuzung zwischen Wildtypfliegen und einer Doppelmutante mit den rezessiven Allelen für Stummelflügel und schwarzem Körper sowie die anschließende Rückkreuzung der F_1-Individuen mit doppelt rezessiven Elterntieren brachten die Bestätigung. 83 Prozent der Nachkommen aus der Rückkreuzung zeigten die beiden elterlichen Phänotypen. Bei absoluter Genkopplung ist aber mit 100 Prozent elterlichen Phänotypen in einem Verhältnis von 1:1 zu rechnen. 17 Prozent wiesen neue Kombinationen der betrachteten Merkmalsausprägungen auf. Damit zeigte sich auch nicht das bei freier Rekombination der Gene erwartete Aufspaltungsverhältnis von 1:1:1:1 in vier verschiedene Phänotypen. Für 83 Prozent der Nachkommen war jedoch die gekoppelte Vererbung der Gene nachgewiesen. Alle Gene eines Chromosoms bilden eine **Kopplungsgruppe.** Für diese gilt die freie Kombinierbarkeit nach MENDELs Unabhängigkeitsregel nicht. Jedes Genom besitzt so viele Kopplungsgruppen wie Chromosomen.

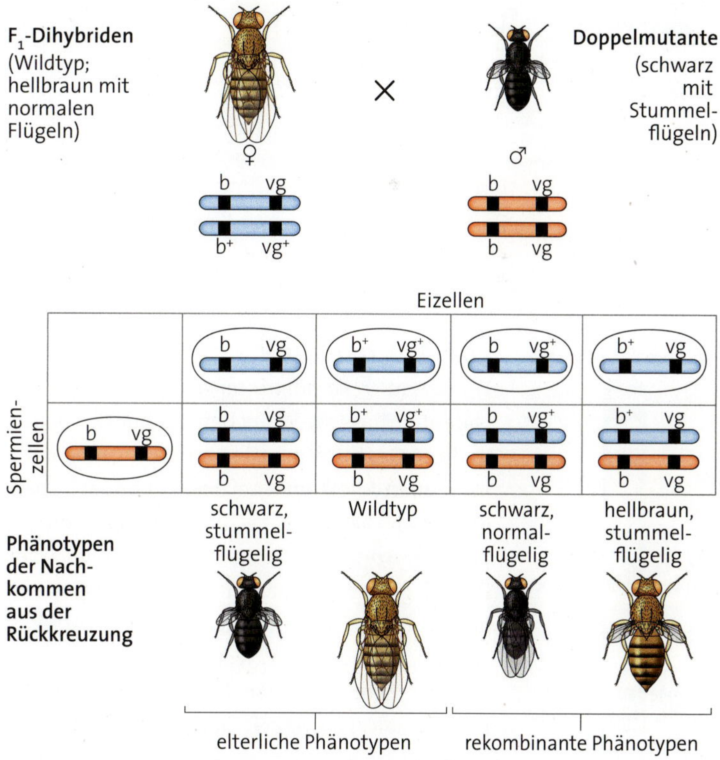

Erwartetes Verhältnis	1	1	–	–
Ergebnis eines Versuchs	465	586	106	111

03 Rückkreuzung als Nachweis von Kopplungsbrüchen bei Chromosomen der weiblichen Geschlechtszellen

Rückkreuzung

Chromosomen in Eizellen	Genotypen der Nachkommen	Anzahl der Phänotypen	Anzahl der Crossing-over-Ereignisse
A B C	A B C / a b c	580	0
a b c	a b c / a b c	592	
A B c	A B c / a b c	45	1
a b C	a b C / a b c	40	
a B C	a B C / a b c	89	1
A b c	A b c / a b c	94	
A b C	A b C / a b c	3	2
a B c	a B c / a b c	5	

Von 1448 Nachkommen zeigen Rekombination
zwischen A und B: 191 (13,2 %)
B und C: 93 (6,4 %)
A und C: 268 (18,5 %)

Genkarte in cM:

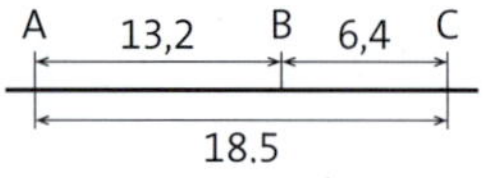

04 Drei-Faktoren-Kreuzung

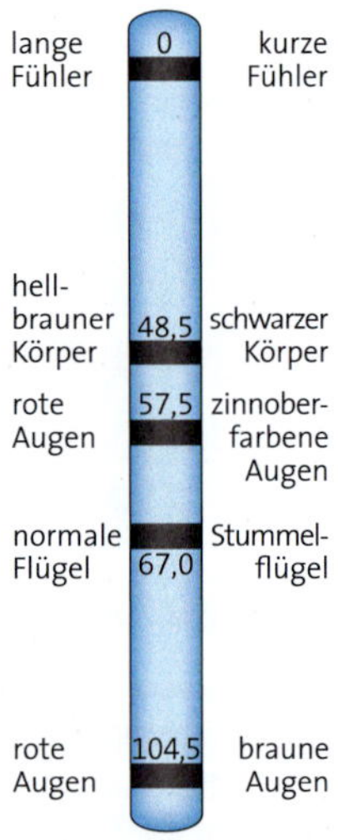

05 Vereinfachte Genkarte des zweiten *Drosophila*-Chromosoms

KOPPLUNGSBRUCH · Das Auftreten von 17 Prozent *rekombinanter* Fliegen kann nur bedeuten, dass die Weibchen der Rückkreuzung in ihren Geschlechtszellen auch Chromosomen mit neuen Allelkombinationen gebildet haben. MORGAN bezeichnete dieses Phänomen als *Kopplungsbruch* und erklärte es als Folge eines Crossing-over zwischen den Chromatiden homologer Chromosomen. Bei *Drosophila* kommt dies nur bei Weibchen vor. Aus der Anzahl rekombinanter Fliegen lässt sich die prozentuale Häufigkeit der Kopplungsbrüche mit 17 Prozent in den weiblichen Geschlechtszellen berechnen. Diese Verhältniszahl gibt die **Rekombinationshäufigkeit** zweier Genloci an und belegt die **unvollständige Genkopplung.** Für die Allele Stummelflügel und schwarzer Körper tritt dieser Wert in allen Kreuzungsergebnissen immer wieder auf. Bei anderen Genloci ist er verschieden.

GENKARTIERUNG · Für Genloci, die auf einem Chromosom weit voneinander entfernt liegen, ist die Wahrscheinlichkeit für ein Crossing-over größer als für eng benachbarte. Sie sollten daher höhere Rekombinationshäufigkeiten zeigen. Daraus lassen sich Aussagen über Abstand und Lage der Gene auf einem Chromosom treffen, um **Genkarten** zu erstellen.
Dieser Idee folgend entwickelte MORGAN die Methode der **Drei-Faktoren-Kreuzung.** Dabei werden die Rekombinationshäufigkeiten von drei Genloci im Rahmen einer Rückkreuzung bestimmt. Das typische Schema eines solchen Kartierungsexperiments ist, dass für die drei Genloci A, B und C heterozygote F_1-Individuen mit dreifach rezessiven Elterntieren verpaart werden. Anschließend werden die Nachkommen hinsichtlich ihrer Phänotypen sortiert und ausgezählt. Die Anzahl aller Taufliegen, bei denen ein Kopplungsbruch zwischen zwei bestimmten Genloci stattgefunden hat, wird zur Gesamtanzahl der Nachkommen prozentual in Beziehung gesetzt. Von 1448 Nachkommen zeigten 191 Nachkommen einen Kopplungsbruch zwischen den Genen A und B. Dies ergibt eine Rekombinationshäufigkeit von 13,2 Prozent. Sie wird als **relativer Genabstand** in **Centimorgan**, kurz **cM**, angegeben. Die Gene A und B liegen also 13,2 cM auseinander. Der Abstand zwischen den Genen B und C beträgt 6,4 cM und zwischen A und C 18,5 cM. Interessanterweise verhalten sich die gemessenen Abstände AB und BC nicht additiv zu AC. Mit zunehmendem Abstand der Genloci steigt nämlich die Wahrscheinlichkeit für ein *doppeltes Crossing-over.* Die Genloci bleiben dadurch gekoppelt, weil das zweite Crossing-over die Wirkung des ersten aufhebt. Weit entfernte Genloci zeigen daher eine kleinere Rekombinationshäufigkeit und ihr Abstand auf dem Chromosom erscheint geringer.

1 Ermitteln Sie für die Kreuzungen in Abbildung 02 auf Seite 27 das Verhältnis von weiß- und rotäugigen Taufliegen in der F_2-Generation unter Angabe des Geschlechts!

2 Erläutern Sie, inwiefern die unvollständige Genkopplung die Genkartierung ermöglicht!

Material A ▸ Kartierung von Genen auf dem X-Chromosom von Drosophila melanogaster

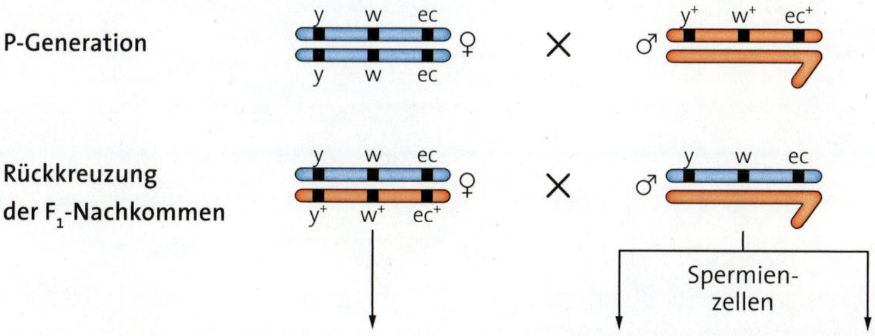

* Allel-Symbole kennzeichnen den Phänotyp:
y, yellow = gelber Körper
w, white = weiße Augen
ec, echinus = „stachelige" Augen

Crossing-over-Ereignisse	Eizellen	F_2-Genotyp (Spermienzelle y w ec)	F_2-Genotyp (Spermienzelle)	F_2-Phänotyp*	Anzahl der Phänotypen
y w ec / y^+ w^+ ec^+	1: y w ec	y w ec / y w ec	y w ec	y w ec	4685
	2: y^+ w^+ ec^+	y^+ w^+ ec^+ / y w ec	y^+ w^+ ec^+	y^+ w^+ ec^+	4759
y w ec / y^+ w^+ ec^+	3: y w^+ ec^+	y w^+ ec^+ / y w ec	y w^+ ec^+	y w^+ ec^+	80
	4: y^+ w ec	y^+ w ec / y w ec	y^+ w ec	y^+ w ec	70
y w ec / y^+ w^+ ec^+	5: y w ec^+	y w ec^+ / y w ec	y w ec^+	y w ec^+	193
	6: y^+ w^+ ec	y^+ w^+ ec / y w ec	y^+ w^+ ec	y^+ w^+ ec	207
y w ec / y^+ w^+ ec^+	7: y w^+ ec	y w^+ ec / y w ec	y w^+ ec	y w^+ ec	3
	8: y^+ w ec^+	y^+ w ec^+ / y w ec	y^+ w ec^+	y^+ w ec^+	3

MORGAN erweiterte die Chromosomentheorie der Vererbung durch die Gentheorie:

- Gene sind Abschnitte auf einem Chromosom, die für Merkmalsausprägungen verantwortlich sind.
- Gene sind linear auf dem Chromosom angeordnet.
- Aus den Häufigkeiten von Crossing-over-Ereignissen lassen sich Genabstände berechnen.
- Durch Drei-Faktoren-Kreuzungen kann man Genkarten erstellen.

A1 Nennen Sie für jede These der Gentheorie das beweisführende Experiment!

A2 Beschreiben Sie die für die Kartierung der auf dem X-Chromosom liegenden Genloci y/y^+, w/w^+ und ec/ec^+ durchgeführten Kartierungsexperimente und ihre Ergebnisse!

A3 Bestimmen Sie die Abstände der Genloci und begründen Sie deren Reihenfolge!

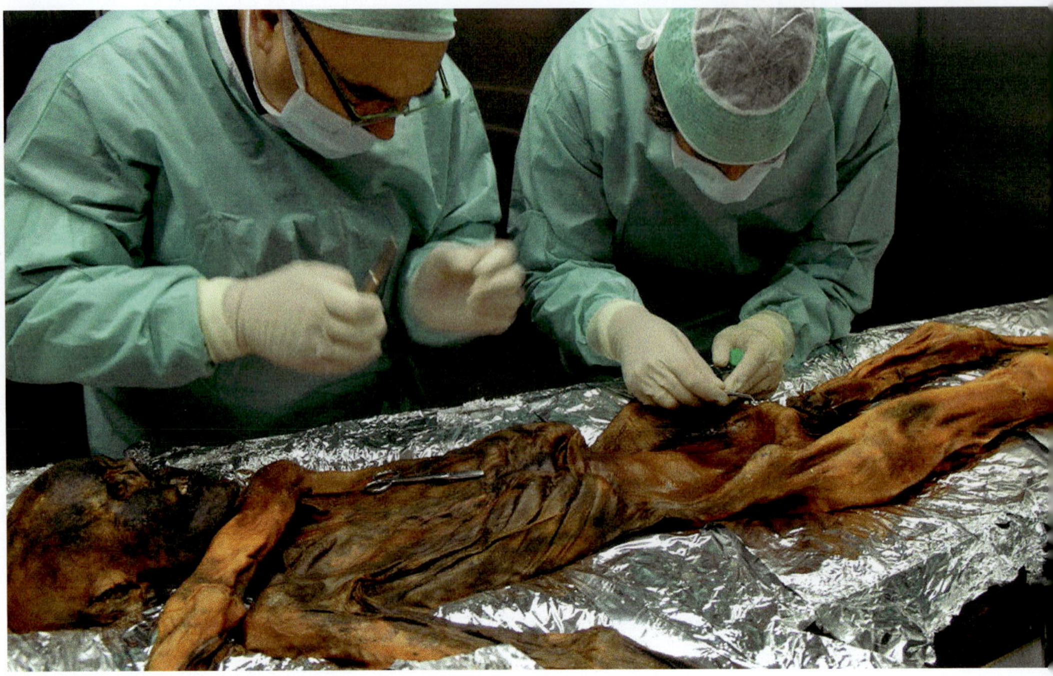

01 Mumie von „Ötzi"

Genommutationen

Neolithikum = Jungsteinzeit 9500–2200 v. Chr.

02 Brüchige und feste Ähre des Einkorns

In Darmproben von „Ötzi", dem Mann, der als Gletschermumie im Jahre 1991 in den Ötztaler Alpen gefunden wurde, entdeckten Forscher 5300 Jahre nach dessen gewaltsamem Tod Brei aus Einkorn, Fleisch und Gemüse. Einkorn ist eine der ältesten kultivierten Getreidesorten. Es wurde schon für das vorkeramische Neolithikum, dem siebten Jahrtausend vor unserer Zeitrechnung, in der Region um Jericho nachgewiesen und auch in den Pharaonengräbern gefunden. Ohne das Brot wäre die neolithische Revolution, der Übergang von Jäger- und Sammlerkulturen zu sesshaften Bauern mit domestizierten Tieren und Pflanzen, nicht möglich gewesen. Welche Veränderungen erfuhren die Wildgräser wie das Einkorn während ihrer Domestikation?

POLYPLOIDIE · Das Zentrum der frühen Domestikation des Einkorns liegt am Karaca-Dag-Gebirge in Anatolien, in der Nähe des Euphrats. Hier findet man bis heute auch den wilden Spelzweizen und den Wild-Emmer.

Genetische Analysen zeigen, dass der Wild-Emmer aus einer Kreuzung zwischen dem diploiden wilden Einkorn mit dem AA-Genom und dem diploiden wilden Spelzweizen mit dem BB-Genom entstanden ist. Als Ergebnis der Hybridisierung findet man beim Wild-Emmer die Chromosomensätze beider Vorfahren: AABB. Haben Arten mehr als zwei Chromosomensätze in ihren Zellen, so bezeichnet man dies als *Polyploidie*. Je nach der Anzahl der Chromosomensätze können Arten zum Beispiel **triploid,** $3n$, **tetraploid,** $4n$, oder **pentaploid,** $5n$, sein. Da bei der Polyploidisierung die Anzahl der Chromosomen verändert wird, zählt sie zu den **Genommutationen.**

Beim Wild-Emmer sind zwei verschiedene Arten durch Hybridisierung an der Vervielfachung des Genoms beteiligt. Daher spricht man von **Allopolyploidie.** In der Regel sind die zwei miteinander hybridisierten Arten eng verwandt. Fortpflanzungsfähig sind nur polyploide Hybriden mit einer geraden Anzahl an Chromosomensätzen. Bei einer ungeraden Anzahl der Chromosomensätze treten Störungen während der Meiose auf. Der haploide Chromosomensatz der einen Art kann sich nicht mit dem haploiden Chromosomensatz der anderen Art zu Tetraden anordnen. Deshalb sind die meisten interspezifischen Hybriden steril. Bei Pflanzen kann sich ein steriler Hybrid aber oft asexuell vermehren. Findet in einer der nächsten Generationen eine Mutation statt, in deren Folge sich die Chromosomensätze verdoppeln, können fertile polyploide Lebewesen entstehen.

ZÜCHTUNG VON KULTURWEIZEN · Dem tetraploiden Wild-Emmer mit dem AABB-Genom liegt demnach eine Mutation zugrunde, durch die eine Verdopplung der Chromosomensätze stattgefunden hat. Das Getreide ist fortpflanzungsfähig und bildet eine eigene, neue Art. Polyploidie gehört damit zu den Evolutionsmechanismen und erklärt Artbildungsprozesse. Wie seine Vorfahren hat der Wild-Emmer brüchige Ähren. Bei der Reifung brechen die Teilblütenstände, die Ährchen, auf und die Samen werden optimal verteilt. Der domestizierte Emmer, der auch Zweikorn genannt wird, hat anders als seine Vorfahren pro Ährchen zwei Samenkörner. Aus einer weiteren Kreuzung des Emmers mit dem wilden Gänsefußgras, welches sein CC-Genom einbrachte, entstand der hexaploide Dinkel mit dem AABB-CC-Genom. Diese Getreideart, auch Dreikorn genannt, bildet drei Samenkörner pro Ährchen. Emmer und Dinkel zeigen feste Ähren, aus denen die Samenkörner nicht von alleine herausfallen können. Dies war für eine effektive Getreideernte eine weitere bedeutende neue Merkmalsausprägung. Emmer und Dinkel besitzen wie alle Süßgräser, zu denen unsere Getreidearten gehören, Spelzen. Diese sind harte, nicht essbare Hochblätter der Ährchen und fest mit dem Korn verwachsen. Da sich die Spelzen beim Dreschen des Getreides nicht lösen, müssen sie in einem eigenen Arbeitsgang entfernt werden. Der aus dem Emmer hervorgegangene Hartweizen sowie der aus dem Dinkel entstandene Brot- oder Weichweizen haben keine fest verwachsenen Spelzen, sie sind freidreschend. Ursache dafür ist eine weitere Mutation. Der hexaploide Weichweizen mit dem AABBCC-Genom macht heute 90 Prozent des globalen Weizenanbaus aus.

1 Erklären Sie die Sterilität von F_1-Hybridpflanzen als Folge einer Kreuzung zweier nah verwandter Arten!

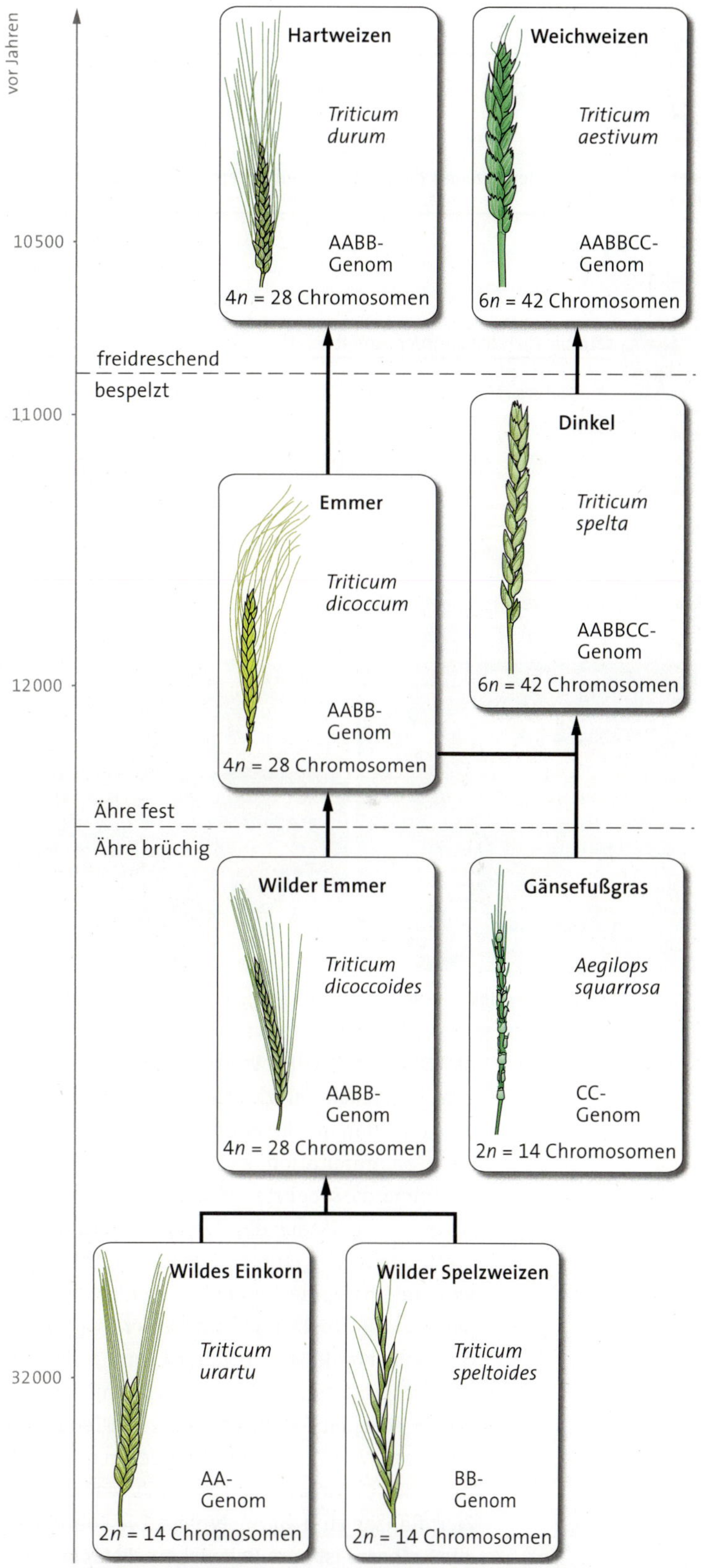

03 Entstehung des Kulturweizens durch Kreuzung, Polyploidisierung und Auslese

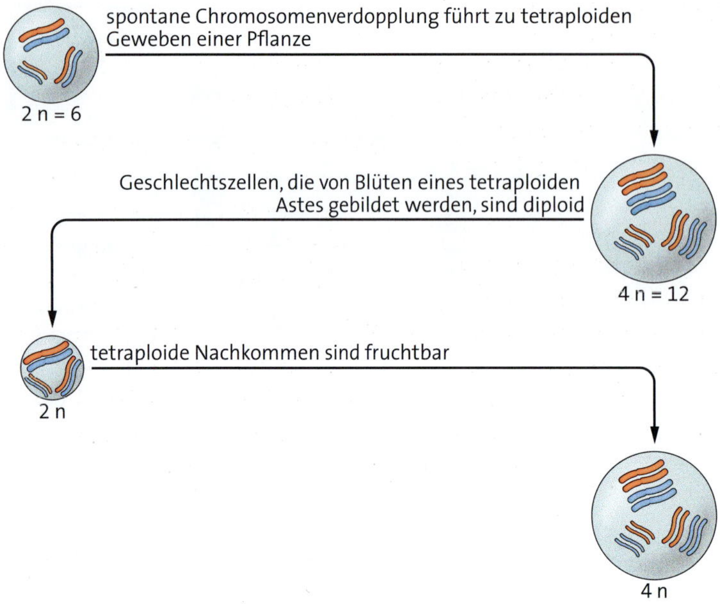

04 Autopolyploide Artbildung bei Pflanzen

05 Polyploidie bei der Erdbeere: **A** Walderdbeere (2*n*), **B** Gartenerdbeere (8*n*)

AUTOPOLYPLOIDIE · Wenn Chromosomensätze von Individuen derselben Art vervielfacht werden, spricht man von *Autopolyploidie*. Diese Form der Genommutation kann dadurch zustande kommen, dass bei der Meiose die homologen Chromosomen oder die Zwei-Chromatid-Chromosomen nicht getrennt werden. Somit entstehen statt haploider diploide Geschlechtszellen. Bei der Befruchtung mit einer haploiden Geschlechtszelle kann daraus ein triploides Lebewesen entstehen, beim Zusammentreffen zweier diploider Geschlechtszellen ein Tetraploid. Auf diese Weise entstehen Lebewesen mit bis zu 16-fachen Chromosomensätzen. Viele Nutz- und Zierpflanzen sind autopolyploid. Die kommerzielle Erdbeere ist zum Beispiel ein *Oktoploid* mit einem achtfachen Chromosomensatz.

Polyploide Pflanzen bilden meist größere Zellen und zeichnen sich durch üppigeren Wuchs und größere Früchte aus. Viele Rosengewächse, darunter Apfel- und Birnensorten, haben vielfache Chromosomensätze der Wildform.
Es gibt nur wenige Tierarten, die polyploid sind, so zum Beispiel die karpfenähnliche Silberkarausche oder der Graue Laubfrosch. Triploide Tiere bilden viele Geschlechtszellen mit Anomalien der Chromosomenanzahl und pflanzen sich daher in der Regel nicht fort.
Auch durch Autopolyploidie entstehen spontan neue Arten. Innerhalb von Abstammungslinien kann durch einen unterschiedlichen Polyploidisierungsgrad der Genfluss zwischen Lebewesen verhindert sein und es zu genetischer Isolation kommen. Botaniker schätzen, dass mehr als 80 Prozent aller heute lebenden Pflanzenarten von Vorfahren abstammen, die durch polyploide Artbildung entstanden sind.

PFLANZENZÜCHTUNG MIT COLCHIZIN · Experimentell lassen sich Keimlinge durch das giftige Alkaloid *Colchizin*, einen Inhaltsstoff des Herbstkrokus, polyploidisieren. Colchizin wird somatischen Zellen während der Mitose zugesetzt. Es stört den Spindelapparat mit der Folge, dass die Chromosomen nicht zu den Zellpolen wandern können. Entfernt man Colchizin wieder, tritt die Zelle in die Interphase ein und besitzt nun einen verdoppelten Chromosomensatz.
Wissenschaftler nutzen diese Technik, um neue Hybridarten mit erwünschten Qualitäten zu produzieren. Eine wirtschaftlich besonders erfolgreiche Kreuzung ist die zwischen Weizen der Gattung *Triticum* und Roggen der Gattung *Secale*. Der einfache Chromosomensatz beider Arten besteht aus jeweils sieben Chromosomen. Kreuzt man tetraploiden Weizen und diploiden Roggen und behandelt die F_1-Generation mit Colchizin, erhält man ein hexaploides Getreide mit 42 Chromosomen. Der Hybrid mit der Bezeichnung *Triticale* vertritt eine neue Gattung. Die hybriden Pflanzen vereinen den hohen Proteingehalt des Weizens mit dem hohen Anteil an Lysin des Roggens.

2 Erläutern Sie eine Maßnahme zur Umkehrung der Sterilität von Hybridpflanzen!

Material A ▸ Experimenteller Nachweis von Evolutionsprozessen

Die domestizierte amerikanische Baumwolle besitzt 26 Chromosomenpaare: 13 große und 13 wesentlich kleinere. Als man feststellte, dass die afrikanische und asiatische Baumwolle, also die Baumwolle der Alten Welt, nur 13 große Chromosomen besitzt, vermutete man einen Fall von Allopolyploidie. Die Untersuchung der wilden amerikanischen Baumwolle ergab, dass sie 13 Paare der kleinen Chromosomen besitzt. Dies erhärtete die Hypothese.

A1 Erläutern Sie den Fachbegriff Allopolyploidie!

A2 Nennen Sie die der Hypothese zugrunde liegende Fragestellung und beschreiben Sie ein Experiment, welches geeignet ist, die Hypothese zu prüfen!

A3 Erläutern Sie, inwiefern man Evolutionsprozesse experimentell nachweisen kann und Evolution damit beobachtbar macht!

Material B ▸ Pflanzenzüchtung durch Hybridisierung somatischer Zellen

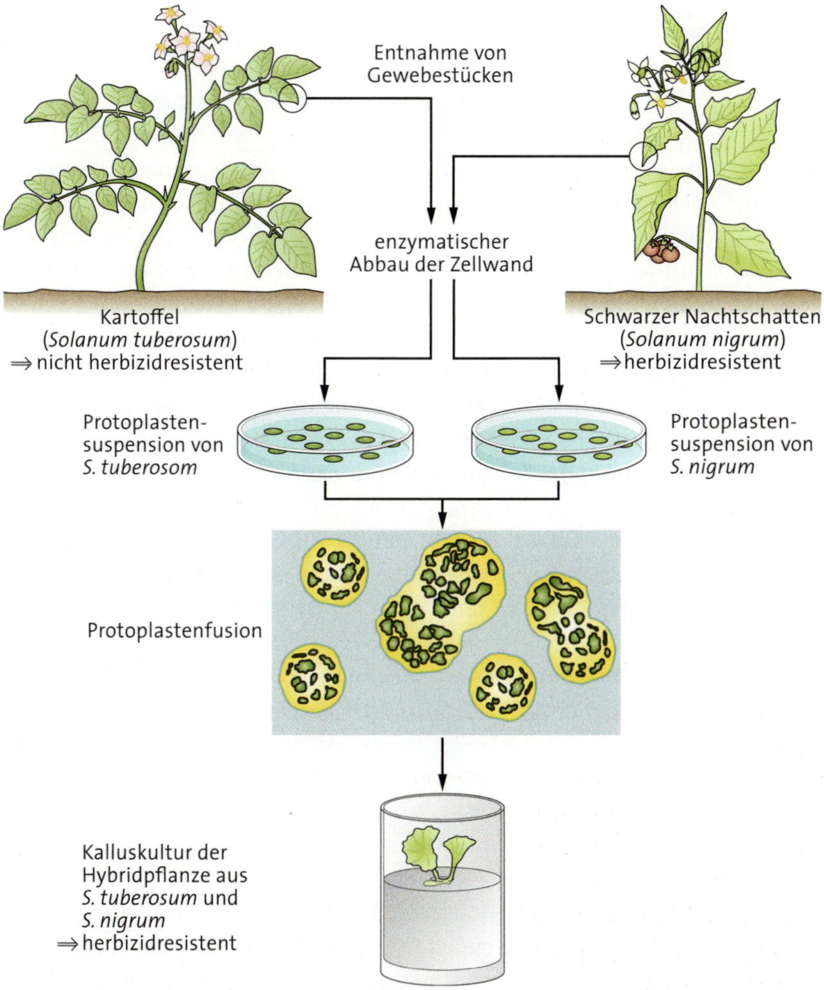

Eine moderne Technik zur gezielten Züchtung von Hybridpflanzen mit neuen, wünschenswerten Merkmalsausprägungen ist die Hybridisierung somatischer Zellen zweier Arten. Dabei wird die Zellwand isolierter Zellen enzymatisch entfernt. Die so entstehenden Protoplasten können unter experimentellen Bedingungen miteinander zu einer neuen Zelle mit dem genetischen Material der beiden Vorläuferzellen verschmelzen. Dies bezeichnet man als **Protoplastenfusion.** Die neuen Tetraploiden lassen sich zu Teilungen stimulieren. Oft wachsen sie zu kompletten, genetisch veränderten Pflanzen heran.

B1 Beschreiben Sie die Methode zur Gewinnung genetisch veränderter Pflanzenhybriden!

B2 Vergleichen Sie diese Technik mit klassischen Methoden der Pflanzenzüchtung!

B3 Beurteilen Sie die Bedeutung dieser Methode mit Blick auf die Welternährungssituation!

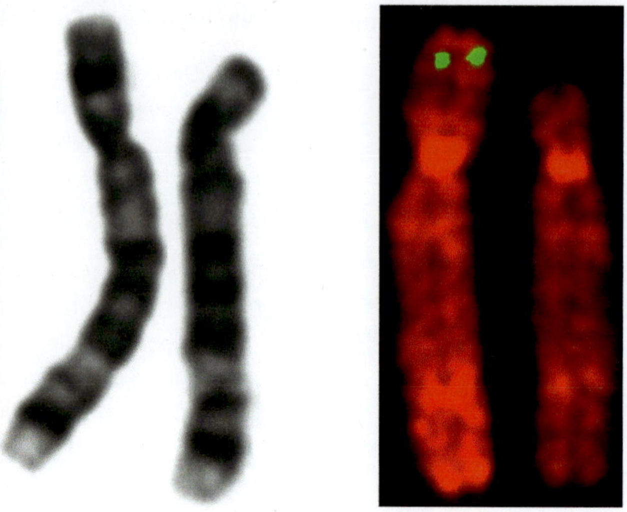

01 Katzenschreisyndrom:
A betroffenes Mädchen,
B Deletion am kurzen Arm von Chromosom 5

Chromosomenmutationen

Jérôme LEJEUNE, ein französischer Kinderarzt und Genetiker, berichtete im Jahr 1963 erstmals von einem Kleinkind mit einem kleinen Kopf und ungewöhnlichen Gesichtszügen. Das Schreien des Kindes klang wie das Miauen einer leidenden Katze. Dieses Symptom gab der Krankheit den Namen Katzenschreisyndrom. Es ist die Folge des Verlustes eines kleinen Teils von Chromosom 5. Welche Erklärung gibt es für den Stückverlust eines Chromosoms?

lat. pars = der Teil

Syndrom = gleichzeitiges Vorliegen verschiedener Krankheitszeichen, Symptome

STRUKTURELLE CHROMOSOMENANOMALIEN · Typische Symptome des Katzenschreisyndroms sind Fehlbildungen der Stimmritze und des Kehlkopfes. Betroffene Menschen sind mental unterentwickelt, können aber durch weitreichendes therapeutisches Training am sozialen Leben teilhaben. Man schätzt, dass das Syndrom einmal bei 50 000 Neugeborenen auftritt.

Die Ursache für diese Krankheitszeichen ist ein Bruch des Chromosoms 5 während der Meiose. Bricht ein Chromosom an einer oder an mehreren Stellen auf und geht ein Chromosomenstück dabei verloren, bezeichnet man dies als **Deletion.** Dem betroffenen Chromosom fehlen daraufhin bestimmte Gene.

Menschen mit Katzenschreisyndrom gehören zu den wenigen Fällen, bei denen ein Überleben trotz Deletion eines Chromosomenstücks möglich ist. Da nur ein Teil des Chromosoms fehlt, spricht man von einer **partiellen Monosomie.** Vollständige autosomale Monosomien sind beim Menschen nicht bekannt. Menschen mit unterschiedlichen Monosomien werden ohne Zweifel gezeugt, sind aber schon im embryonalen Entwicklungsstadium nicht überlebensfähig. Solche Veränderungen der Chromosomenstruktur nennt man **Chromosomenmutationen.**

Es gibt weitere Formen der Chromosomenmutation. Ein deletierter Chromosomenabschnitt kann an ein Chromatid desselben oder des homologen Chromosoms angefügt werden. Dies führt zu einer Verdopplung des Chromosomenstücks, zu einer **Duplikation.** Wird das deletierte Fragment auf ein nicht homologes Chromosom übertragen, liegt eine **Translokation** vor. Die Translokation wird reziprok genannt, wenn nicht homologe Chromosomen wechselseitig Stücke austauschen.

Integriert sich ein Chromosomenstück in umgekehrter Orientierung in sein Ursprungschromosom, spricht man von einer **Inversion.**

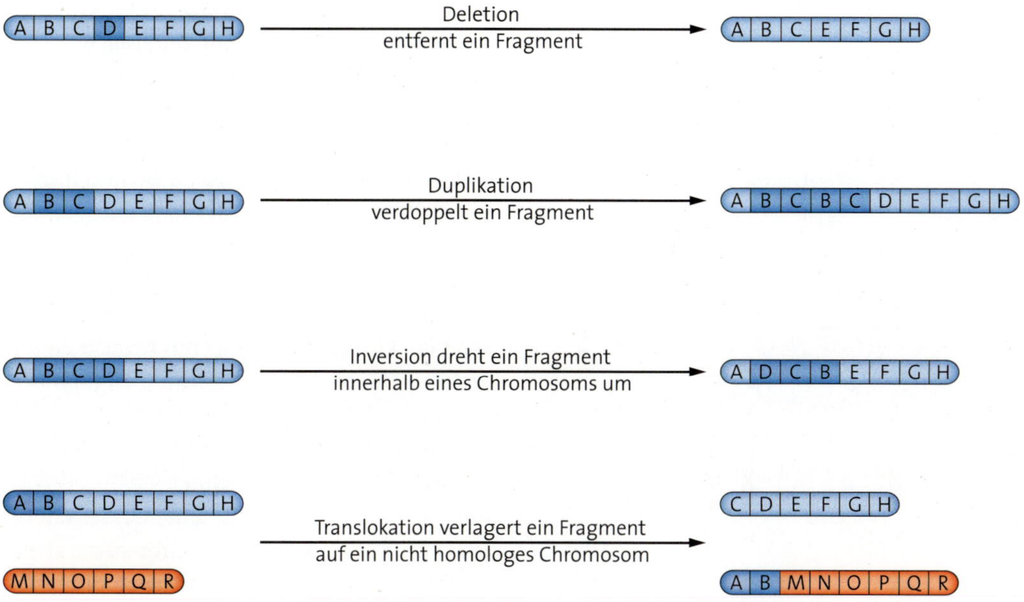

02 Veränderungen der Chromosomenstruktur

DUPLIKATION · Durch Fehlpaarung zweier homologer Chromosomen im Tetradenstadium der Meiose wird zwischen diesen ein Abschnitt nicht vollständig ausgetauscht, sodass ein Chromatid einige Gene doppelt enthält, während sie auf dem anderen fehlen. Dies wird als **ungleiches Crossing-over** bezeichnet. Somit führt ein einziges Crossing-over zu einer Duplikation und zu einer Deletion. Die Duplikation verursacht einen Genüberschuss und kann in einer Zygote das Gleichgewicht der Genprodukte, die **Genbalance,** empfindlich stören. Weitere Duplikationsereignisse können zu vervielfachten Chromosomenabschnitten führen. Solche Lebewesen zeigen oft veränderte Phänotypen. Die neue Position eines Gens innerhalb des Genoms kann nämlich eine ungewöhnliche Genexpression zur Folge haben, da mit der Lage auch die Regulation des Gens verändert sein kann. Dabei ist bei der gleichen Anzahl identischer Gene oft von Bedeutung, ob die wiederholten Abschnitte auf demselben homologen Chromosom vorliegen oder auf zwei verschiedenen. Dieses Phänomen wird als **Positionseffekt** bezeichnet.

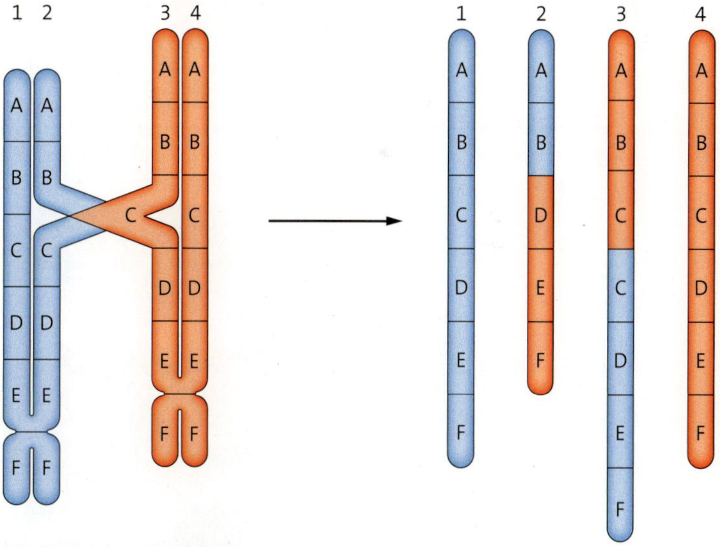

03 Ungleiches Crossing-over

Duplikationen sind eine wichtige Quelle für genetische Variationen. Gene in Einzelkopie würden nach einer Mutation ihre Funktion einbüßen und damit Veränderungen nicht erlauben. Zusätzliche Kopien eines Gens machen ein Ansammeln von Mutationen in Lebewesen tolerierbar.

1 Vergleichen Sie die Chromosomenmutation mit der Genommutation!

2 Erläutern Sie, inwiefern es ungewöhnlich ist, dass Menschen mit Katzenschreisyndrom lebensfähig sind!

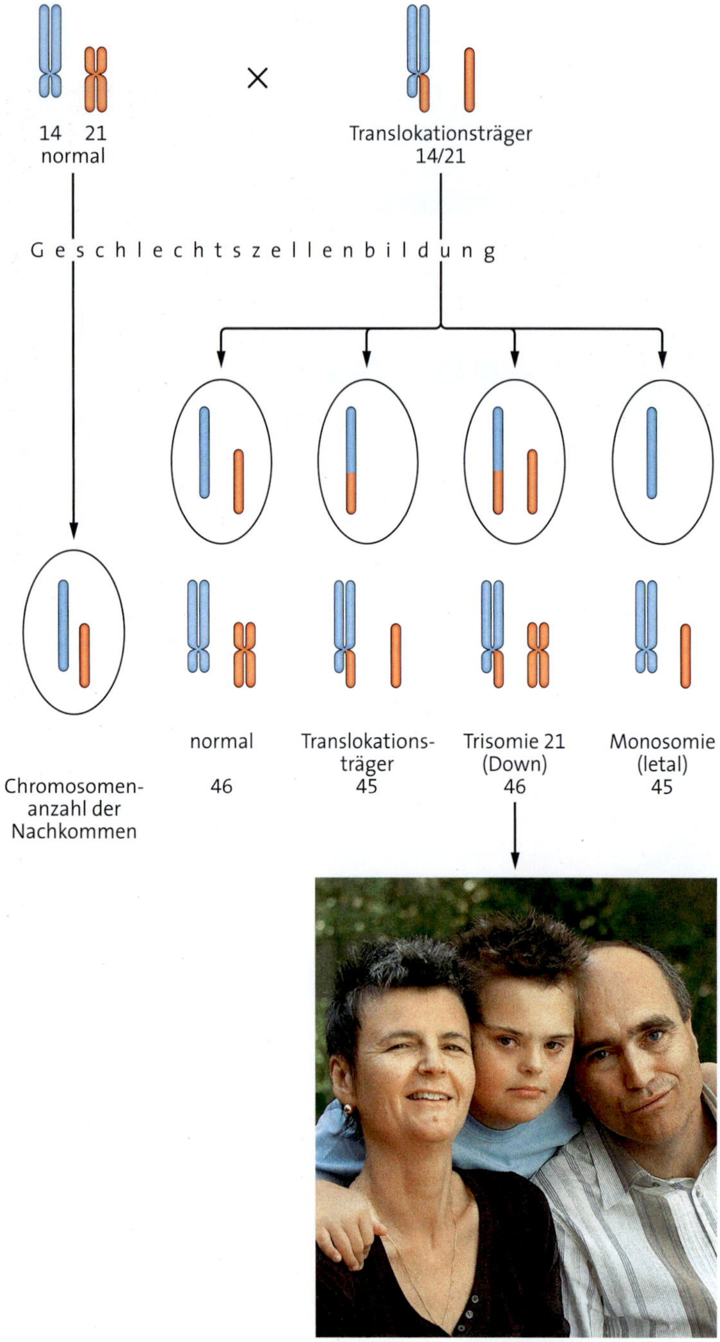

04 Familiäres Down-Syndrom

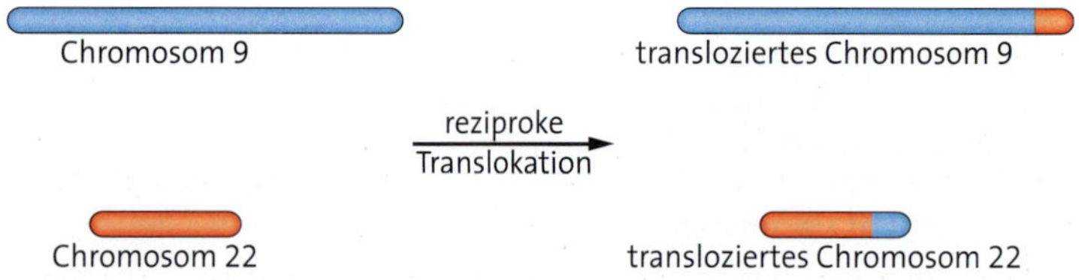

05 Translokation verursacht Leukämie

TRANSLOKATIONEN BEIM MENSCHEN · *Trisomie 21* ist die Folge einer Mutation während der Meiose und ist für 95 Prozent der Fälle des **Down-Syndroms** verantwortlich. In fünf Prozent der Fälle hat die Ausprägung des Down-Syndroms eine andere Ursache. In diesen seltenen Fällen zeigt das Karyogramm eines Elternteils eine besondere Translokation zwischen den Chromosomen 21 und 14. Dabei fusionieren die längeren Arme beider Chromosomen, während die kurzen, fast genleeren Arme deletiert werden. Der betroffene Elternteil ist phänotypisch unauffällig, obwohl er nur 45 Chromosomen besitzt. Dieses Phänomen wird als *balancierte Translokation* bezeichnet.

Ein Viertel der Geschlechtszellen dieses Elternteils besitzt zwei Kopien von Chromosom 21: ein gewöhnliches Chromosom und den größten Teil der zweiten Kopie am translozierten Chromosom 14. Kommt eine dieser Geschlechtszellen zur Befruchtung, entsteht eine Zygote mit 46 Chromosomen, die drei Kopien von Chromosom 21 besitzt. Der aus einer solchen Zygote hervorgehende Mensch zeigt das familiäre Down-Syndrom.

KREBS DURCH TRANSLOKATION · Translokationen sind als Ursache verschiedener Krebsarten bekannt. Menschen, die an der **chronischen Myelose,** einer besonderen Form der Leukämie, erkrankt sind, zeigen ein deutlich verkürztes Chromosom 22 und ein verlängertes Chromosom 9. Beide Chromosomen tauschen während der Mitose in Vorläuferzellen der weißen Blutkörperchen, der Leukozyten, gegenseitig unterschiedlich lange Chromosomenabschnitte aus. Trotz der unveränderten Anzahl gleicher Gene, der gleichen *Gendosis,* führt der Positionswechsel eines Genlocus im Genom zu einer Dysfunktion des Zellstoffwechsels mit fatalen Folgen für den Organismus.

3 Werten Sie das Kombinationsquadrat in Abbildung 04 aus!

4 Erklären Sie anhand des familiären Down-Syndroms das scheinbare Paradoxon von genetischer Trisomie und diploidem Chromosomensatz!

Material A ▸ Die Bar-Mutation beim Auge von Drosophila – eine Genduplikation

Genotypen und Phänotypen

Genotyp	Facetten-anzahl	Phänotyp	16-A-Region
B^+B^+	779	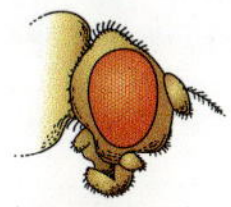	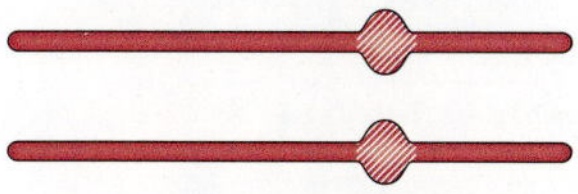
BB^+	358	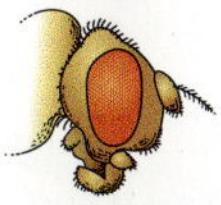	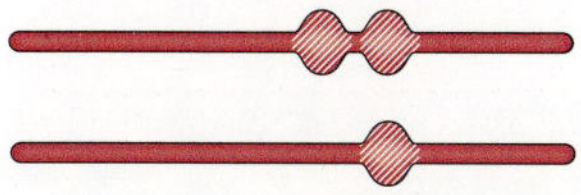
BB	68		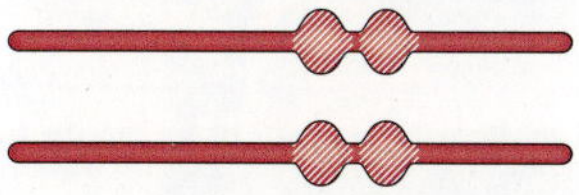
B^DB^+	45	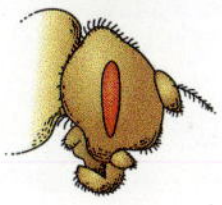	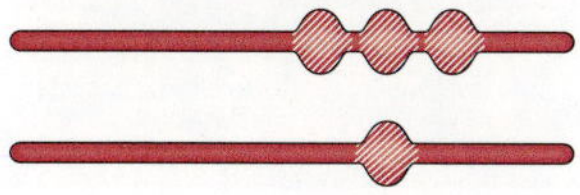

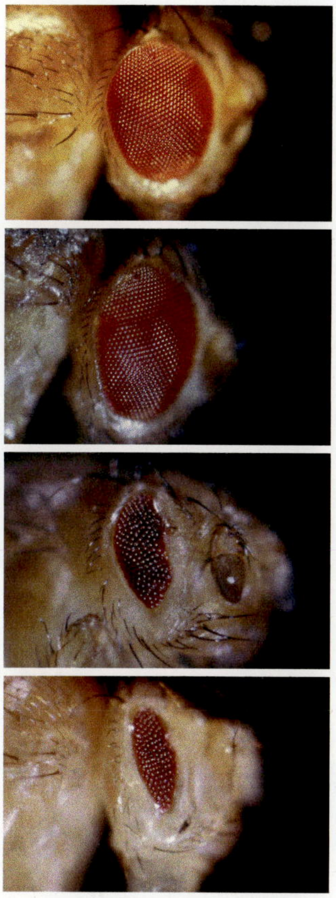

Ursprung des B^D-Allels

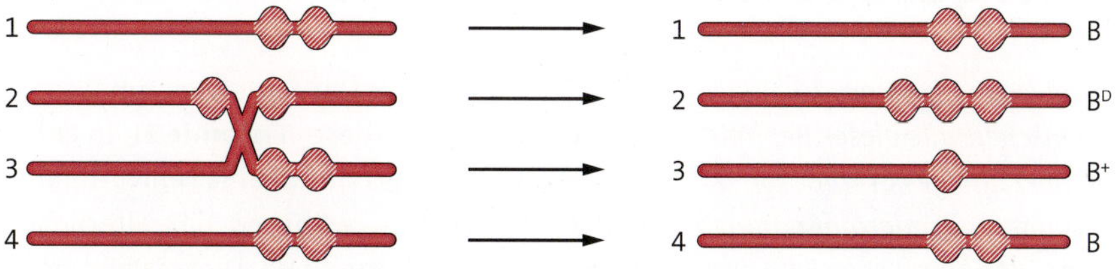

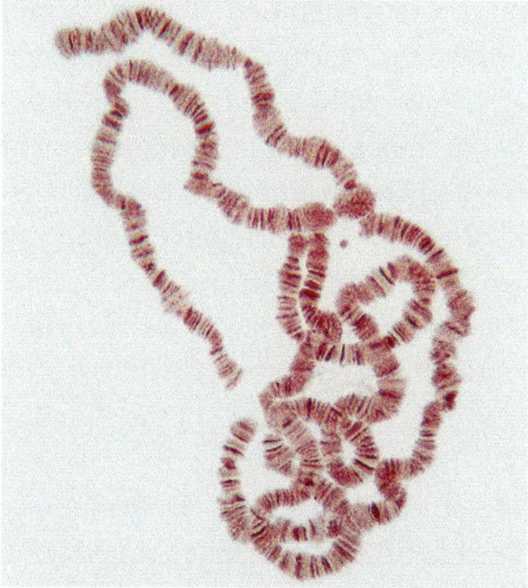

Der Phänotyp des Bar-Auges bei *Drosophila* zeigt nicht die ovale Augenform des Wildtyps, B^+B^+, mit etwa 800 Einzelaugen, sondern schmale, schlitzförmige Augen mit deutlich weniger Facetten. Diese Mutation tritt X-gekoppelt in Erscheinung.

Untersuchungen zeigten, dass heterozygote Weibchen, B^+B, im Durchschnitt 358 Facetten und homozygote Weibchen, BB, nur 68 Facetten je Auge haben. Gelegentlich treten Weibchen mit nur 45 Facetten auf. Diese bezeichnet man als Double-Bar, B^DB^+.

Zu Anfang wurde dieses Phänomen für eine einfache dominante, X-gekoppelte Mutation gehalten, bis man die für die Mutation verantwortliche 16-A-Region auf polytänen X-Chromosomen der Fliegen entdeckte.

Polytänchromosomen kommen in verschiedenen Geweben von Fliegenlarven vor und bestehen aus gepaarten homologen Chromosomen, die aus 1000 bis 5000 parallel angeordneten Chromatiden bestehen. Schon im Lichtmikroskop sind Bandenmuster erkennbar. Einzelne Banden lassen sich dabei bestimmten Genloci eindeutig zuordnen.

A1 Beschreiben und deuten Sie die Untersuchungsergebnisse der Polytänchromosomen für Wildtyp und Mutanten!

A2 Erklären Sie die Ursache der Double-Bar-Mutation!

A3 Vergleichen Sie die Chromosomenmutation der Bar-Mutanten mit jener der Double-Bar-Mutanten! Stellen Sie eine Hypothese auf, die den Unterschied im Phänotyp erklärt!

A4 Erläutern Sie, welche Bedeutung Genduplikationen in Evolutionsprozessen zugeschrieben werden kann!

01 In der Bäckerei

Auswirkungen von Mutationen

Ein junger Mann mit Down-Syndrom arbeitet in einer Bäckerei. Menschen mit dieser Behinderung besitzen ein überzähliges Chromosom 21. Aufgrund von besonderen Fördermaßnahmen können sie heute in vielen beruflichen Bereichen eingegliedert werden und ein weitgehend selbstbestimmtes Leben führen. Wie kommt es zu dem überzähligen Chromosom?

John Langdon DOWN 1828–1896

Genommutationen siehe Seite 30 bis 32

NUMMERISCHE CHROMOSOMENANOMALIEN · Das Erscheinungsbild von Menschen mit Down-Syndrom wurde zuerst 1866 von dem britischen Arzt John L. DOWN beschrieben und ist nach ihm benannt worden. Er unterschied zehn charakteristische Merkmale, von denen nicht alle bei einem Betroffenen auftreten. Dabei handelt es sich zum Beispiel um einen vergleichsweise kurzen Schädel, eine flache Nase, eine Lidfalte sowie eine verminderte Intelligenz. Diese Menschen zeigen ein herzliches und aufgeschlossenes Wesen und können bei geeigneter Förderung ein selbstständiges Leben führen. Erst 1959 wurde erkannt, dass die Ursache dieser Behinderung ein dreifaches Vorkommen des Chromosoms 21 in den Körperzellen ist. Es handelt sich um eine *Genommutation*, denn die Anzahl der Chromosomen im Genom ist verändert. Da diese **Trisomie 21** in allen Zellen vorliegt, muss sie auf eine Fehlverteilung von Chromosomen während der elterlichen Meiose zurückzuführen sein. Dieses Phänomen beruht auf einer fehlenden Trennung der Chromosomen und wird als **Nondisjunktion** bezeichnet. Wenn während der ersten Reifeteilung die homologen Chromosomen nicht getrennt werden, treten einerseits Geschlechtszellen auf, die das betreffende Chromosom zweifach enthalten, andererseits Geschlechtszellen, denen es fehlt. Durch eine Befruchtung können Zygoten mit Trisomien sowie Zygoten mit Monosomien entstehen. Eine Nondisjunktion kann auch im Verlauf der zweiten Reifeteilung auftreten, wenn die Trennung der Zwei-Chromatid-Chromosomen unterbleibt. Untersuchungen haben gezeigt, dass die Trisomie 21 auf eine Nondisjunktion während der ersten Reifeteilung zurückzuführen ist. Sie tritt mit einer Häufigkeit von 1:650 Geburten auf. Das überzählige Chromosom stammt in 95 Prozent der untersuchten Fälle aus der Eizelle. Die Häufigkeit der Trisomie 21 steigt mit dem Alter der Mutter.

Trisomien sind beim Menschen auch von anderen Autosomen bekannt: Die Chromosomen 13 und 18 können ebenfalls dreifach vorliegen. Diese Trisomien sind bedeutend seltener als die Trisomie 21. Auch sie sind mit besonderen Erscheinungsbildern wie Entwicklungsverzögerungen und Organmissbildungen verbunden. Die Lebenserwartung der Betroffenen beträgt nur ein Jahr, während sie bei der Trisomie 21 bei etwa 50 Jahren liegt. Embryonen mit autosomalen Monosomien sind nicht lebensfähig.

CHROMOSOMENANOMALIEN BEI GONOSOMEN · Nummerische Chromosomenanomalien können auch die Gonosomen betreffen. Bei etwa 0,3 Prozent aller Neugeborenen tritt eine Fehlverteilung der Gonosomen auf.
Das **Turner-Syndrom** ist bei etwa einem von 2500 weiblichen Neugeborenen zu beobachten. Die Betroffenen besitzen lediglich ein X-Chromosom. Sie bilden ein weibliches Geschlecht aus, bleiben jedoch unfruchtbar. In Deutschland leben etwa 12 000 Frauen, bei denen das Turner-Syndrom diagnostiziert wurde. Die meisten Embryonen mit dieser Monosomie sterben jedoch vor der Geburt. Das **Klinefelter-Syndrom** tritt bei etwa einem von 500 männlichen Neugeborenen auf. Die Betroffenen besitzen ein oder mehrere überzählige X-Chromosomen. Sie bilden ein männliches Geschlecht aus. Die Entwicklung von typisch weiblichen sekundären Geschlechtsmerkmalen ist jedoch nicht vollständig unterdrückt. Die Betroffenen sind unfruchtbar. In Deutschland leben rein rechnerisch etwa 65 000 Männer, die das Klinefelter-Syndrom ausprägen. Bei etwa 80 Prozent von ihnen bleibt es jedoch unbemerkt.
Poly-X-Frauen und **Poly-Y-Männer** bilden meist typische Geschlechtsmerkmale aus. Eine Poly-X-Konstellation tritt bei einer von 1200 Geburten auf, eine Poly-Y-Konstellation bei einer von 750 Geburten.
Man nimmt an, dass etwa 30 Prozent aller Fehlgeburten und 6 Prozent aller Totgeburten auf nummerische Chromosomenanomalien zurückzuführen sind.

XY: Mann
XX: Frau
XO: Turner-Frau
XXY: Klinefelter-Mann
XXX: Poly-X-Frau
XYY: Poly-Y-Mann

1 Beschreiben Sie die Entstehungsursachen von Monosomien und Trisomien!

2 Vielfach wird angenommen, dass die Anzahl der Betroffenen beim Turner-Syndrom, vor allem aber beim Klinefelter-Syndrom größer ist, als die offiziellen Zahlen angeben. Erläutern Sie die jeweilige Ursache!

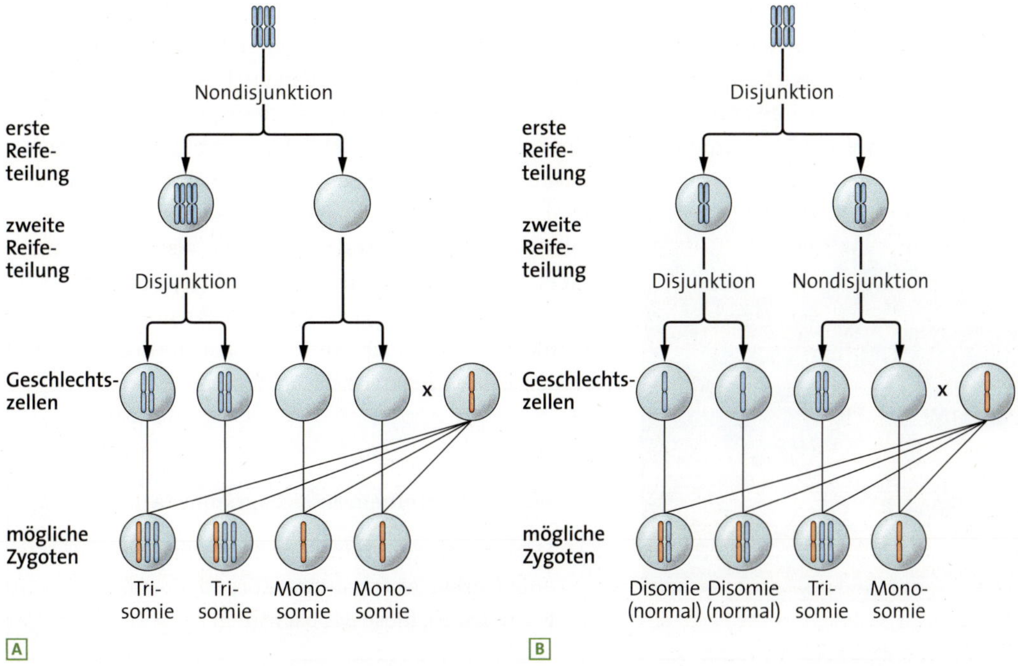

02 Nondisjunktion:
A bei der ersten Reifeteilung,
B bei der zweiten Reifeteilung

IM BLICKPUNKT FORSCHUNG

Geschlechtsentwicklung des Menschen

Bei Kleinkindern bis zum Alter von drei Jahren ist das Geschlecht lediglich anhand der primären Geschlechtsmerkmale zweifelsfrei zu erkennen. Auch bei der Auswahl der Spiele sind sie sich ähnlich. Später jedoch unterscheiden sich die beiden Geschlechter deutlich im Körperbau und im Verhalten. Wie entstehen diese Unterschiede?

GENETISCHES GESCHLECHT · Das *genetische Geschlecht* wird mit der Befruchtung festgelegt. Mädchen weisen in ihren Zellen zwei X-Chromosomen auf, Jungen ein X- und ein Y-Chromosom. Die Geschlechtsentwicklung wird von einem Gen ausgelöst, das auf dem Y-Chromosom lokalisiert ist und SRY genannt wird, *sex determining region of the Y-chromosome.* Fünf Wochen nach der Befruchtung wird SRY in geschlechtlich noch undifferenzierten Zellen des Keimes aktiviert, aus denen Hoden oder Eierstöcke hervorgehen können. SRY codiert für ein Protein, das in diesen Zellen die Hodenbildung auslöst. Es wird *testis determining factor*, kurz TDF, genannt. Fehlen SRY oder TDF, so entwickelt sich Eierstockgewebe.

ANATOMISCHES GESCHLECHT · Etwa zehn Wochen nach der Befruchtung beginnen im männlichen Embryo die Hoden, Testosteron zu bilden. Es bewirkt die Ausbildung der männlichen primären Geschlechtsmerkmale des *anatomischen Geschlechts.* Im weiblichen Embryo fehlt Testosteron, sodass die weiblichen primären Geschlechtsmerkmale gebildet werden. Genprodukte des X-Chromosoms tragen auf bisher ungeklärte Weise zur weiblichen Geschlechtsentwicklung bei. Dafür sind beide X-Chromosomen notwendig. Fehlt eines, wie beim Turner-Syndrom, so werden die primären und sekundären weiblichen Geschlechtsmerkmale unterdurchschnittlich ausgebildet.

01 Spielende Kinder

PSYCHISCHES GESCHLECHT · Die Testosteronkonzentration ist im männlichen Fetus stets höher als im weiblichen Fetus mit einem Maximum in der 18. Schwangerschaftswoche. Kinder, die diesem vorgeburtlichen Testosteronschub ausgesetzt waren, interessieren sich später, etwa im Kindergartenalter, für „männliches" Spielzeug und bevorzugen männliche Spielkameraden. Dies gilt für Jungen, aber auch für Mädchen, die aufgrund einer Hormonstörung während der Schwangerschaft große Mengen an Testosteron bildeten. Umgekehrt entwickeln Jungen, die keine Testosteronrezeptoren im Gehirn ausprägen, eine eindeutig weibliche Geschlechtsidentität. Ihr Spielverhalten ist das von Mädchen und in der Pubertät entwickeln sie weibliche sekundäre Geschlechtsmerkmale. Auch bei der Entwicklung des *psychischen Geschlechts* spielt Testosteron also eine wichtige Rolle.

Mit dem Eintritt in das Kindergartenalter hat das gemeinsame Spielen von Mädchen und Jungen in der Regel ein Ende. Jungen wollen „richtige Jungen" sein und spielen daher keine „Mädchenspiele" und umgekehrt. Die Art der Spiele ist dabei nicht festgelegt, sondern abhängig von den Bedingungen des Aufwachsens. Die biologische Grundlage der beginnenden Geschlechtsrollenidentifikationen wird also durch die unterschiedlichen pränatalen Geschlechtshormonkonzentrationen gebildet. Die konkrete Ausformung der Geschlechtsrolle jedoch erfolgt je nach kulturellen und sozialen Bedingungen unterschiedlich.

1 Stellen Sie die Geschlechtsentwicklung des Menschen in einem Flussdiagramm dar!

2 Männer mit dem Klinefelter-Syndrom weisen einen teilweise femininen Körperbau auf. Erläutern Sie diese Beobachtung!

Material A ▸ Down-Syndrom

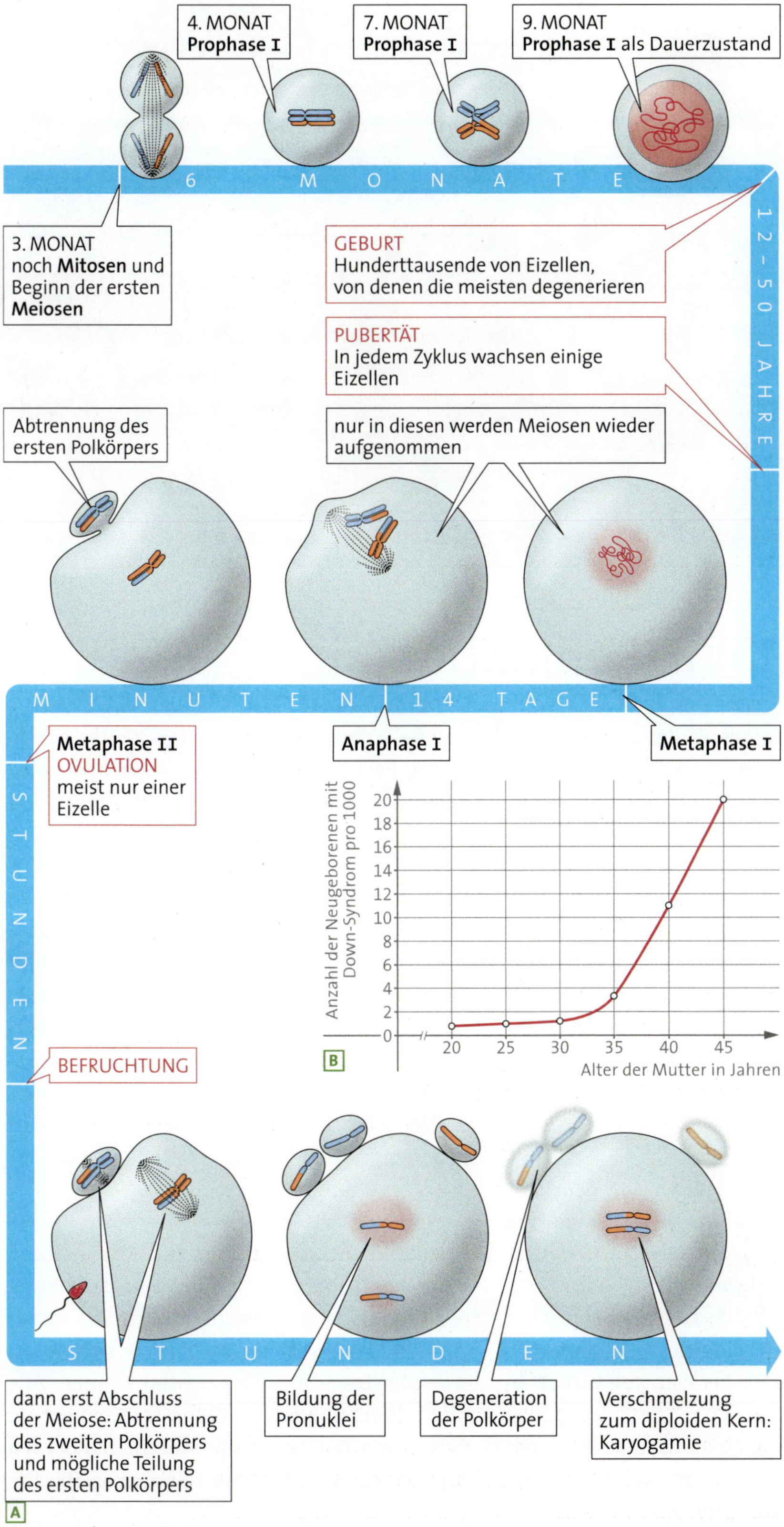

Wenn eine Schwangerschaft eingetreten ist, so wird bei den ersten ärztlichen Untersuchungen festgestellt, ob die Bedingungen für eine Risikoschwangerschaft erfüllt sind. Wenn die werdende Mutter zum Beispiel über 35 Jahre alt ist und ihr erstes Kind erwartet, wird dies als Risikoschwangerschaft eingestuft. Die werdenden Eltern haben dann das Anrecht auf eine besonders intensive ärztliche Begleitung.

Will man feststellen, ob in den embryonalen Zellen eine Trisomie 21 vorliegt, so kann man eine Fruchtwasseruntersuchung oder eine Chorionzottenbiopsie durchführen. Dabei wird eine feine Kanüle in die Fruchtblase eingeführt, mit der embryonale Zellen abgesaugt werden. Aus unterschiedlichen Statistiken geht hervor, dass diese Untersuchungen in bis zu fünf Prozent der Fälle Fehlgeburten und damit den Tod des Embryos nach sich ziehen können.

Seit 2012 kann durch einen Bluttest der Mutter relativ sicher embryonale Trisomie 21 festgestellt werden, weil sich im Blut der Mutter DNA des Embryos findet.

A1 Beschreiben Sie den zeitlichen Verlauf der Meiose bei der Frau anhand der Abbildung A!

A2 Werten Sie das Diagramm in Abbildung B aus und stellen Sie einen Zusammenhang zwischen den Abbildungen A und B her!

A3 Nehmen Sie Stellung zu der Frage, ob bei schwangeren Frauen ab 35 Jahren routinemäßig eine Fruchtwasseruntersuchung, eine Chorionzottenbiopsie oder ein Bluttest auf Trisomie 21 durchgeführt werden sollte! Berücksichtigen Sie bei Ihrer Stellungnahme auch ethische Aspekte!

01 Wild lebende Wölfin mit Welpen

Variabilität in Populationen

Der Umgestaltung des Wolfes zu rund zweihundert Hunderassen räumte schon Charles DARWIN 1859 im ersten Kapitel seines berühmten Buches „Die Entstehung der Arten" einen Ehrenplatz ein. Das Verhalten wilder Tiere und ihre äußere Gestalt können durch menschliche Auslese erstaunlich stark verändert werden, und das oft bemerkenswert schnell. Züchter verwandelten innerhalb weniger Jahrtausende den scheuen, räuberischen Wolf in zahme Hüte-, Wach- oder Schoßhunde. Wie beeinflusst der Mensch die phänotypische und genotypische Variabilität von Lebewesen?

DER MENSCH ALS ZÜCHTER · Seit dem Jahr 2000 leben wieder Wölfe in Deutschland und ziehen hier ihre Jungtiere auf. Ihre Neuzuwanderung aus Osteuropa wird wissenschaftlich begleitet. Viele Wölfe sind den Forschern individuell bekannt, da sie sich voneinander unterscheiden. Besonders das Wolfsfell variiert in vielen Farben von Weiß über Grau bis hin zu Schwarz. Schon vor 10 000 Jahren veränderten Menschen durch *Auslese* variierender Phänotypen zum Beispiel die Körpergröße, das tarnfarbige Fell oder das Verhalten des Wolfes, indem sie nur bestimmte Welpen aufzogen und miteinander verpaarten. Aus dem Wolf *Canis lupus* wurde der Haushund *Canis familiaris.* Der Wolf ist somit der Stammvater aller Hunderassen.

Heute vereinbaren Züchter von Rassehunden Rassestandards und führen Stammbücher ihrer Tiere, die über viele Generationen zurückreichen. Nur Hunde mit ausgewählten Merkmalsausprägungen werden zur Zucht zugelassen. Durch diese **künstliche Selektion** bestimmt der Mensch gezielt die Überlebens- und Fortpflanzungserfolge von Lebewesen mit dem Ziel, diese genetisch zu formen.

Es entstehen **Populationen** mit erwünschten Merkmalsausprägungen. Eine Population ist die Gesamtheit aller Individuen einer Art in der gleichen geografischen Region, die sich untereinander fruchtbar fortpflanzen können. Alle Allele dieser Individuen bilden den **Genpool** der Population. Die den erwünschten Phänotypen zugrunde liegenden Allele nehmen an Häufigkeit im Genpool zu.

BEDEUTUNG VON MUTATION UND REKOMBINATION · Manchmal entstehen neue Hunderassen durch eine einzige *Mutation* wie beim zwergwüchsigen Dackel mit kurzen Beinen und einem normal großen Rumpf. Die als **Achondroplasie** bekannte Mutation wirkt auf das Längenwachstum von Röhrenknochen. Sie ist bei vielen Säugetieren und auch beim Menschen bekannt. Trotz der künstlichen Selektion durch den Menschen gleicht nicht jeder Dackel dem anderen. Bei der Meiose führen *Rekombinationsvorgänge* zu unterschiedlichen genetischen Ausstattungen der Geschlechtszellen. Dadurch unterscheiden sich Dackelwelpen auch in ihrem Phänotyp.
Jedes Lebewesen einer Population ist Träger einer bestimmten Auswahl von Allelen und stellt damit eine Stichprobe des Genpools seiner Zeit dar. Mutanten und Rekombinanten erhöhen die **genetische Variabilität** des Genpools.

EXPERIMENTELLER NACHWEIS · Forscher selektierten aus einer Population von Taufliegen mit mittlerer Borstenanzahl auf dem Hinterleib zwei Linien: eine borstenreiche und eine borstenarme Linie. Nach nur 35 Generationen wiesen sämtliche Fliegen beider Linien eine Borstenanzahl auf, die weit außerhalb des Spektrums der Ausgangspopulation lag und nicht mit ihm überlappte. In der Ausgangspopulation muss daher eine große Variabilität gewesen sein, auf die die künstliche Selektion einwirken konnte. Damit belegen Laborexperimente die genetische Variabilität in Populationen.

DIE JAGD ALS SELEKTIONSFAKTOR · Eine der häufigsten Todesursachen für Elefanten ist der Mensch. Dieser jagt Elefanten wegen ihres Elfenbeins. Große Stoßzähne sind in der Konkurrenz mit anderen Elefanten vorteilhaft. Wilderei und legaler Abschuss haben in Uganda die durchschnittliche Größe der Stoßzähne der Elefanten in Rekordzeit schrumpfen lassen. Die exzessive Jagd auf Wildtiere bei selektiver Entnahme besonders großer Exemplare hat bei 29 untersuchten Arten zum Beispiel von Weichtieren, Fischen und Huftieren gezeigt, dass diese im Durchschnitt 20 Prozent kleiner geworden sind bei gleichzeitig früherem Einsetzen der Geschlechtsreife.

02 Dackelzüchtungen

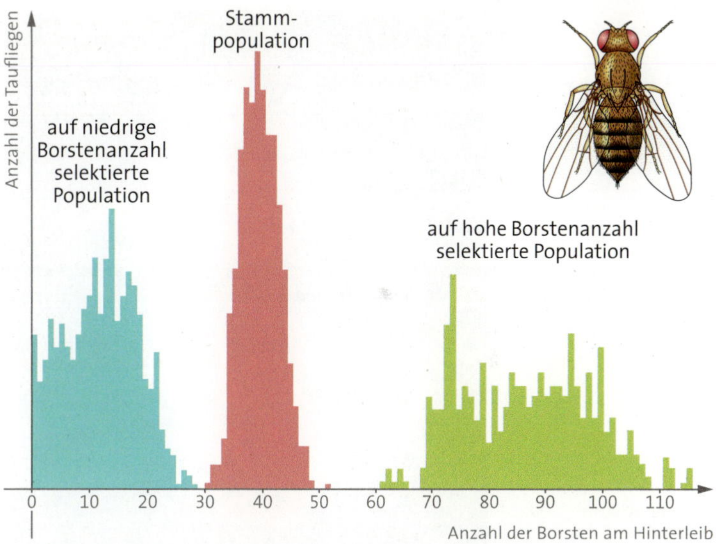

03 Genetische Variabilität der Taufliege *Drosophila melanogaster*

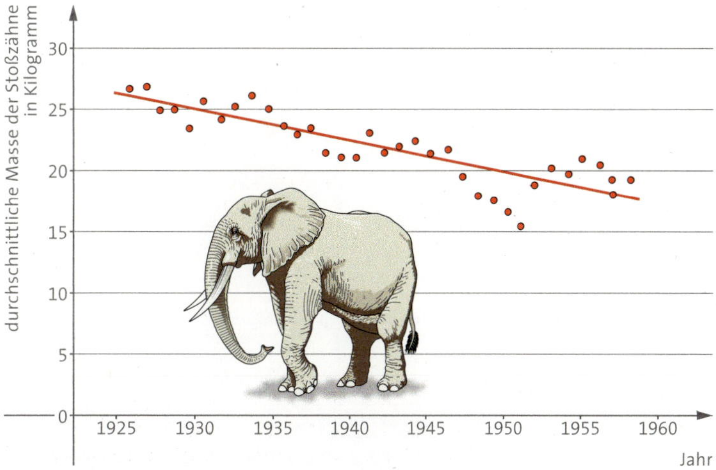

04 Masse der Stoßzähne von Elefanten in Uganda

POPULATIONEN IM WANDEL · Der Birkenspanner *Biston betularia* ist ein Nachtfalter mit hellen, feinscheckig gemusterten Flügeln. Er sitzt tagsüber häufig auf der Rinde von Bäumen, insbesondere von Birken. Seine Färbung verleiht ihm eine gute Tarnung. Im Laufe der Industrialisierung und der damit einhergehenden Luftverschmutzung lagerte sich Ruß auf der Baumrinde ab. Zeitgleich traten in verschiedenen Falterpopulationen in England, Amerika und Deutschland immer häufiger dunkel gefärbte Tiere auf. Ihre Färbung beruht auf einer gesteigerten Produktion des Farbstoffs Melanin als Folge einer dominanten Mutation des *Carbonaria-Allels.* Dieser **Industriemelanismus** wurde zuerst um 1850 in der Industriestadt Manchester entdeckt. 1960 wurden um Liverpool lediglich neun Prozent der homozygot hellen Tiere mit dem *Typica*-Wildtypallel gezählt. Räuberische Vögel wirken auf die dunkle und die helle Form des Birkenspanners je nach Angepasstheit an den Lebensraum stark selektierend ein. Durch verstärkten Umweltschutz steigt heute der Anteil der hellen Tiere mit dem *Typica*-Wildtypallel wieder an. Umweltveränderungen haben eine Verschiebung der Allelhäufigkeiten im Genpool einer Population zur Folge und damit Auswirkungen auf die Verteilung der Genotypen. Die Beobachtungen an Birkenspannern deuten auf evolutionäre Dynamik in Populationen.

05 Genetische Variabilität beim Birkenspanner

UMWELTBEDINGTE VARIABILITÄT · Zieht man aus nur einem Pantoffeltierchen *Paramecium caudatum,* das sich durch Zweiteilung vermehrt, eine Population in einem Aquarium heran, so zeigen die Nachkommen trotz gleichen Genotyps große Unterschiede in der Länge der Zellen. Im Aquarium sind die Einzeller verschiedenen Umwelteinflüssen wie dem Sauerstoffgehalt, dem pH-Wert oder den spezifischen Lichtverhältnissen ausgesetzt. Diese können sich fördernd oder hemmend auf das Wachstum auswirken. Diese Fähigkeit von Lebewesen, auf Umweltfaktoren zu reagieren, nennt man **Modifikabilität.** Die durch Umwelteinflüsse hervorgerufene Veränderung eines Phänotyps ist eine **Modifikation.** Ursache ist die **phänotypische Plastizität** von Lebewesen, die diese innerhalb einer genetisch festgelegten **Reaktionsnorm** zeigen. Beim Pantoffeltierchen reicht die Reaktionsnorm für die Zellgröße von 136 bis 200 Mikrometer. Wählt man das kleinste Pantoffeltierchen für einen neuen Versuch aus, so erhält man eine neue Population, die wieder eine Normalverteilung der Zellgröße aufweist.

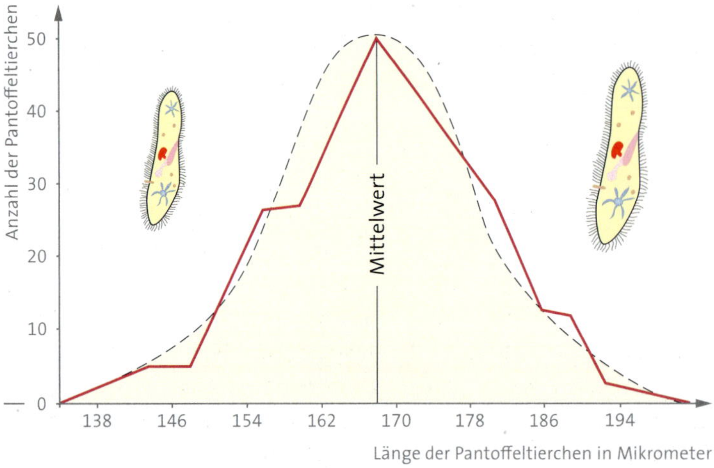

06 Umweltbedingte Variabilität beim Pantoffeltierchen

1 Stellen Sie eine Hypothese auf, weshalb Charles DARWIN in seinem Buch „Die Entstehung der Arten“ der Umgestaltung von Nutztieren durch künstliche Selektion das erste Kapitel widmete!

2 Vergleichen Sie die genetische und umweltbedingte Variabilität in Populationen!

Material A ▸ Künstliche Selektion – ein Evolutionsfaktor

Der Kabeljau ist in den letzten Jahrzehnten intensiv befischt worden. Dabei legten die Fischer Wert auf große Exemplare, was sie über die Maschengröße ihrer Netze regulierten. Mit der Zeit stellten die Fangflotten fest, dass nicht nur die Anzahl der begehrten Speisefische abnahm, sondern auch deren Durchschnittsgröße.

Auch alter Kabeljau erreichte nicht mehr die Größe der Tiere vorangegangener Populationen. Damit sich die Bestände wieder erholten, erließ man Fangverbote. Man hoffte, dass die Fische nicht nur wieder an Menge zunahmen, sondern auch wieder zur alten Größe heranwachsen würden.

Dies geschah aber nicht. Die Durchschnittsgröße des Kabeljaus blieb gering.

Wie viele andere Merkmale hängt auch die Größe von Tieren von einer ganzen Reihe von Genen ab. Da sich die Wirkungen der einzelnen Gene auf die Größe addieren, spricht man von additiver genetischer Varianz. Von jedem der zur Größe beitragenden Gene kann es in einer Population verschiedene Allele geben, die sich in ihrer jeweiligen Auswirkung unterscheiden. Die Größe eines Tieres hängt also davon ab, welche der im Genpool der Population vorhandenen Allele es besitzt.

Auswirkung der Allele auf die Körpergröße:

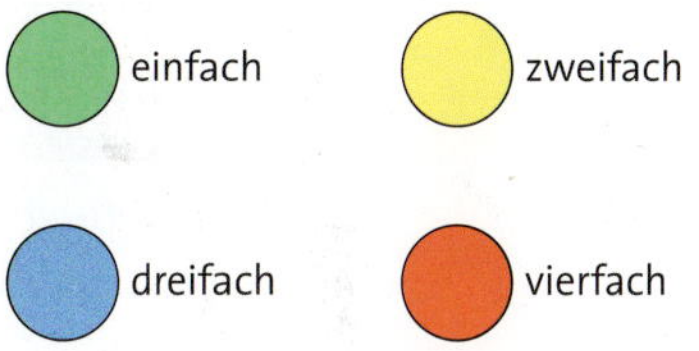

Spielanleitung (nach der Idee von Dr. Harald Kullmann, Münster): In einer Modellpopulation sind drei Gene A, B und C für die Größe des Fisches zuständig. Für jeden Genlocus gibt es vier Allele. Jedes Individuum besitzt für jeden Genlocus zwei Allele, eins vom Vater, eins von der Mutter. Die Allele werden durch farbige Chips symbolisiert. Die Farbe jedes Allels gibt an, wie viel es zur Größe eines Fisches beiträgt. Zum Beispiel trägt jedes „rote" Allel vier Größeneinheiten bei, gleichgültig von welchem Gen. Die Größe eines Individuums bestimmt man durch Addition der Beiträge aller Allele. Das Spiel startet damit, dass von allen Allelen an jedem Genlocus gleich viele vorhanden sind. Bei zehn Fischen werden pro Genlocus 20 Allele, also fünf Chips von jeder Farbe, benötigt. Daher werden von jeder Farbe 15 Chips in ein undurchsichtiges Säckchen gegeben. Daraus wird die Ausgangspopulation blind gezogen und auf jeden Genlocus zwei Allele gelegt. Anschließend wird die Größe eines Fisches bestimmt, indem die Wirkungen der einzelnen Allele addiert werden. Ein Tier kann maximal 24 Größeneinheiten, nur „rote" Allele, und minimal sechs Größeneinheiten, nur „grüne" Allele, besitzen.

A1 Ermitteln Sie die Größe der zehn Fische der Ausgangspopulation sowie die Durchschnittsgröße und den Anteil der verschiedenen Allele! Erstellen Sie dazu eine Tabelle!

A2 Ein Fischer fängt die fünf größten Fische der Ausgangspopulation. Da sie sterben, ohne sich fortzupflanzen, werden ihre Allele aus dem Spiel entfernt. Die kleineren Fische vermehren sich. Ihre Allele kommen zurück in das Säckchen, wobei für jedes Allel ein gleiches aus dem Reservoir hinzugefügt wird. Im Säckchen befinden sich wieder 60 Allele. Fahren Sie dann fort wie bisher! Ermitteln Sie die nächsten drei Generationen und vervollständigen Sie die Tabelle! Deuten Sie Ihr Ergebnis!

01 Ruineneidechse:
A Habitus,
B Lebensraum

Populationsgenetik

Vor der Küste Kroatiens gibt es zwei winzige Inseln, Pod Kopište und Pod Mrčaru. Auf Pod Kopište lebt eine Population der Ruineneidechse, Podarcis sicula, auf Pod Mrčaru gab es diese Art ursprünglich nicht. Im Rahmen eines Langzeitversuchs wurden 1971 fünf Paare dieser Eidechsenart auf Pod Mrčaru ausgesetzt. 2008 fanden Forscher dort eine große Eidechsenpopulation vor. Eine DNA-Analyse bestätigte, dass es sich dabei um Podarcis sicula handelte. Dennoch zeigte diese Gründerpopulation nach nur 37 Jahren Isolation signifikante Unterschiede im Vergleich mit der Ursprungspopulation auf Pod Kopište. Wie lässt sich dieses Phänomen in einer natürlichen Population erklären?

griech. endemos = einheimisch

DIE NATUR ALS ZÜCHTER · Bei den Eidechsen der Gründerpopulation konnte durch Messungen festgestellt werden, dass sie größere Köpfe mit stärkerer Beißkraft der Kiefer entwickelt hatten. Dieser Wandel war verbunden mit einer veränderten Ernährungsweise. Während sich die auf Pod Kopište endemische Ursprungspopulation vorwiegend von Insekten ernährte, bevorzugten die Eidechsen auf Pod Mrčaru pflanzliche Nahrung. Zum Aufschließen pflanzlicher Zellen, die durch Zellulose verstärkte Zellwände haben, ist eine starke Kiefermuskulatur vorteilhaft. Der Blinddarm, der Zellulose verdauende Bakterien beherbergt, war stark vergrößert. Zusätzlich hatten sich Blinddarmklappen neu ausgebildet, die den Verdauungsvorgang verlangsamen und damit bei schwer verdaulicher pflanzlicher Nahrung von Vorteil sind. Neben diesen anatomischen Veränderungen waren Verhaltensänderungen zur Revierverteidigung beobachtbar. Ohne Zweifel hatten die Ruineneidechsen auf Pod Mrčaru durch geografische Isolation eine eigenständige Entwicklung durchlaufen.

In wenigen Jahrzehnten konnten durch Rekombinationen und Mutationen vorteilhafte Merkmalsausprägungen entstehen, die zu einer verbesserten **Angepasstheit** an den neuen Lebensraum führten. Die Überlebenswahrscheinlichkeit und der Fortpflanzungserfolg von Eidechsen mit weniger vorteilhaften Merkmalsausprägungen sanken. Die besser an die neuen Umweltbedingungen angepassten Tiere hatten dagegen mehr Nahrung und konnten mit einer größeren Wahrscheinlichkeit mehr Nachkommen erzeugen als ihre innerartliche Konkurrenz. Die Häufigkeit der den erfolgreicheren Phänotypen zugrunde liegenden Allele im Genpool der Gründerpopulation nahm zu.

Die erfolgreiche Fortpflanzung der jeweils überlebenstüchtigsten Individuen einer Population nannte schon Charles DARWIN **natürliche Selektion** oder natürliche Zuchtwahl. Die **Selektionstheorie** ist eine der tragenden Säulen der Erklärung des evolutionären Wandels der Lebewesen:
Der Mechanismus, der diese Veränderungen hervorbringt, ist die natürliche Selektion beziehungsweise die unterschiedliche Überlebenswahrscheinlichkeit und der unterschiedliche Fortpflanzungserfolg der Individuen einer Population aufgrund von Variationen in ihren Merkmalsausprägungen.

SEXUELLE SELEKTION · Männliche Pfaue besitzen eine lange Schleppe aus aufwendig ornamentierten Schwanzfedern. Sie breiten sie von Zeit zu Zeit aus und posieren damit vor Artgenossen. Bereits im Jahr 1871 bot DARWIN eine Erklärung für die Ausbildung derart extravaganter Merkmale wie das Prachtgefieder von Vögeln oder die faszinierenden Farben bestimmter Fische und Reptilien. Er vermutete, dass Weibchen männliche Tiere, die diese Schmuckmerkmale besitzen, gegenüber schmucklosen Männchen bevorzugen. Durch diese *weibliche Zuchtwahl* nehmen die geschmückten Männchen in der Population zu, denn nur diese können sich fortpflanzen und ihre Gene in die nächste Generation einbringen.

Durch diese **sexuelle Selektion** werden sekundäre Geschlechtsmerkmale gefördert, die die Attraktivität eines Lebewesens für das andere Geschlecht oder die Durchsetzungsfähigkeit gegenüber Rivalen erhöhen. Oft sind dies waffenähnliche Strukturen wie das Geweih des Rothirsches, das Gehörn des Alpen-Steinbocks oder die massigen Körper männlicher See-Elefanten.
Die sexuelle Selektion begünstigt Merkmalsausprägungen, die den Fortpflanzungserfolg eines Lebewesens durch die Wahl des Sexualpartners verbessern. Damit ist sie gegenüber der natürlichen Selektion klar abgegrenzt, die ihrerseits Merkmalsausprägungen fördert, die die Überlebenswahrscheinlichkeit eines Lebewesens erhöhen.

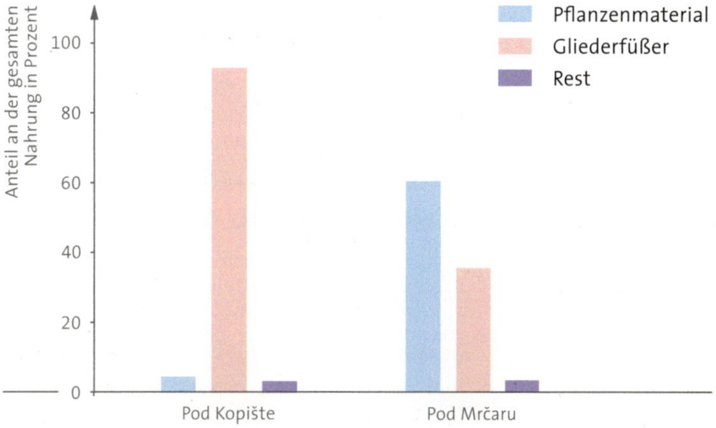

02 Ernährungssituation der Ruineneidechse im Sommer

Körpermerkmal	Pod Kopište		Pod Mrčaru	
	Männchen	Weibchen	Männchen	Weibchen
Kopflänge [mm]	14,67	12,25	16,33	13,75
Kopfbreite [mm]	8,09	6,55	9,13	7,51
Kopfhöhe [mm]	6,29	5,12	7,35	5,95
Länge des Unterkiefers [mm]	15,7	12,8	17,45	14,44
Länge der Schnauze [mm]	10,4	8,77	11,52	9,89
Beißkraft [Newton]	9,85	4,99	11,25	6,7

03 Vergleich typischer Körpermerkmale der Ruineneidechse

04 Männlicher Pfau

1 Erstellen Sie ein Versuchsprotokoll zum Langzeitversuch mit den Ruineneidechsen!

2 Vergleichen Sie die künstliche, die natürliche und die sexuelle Selektion!

HARDY-WEINBERG-GLEICHGEWICHT · Die Beziehung zwischen der Häufigkeit der Allele im Genpool, zum Beispiel A und a, und der Häufigkeit der Genotypen AA, Aa und aa in einer Population wurde im Jahr 1908 von dem britischen Mathematiker Godfrey HARDY und dem deutschen Physiker Wilhelm WEINBERG unabhängig voneinander mathematisch beschrieben. Diesem Modell liegt die Annahme einer **idealen Population** zugrunde, die nur Lebewesen mit sexueller Fortpflanzung einschließt. Für die ideale Population gilt:

- Selektion findet nicht statt. Individuen aller Genotypen haben gleiche Überlebenschancen und gleichen Reproduktionserfolg.
- Mutationen erfolgen nicht. Die Allele der Population verändern sich deshalb nicht, und es kommen keine neuen Gene dazu.
- Genfluss wird ausgeschlossen. Individuen wandern nicht in die Population hinein oder aus ihr heraus.
- Die Population ist unendlich groß, sodass sich zufällige Schwankungen der Allelfrequenzen von Generation zu Generation nicht auswirken.
- Die Individuen einer Population paaren sich zufällig. Sie haben damit alle die gleiche Fortpflanzungschance.

Nimmt man an, dass in einem Genpool die Häufigkeit des Allels A = p ist und die des Allels a = q, so ist $p + q = 1$. Die Eins steht damit für 100 Prozent aller Allele. Wenn männliche und weibliche Geschlechtszellen nach dem Zufall Zygoten bilden, dann ist die Wahrscheinlichkeit, dass beide das Allel A tragen, $p \times p$. Daher beträgt die Häufigkeit des Genotyps AA unter den Zygoten p^2. Die Wahrscheinlichkeit, dass die weibliche Geschlechtszelle das Allel A und die männliche das Allel a trägt, ist $p \times q$, und dass die weibliche das Allel a und die männliche das Allel A trägt, ist $q \times p$. Damit beträgt die Häufigkeit des Genotyps Aa $2pq$. Schließlich ist die Wahrscheinlichkeit, dass beide Geschlechtszellen das Allel a tragen, $q \times q$, sodass die Häufigkeit des Genotyps aa unter den Zygoten q^2 ist. Die Verteilung der Genotypen unter den Zygoten ist dann: $\mathbf{p^2 + 2pq + q^2 = 1}$.

Eine Population, die diese Kriterien erfüllt, befindet sich im *Hardy-Weinberg-Gleichgewicht*. Sie zeigt dann keine evolutionäre Dynamik.

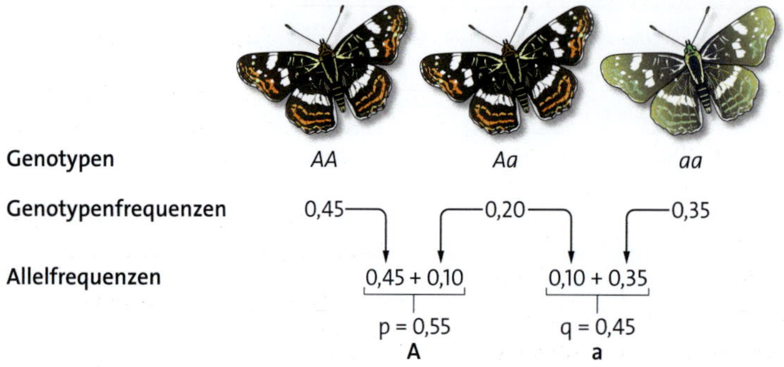

05 Gründerpopulation einer Falterart

GENETISCHE STRUKTUREN MESSEN · Die Gründerpopulation einer Falterart setzt sich aus Zuwanderern unterschiedlicher Ausgangspopulationen zusammen. Sie zeigt Genfluss und erfüllt damit nicht die Annahme einer idealen Population. Mithilfe des Hardy-Weinberg-Gleichgewichts lässt sich vorhersagen, wie sich die Genotypenfrequenzen nach einer Generation mit zufälligen Paarungen ändern. Zur Berechnung der Genotypenfrequenzen der Filialgeneration werden die Allelfrequenzen der Gründerpopulation in die Formel eingesetzt:

$$p^2 + 2pq + q^2 = 1$$
$$(0{,}55)^2 + (2 \times 0{,}55 \times 0{,}45) + (0{,}45)^2 = 1$$
$$0{,}3025 + 0{,}4950 + 0{,}2025 = 1$$

In der Filialgeneration werden somit 30,25 Prozent der Falter mit AA, 49,5 Prozent mit dem Genotyp Aa und 20,25 Prozent mit aa erwartet. Der Vergleich der Genotypenfrequenzen beider Generationen zeigt keine Übereinstimmung. Die Population befindet sich in evolutionärer Dynamik.

Die Frequenzen der Allele aller Populationen ändern sich im Laufe der Zeit. Damit verhalten sich natürliche Populationen nicht ideal, sie evolvieren. Die Frequenzen der Allele und Genotypen bestimmen die *genetische Struktur* einer Population. Allelfrequenzen sind ein Maß für die genetische Variabilität. Genotypenfrequenzen zeigen, wie die genetische Variabilität unter den Individuen verteilt ist. Diese Berechnungen ermitteln, ob eine Population konstant bleibt oder sich verändert.

Material A ▸ **Messen von Allelfrequenzen in menschlichen Populationen**

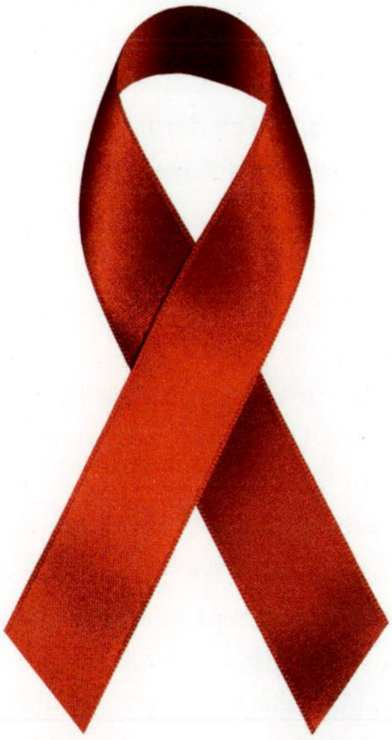

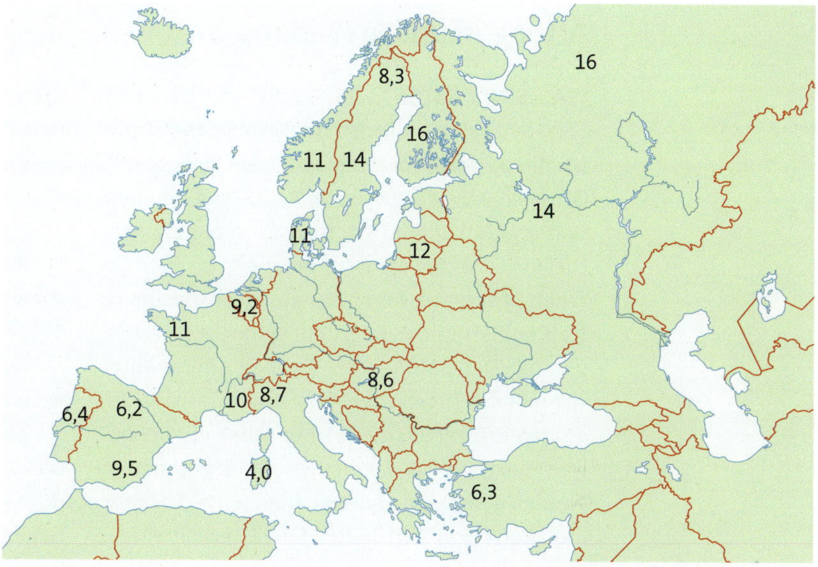

Für Aidsforscher von großer Bedeutung sind Menschen, die trotz ungeschützten Geschlechtsverkehrs mit HIV-positiven Partnern nicht infiziert werden. Im Jahr 1996 entdeckten Rong LIU und seine Mitarbeiter, dass solche Menschen für ein mutiertes Allel des Genlocus CCR5 homozygot waren.
Das mutierte Allel weist eine Deletion von 32 Basenpaaren, den Bausteinen der DNA, auf, sodass das von diesem Allel codierte Protein kürzer ist als normal. Das CCR5-Protein wird von HI-Viren als Rezeptor zum Eindringen in die Wirtszellen benutzt. Das mutierte Protein erfüllt diese Funktion nicht, sodass die Zellen von Menschen mit dieser seltenen Mutation von HI-Viren nicht befallen werden können.

Symbole:
gewöhnliches CCR5-Allel = I
mutiertes CCR5-Allel = Δ32

Homozygote Menschen des Δ32-Allels sind resistent gegen HIV-Stämme. Heterozygote zeigen Empfindlichkeit für HI-Viren, Aids entwickelt sich jedoch langsamer. Die homozygoten Träger des Allels I erkranken lebensgefährlich an Aids.

Populationsgenetiker untersuchten eine Vielzahl menschlicher Populationen durch DNA-Analyse.

Die Untersuchung von 100 Franzosen in der Bretagne ergab 79 Menschen mit dem Genotyp II, 20 mit dem Genotyp I Δ32 und ein Individuum mit dem Genotyp Δ32 Δ32.

Eine Untersuchung in England umfasste eine Population von 283 Menschen. Davon zeigten 223 den Genotyp II, 57 den Genotyp I Δ32 und drei den Genotyp Δ32 Δ32.

Die Häufigkeit des Δ32-Allels wurde für 18 europäische Populationen ermittelt und als Prozentangabe dargestellt. Die Untersuchungen zeigen, dass es in den Populationen in Nordeuropa um die Ostsee die größten Häufigkeiten für das Δ32-Allel gibt. In Sardinien und Griechenland kommt es sehr selten vor. In Populationen ohne europäische Vorfahren fehlt das Δ32-Allel völlig.

Weitere Untersuchungen ergaben, dass alle heute vorliegenden Kopien des Δ32-Allels von einem einzigen Allel abstammen, das vor mindestens 1000 Jahren in Nordosteuropa auftauchte.

Wie ist es möglich, dass aus einer Häufigkeit von null innerhalb von 30 Generationen ein neues Allel mit einer Häufigkeit von 16 Prozent hervorging?

Anscheinend lag eine starke Selektion für das Δ32-Allel vor. Der Auslöser kann nicht das HI-Virus gewesen sein, weil HIV erst in jüngerer Vergangenheit von Schimpansen auf den Menschen überging. Zur Diskussion steht die Beulenpest, hervorgerufen durch das Bakterium *Yersinia pestis*, die als Schwarzer Tod von 1346 bis 1352 mindestens einem Viertel der Europäer das Leben kostete. Andere Wissenschaftler vermuten, dass die Pocken, ausgelöst durch das Virus Variola, für den schnellen Anstieg der Häufigkeit des Allels verantwortlich sind. Auch Variola nutzt das CCR5-Protein als Rezeptor.

A1 Berechnen Sie den prozentualen Anteil des Δ32-Allels in der französischen Population!

A2 Ermitteln Sie, ob sich die englische Population im Hardy-Weinberg-Gleichgewicht befindet oder evolviert!

IM BLICKPUNKT EVOLUTION

Artbegriff und Artbildung

WAS SIND ARTEN? · Bis heute wurden etwa 1 600 000 Arten wissenschaftlich beschrieben. Es ist die Aufgabe der biologischen Systematik, Gruppen von Lebewesen zu Arten und höheren systematischen Einheiten zusammenzufassen. Die Art ist dabei die Grundeinheit der biologischen Systematik. Bis heute wird dazu die **binäre Nomenklatur** ihres Begründers Carl von LINNÉ genutzt. Der erste Teil des Doppelnamens einer Art gibt die Zugehörigkeit zu einer Gattung an, der zweite benennt die Art. Der Name des Erstbeschreibers und das Jahr der Veröffentlichung werden dem Doppelnamen angehängt. So heißt die zuerst von Carl VON LINNÉ beschriebene Stubenfliege *Musca domestica Linnaeus, 1758.*
Von Ernst MAYR wird das am häufigsten verwendete **biologische Artkonzept** so definiert: *Arten sind Gruppen sich miteinander kreuzender natürlicher Populationen, die hinsichtlich ihrer Fortpflanzung von anderen derartigen Gruppen isoliert sind.* Nach diesem Konzept ist eine Art oder *Biospezies:*

- eine Fortpflanzungsgemeinschaft, deren Mitglieder einander als potenzielle Geschlechtspartner erkennen;
- eine ökologische Einheit, die mit anderen Arten im selben Lebensraum in Wechselwirkung steht;
- eine genetische Einheit, deren Genpool von anderen Arten isoliert ist.

Das **ökologische Artkonzept** grenzt Arten nach ihrer jeweiligen ökologischen Nische ab. Im Gegensatz zum biologischen lässt sich das ökologische Artkonzept auch auf Arten mit asexueller Fortpflanzung anwenden.
Nach dem **phylogenetischen Artkonzept** ist eine Art die kleinste diagnostizierbare Gruppe von Lebewesen, die ein gemeinsames Abstammungsmuster aufweist.
Neben diesen Artkonzepten ist es bis heute üblich, Lebewesen aufgrund ihrer äußeren Gestalt als *Morphospezies* zu beschreiben. Das zugrunde liegende **morphologische Artkonzept** fasst Lebewesen zu einer Art zusammen, die in wesentlichen Baumerkmalen übereinstimmen. Nach diesem Konzept bestimmen Paläobiologen Fossilien und grenzen Arten entlang einer Zeitachse als *Chronospezies* ab.
Die Art ist ein Arbeitsbegriff der modernen Biologie, der unterschiedliche Merkmale einer Art hervorheben kann. Die Gemeinsamkeit aller aktuellen Artkonzepte ist, dass Einzelpopulationen zu einer Art zusammengefasst werden, wenn diese miteinander im Genaustausch stehen. Die Art wird heute als eine **evolutionäre Einheit** verstanden: *Zellen bringen durch Teilung neue Zellen hervor, Lebewesen durch Fortpflanzung neue Lebewesen und aus Arten entstehen neue Arten.*

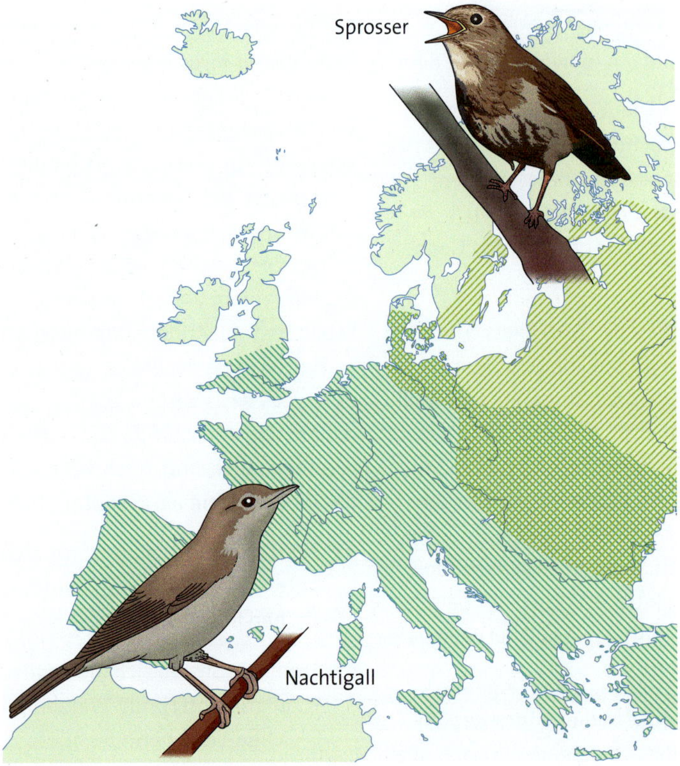

01 Verbreitungsgebiete und Hybridzone von Nachtigall und Sprosser

WIE ENTSTEHEN NEUE ARTEN? · Bei einheimischen Vögeln lassen sich zahlreiche Geschwisterarten beobachten, die eng miteinander verwandt sind: Grünspecht und Grauspecht, Gartenbaumläufer und Waldbaumläufer, Nachtigall und Sprosser. Die jeweilige Population der Vorfahren, die Elternart, wurde während der Eiszeit durch Gletscher und Kältesteppen in zwei Teilpopulationen aufgespalten. Eine Teilpopulation überdauerte im westlichen, die andere im östlichen Mittelmeerraum. Nach dem Rückzug der Gletscher breiteten sich jeweils beide wieder in Mitteleuropa aus. Dort treffen ihre Verbreitungsgebiete bis heute aufeinander. Geschwisterarten bilden selten Mischpaare. Nachtigall und Sprosser haben in einem solchen Fall nur weibliche Nachkommen. Im gemeinsamen Verbreitungsgebiet zieht die Nachtigall trockenere Lebensräume vor, der Sprosser feuchte. Diese ökologische Differenzierung ist für Geschwisterarten typisch.

ALLOPATRISCHE ARTBILDUNG · Geografische Barrieren wie Gletscher oder Gebirgszüge unterbinden den **Genfluss** zwischen Teilpopulationen. Die Folge können Veränderungen der genetischen Struktur der Teilpopulationen sein, die auch von den Selektionsfaktoren des jeweiligen Lebensraumes abhängen. Nach längeren Zeiträumen genetischer Isolation können die Unterschiede in den Genpools der Teilpopulationen so groß geworden sein, dass eine Vielzahl von Merkmalen, die die Anatomie, das Verhalten, die Verträglichkeit der Geschlechtszellen oder ökologische Angepasstheiten betreffen, aufspaltend wirken kann. Solche Isolationsmechanismen führen zur reproduktiven Trennung der Teilpopulationen. Damit sind neue Arten entstanden. Dieser Prozess heißt *allopatrische Artbildung*.

SYMPATRISCHE ARTBILDUNG · Neue Arten können auch ohne geografische Isolation innerhalb einer Ursprungspopulation entstehen. In diesem Fall spricht man von *sympatrischer Artbildung*. Die Isolationsmechanismen, die hier zur Artaufspaltung führen, sind *Polyploidie, Habitataufteilung* und *sexuelle Selektion*.
Polyploidie, die Vervielfachung des Chromosomensatzes durch eine Genommutation, ist für zahlreiche nahe verwandte Pflanzenarten nachweisbar. Polyploide Formen, wie die Zwetschge oder die Erdbeere, pflanzen sich allerdings nur mit geradzahligem Chromosomensatz sexuell fort. Artaufspaltung durch die Aufteilung des Habitats ist für Buntbarsche in einem kleinen, aber vielseitig gestalteten Kameruner Kratersee belegt. In einem anderen afrikanischen See, dem Tanganjika-See, bevorzugen Buntbarsche innerhalb der eigenen Art Paarungspartner, die so gefärbt sind wie sie selbst. Diese sexuelle Selektion von Farbvarianten führte zu isolierten Teilpopulationen, die sich durch weitere ökologische Differenzierungen zu neuen Arten entwickelten. Begünstigt wird dies dadurch, dass Farbvariationen durch wenige Mutationen leicht veränderbar sind.
Die allopatrische Artbildung ist im Vergleich zur sympatrischen die vorherrschende Form. Artbildung oder **Speziation** ist ein grundlegender Prozess der Evolution.

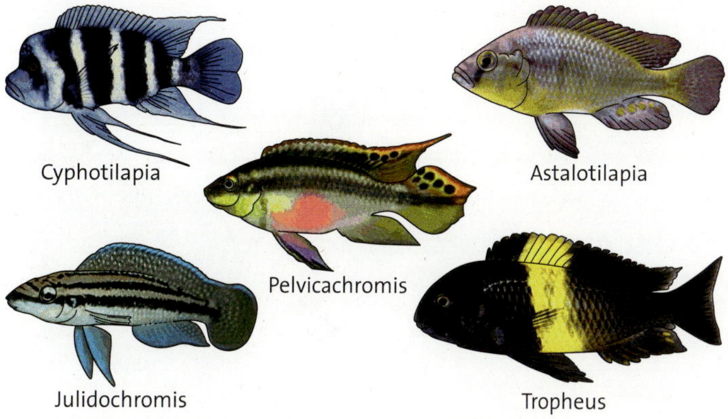

02 Farbenvielfalt bei Buntbarschen des Tanganjika-Sees

1 Vergleichen Sie die vorgestellten Artkonzepte, indem Sie diese in einer Tabelle gegenüberstellen!

2 Erläutern Sie, inwiefern die Art ein Arbeitsbegriff der Biologie ist!

3 Erklären Sie die Entwicklung der Nachtigall und des Sprossers aus dem gemeinsamen Vorfahren und stellen Sie Hypothesen zu möglichen Isolationsmechanismen auf!

Training A ▸ Kreuzungsexperimente mit Nagetieren

A1 Fellfarben von Kaninchen

Himalaya Wildtyp Albino Chinchilla

Bei Kaninchen bestimmen verschiedene Allele die Fellfarbe: Das Allel C ist dominant über alle anderen Allele und verursacht die braune Fellfarbe des Wildtyps. Der Chinchilla-Phänotyp lässt sich auf das Allel c^{ch} zurückführen, das über alle anderen Allele mit Ausnahme von Allel C dominant ist. Das Allel c^{h} codiert für den Himalaja-Phänotyp und ist nur über das Allel c^{a} dominant, welches für die Merkmalsausprägung eines Albino-Kaninchens codiert. Für die Kreuzungen 1 bis 6 sind die Phänotypen der Parentalgeneration sowie der Phänotyp eines Vertreters der jeweiligen F_1-Generation dargestellt.

Kreuzung	P-Phänotypen	F_1-Phänotypen
1	Himalaja × Himalaja	Albino
2	Wildtyp × Albino	Chinchilla
3	Albino × Chinchilla	Albino
4	Wildtyp × Albino	Wildtyp
5	Chinchilla × Albino	Himalaja
6	Wildtyp × Albino	Himalaja

a Ordnen Sie die Allele für die Fellfarbe in eine Rangfolge nach ihrer Dominanz!

b Ermitteln Sie für jede Kreuzung die Genotypen der Parentalgeneration sowie den Genotyp des F_1-Nachkommen!

c Stellen Sie die Genotypen einer Kreuzung zwischen zwei beliebigen Phänotypen der F_1-Generation in einem Punnett-Quadrat dar und nennen Sie die zu erwartende statistische Verteilung der Phänotypen der F_2- Generation!

A2 Mausmutanten mit kurzem Schwanz

Bei Mäusen entdeckte man eine Mutante mit kurzem Schwanz. Als man diese mit einer Maus mit einem Schwanz normaler Länge kreuzte, hatten vier Nachkommen kurze und drei Nachkommen normale Schwänze. Anschließend kreuzte man zwei Mäuse der F_1-Generation mit kurzen Schwänzen. Als Nachkommen entstanden sechs Mäuse mit kurzen und drei Mäuse mit normalen Schwänzen. Wiederholungen des Experiments zeigten stets ähnliche Ergebnisse.

a Stellen Sie Hypothesen zur Vererbungsweise des Allels für die kurzen Mausschwänze auf und überprüfen Sie Ihre Hypothesen mithilfe der Versuchsdaten und durch Punnett-Quadrate!

Training B ▸ Variabilität in Populationen

B1 Umwelt oder Gene?

Die Amsel als ursprünglich scheuer Waldbewohner ist heute aus dem Stadtbild nicht mehr wegzudenken. Stadtamseln unterscheiden sich von Waldamseln in ihrer Lebensweise: Sie sind zahmer und beginnen früher am Tag mit ihren Aktivitäten. Stadtamseln brüten zeitiger im Jahr und haben mehr Bruten pro Saison. Während Waldamseln im Winter nach Italien und Frankreich ziehen, bleiben Stadtamseln vor Ort. Ob die neuen Merkmalsausprägungen der Stadtamsel auf phänotypischer Plastizität gegenüber neuen Lebensräumen oder auf genetischen Unterschieden zwischen den Populationen beruhen, untersuchen die folgenden Experimente.

Experiment 1: Lebensraumtausch

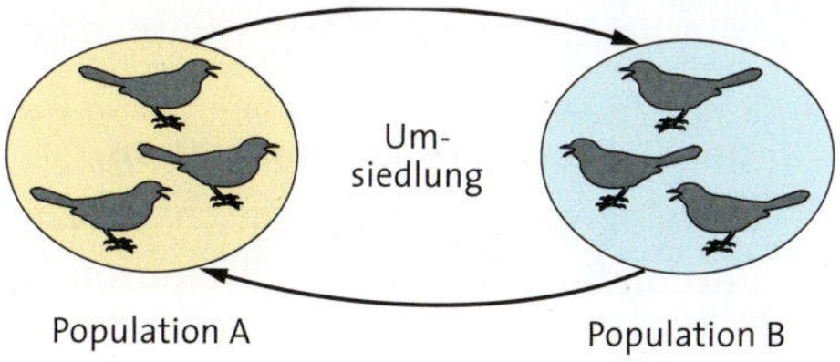

Experiment 2: Neuer gemeinsamer Lebensraum

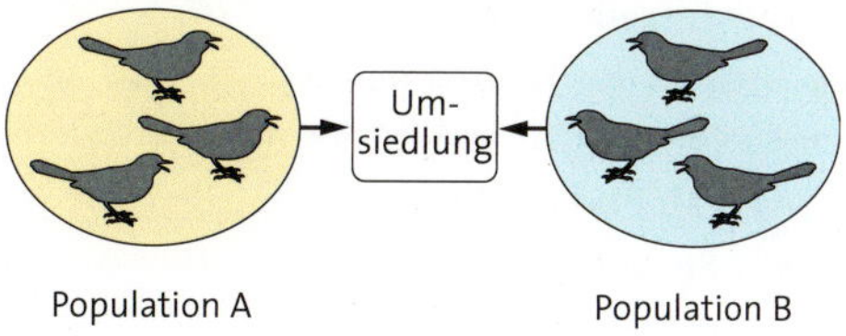

Hypothese I: Die Amselpopulationen A und B zeigen genetische Differenzierung.

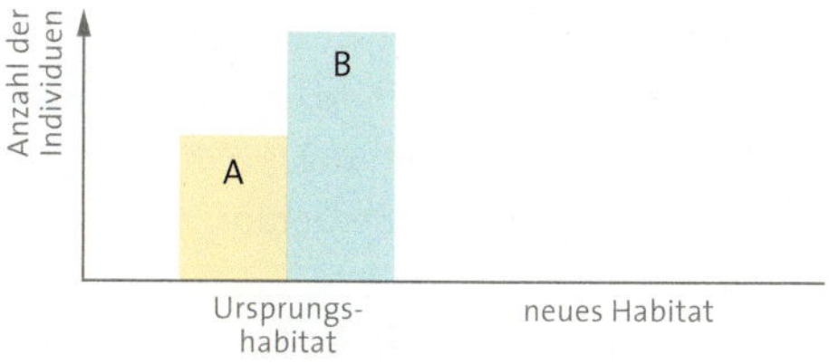

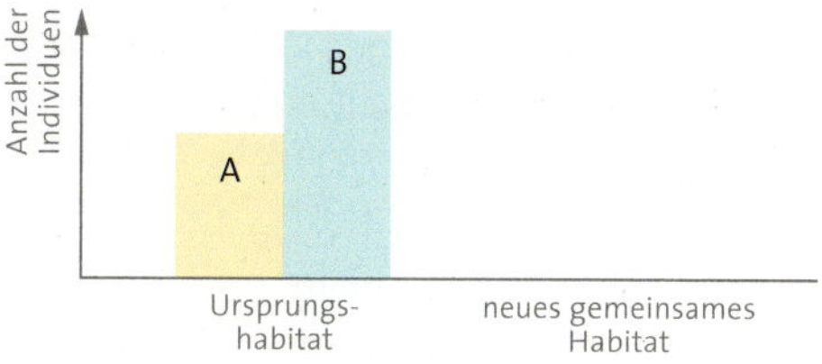

Hypothese II: Die Amselpopulationen A und B zeigen phänotypische Plastizität.

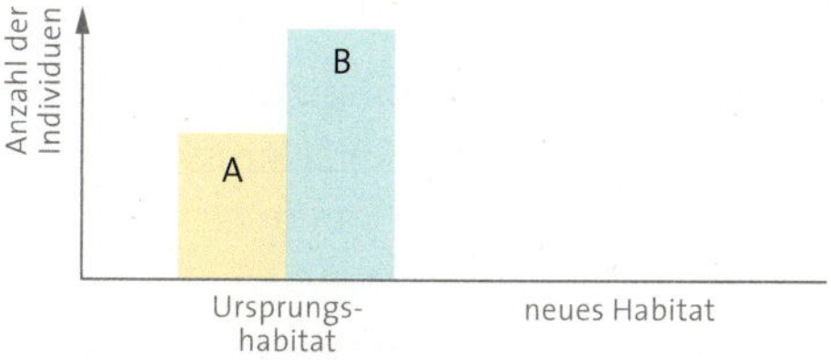

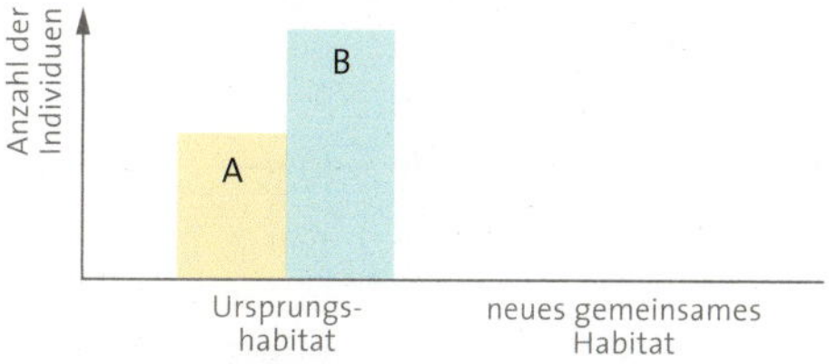

a Nennen Sie die den Experimenten zugrunde liegende Frage, beschreiben Sie die Durchführungen und das jeweils erwartete Ergebnis!

b Vervollständigen Sie die Diagramme, indem Sie für jede Hypothese das erwartete Versuchsergebnis in Ihre Mappe einzeichnen!

Grundlagen der Genetik

Heterozygotie: Mischerbigkeit. Ein Lebewesen besitzt für einen Genlocus zwei unterschiedliche Allelvarianten.

Homozygotie: Reinerbigkeit. Ein Lebewesen besitzt für einen Genlocus eine Allelvariante.

Punnett-Quadrat: Kombinationsquadrat. Hilfsmittel zur Bestimmung der statistischen Häufigkeit der Genotypen und Phänotypen innerhalb der Nachkommenschaft einer genotypisch exakt definierten Kreuzung.

Chromosomen und Zellteilung

Mitose: Zellkernteilung. Im Anschluss an die Kernteilung erfolgt meistens die Teilung des Zellkörpers, sodass aus einer Zelle zwei Tochterzellen entstehen.

Zytokinese: Prozess der Teilung des Zellplasmas nach vorangegangener Teilung des Zellkerns während der Mitose.

Chromosomen: Sie befinden sich im Zellkern und sind Träger der Gene. Nur nach der Verdopplung des genetischen Materials im S-Stadium des Zellzyklus bestehen sie aus zwei genetisch identischen Chromatiden, die am Zentromer zusammenhängen.

Homologe: zwei Chromosomen der gleichen Gestalt, die genetisch nicht identisch sind, da sie mütterlicher beziehungsweise väterlicher Herkunft sind.

Autosomen: Chromosomen, die gleichermaßen in den Zellen weiblicher und männlicher Individuen vorkommen.

Gonosomen: Geschlechtschromosomen. Ihr Karyotyp legt das genetische Geschlecht eines Individuums fest.

X-Kopplung: Genloci, die auf dem X-Chromosom liegen.

Hemizygotie: Zustand, bei dem nur ein Allel für einen Genlocus in einem sonst diploiden Chromosomensatz vorkommt. Bei Säugetieren sind männliche Individuen bezüglich aller nur auf dem X- und nur auf dem Y-Chromosom vorhandenen Gene hemizygot.

Karyogramm: geordnete Darstellung aller Chromosomen einer Zelle nach ihrer Größe, der Lage des Zentromers sowie nach Bandenmustern, die durch Anfärben entstehen.

Genom: Gesamtheit der vererbbaren Information einer Zelle.

Kartierung von Genen

Meiose: besondere Form der Zellkernteilung, bei der die Anzahl der Chromosomen halbiert wird. Während der Meiose findet eine Rekombination der elterlichen Chromosomen statt.

Interchromosomale Rekombination: Neukombination der mütterlichen und väterlichen Chromosomen während der Meiose.

Intrachromosomale Rekombination, Crossing-over: Stückaustausch zwischen Chromatiden homologer Chromosomen im Tetradenstadium der Meiose.

Nondisjunktion: fehlende Trennung von homologen Chromosomen in der ersten Reifeteilung der Meiose oder der Chromatiden desselben Chromosoms in der zweiten Reifeteilung.

Kopplungsgruppe: alle Genloci eines Chromosoms.

Rekombinationshäufigkeit: prozentuale Häufigkeit von Kopplungsbrüchen zwischen zwei Genloci auf einem Chromosom.

Drei-Faktoren-Kreuzung: Methode, durch die die Rekombinationshäufigkeiten von drei Genloci im Rahmen einer Rückkreuzung bestimmt werden.

Genkarte: lineare Anordnung der Gene im Genom eines Lebewesens. Auf einer genetischen Genkarte ist die Reihenfolge der Genloci eingetragen. Auf einer physikalischen Genkarte sind die genauen Abstände zwischen Genen eingetragen.

Veränderung von Genen, Chromosomen und Genomen

Mutation: spontane Veränderung des genetischen Materials. Durch Mutation erhöht sich die genetische Variabilität. Dadurch können auch im Phänotyp zusätzliche Variationen auftreten.

Chromosomenmutation: Form der Mutation, bei der die Anordnung der Gene auf dem Chromosom verändert wird. Dies kann durch Deletion, Duplikation, Inversion und Translokation geschehen.

Positionseffekt: Veränderung der Position eines Genlocus im Genom durch Chromosomenmutation und ihre Auswirkung auf den Phänotyp.

Genommutation: Form der Mutation, bei der die Anzahl der Chromosomen oder der Chromosomensätze verändert wird.

Polyploidie: Form der Genommutation, bei der mehr als zwei Chromosomensätze in den Zellen der Lebewesen vorliegen. Je nach Anzahl der Chromosomensätze unterscheidet man triploid, $3n$, tetraploid, $4n$, oder pentaploid, $5n$.

Autopolyploidie: Form der Genommutation, bei der die Chromosomensätze einzelner Lebewesen vervielfacht werden.

Allopolyploidie: Form der Genommutation, bei der Chromosomensätze durch Hybridisierung von zwei verschiedenen Arten vervielfacht werden.

Populationsgenetik

Population: Gesamtheit aller Individuen einer Art in der gleichen geografischen Region, die sich untereinander fruchtbar fortpflanzen können.

Genpool: alle Allele der Individuen einer Population.

Allelfrequenz: Häufigkeit eines Allels in einem Genpool.

Biologisches Artkonzept: Es umfasst Lebewesen, die sich miteinander fruchtbar fortpflanzen können.

Morphologisches Artkonzept: Es umfasst Lebewesen, die in wesentlichen Baumerkmalen übereinstimmen.

Phylogenetisches Artkonzept: Es umfasst die kleinste diagnostizierbare Gruppe von Lebewesen, die ein gemeinsames Abstammungsmuster aufweisen. Heute wird dieses molekularbiologisch bestimmt.

Ökologisches Artkonzept: Es umfasst Lebewesen in derselben ökologischen Nische.

Natürliche Selektion: Auslese von Lebewesen einer Population aufgrund des Selektionsdrucks der Umwelt.

Künstliche Selektion: Auslese von Lebewesen einer Population nach definierten Merkmalsausprägungen durch Züchtung.

Sexuelle Selektion: Sie begünstigt Merkmalsausprägungen, die den Fortpflanzungserfolg eines Individuums aufgrund der Wahl des Sexualpartners verbessern. Sie ist die Ursache sekundärer Geschlechtsmerkmale.

Isolation: Evolutionsmechanismus, der zur dauerhaften Unterbrechung des Genflusses zwischen Populationen führen kann.

Allopatrische Artbildung: Form der Artbildung, bei der sich eine Population durch geografische Trennung von ihrer Ausgangsart zu einer neuen Art entwickelt.

Sympatrische Artbildung: Form der Artbildung, bei der eine Population ohne geografische Isolation von ihrer Ausgangsart eine neue Art bildet.

Phänotypische Plastizität: Veränderung eines Phänotyps durch Umwelteinflüsse innerhalb einer Reaktionsnorm.

Hardy-Weinberg-Gleichgewicht: mathematisches Modell, das eine ideale Population voraussetzt, in der keine Evolutionsfaktoren wirken. Es lassen sich Allelfrequenzen und Genotypenfrequenzen von Folgegenerationen berechnen.

Ideale Population: eine in der Realität nicht vorzufindende Population, in der keine Evolution stattfindet.

Grundlagen der Molekulargenetik

In diesem Kapitel beschäftigen Sie sich mit

- dem Darmbakterium *Escherichia coli* als Modellorganismus molekulargenetischer Forschung;
- dem molekularen Aufbau des genetischen Materials;
- der Realisation der genetischen Information;
- der Funktion der Gene bei der Steuerung des Stoffwechsels;
- Ursachen und Folgen der Veränderung des genetischen Materials;
- der Aktivierung und Inaktivierung von Genen;
- der genetischen Steuerung der Individualentwicklung.

Das dreidimensionale Modell zeigt, wie die eukaryotische DNA um Histone gewunden ist und so ein Nukleosom bildet.

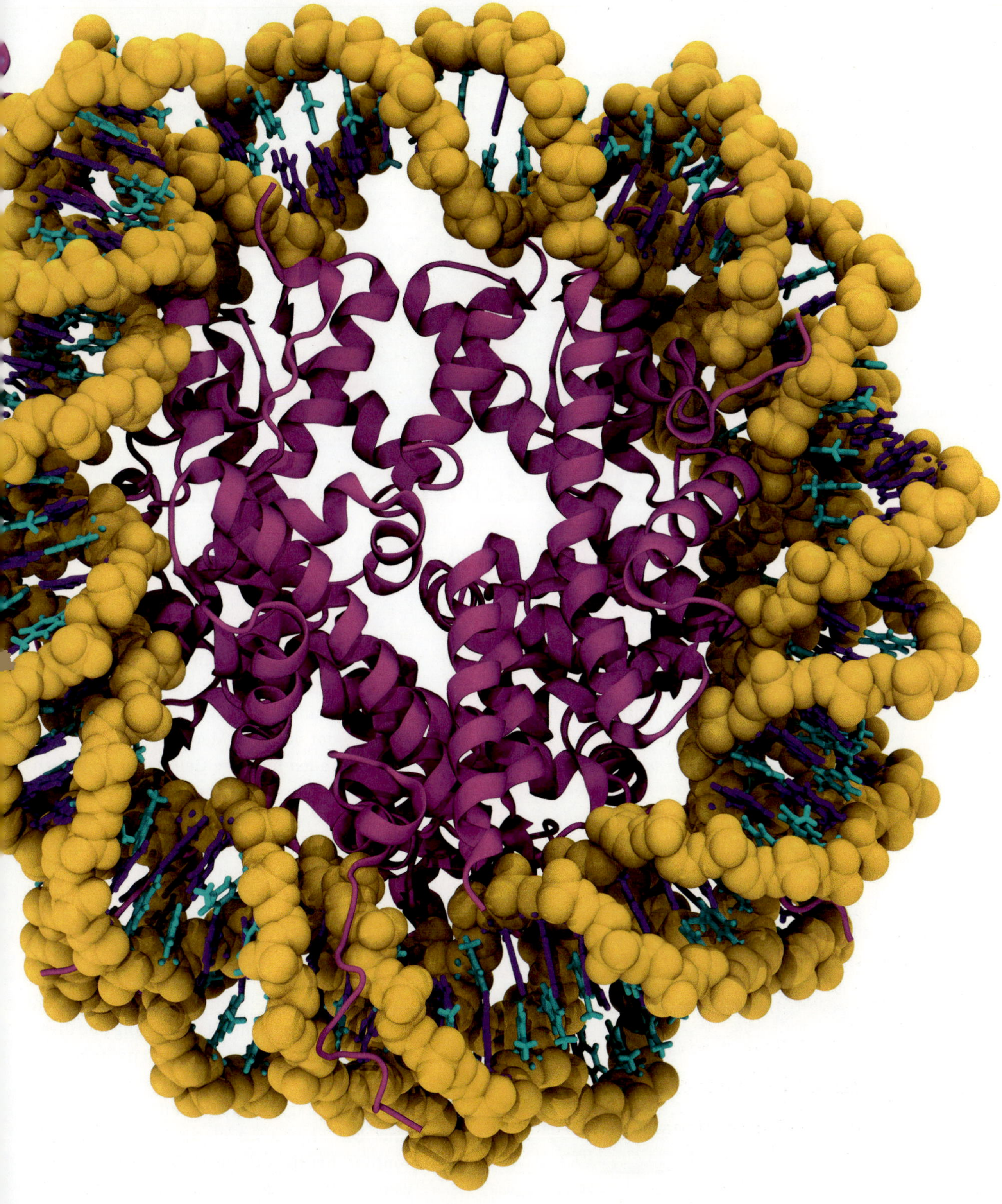

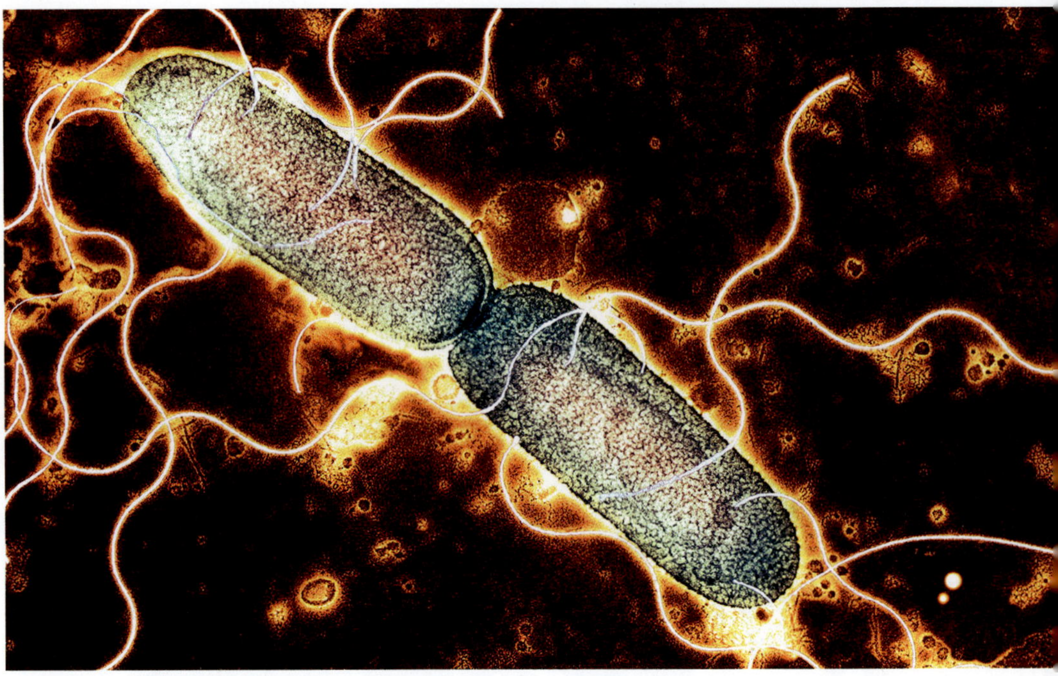

01 *Escherichia coli* während einer Zellteilung

Das „Haustier“ der Molekularbiologie

Escherichia coli, abgekürzt E. coli, ist ein Bakterium, das den Dickdarm des Menschen und vieler Tiere besiedelt. 1885 wurde es von Theodor ESCHERICH erstmals beschrieben. Es besitzt eine stäbchenförmige Gestalt bei einer Länge von bis zu sechs Mikrometern und einem Durchmesser von etwa einem Mikrometer. Im Darm unterstützt es Verdauungsvorgänge, außerhalb des Darms kann es jedoch schwere Erkrankungen hervorrufen. Weshalb hat dieses unscheinbare Bakterium eine so grundlegende Bedeutung für die molekularbiologische Forschung erlangt?

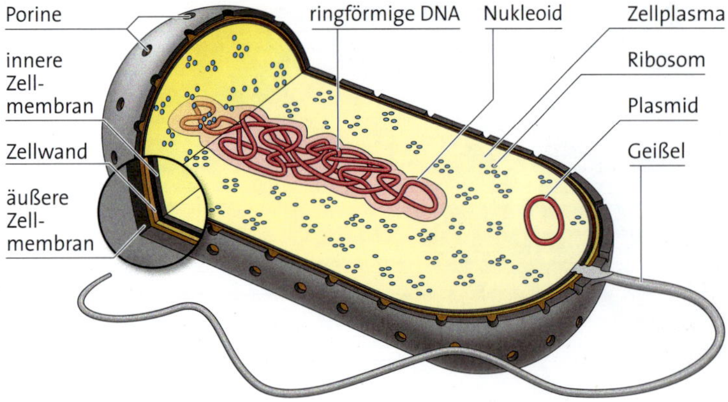

02 Bau einer *E.-coli*-Zelle

E. COLI ALS MODELLORGANISMUS · *E. coli* ist von einer inneren und einer äußeren Zellmembran aus Lipiden umgeben. Zwischen diesen beiden Membranen liegt die Zellwand. Diese verleiht dem Zellkörper eine gewisse Festigkeit und gibt ihm eine typische Gestalt. Der Stoffaustausch mit der Umgebung erfolgt durch Poren in der äußeren Membran, den Porinen. Eine oder auch mehrere Geißeln ermöglichen *E. coli* eine schwimmende Fortbewegung. Der Energiestoffwechsel kann sowohl aerob als auch anaerob ablaufen. Dies ist abhängig von den Umweltbedingungen. *E. coli* besitzt keinen Zellkern. Sein ringförmiges genetisches Material befindet sich frei in der Zelle in einer Region, die als Nukleoid bezeichnet wird. *E. coli* vermehrt sich durch Zellteilung. Unter optimalen Bedingungen wird die Zellzahl etwa alle 20 Minuten verdoppelt. Eine leichte Handhabung und diese hohe Vermehrungsrate waren mit dafür verantwortlich, dass an *E. coli* sehr viele molekulargenetische Fragestellungen untersucht worden sind. Die Ergebnisse dieser Untersuchungen konnten häufig auf andere Arten übertragen werden. Daher bezeichnet man *E. coli* als *Modellorganismus*.

Heute verwendet man weitere Modellorganismen wie die Hefe *Saccharomyces cerevisiae*, den Fadenwurm *Caenorhabditis elegans* und die Taufliege *Drosophila melanogaster*. *Arabidopsis thaliana*, die Kleine Ackerschmalwand, ist ein pflanzlicher Modellorganismus. Aus der Gruppe der Wirbeltiere werden der Zebrafisch und die Hausmaus als Modellorganismen untersucht.

ARBEITEN MIT E. COLI · In molekularbiologischen Laboren, in der Medizin und in industriellen Anwendungsbereichen züchtet und vermehrt man *E. coli* mithilfe zweier Methoden. Zum einen nutzt man **Flüssigkulturen.** Zum anderen wird *E. coli* auf festen Medien in Petrischalen, den **Plattenkulturen,** gezüchtet. Dieses feste Medium entsteht, indem zum flüssigen Kulturmedium die gelierende Substanz Agar-Agar hinzugegeben wird. In beiden Medien befinden sich alle Stoffe, die *E. coli* zum Wachsen benötigt. Sie werden über die Zellmembran aufgenommen.
Bei der Vermehrung von *E. coli* auf einer Agarplatte entsteht aus jeder einzelnen, ursprünglich nicht sichtbaren Zelle eine größere Zellansammlung, die mit bloßem Auge erkennbar ist. Da sich die Bakterien auf dem festen Medium nicht fortbewegen können, sind alle Zellen dieser Zellansammlung aus einer einzigen Zelle durch vielfache Teilungsvorgänge entstanden. Diese Zellansammlung wird als **Kolonie** bezeichnet.

Den beiden **Kultivierungsmethoden** liegen unterschiedliche Ziele zugrunde. In einer Flüssigkultur können in kurzer Zeit enorme Mengen an Zellen produziert werden. Bei einer Plattenkultur geht es vor allem um eine Anzucht als Ausgangsbasis für eine Großkultur und um besondere Überprüfungen der Bakterien, mit denen gearbeitet wird. Die Kontrolle und Identifikation der Bakterien kann nur erfolgreich sein, wenn unter sterilen Bedingungen gearbeitet wird. Dies erfordert, dass andere Bakterien, Einzeller oder Pilze sich nicht vermehren können. Dazu werden alle Flüssigkeiten und Glasgeräte vor dem Einsetzen von *E. coli* bei Überdruck und einer Temperatur von 120 Grad Celsius behandelt.

Verfolgt man die Anzahl der Bakterien in einer Flüssigkultur über mehrere Stunden, ergibt sich eine typische **Wachstumskurve** mit vier Abschnitten. Während der Eingewöhnungsphase, der *lag-Phase*, teilen sich die Zellen kaum, da sich ihr Stoffwechsel zunächst an das neue Milieu anpassen muss. Anschließend nimmt die Zellzahl exponentiell zu. In dieser *exponentiellen Phase* verläuft die Kurve aufgrund der halblogarithmischen Darstellung als ansteigende Gerade. Durch Berechnung der Steigung der Geraden lässt sich die Zellzahl genau ermitteln. Die *stationäre Phase* ist gekennzeichnet durch eine ausgeglichene Vermehrungs- und Sterberate, während in der *Absterbephase* die Sterberate überwiegt. Ursache für das Absterben der Zellen sind die Anhäufung von Stoffwechselendprodukten und die Abnahme der Nährstoffkonzentration im Kulturmedium.

1 Beschreiben Sie die beiden Kultivierungsmethoden von Bakterien!

2 Erläutern Sie den Verlauf einer typischen Wachstumskurve von Bakterien!

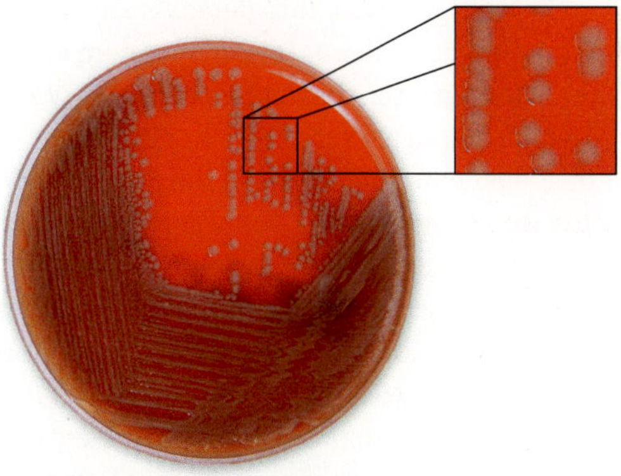

03 Kolonien von *E. coli* auf einer Plattenkultur

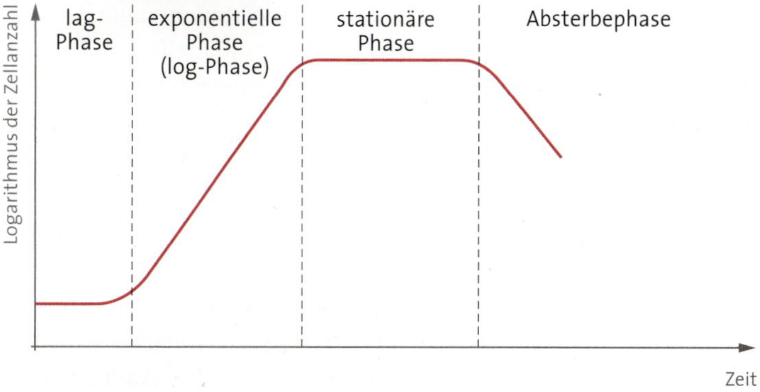

04 Wachstumskurve

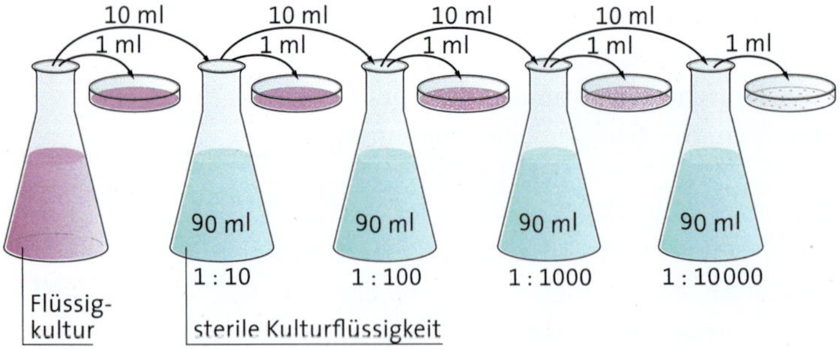

05 Verdünnungsreihe

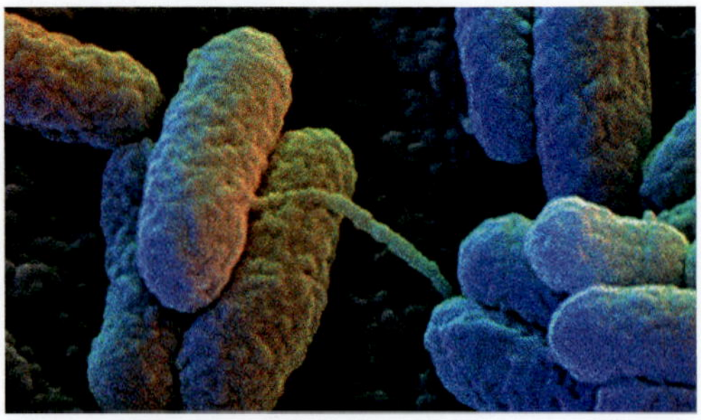

06 Konjugation bei Bakterien

lat. recipere = empfangen

engl. Hfr, high frequency of recombination = hohe Rekombinationshäufigkeit

griech. klon = Zweig, Schössling

lat. donare = schenken, geben

TITERBESTIMMUNG · Um die genaue Anzahl der Bakterien in einer Flüssigkultur zu bestimmen, muss zunächst eine **Verdünnungsreihe** angesetzt werden. Dazu wird ein bestimmtes Volumen der Flüssigkultur durch die wiederholte Zugabe steriler Kulturflüssigkeit im Verhältnis von jeweils 1:10 schrittweise verdünnt. Anschließend wird ein Milliliter der verdünnten Flüssigkultur gleichmäßig auf einer Agarplatte verteilt. Über Nacht werden die Bakterien bei 37 Grad Celsius unter aeroben Bedingungen im Brutschrank bebrütet. Dabei entstehen durch Zellteilung Kolonien, die ausgezählt werden. Aus der Anzahl der Kolonien lässt sich durch Multiplikation mit dem Verdünnungsfaktor die Anzahl der Bakterien in einem Milliliter Flüssigkultur berechnen. Diesen Wert bezeichnet man als den *Titer* einer Kultur.
Alle Zellen einer Kolonie sind durch **asexuelle Vermehrung** entstanden. Das bedeutet, dass alle Zellen die gleichen Erbinformationen besitzen. Solche genetisch identischen Zellen bezeichnet man als **Klone.** Stammt eine Flüssigkultur von einer einzigen Kolonie, sind alle Zellen darin genetisch identisch. Man bezeichnet sie dann als *Reinkultur.* Diese genetische Übereinstimmung unter so vielen Individuen ist ein weiterer Grund, weshalb *E. coli* als Modellorganismus in der Molekularbiologie verwendet wird.

KONJUGATION · Da sich Bakterien durch Zellteilung vermehren, ist davon auszugehen, dass sie kein genetisches Material untereinander austauschen. Im Jahr 1946 konnten Joshua LEDERBERG und Edward TATUM aber zeigen, dass bestimmte Zellen von *E. coli* DNA auf andere übertragen können. Diese Donorzellen besitzen außerhalb des eigentlichen genetischen Materials kleine, ringförmige DNA-Moleküle, die **Plasmide.** Sie enthalten neben anderen Genen auch die Information für den Fertilitätsfaktor F. Diese F^+-Zellen sind deshalb in der Lage, eine dünne Plasmabrücke, den Sexpilus, zu anderen Zellen ohne F-Faktor, den F^--Zellen, auszubilden. Durch diesen Proteinkanal hindurch gelangt das Plasmid mit dem F-Faktor-Gen in die Rezeptorzelle, die dadurch selbst zu einer F^+-Zelle wird. Diese Form der Übertragung genetischer Information nennt man *Konjugation.* Nur bei etwa einer von 10^7 Zellen findet eine erfolgreiche Konjugation statt. Durch Rekombinationsvorgänge kann das F-Faktor-Gen in die eigentliche DNA integriert werden und es entstehen Hfr-Zellen. Diese übertragen dann bei einer erneuten Konjugation auch Teile des eigentlichen genetischen Materials auf die Rezeptor-Zelle, die dadurch neue genetische Informationen erhält. Dies kann eine große Bedeutung bei der Weitergabe von Genen für die Resistenz gegen Antibiotika haben. Rekombination ist charakteristisch für die sexuelle Fortpflanzung. Man spricht deshalb bei Bakterien auch von **Parasexualität.** Dabei findet ein horizontaler Gentransfer innerhalb einer Bakteriengeneration statt, bei dem nur ein Teil des Genoms übertragen wird.

3 Erläutern Sie, weshalb *E. coli* als Modellorganismus in der Molekularbiologie eingesetzt werden kann!

4 Beschreiben Sie, wie man die Anzahl der Bakterien in einem Milliliter einer Flüssigkultur bestimmen kann!

5 Nennen Sie die Unterschiede zwischen asexueller Vermehrung und Parasexualität bei *E. coli*!

Material A ▸ Kultivierungsmethoden zur Vermehrung von Bakterien

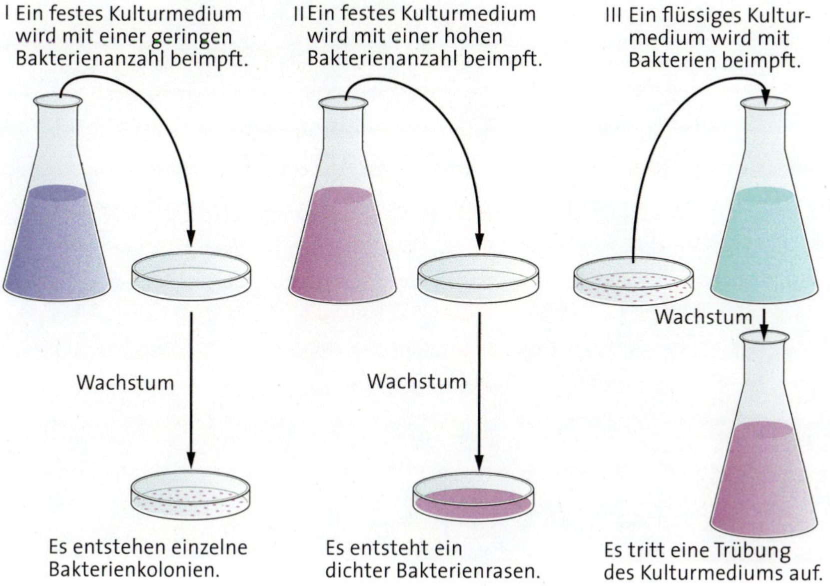

Escherichia-coli-Zellen können im Labor mit unterschiedlichen Kultivierungsmethoden gezüchtet werden. Unter optimalen Bedingungen teilen sie sich alle 20 Minuten. Die gewählte Methode richtet sich nach der Fragestellung des Versuches.

A1 Beschreiben Sie die dargestellten Methoden!

A2 Erläutern Sie die Ergebnisse der unterschiedlichen Kultivierungsmethoden!

A3 Begründen Sie, welche Methoden für bestimmte Vorhaben besonders geeignet sind!

Material B ▸ Bestimmung der Keimzahl

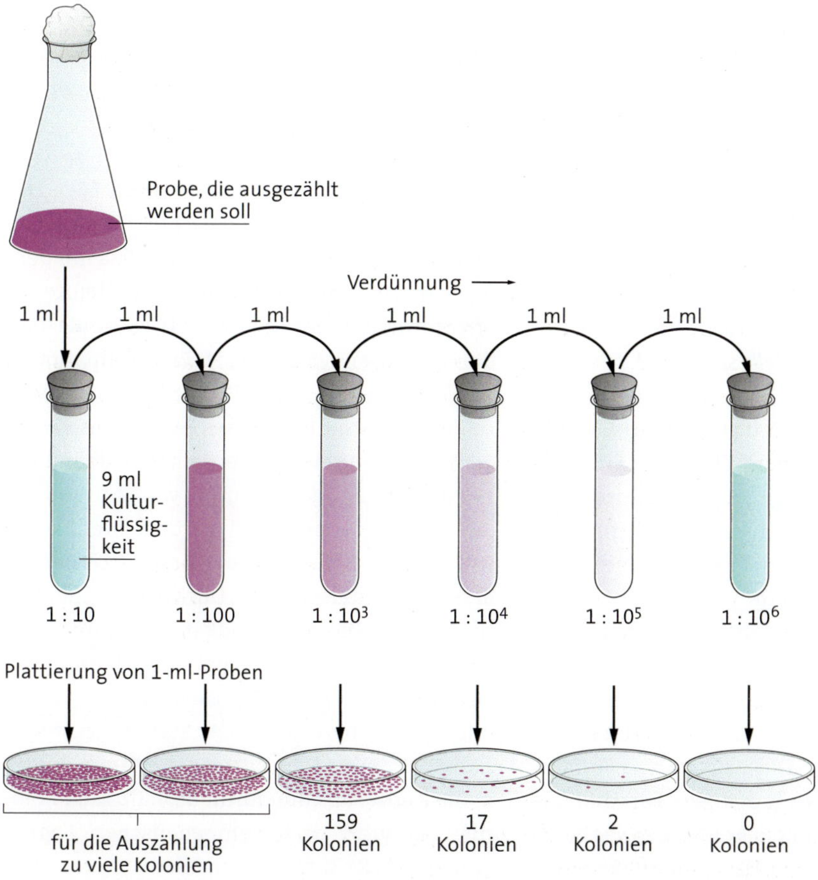

In einer Flüssigkultur vermehren sich *Escherichia-coli*-Zellen sehr schnell, sodass für eine Bestimmung der Keimzahl, der Anzahl lebender Zellen in einem Milliliter, eine Verdünnung der Ausgangskultur notwendig ist. Da die genaue Zellzahl nicht bekannt ist, sind meistens mehrere Verdünnungsschritte notwendig. Dafür setzt man eine Verdünnungsreihe an, bevor die Bakterien auf Agarplatten kultiviert werden.

B1 Beschreiben Sie die Versuchsdurchführung!

B2 Ermitteln Sie die Anzahl der Bakterien in einem Milliliter der Ausgangskultur!

B3 Erläutern Sie, weshalb auf den Agarplatten die Anzahl der Kolonien unterschiedlich ist!

B4 Diskutieren Sie die Unsicherheiten dieser Bestimmungsmethode!

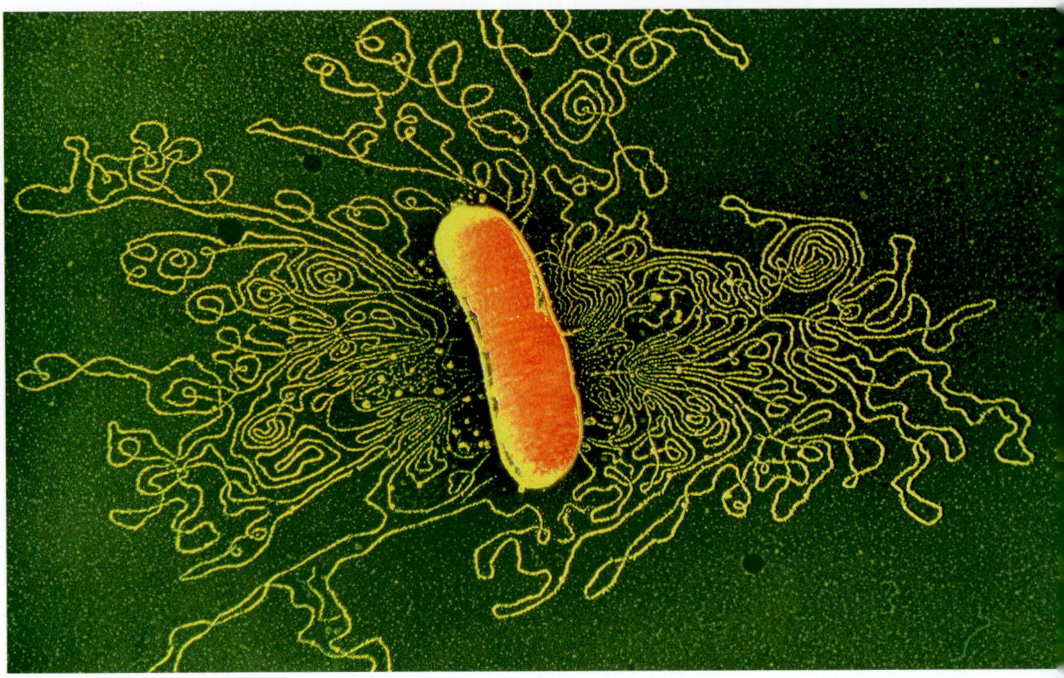

01 DNA von *E. coli* (Explosionsbild)

DNA – Träger der Erbinformation

Zerplatzt das Bakterium E. coli aufgrund eines osmotischen Schocks, gibt es seinen Inhalt vollständig in die Umgebung frei. Mithilfe eines Elektronenmikroskops wird ein solches Explosionsbild sichtbar. Zu erkennen ist ein großes, ringförmiges Molekül, seine DNA. Es kommt nur einmal in einer E.-coli-Zelle vor und besitzt eine Länge von etwa 1,2 Millimeter. Damit ist es etwa 500-mal länger als die gesamte Zelle. Wie konnte man nachweisen, dass dieses Molekül die Erbinformationen einer Zelle speichert?

engl. DNA = deoxyribonucleic acid

dt. DNS = Desoxyribonukleinsäure

ENTDECKUNG DER NUKLEINSÄUREN · Im Jahre 1868 gelang es dem Chemiker Friedrich MIESCHER zum ersten Mal, DNA zu isolieren und zu untersuchen. Er trennte Zellkerne vom Zellplasma und gewann daraus eine saure Substanz, die er „Nuclein" nannte. Sie enthielt große Mengen an Phosphat und unterschied sich dadurch deutlich von Proteinen.

lat. virulentus = giftig

Bereits zu Beginn des letzten Jahrhunderts war bekannt, dass DNA aus vier Bausteinen, den Nukleotiden, besteht. Diese scheinbare Einfachheit schloss für die damaligen Forscher die Nukleinsäuren als möglichen Träger der genetischen Information aus. Deshalb war die Mehrheit der Wissenschaftler bis in die Mitte der 1940er-Jahre überzeugt, dass die wesentlich komplexeren Proteine die Rolle als Träger des genetischen Materials übernähmen.

TRANSFORMATIONSEXPERIMENTE · Die Untersuchungen des britischen Mediziners Frederick GRIFFITH aus dem Jahr 1928 mit dem Erreger der Lungenentzündung, der heute als *Streptococcus* bezeichnet wird, trugen entscheidend dazu bei, den Träger der Erbinformationen zu identifizieren. GRIFFITH arbeitete mit verschiedenen Stämmen dieses Bakteriums. Einige waren virulent, sie konnten Lungenentzündung hervorrufen. Andere Stämme waren avirulent, sie waren harmlos und verursachten keine Infektionen. Beide Stämme lassen sich bereits äußerlich unterscheiden. Der virulente Stamm besitzt eine Polysaccharidkapsel, wodurch die Oberfläche der Kolonien glatt und glänzend erscheint. Dies wird im Englischen als „smooth" oder „shiny" bezeichnet. Der Stamm heißt deshalb S-Stamm. Der avirulente Stamm bildet keine Kapsel aus und formt deshalb raue Kolonien. Er wird nach dem englischen Begriff „rough" als R-Stamm bezeichnet.

In seinen Versuchen infizierte GRIFFITH Mäuse mit Bakterien der beiden Stämme. Mäuse, die eine Injektion mit lebenden S-Zellen erhielten, starben an einer Lungenentzündung. Die Mäuse, denen lebende R-Zellen oder hitzegetötete S-Zellen injiziert wurden, überlebten. GRIFFITH mischte in einem weiteren Versuch lebende R-Zellen mit hitzegetöteten S-Zellen und injizierte Mäusen diese Mischung. Nach fünf Tagen waren alle Mäuse gestorben. GRIFFITH konnte lebende Bakterien des S-Stammes im Blut der toten Mäuse nachweisen. Er zog daraus den Schluss, dass die hitzegetöteten Zellen des S-Stammes für die Umwandlung der harmlosen R-Zellen in virulente S-Zellen verantwortlich waren. Diesen Vorgang bezeichnete er als **Transformation.** Die Ursache für die Umwandlung sah GRIFFITH in der Polysaccharidkapsel. Sie war für ihn das Transformationsprinzip.

Im Jahr 1944 veröffentlichte der kanadische Mediziner Oswald AVERY die Ergebnisse seiner Versuche, in denen er das transformierende Prinzip eindeutig identifizierte. Zellen des virulenten S-Stammes wurden durch Hitze abgetötet. Nachdem die Zellwände aufgebrochen worden waren, erwies sich der durch Filtration gewonnene Zellextrakt als transformierend. Trotz des Entfernens der Kohlenhydrate, Lipide und Proteine mithilfe von Enzymen war das transformierende Prinzip immer noch vorhanden. Durch Behandlung des Filtrats mit Ethanol konnte AVERY eine farblose, zähflüssige Substanz isolieren, die avirulente R-Zellen zu virulenten S-Zellen transformierte. Aus ursprünglich 75 Litern Kulturflüssigkeit konnten 20 Milligramm dieser Substanz gewonnen werden. Die Zugabe von RNasen, RNA spaltenden Enzymen, oder Proteasen, Protein spaltenden Enzymen, verhinderte nicht die Umwandlung von R-Zellen in S-Zellen. Erst durch die Behandlung mit DNasen ging die Transformationsaktivität dieser Substanz verloren. Damit war die DNA als transformierendes Prinzip eindeutig nachgewiesen. Spätere Versuche zeigten, dass lebende R-Zellen DNA von abgetöteten S-Zellen aufgenommen und in ihre eigene DNA eingebaut hatten. Sie waren zu virulenten S-Zellen transformiert worden.

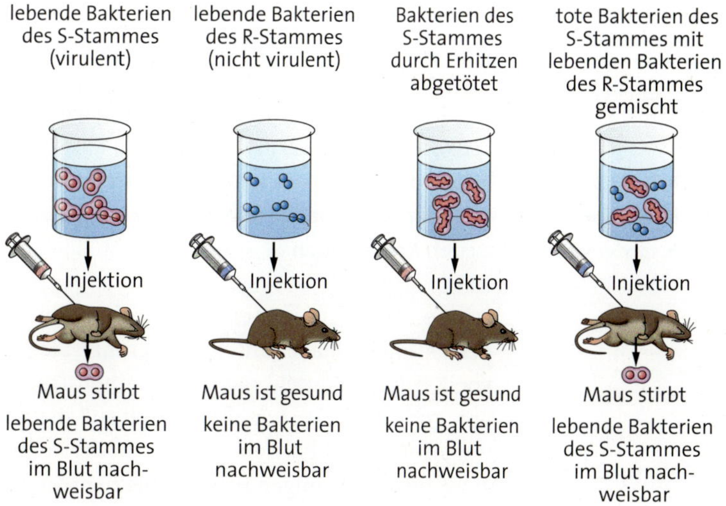

02 GRIFFITHs Transformationsexperiment von 1928

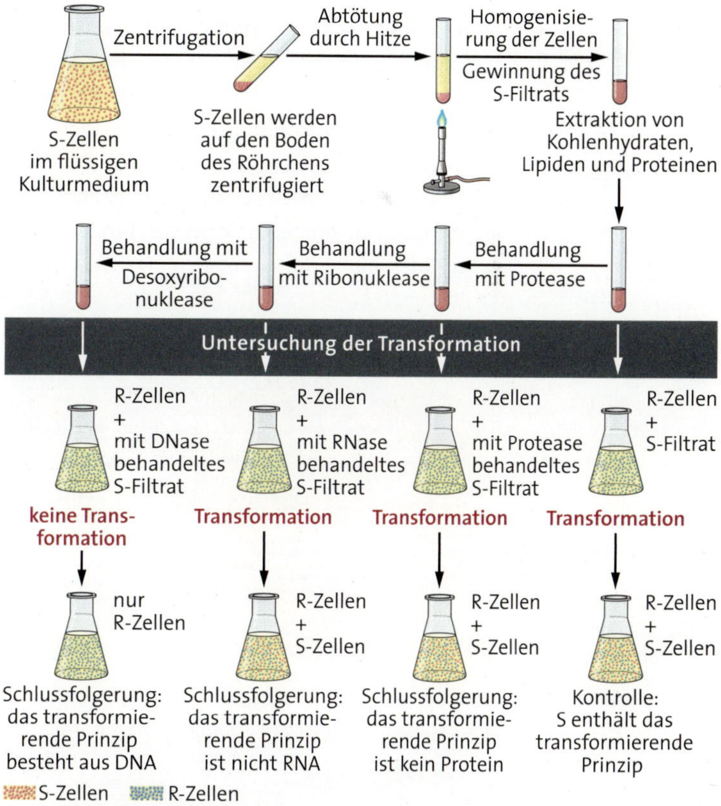

03 AVERYs Transformationsexperiment von 1944

1 Beschreiben Sie die Versuche von GRIFFITH!

2 Beschreiben Sie die Durchführung der Versuche, durch die AVERY die DNA als transformierendes Prinzip nachwies!

griech. eu = gut, selbst
griech. pro = vorher
griech. karyon = Kern

BAU DES ZELLKERNS · Bei Bakterien wie *E. coli* liegt das genetische Material als ringförmiges DNA-Molekül im Zellplasma vor. Bei den anderen Lebewesen befindet es sich dagegen im Zellkern, dem **Nukleus.** Lebewesen, die einen Zellkern besitzen, werden als **Eukaryoten** bezeichnet. Alle Lebewesen ohne Zellkern gehören zu den **Prokaryoten.**

lat. nucleolus = kleiner Kern, Kernkörperchen

Der Zellkern wird von einer Doppelmembran, der Kernhülle, nach außen abgegrenzt. Sie ist von Kernporen durchbrochen, die einen Transport von Molekülen von innen nach außen und umgekehrt ermöglichen. Die Anzahl der Poren kann zwischen einigen Hundert bis zu mehr als einer Million pro Zellkern variieren. Sie ist abhängig vom Zelltyp und vom Funktionszustand der Zelle. Im Inneren des Zellkerns lässt sich während des G_1-Stadiums des Zellzyklus ein besonderer Bereich erkennen, der **Nukleolus.** Hier erfolgt die Synthese der beiden ribosomalen Untereinheiten, die aus ribosomalen RNA-Molekülen und ribosomalen Proteinen bestehen. Der größte Teil des Nukleus wird von *Chromatin,* einem Komplex aus DNA und basischen Proteinen, den *Histonen,* in Form von langen, dünnen Fäden ausgefüllt.

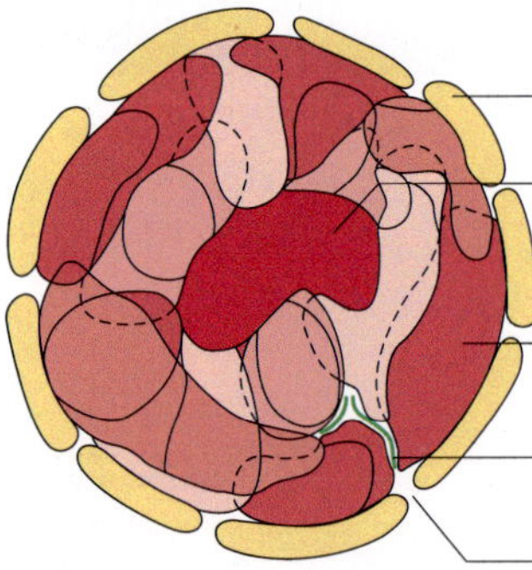

04 Organisation des Zellkerns während der Interphase

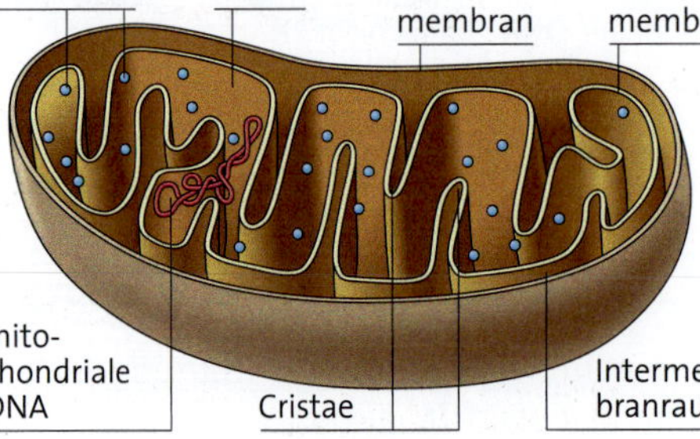

05 Mitochondrium mit DNA

Dichte, spiralisierte Bereiche des Chromatins, das *Heterochromatin,* sind genetisch inaktiv. Diese Regionen lassen sich gut anfärben. Die entspiralisierten Bereiche, das *Euchromatin,* können dagegen transkribiert werden.
Chromosomen sind nur während der Zellteilung deutlich zu erkennen und bilden sich durch Spiralisierungsvorgänge aus dem Chromatin. Die Chromatinfäden liegen aber nicht ungeordnet und wahllos im Zellkern, sondern sind in Bereiche gegliedert. In jedem Territorium befindet sich ein Chromatinfaden mit der DNA eines einzelnen Chromosoms. Diese Territorien können sich berühren und überlappen, sodass es zu Kontakten zwischen den Chromosomen kommen kann.

EXTRANUKLEÄRE DNA · Auch außerhalb des Zellkerns befinden sich in den eukaryotischen Zellen DNA-Moleküle. Jedes Mitochondrium tierischer und pflanzlicher Zellen enthält zwei bis zehn ringförmige DNA-Moleküle. In den Chloroplasten pflanzlicher Zellen gibt es eigene DNA-Moleküle. Deren Anzahl kann je nach Pflanzenart bis zu 1000 pro Chloroplast betragen. Diese *extranukleäre DNA* enthält Informationen für die Synthese spezifischer Mitochondrien- und Chloroplastenproteine für die Atmungskette beziehungsweise Fotosynthese. Allerdings ist ein größerer Anteil der Informationen für diese Proteine auf den Chromosomen im Zellkern gespeichert. Pflanzliche und tierische Zellen besitzen damit drei beziehungsweise zwei unterschiedliche genetische Informationsspeicher.
Viele Bakterien weisen ebenfalls kleine, ringförmige DNA-Moleküle außerhalb der eigentlichen bakteriellen DNA auf. Diese Moleküle werden als **Plasmide** bezeichnet. Bei *E. coli* ist hierauf auch die Information für die Ausbildung des Sexpilus gespeichert, ohne den eine Konjugation nicht möglich ist.

3 Vergleichen Sie die Lokalisation des genetischen Materials in prokaryotischen und eukaryotischen Zellen!

4 Nennen Sie die genetischen Informationsspeicher in pflanzlichen und tierischen Zellen!

Material A ▸ Transformationsexperiment

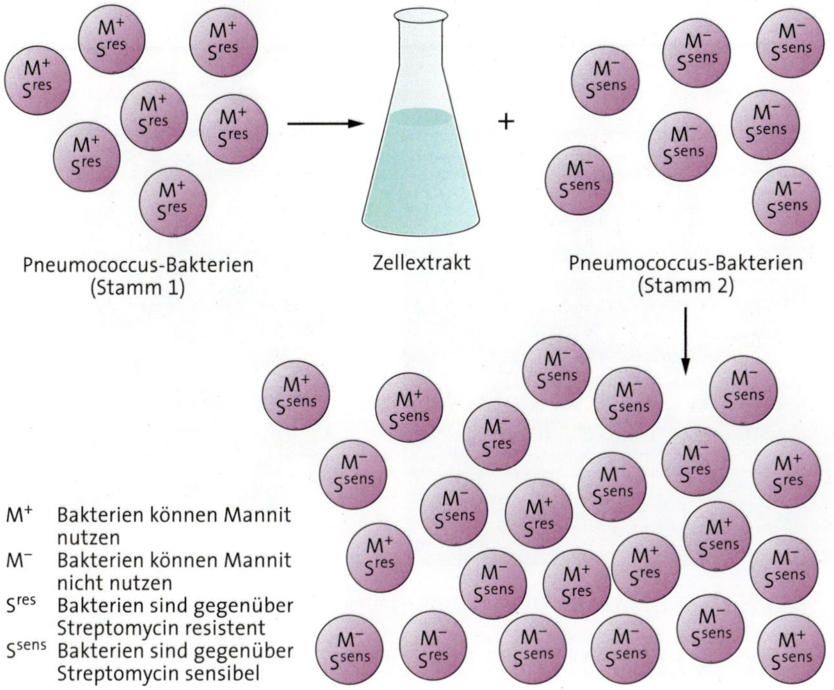

HOTCHKISS und MARMUR experimentierten 1954 mit zwei *Pneumococcus*-Stämmen. Ein Stamm war gegen das Antibiotikum Streptomycin resistent und nutzte den Zucker Mannit als Kohlenstoffquelle. Aus diesen Zellen wurde ein Zellextrakt gewonnen und in eine Zellkultur des anderen Stammes gemischt, der gegenüber Streptomycin sensibel war und Mannit nicht verarbeiten konnte.

A1 Beschreiben Sie das Versuchsergebnis!

A2 Erläutern Sie das Versuchsergebnis!

A3 Begründen Sie, welche Bedeutung dieses Versuchsergebnis für die Molekulargenetik besitzt!

Material B ▸ Die Hershey-Chase-Experimente

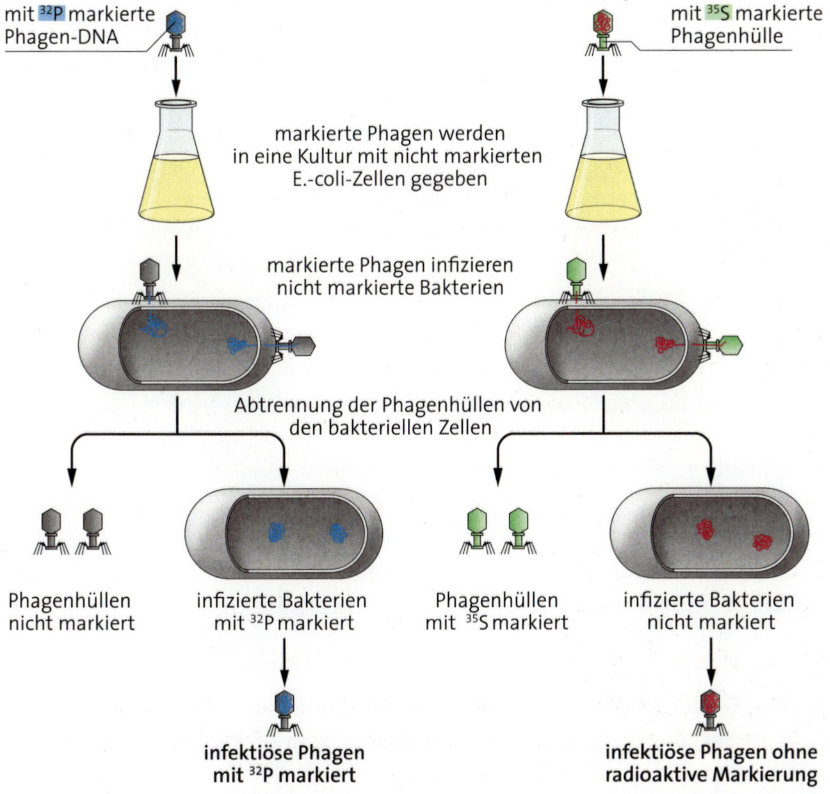

Bakteriophagen oder kurz Phagen sind Viren, die Bakterienzellen infizieren und sich in ihnen vermehren. Die Zellen platzen auf und die neuen Phagen werden freigesetzt.

T2, ein typischer *E.-coli*-Phage, besteht aus einer Proteinhülle, die seine DNA umschließt. HERSHEY und CHASE markierten spezifisch die Proteinhülle mit dem radioaktiven Schwefel-Isotop ^{35}S und die DNA spezifisch mit dem radioaktiven Phosphor-Isotop ^{32}P. Mithilfe eines Mixers trennten sie die Phagenhüllen von den Zellwänden der Bakterien ab. Anschließend untersuchten sie die Phagenhüllen und die infizierten Bakterien auf Radioaktivität.

B1 Beschreiben und begründen Sie die Versuchsdurchführung!

B2 Formulieren Sie das Versuchsergebnis!

B3 Deuten Sie das Versuchsergebnis!

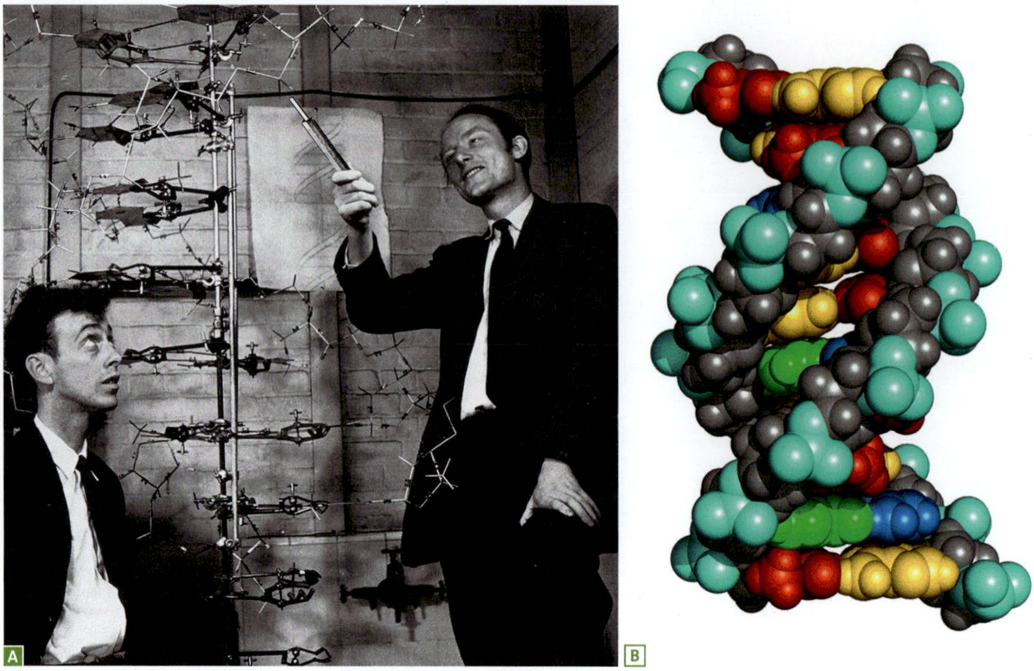

01 Raumstruktur der DNA:
A James D. WATSON und Francis CRICK 1953 vor einem DNA-Modell,
B DNA-Kalottenmodell

Der Bau der Nukleinsäuren

Der britische Physiker Francis CRICK und der US-amerikanische Genetiker James D. WATSON arbeiteten zu Beginn der 1950er-Jahre gemeinsam an der Universität Cambridge in England. Ihr Ziel war es, aus allen bis dahin bekannten Forschungsdaten ein dreidimensionales Modell des DNA-Moleküls zu entwickeln. Im Jahr 1953 gelang ihnen die Sensation, als sie der Öffentlichkeit ihr Modell vorstellten. Worin bestand die besondere Leistung von WATSON und CRICK?

engl. DNA = deoxyribonucleic acid

dt. DNS = Desoxyribonukleinsäure

Pentose = Zuckermolekül mit fünf Kohlenstoffatomen

ATP = wichtiges Energiespeichermolekül

BAUSTEINE DER DNA · Alle Nukleinsäuren sind aus sehr ähnlichen Bausteinen aufgebaut. Jeder Baustein besteht aus einer stickstoffhaltigen Base, einer Pentose und einer Phosphatgruppe. Die stickstoffhaltigen Basen haben als Grundstruktur entweder ein Doppelringsystem oder ein Einfachringsystem und gehören demnach zu den Purinen beziehungsweise zu den Pyrimidinen. In der DNA kommen zwei verschiedene Purine, Adenin und Guanin, sowie zwei verschiedene Pyrimidine, Cytosin und Thymin, vor. Die Basen werden mit ihrem Anfangsbuchstaben A, G, C oder T abgekürzt. Die DNA wird nach ihrem Zuckermolekül benannt: Sie enthält die Pentose Desoxyribose.

Ribose siehe Seite 70

Diese leitet sich von der Ribose ab, ihr fehlt jedoch am zweiten Kohlenstoffatom, kurz 2'-C-Atom, ein Sauerstoffatom.
Wird der Zucker über das 1'-C-Atom mit einer Base verknüpft, so entsteht ein **Nukleosid.** Dessen Bezeichnung orientiert sich am Namen der entsprechenden Base: Adenosin, Guanosin, Thymidin und Cytidin. Wird zusätzlich eine Phosphatgruppe am 5'-C-Atom des Zuckers gebunden, so entsteht ein **Nukleotid.** Grundsätzlich können eine, zwei oder drei Phosphatgruppen am Zucker gebunden sein. Diese Moleküle werden entsprechend der Bezeichnung der Nukleoside zum Beispiel als Adenosinmonophosphat, kurz AMP, Adenosindiphosphat, kurz ADP, oder Adenosintriphosphat, kurz ATP, benannt.
Zwei Nukleotide können über eine *Phosphodiesterbindung* miteinander verbunden werden. Diese Verknüpfung erfolgt über das 5'-C-Atom des einen Zuckers mit dem 3'-C-Atom des zweiten Zuckers. Das neu gebildete *Dinukleotid* besitzt zwei unterschiedliche Enden. Auf der einen Seite befindet sich das 3'-Ende, das durch die Hydroxylgruppe am Zucker gekennzeichnet ist. Auf der anderen Seite, am 5'-C-Atom des

Zuckers, befindet sich die Phosphatgruppe. Wenn ein weiteres Nukleotid an die Hydroxylgruppe des 3'-C-Atoms gebunden wird, entsteht ein *Trinukleotid*. Ketten mit 4 bis zu etwa 20 Nukleotiden werden als *Oligonukleotide* bezeichnet, noch längere Ketten heißen **Polynukleotide.** Dabei behält die Kette immer ihre definierte Orientierung bei: Auf der einen Seite befindet sich immer ein freies 3'-Ende, auf der anderen Seite immer ein freies 5'-Ende.

griech. oligo = wenig

griech. poly = viel

CHARGAFFS ERGEBNISSE · 1950 veröffentlichte Erwin CHARGAFF die Ergebnisse seiner chemischen Untersuchungen von DNA-Proben verschiedener Arten. Er bestimmte die Mengen der vier verschiedenen Basen und fand heraus, dass bei jeder Art die Menge an Adenin immer gleich der Menge an Thymin ist und die Menge an Cytosin gleich der Menge an Guanin. Das Verhältnis von Adenin und Thymin zu Cytosin und Guanin erwies sich als artspezifisch. Die Summe der Purine, A + G, ist immer gleich der Summe der Pyrimidine, C + T. Die Zusammensetzung der DNA ist in unterschiedlichen Zellen eines Lebewesens gleich, unabhängig von Alter, Ernährungszustand und Lebensraum. Diese Chargaff-Regeln waren eine wesentliche Voraussetzung dafür, dass WATSON und CRICK ihr Modell der DNA entwickeln konnten.

Erwin CHARGAFF 1905 – 2002

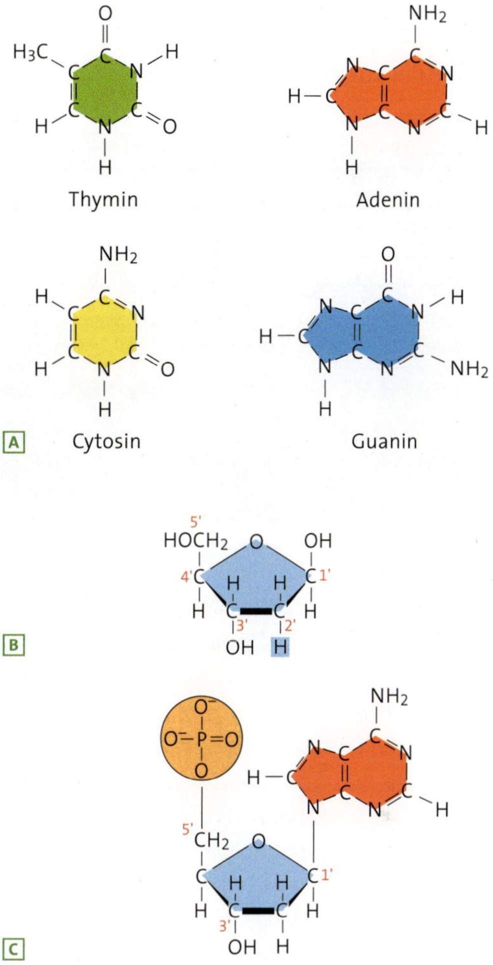

02 Bestandteile der DNA:
A stickstoffhaltige Basen,
B Desoxyribose,
C Nukleotid (AMP)

RÖNTGENSTRUKTURANALYSE · Richtet man Röntgenstrahlen auf Kristalle hoch gereinigter DNA-Moleküle, so werden die Strahlen in charakteristischer Weise abgelenkt. Rosalind FRANKLIN, die im Labor des Biophysikers Maurice WILKINS in London arbeitete, erzielte zu Beginn der 1950er-Jahre als Erste aussagekräftige Aufnahmen dieser Röntgenbeugung. FRANKLIN bestätigte damit, dass innerhalb des Moleküls eine Periodizität von 0,34 Nanometern existiert, die auf eine regelmäßige Wiederholung gleicher Strukturelemente in diesem Abstand hinwies. Den Durchmesser des Moleküls konnte sie auf annähernd zwei Nanometer bestimmen. FRANKLIN vermutete bereits eine helixartige Struktur aus zwei Strängen. Sie konnte jedoch noch kein überzeugendes Modell für die DNA vorschlagen.

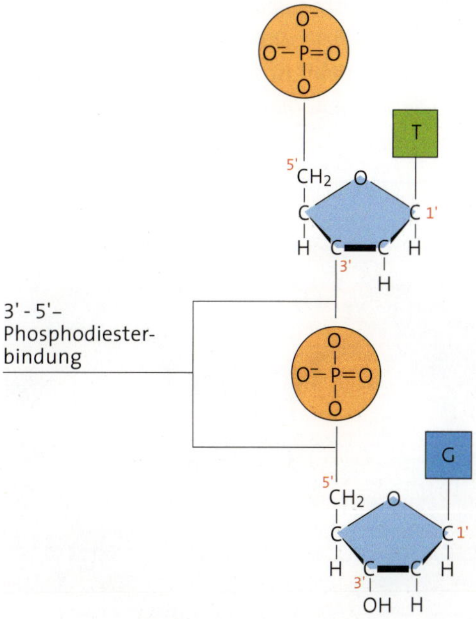

lat. helix = Schraube, Wendel

03 Phosphodiesterbindung in einem Dinukleotid

IM BLICKPUNKT GESCHICHTE

Entdeckung der Doppelhelix

James D. WATSON wurde 1928 in Chicago geboren. Nach ersten wissenschaftlichen Arbeiten in den USA kam er 1950 nach Cambridge, England, wo er gemeinsam mit Francis CRICK die Doppelhelixstruktur der DNA aufklärte. CRICK wurde 1916 in Northampton, England geboren. Er forschte als Biochemiker und Physiker in Cambridge. 2004 starb CRICK in San Diego.

Rosalind FRANKLIN wurde 1920 in London geboren. Ihre bahnbrechenden Arbeiten entstanden am dortigen King's College. Sie starb 1958 in London an Krebs. Ihre Röntgenstrukturanalysen mit hoch gereinigten DNA-Proben ergaben charakteristische Beugungsmuster, aus denen die Doppelhelixstruktur abgeleitet werden konnte. Berühmt ist ihr Foto 51, das die Regelmäßigkeit im Aufbau der DNA besonders deutlich erkennen lässt.

Maurice WILKINS wurde 1916 in Neuseeland geboren. Er arbeitete als Physiker unter anderem am Manhattan-Projekt, das zur Entwicklung der Atombombe führte. Nach dem Zweiten Weltkrieg wechselte er an das King's College und forschte im Bereich der Röntgenbeugungsspektroskopie auch an DNA-Molekülen. Mit Rosalind FRANKLIN arbeitete er im gleichen Institut. WILKINS starb 2004 in London.

Die Ergebnisse der vier Wissenschaftler wurden am 25. April 1953 in mehreren aufeinanderfolgenden Artikeln in derselben Ausgabe der Fachzeitschrift Nature veröffentlicht. 1962 erhielten WATSON, CRICK und WILKINS für ihre Arbeiten den Nobelpreis für Medizin. FRANKLIN konnte für ihre entscheidenden Untersuchungen nicht mehr ausgezeichnet werden, da der Nobelpreis nur an lebende Personen verliehen wird.

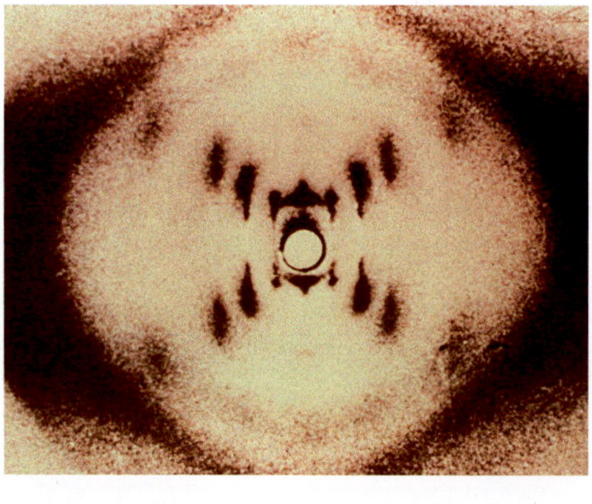

04 Röntgenbeugung an DNA

RAUMSTRUKTUR DER DNA – DAS WATSON-CRICK-MODELL · Aufgrund der Ergebnisse von CHARGAFF und FRANKLIN entwickelten CRICK und WATSON ein Modell der DNA, das alle bekannten Tatsachen miteinander vereinigt. Das DNA-Molekül besteht aus zwei Strängen, in denen die Zuckermoleküle und Phosphatgruppen alternierend miteinander verbunden sind. Aus FRANKLINs Ergebnissen ging bereits hervor, dass die beiden Stränge gegenläufig orientiert sind. Ein Strang hat eine Orientierung vom 5'- zum 3'-Ende, während der gegenüberliegende Strang eine Orientierung vom 3'- zum 5'-Ende besitzt. Sie sind also **antiparallel** zueinander angeordnet.

Diese beiden Stränge sind um eine zentrale Achse nach rechts gedreht und bilden eine **Doppelhelix.** Dadurch liegen die Basen im Inneren des Doppelstrangs einander gegenüber. Nur diese Ausrichtung macht es möglich, dass zwei Basen, immer eine Purinbase und eine Pyrimidinbase, **Wasserstoffbrückenbindungen** ausbilden. Adenin und Thymin bilden zwei, Guanin und Cytosin dagegen drei Wasserstoffbrückenbindungen aus. Durch diese unterschiedliche Anzahl der Wasserstoffbrückenbindungen ist gewährleistet, dass immer die gleichen Basen miteinander gepaart sind. Man bezeichnet sie deshalb auch als **Basenpaar** oder als **komplementäre Basen.**

Die Wasserstoffbrückenbindungen eines jeden Basenpaares halten die beiden Stränge zusammen. Durch die Windungen der Doppelhelix um die zentrale Achse entstehen abwechselnd kleine und große Furchen entlang der Längsachse der DNA.

Die Basen der beiden Stränge sind flach und senkrecht zur Längsachse ausgerichtet. Deshalb erscheinen sie wie übereinanderliegende Stapel, die durch einen Zwischenraum von 0,34 Nanometer voneinander getrennt sind. Insgesamt bilden zehn Basenpaare eine vollständige Windung der Doppelhelix. Jede Windung besitzt damit eine Länge von 3,4 Nanometern. Der Durchmesser der DNA-Doppelhelix beträgt 2 Nanometer. Diese Raumstruktur der DNA wird als *Watson-Crick-Modell* bezeichnet.

1 Beschreiben Sie den Aufbau eines Nukleotids der DNA!

2 Erklären Sie, weshalb Forscher Gewebeproben durch chemische DNA-Analysen einer Art zuordnen können!

3 Beschreiben Sie die wesentlichen Kennzeichen des Watson-Crick-Modells!

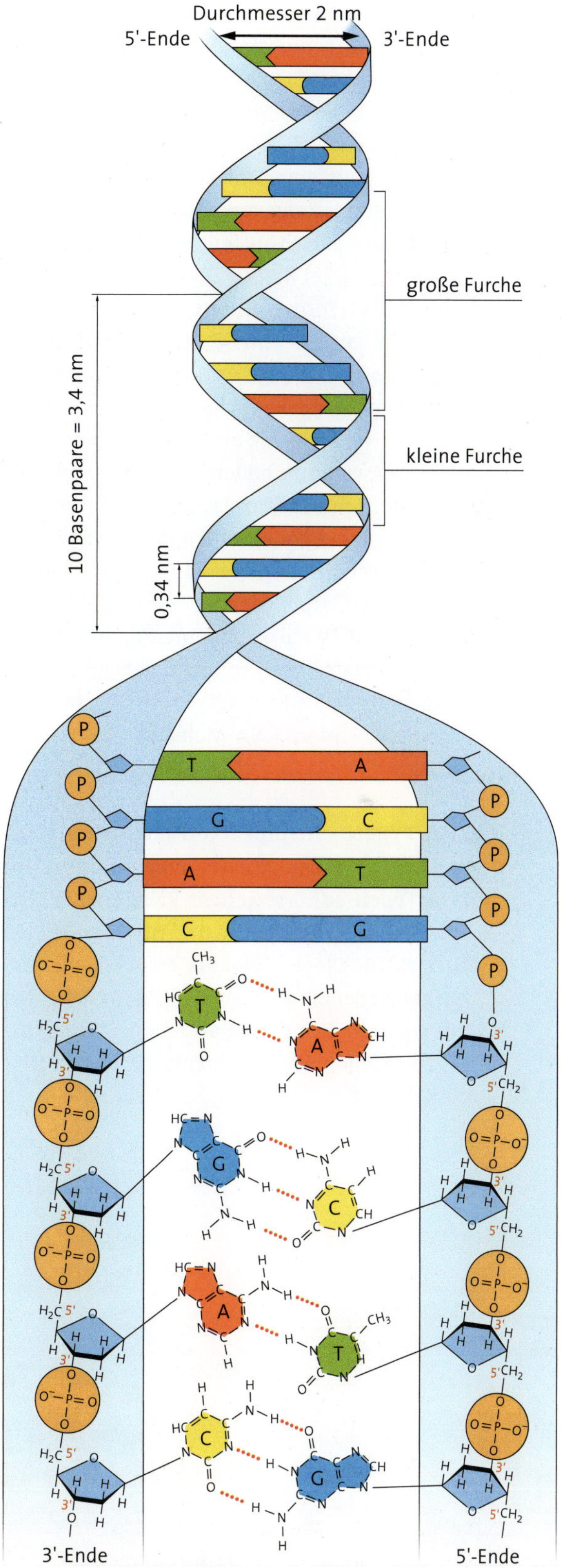

05 Raumstruktur der DNA

engl. RNA = ribonucleic acid

dt. RNS = Ribonukleinsäure

RNA · Neben der DNA gibt es weitere Nukleinsäuren, die *Ribonukleinsäuren*, kurz RNA. Diese Moleküle stimmen in vielen Merkmalen mit der DNA überein. Sie weisen aber auch Unterschiede zur DNA auf. RNA besteht wie DNA aus Nukleotidbausteinen, die miteinander zu einem Polynukleotidstrang verknüpft sind. In der RNA befindet sich jedoch anstelle des Zuckers Desoxyribose der Zucker Ribose. Dieser besitzt am 2'-C-Atom eine Hydroxylgruppe, während die Desoxyribose an diesem C-Atom lediglich ein Wasserstoffatom trägt. Außerdem wird die Base Thymin durch die Base Uracil ersetzt. Meist liegen die RNA-Moleküle als lineare Einzelstränge vor. Eine Ausnahme bilden bestimmte Moleküle, in denen sich die Einzelstränge auffalten und Doppelstrangregionen bilden, die durch Wasserstoffbrückenbindungen zwischen komplementären Basen stabilisiert werden. Dabei sind Adenin und Uracil komplementär und bilden zwei Wasserstoffbrückenbindungen aus. Auch in einigen Viren, die RNA als genetisches Material enthalten, treten RNA-Moleküle als Doppelstrang auf.

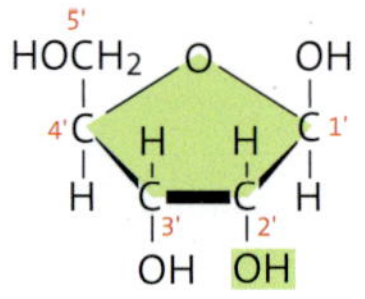

06 Ribose

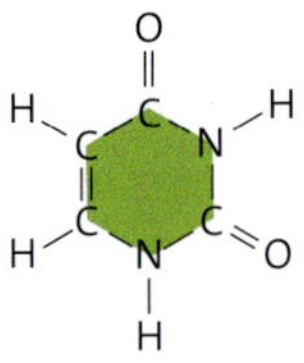

07 Uracil

RNA-TYPEN · In prokaryotischen und eukaryotischen Zellen treten drei verschiedene RNA-Typen auf: Messenger-RNA, kurz mRNA, Transfer-RNA, kurz tRNA, und ribosomale RNA, kurz rRNA. Diese Moleküle erfüllen wichtige Aufgaben bei der Realisierung der genetischen Information. Die Information zur Bildung der verschiedenen RNA-Moleküle ist in der DNA gespeichert.

mRNA siehe Seite 85 bis 89

TRANSFER-RNA · Die tRNA besteht aus 75 bis 90 Nukleotiden und ist damit das kleinste RNA-Molekül. Durch die Ausbildung von Wasserstoffbrückenbindungen ergibt sich die charakteristische Kleeblattstruktur des tRNA-Moleküls. Es entstehen dabei Bereiche mit komplementären Basenpaarungen, die Stämme, und nicht gepaarte Abschnitte, die Schleifen. Diese Schleifen enthalten seltene Basen, die keine Basenpaarungen eingehen und in anderen RNA-Molekülen nicht vorkommen. Diese seltenen Basen entstehen in der Zelle durch enzymatische Umwandlungen der vier üblichen Basen, nachdem sie bereits in die tRNA-Moleküle eingebaut wurden.

RIBOSOMALE RNA · rRNA und Proteine bilden gemeinsam die beiden Untereinheiten der Ribosomen. Bei Eukaryoten wird die rRNA im Nukleolus des Zellkerns gebildet, der mit den codierenden Abschnitten bestimmter Chromosomen assoziiert ist.

RIBOZYME · RNA-Moleküle können sehr komplexe dreidimensionale Strukturen genau wie Proteine ausbilden. Einige übernehmen enzymatische Funktionen. Solche RNA-Enzyme werden als *Ribozyme* bezeichnet. Sie besitzen viele Eigenschaften eines Enzyms wie zum Beispiel ein aktives Zentrum. Ribozyme haben eine wichtige Funktion bei der Spaltung von RNA-Molekülen. Dabei entstehen freie 3'- und 5'-Enden, sodass die Spaltprodukte weiter abgebaut werden können. Diese überraschenden Eigenschaften von RNA führten zu Überlegungen, dass erste primitive Lebensformen auf der Erde vollständig auf RNA-Molekülen basierten. Das genetische Material und auch alle Enzyme könnten ursprünglich aus RNA bestanden haben, bevor sich im Verlauf der Evolution DNA und Proteine entwickelten und eine immer größere Rolle in den Zellabläufen übernahmen.

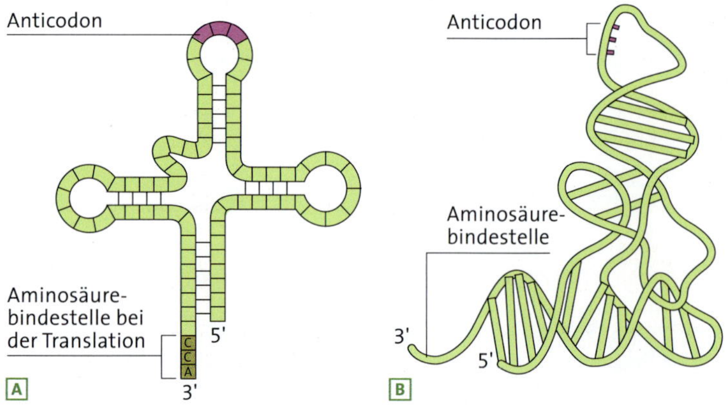

08 tRNA-Molekül: **A** zweidimensionale Struktur (Kleeblattstruktur), **B** dreidimensionale Struktur

4 Vergleichen Sie den Aufbau von DNA und RNA!

5 Beschreiben Sie den Aufbau der tRNA!

6 Erläutern Sie die Bedeutung der Ribozyme!

VERSUCH A ▸ Versuche mit DNA

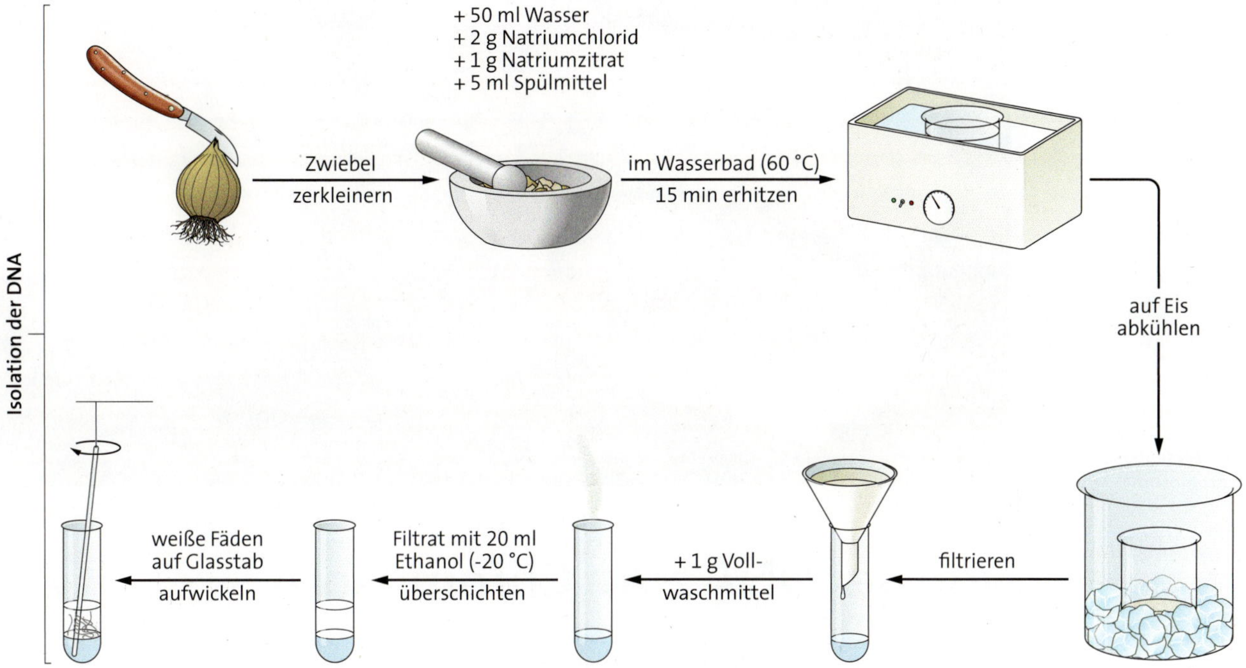

A1 Führen Sie das Experiment vollständig durch und erstellen Sie mithilfe der Abbildung ein Versuchsprotokoll bis zur Beobachtung!

A2 Recherchieren Sie die Funktion der eingesetzten Chemikalien für die Deutung der Beobachtung!

Material B ▸ Schmelzkurven von DNA

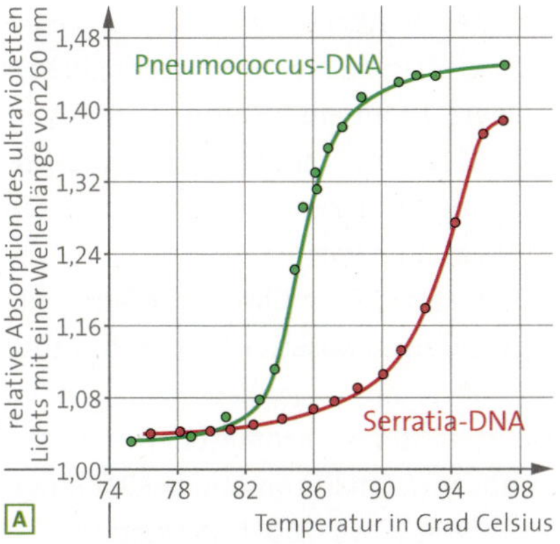

A

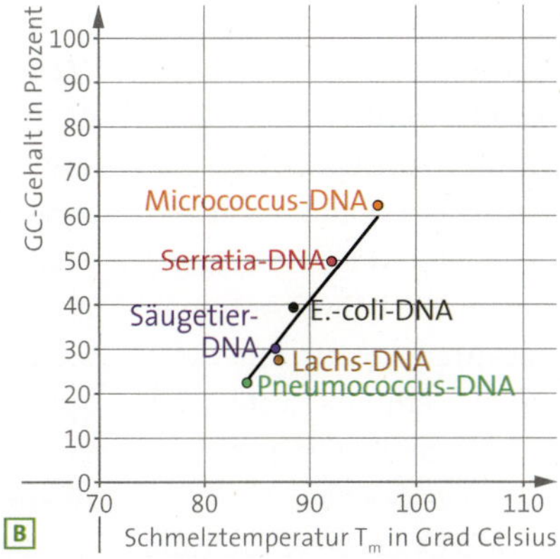

B

Durch Erhitzen von DNA-Molekülen werden die Wasserstoffbrückenbindungen der Doppelhelixstruktur gespalten, die Stränge entspiralisieren und trennen sich. Dieser Vorgang wird als Denaturieren oder Schmelzen bezeichnet.

Während dieses Prozesses nimmt die UV-Absorption der DNA-Lösung stark zu. Diese Hyperchromizität kann gemessen werden.
Beim langsamen Abkühlen vereinigen sich die Einzelstränge wieder zu einer Doppelhelix, sie renaturieren.

Trägt man die Zunahme der Absorption gegen die Temperatur auf, erhält man ein Denaturierungsprofil der DNA. Anhand des Mittelwertes von minimaler und maximaler Absorption kann die Schmelztemperatur T_m abgelesen werden.

B1 Beschreiben Sie jeweils die Kurvenverläufe in den Abbildungen A und B!

B2 Begründen Sie den unterschiedlichen Verlauf der beiden Kurven in Abbildung A! Ermitteln Sie T_m!

B3 Entwickeln Sie eine Hypothese zur Erklärung der unterschiedlichen Schmelztemperatur bei verschiedenen Lebewesen!

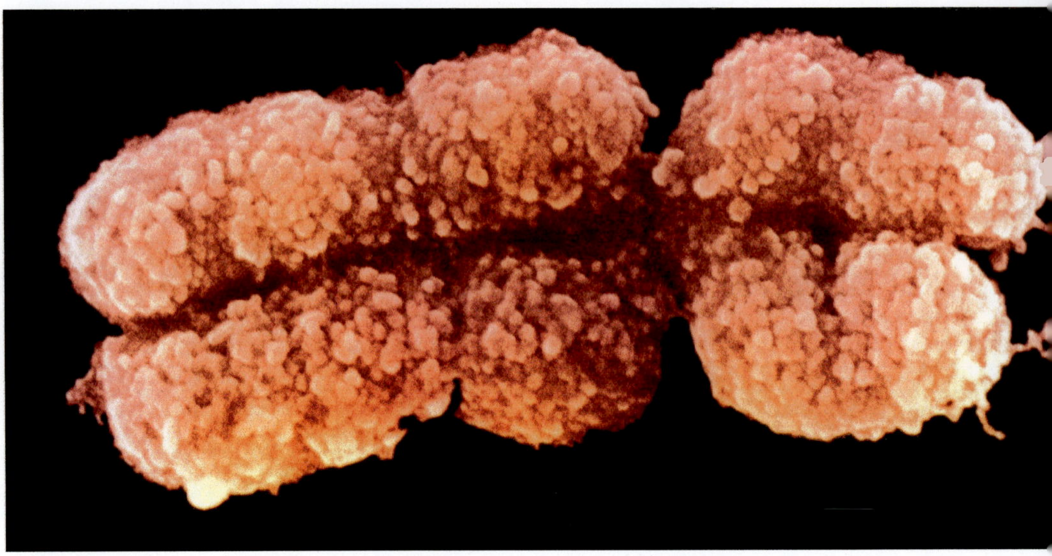

01 Metaphase-chromosom

Von der DNA zum Chromosom

Die DNA-Moleküle aller 46 Chromosomen einer menschlichen Zelle erreichen hintereinander aufgereiht eine Länge von annähernd zwei Metern. Der Nukleus dieser Zelle besitzt aber lediglich einen Durchmesser von etwa fünf Mikrometern. Wie passt diese Menge an DNA in den Zellkern?

NUKLEOSOMEN UND CHROMATINSTRUKTUR · Jedes Zwei-Chromatiden-Chromosom der Eukaryoten, das vor den mitotischen und meiotischen Teilungen gebildet wird, enthält neben zwei identischen DNA-Molekülen auch eine große Menge an Proteinen. Unter zellulären Bedingungen sind die meisten Proteine überwiegend positiv geladen, da sie einen hohen Anteil an den basischen Aminosäuren Arginin und Lysin enthalten. Diese basischen Proteine werden als **Histone** bezeichnet. Aufgrund ihrer positiven Ladungen ziehen sie die negativ geladenen Phosphatreste eines DNA-Moleküls an. Durch die Wechselwirkungen der Histone untereinander und die Bindung an die DNA entstehen perlenförmige Einheiten. Diese werden als **Nukleosomen** bezeichnet. Sie bestehen aus vier verschiedenen Histonen, von denen jedes zweimal vorkommt. Um diesen Histonkern herum ist ein DNA-Abschnitt von genau 147 Basenpaaren gewunden. Diese Anzahl ist bei allen bisher untersuchten Eukaryoten gleich. Zwei Nukleosomen sind durch ein kurzes Stück der DNA, die *Linker-DNA*, miteinander verknüpft, die mit dem *Linker-Histon H1* assoziiert ist. Jedes Nukleosom hat einen Durchmesser von 11 Nanometern bei einer Höhe von 6 Nanometern. Teile der Aminosäurekette der Histone ragen aus dem Nukleosom heraus und bilden *Histonschwänze*. Durch diese erste Stufe der Verdichtung wird ein DNA-Molekül auf ein Drittel seiner ursprünglichen Länge reduziert. In einem zweiten Schritt verdrillt sich die 11 Nanometer dicke Struktur zu einem 30 Nanometer dicken Filament. Durch die Bildung von Schleifen entsteht im dritten Schritt ein 300 Nanometer starker **Chromatinfaden** aus spiralig gewundenen Rosetten. Diese Rosetten spiralisieren sich im folgenden Schritt noch stärker. Es entsteht das **Chromatid** eines Metaphasechromosoms. Ein Chromatid besitzt einen Durchmesser von etwa 700 Nanometern. Ein maximal kondensiertes Metaphasechromosom, das aus zwei Chromatiden besteht, hat somit einen Durchmesser von annähernd 1400 Nanometern. Neben den Histonen gibt es auch eine Gruppe saurer *Nicht-Histon-Proteine*, die Regulationsaufgaben bei der Realisierung der genetischen Information übernehmen.

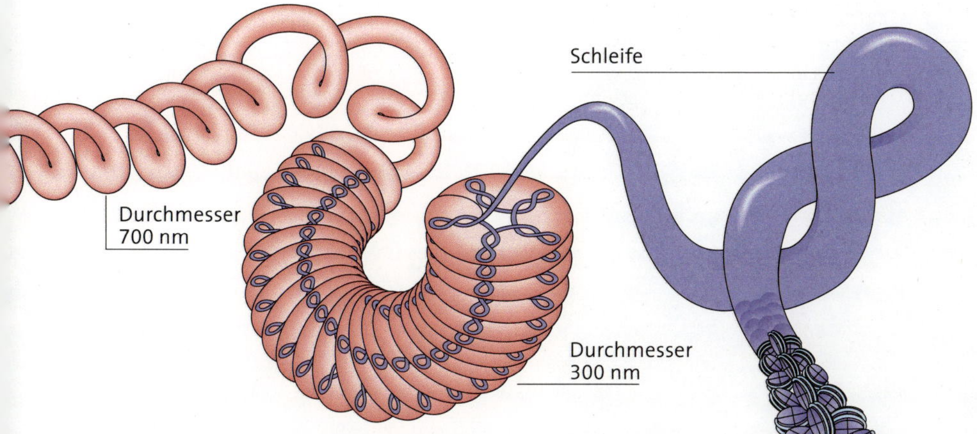

HETEROCHROMATIN UND EUCHROMATIN ·

Obwohl ein Chromosom aus einer regelmäßigen Abfolge von Nukleosomen aufgebaut zu sein scheint, lassen sich während der Interphase unterschiedlich stark gefärbte Bereiche im Zellkern erkennen. Die dunkleren Bereiche sind stärker spiralisierte DNA und werden als *Heterochromatin* bezeichnet. Die helleren Bereiche heißen *Euchromatin*. Nur dieses ist genetisch aktiv, während das Heterochromatin inaktiv ist.

PROKARYOTISCHE DNA · Im Gegensatz zu den Eukaryoten ist die DNA der Prokaryoten mit sehr viel weniger Proteinen dauerhaft assoziiert. Man spricht deshalb auch von „nackter DNA". Dieses Molekül ist bei *E. coli* in sich geschlossen und bildet einen Ring. Auch das DNA-Molekül der Prokaryoten ist dicht gepackt und in sich gefaltet. Die Faltung wird durch Wechselwirkungen zwischen basischen Proteinen und der negativ geladenen DNA stabilisiert. Ohne diese dichte Packung würde die Größe des DNA-Moleküls die Grenzen der Bakterienzelle sprengen.

1 Beschreiben Sie die unterschiedlichen Stufen der Verdichtung eukaryotischer DNA!

2 Berechnen Sie die Gesamtlänge aller DNA-Moleküle des menschlichen Körpers hintereinandergereiht! Beachten Sie dabei, dass das menschliche Genom aus $3{,}2 \times 10^9$ Nukleotiden und der menschliche Körper aus etwa 10^{14} Zellen, ohne Erythrozyten aus $7{,}5 \times 10^{13}$ Zellen besteht! Nennen Sie passende Vergleichsmaßstäbe!

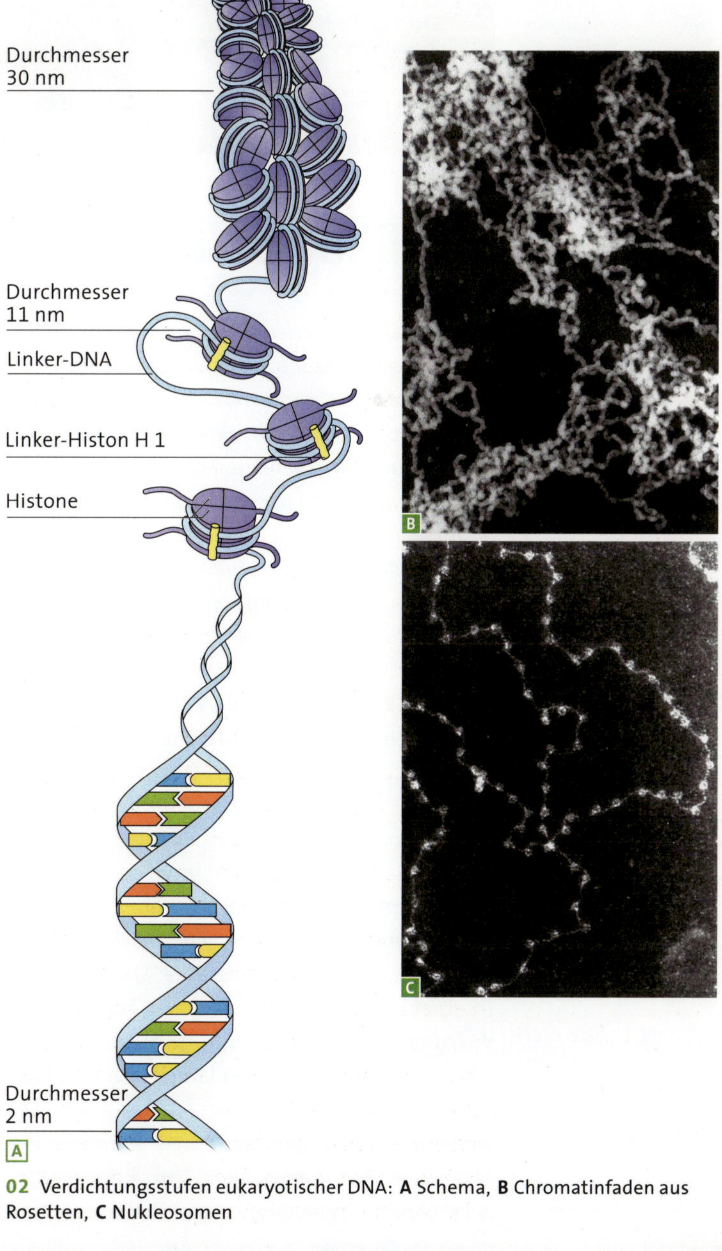

02 Verdichtungsstufen eukaryotischer DNA: **A** Schema, **B** Chromatinfaden aus Rosetten, **C** Nukleosomen

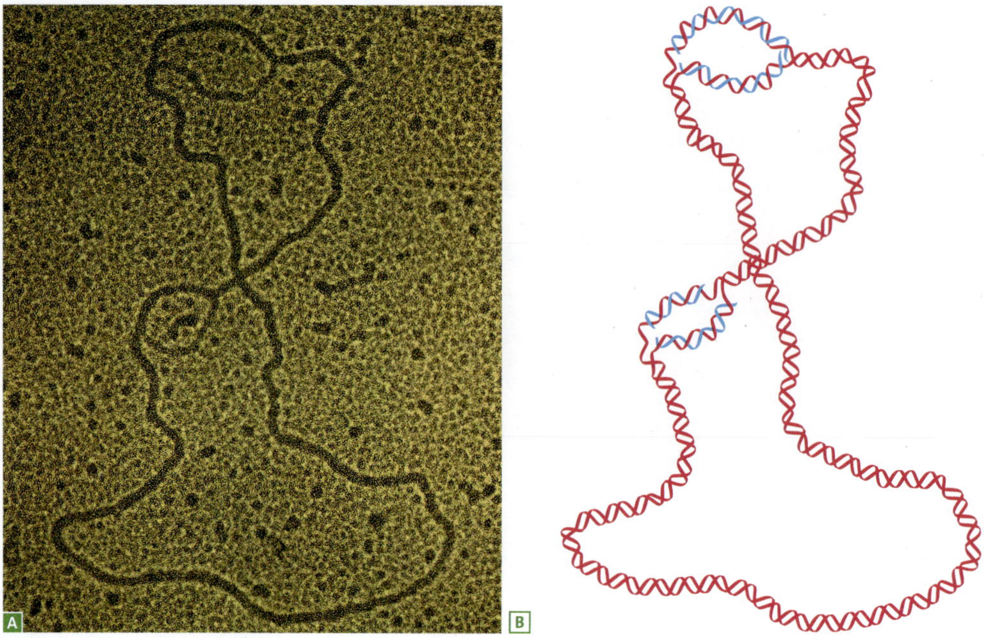

01 DNA-Replikation:
A Autoradiografische Aufnahme,
B Modellvorstellung

Replikation der DNA

Bevor eine Bakterienzelle sich teilen kann, wird ihre genetische Information verdoppelt. In einem weiteren Schritt muss die Information auf die beiden Tochterzellen gleich aufgeteilt werden. Nur so wird sichergestellt, dass die neu entstandenen Zellen mit der Ursprungszelle genetisch identisch sind. Dies ist die Voraussetzung dafür, dass in einem Lebewesen alle Zellen die gleiche genetische Information besitzen. Wie gelingt die identische Verdopplung der DNA?

lat. semi = halb

lat. conservare = bewahren, behalten

KONKURRIERENDE HYPOTHESEN · In ihrer bahnbrechenden Veröffentlichung zur Struktur der DNA formulierten WATSON und CRICK bereits 1953, dass die spezifischen Basenpaarungen einen Mechanismus zur Verdopplung der DNA nahelegen: *"It has not escaped our notice that the specific pairing we postulated immediately suggests a possible copying mechanism for the genetic material"* [Nature (1953) 171, S. 737 f.]. In einer zweiten Veröffentlichung schlugen sie vor, dass sich die Wasserstoffbrückenbindungen zwischen den komplementären Basenpaaren lösen und jeder Einzelstrang als eine Matrize für die Synthese eines komplementären zweiten Stranges dient. Durch diesen Prozess werden zwei DNA-Doppelhelixmoleküle gebildet, die in ihren Basensequenzen übereinstimmen. Ein Einzelstrang legt durch seine Basensequenz die Basensequenz des zweiten Stranges fest, da sich immer nur die komplementären Basen paaren können. Diese Modellvorstellung, bei der ein DNA-Doppelhelixmolekül zur Hälfte aus einem ursprünglichen Strang und zur anderen Hälfte aus einem neu synthetisierten Strang besteht, würde einer **semikonservativen Replikation** entsprechen.

lat. dispergere = zerstreuen, ausbreiten

Neben dieser Hypothese können aus der Struktur der Doppelhelix auch andere Modelle der Replikation abgeleitet werden. Nach der Trennung des Doppelstranges werden die neuen Stränge komplementär an dieser Vorlage synthetisiert. Anschließend lagern sich die beiden neuen Stränge ebenso wie die beiden ursprünglichen aneinander. Dieser Mechanismus würde einer **konservativen Replikation** entsprechen. Aber auch eine gestückelte Zusammensetzung der beiden Stränge aus neuen und alten Abschnitten ist denkbar. Diese Hypothese beschreibt eine **disperse Replikation.** 1958 überprüften die US-amerikanischen Genetiker Matthew MESELSON und Franklin STAHL die konkurrierenden Hypothesen experimentell.

DAS MESELSON-STAHL-EXPERIMENT · MESELSON und STAHL züchteten *E.-coli*-Bakterien in einem speziellen Kulturmedium. Dieses enthielt das Stickstoffisotop ^{15}N anstelle des normalerweise vorkommenden Isotops ^{14}N. Nach einiger Zeit enthielten die DNA-Moleküle aller Bakterienzellen ausschließlich das ^{15}N-Isotop. Danach überführten die beiden Forscher die Zellen in ein Kulturmedium, das nur ^{14}N enthielt. Nach 20 und nach 40 Minuten entnahmen sie Proben mit *E. coli*. Innerhalb dieser Zeitspannen hatten sich die Bakterien einmal beziehungsweise zweimal geteilt und jeweils ihre DNA-Moleküle repliziert. Um die Zusammensetzung der DNA festzustellen, brachen die Forscher die Zellen auf, extrahierten die DNA und reinigten sie.

DICHTEGRADIENTENZENTRIFUGATION · Das Isotop ^{15}N hat eine höhere Masse als das ^{14}N-Isotop, da es ein Neutron mehr enthält. Deshalb besitzt ^{15}N-haltige DNA eine höhere Dichte als ^{14}N-haltige DNA. Um DNA unterschiedlicher Dichte voneinander zu trennen, wird eine DNA-Probe in ein Zentrifugenröhrchen mit einer Caesiumchloridlösung gegeben und zentrifugiert. Dabei nimmt die Dichte der Salzlösung zum Boden des Röhrchens hin gleichmäßig zu. Die DNA-Moleküle wandern genau bis zu der Position im Gradienten, an der ihre Dichte der Dichte der Salzlösung entspricht. ^{15}N-haltige DNA wandert ein wenig weiter in Richtung Röhrchenboden als ^{14}N-haltige DNA. Durch diese *Dichtegradientenzentrifugation* können also auch Moleküle mit geringen Dichteunterschieden voneinander getrennt werden.

DNA absorbiert UV-Strahlung. Wird ein Gradient mit UV-Licht gescannt, wird die DNA als Bande sichtbar. Nach der ersten Replikation nach 20 Minuten erscheint eine Bande, die genau zwischen der Bande mit ^{14}N-haltiger und der Bande mit ^{15}N-haltiger DNA liegt. Diese DNA besitzt also genauso viele Nukleotide mit ^{14}N wie mit ^{15}N. Nach einer zweiten Replikation ergeben sich zwei Banden, die unterschiedlich dichten DNA-Molekülen entsprechen. Die eine Bande besteht aus ^{14}N-/^{15}N-haltiger DNA, die andere aus ^{14}N-haltiger DNA. Dieses Ergebnis bestätigt eindeutig die Hypothese der semikonservativen Replikation der DNA.

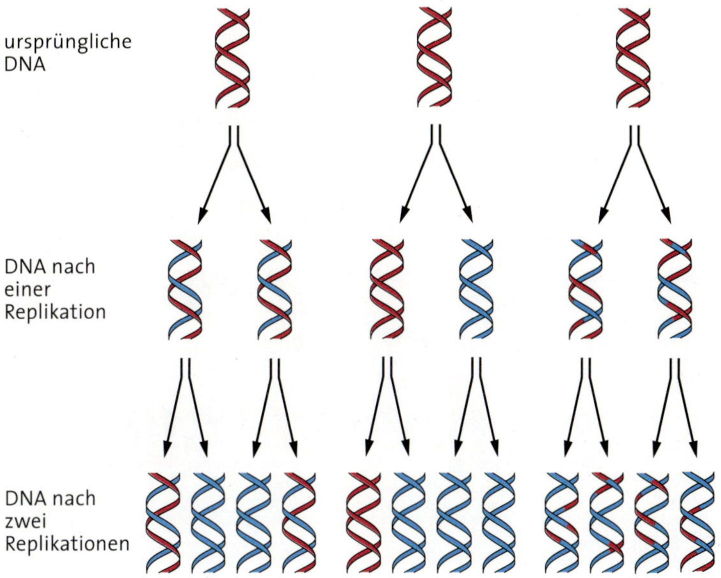

02 Replikationsmodelle

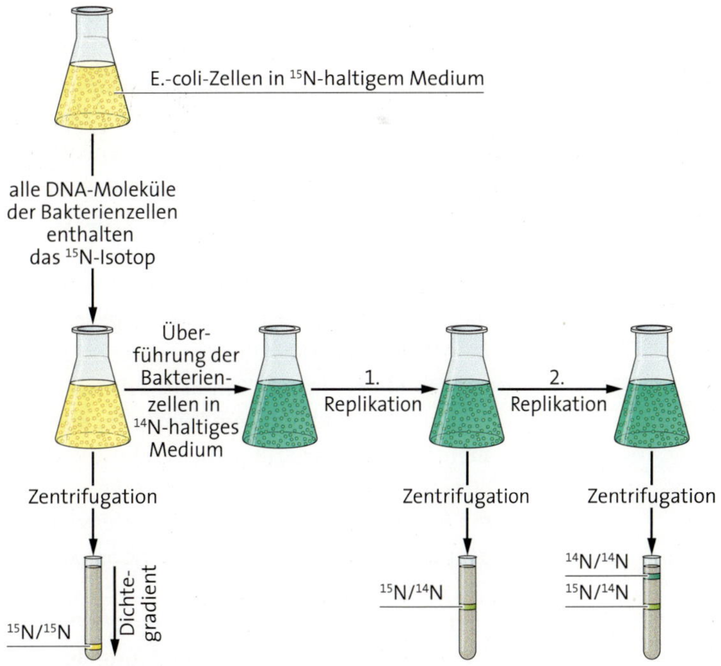

03 Meselson-Stahl-Experiment

1 Beschreiben Sie die Durchführung des Meselson-Stahl-Experiments!

2 Erläutern Sie, inwiefern das Experiment die Hypothese der semikonservativen Replikation bestätigt!

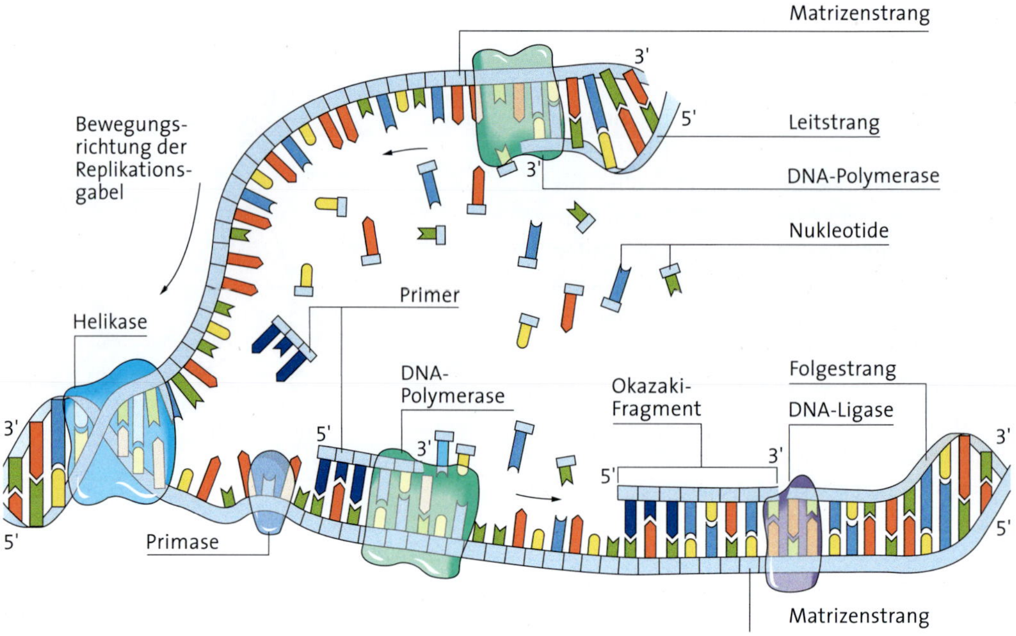

04 Replikation der DNA

MOLEKULARER MECHANISMUS DER REPLIKATION · Die Verdopplung der DNA erfolgt mithilfe verschiedener Enzyme. Zunächst entspiralisiert die *Helikase* die Doppelhelix und trennt den Doppelstrang. Anschließend erzeugt die *Primase* einen kurzen komplementären RNA-Strang. Die *DNA-Polymerase* benötigt diesen RNA-Primer, da sie einen Polynukleotidstrang nur in 5'→3'-Richtung verlängern kann. Die Abfolge der Nukleotide wird durch die Basen des *Matrizenstrangs* vorgegeben. Die DNA-Polymerase liest ihn ab und verknüpft die Nukleotide beginnend am RNA-Primer. Dabei folgt die Verknüpfung dem Prinzip der komplementären Basenpaarung. Die Synthese verläuft stets in 5'→3'-Richtung, da die DNA-Polymerase ein neues Nukleotid immer an die 3'-Hydroxylgruppe der vorhandenen Desoxyribose knüpft. Daher wird nur ein Strang kontinuierlich synthetisiert, er wird als **Leitstrang** bezeichnet. Hier folgt die Synthese der Richtung der sich öffnenden Replikationsgabel. Am anderen Strang, dem **Folgestrang,** entfernt sich das offene 3'-Ende immer mehr vom Gabelungspunkt. Die DNA-Synthese bricht nach ungefähr 1000 Nukleotiden ab und beginnt nach der erneuten Herstellung eines Primers von Neuem. Die Synthese des Folgestrangs erfolgt daher *diskontinuierlich*. Es entstehen kurze Abschnitte neu synthetisierter DNA, die nach ihrem Entdecker Okazaki-Fragmente genannt werden. Die RNA-Primer werden von einer weiteren DNA-Polymerase entfernt und durch DNA-Nukleotide ersetzt. Die DNA-Ligase verbindet die benachbarten Okazaki-Fragmente durch Phosphodiesterbindungen.

engl. prime = erstes, erster

griech. telos = Ende

griech. meros = Teil

DNA-REPLIKATION BEI EUKARYOTEN · Bei der Replikation der linearen Chromosomen der Eukaryoten entsteht am 5'-Ende des Folgestrangs eine Lücke, nachdem der RNA-Primer entfernt worden ist. Die DNA-Polymerase kann diese Lücke nicht mit Nukleotiden auffüllen, da sie keine 3'-Hydroxylgruppe vorfindet, an der sie die Synthese starten könnte. Bei jeder Zellteilung verkürzen sich daher die Chromosomenenden, die *Telomere*. Dies führt schließlich zu einem Verlust der Teilungsfähigkeit der Zellen. Lediglich in den Zellen der eukaryotischen Keimbahn und in Stammzellen ist eine *Telomerase* aktiv, die diesem Prozess entgegenwirkt. Dieses Enzym enthält einen kurzen RNA-Abschnitt, der komplementär zu dem entsprechenden DNA-Abschnitt ist.

3 Stellen Sie den Ablauf der DNA-Replikation in einem Flussdiagramm dar!

Material A ▸ Replikationsmodelle

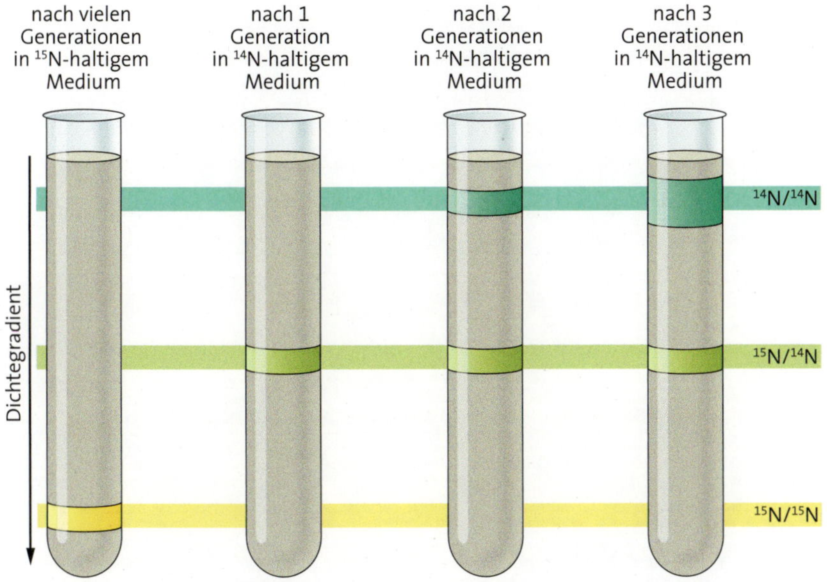

MESELSON und STAHL konnten in einem Experiment beweisen, welche Modellvorstellung die DNA-Replikation zutreffend beschreibt. Das Ergebnis ihres entscheidenden Versuchs ist dargestellt.

A1 Beschreiben Sie die Abbildung!

A2 Skizzieren Sie die theoretisch zu erwartenden Ergebnisse für die konservative und disperse Modellvorstellung bis zur dritten Bakteriengeneration!

A3 Erläutern Sie Ihre Vorhersagen!

A4 Begründen Sie, weshalb durch das in der Abbildung dargestellte Ergebnis das semikonservative Modell bestätigt wird!

Material B ▸ Telomere und Tod

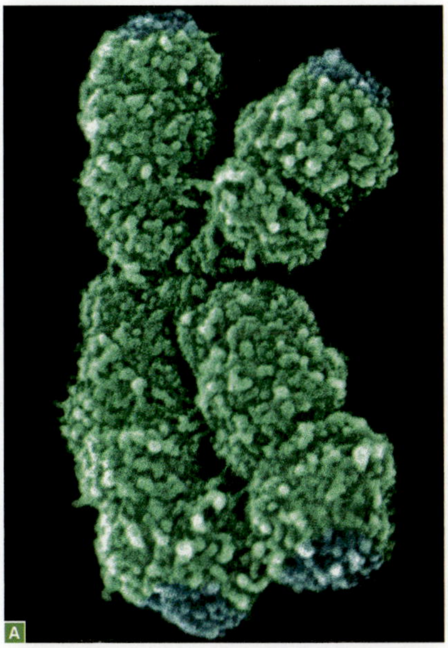

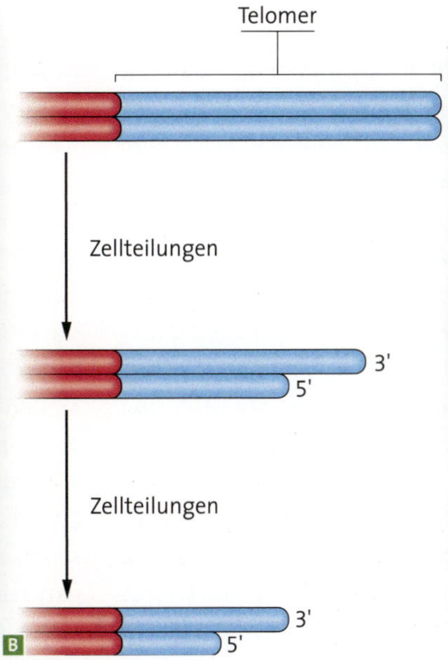

Am Ende der Chromosomen von Eukaryoten befinden sich arttypische, sich vielfach wiederholende Sequenzen. Beim Menschen und bei Wirbeltieren wie dem Alpenstrandläufer ist dies die Sequenz TTAGGG. Sie wiederholt sich bis zu 1000-mal. In dieser Sequenz ist keine Information enthalten. Diese Telomere dienen zunächst als Schutz vor einem Verlust von Erbinformation. Bei jeder Teilung einer Zelle geht aber am Folgestrang ein Stück DNA verloren, da die DNA-Polymerase an dessen 3'-Ende nicht mehr ansetzen kann, um die Lücke nach Entfernen des RNA-Primers zu füllen.

B1 Beschreiben Sie die Abbildungen A und B!

B2 Erläutern Sie den Zusammenhang zwischen den Abbildungen B und C!

B3 Erläutern Sie an diesem Beispiel das Basiskonzept Struktur und Funktion!

01 Salomoninsulaner mit blonden Haaren

Die Funktion von Genen

Auf den südpazifischen Salomoninseln haben die meisten Menschen eine dunkle Hautfarbe und schwarze Haare. Die dunkle Färbung wird durch einen schwarzbraunen Farbstoff hervorgerufen, das Melanin. Zehn Prozent der Bevölkerung besitzen jedoch blonde Haare. Die Kombination von dunkler Haut und blonden Haaren ist weltweit sehr selten. Außerhalb von Ozeanien kommt sie gar nicht vor. Diese blonde Färbung der Haare beruht auf der Mutation eines Gens. Welche Funktion hat ein Gen?

George W. BEADLE 1903–1989

Edward L. TATUM 1909–1975

MANGELMUTANTEN · Um diese Frage zu untersuchen, experimentierten George BEADLE und Edward TATUM in den 1940er-Jahren mit dem Schimmelpilz *Neurospora crassa.* Viele Stoffwechselprozesse dieses Pilzes waren damals schon bekannt. Außerdem können bei ihm sehr leicht Mutationen durch UV- oder Röntgenstrahlung ausgelöst werden, die phänotypisch sichtbar werden. Deshalb dient dieser Pilz als Modellorganismus. Die Mutationen führen häufig dazu, dass die Mutanten nicht mehr alle chemischen Verbindungen, zum Beispiel Aminosäuren, selbst synthetisieren können. BEADLE und TATUM bestrahlten Sporen des Wildtyps mit Röntgenstrahlung, um Mutationen hervorzurufen. Diese Sporen kultivierten sie einzeln auf einem Medium, das alle für das Wachstum des Pilzes notwendigen Stoffe enthielt. Auf diesem Vollmedium entwickelten sich aus allen Sporen Pilzzellen. Auch Mutanten, die bestimmte für das Wachstum notwendige Stoffe wie Aminosäuren nicht mehr selbst herstellen konnten, überlebten unter diesen Bedingungen.

Anschließend übertrugen sie aus jeder Kultur Zellen auf ein Medium, das neben einer organischen Kohlenstoffquelle wie Glukose nur anorganische Stoffe enthielt. Zellen, die auf diesem Minimalmedium wuchsen, konnten alle lebensnotwendigen organischen Stoffe selbst synthetisieren. Diese Zellen wiesen also keine Mutation auf und gehörten somit zum Wildtyp. Konnten einzelne Zellen auf dem Minimalmedium nicht wachsen, trugen sie eine Mutation. Da diesen Mutanten die Fähigkeit zur Synthese eines organischen Stoffes, zum Beispiel einer Aminosäure, fehlt und es ihnen an diesem Stoff mangelt, werden sie als *Mangelmutanten* bezeichnet.

In einem nächsten Schritt identifizierten BEADLE und TATUM die Aminosäure, die von den Pilzen nicht synthetisiert werden konnte. Dazu fügten sie dem Minimalmedium nur eine bestimmte Aminosäure hinzu. Wachsen auf diesem Medium Mangelmutanten von *Neurospora,* dann konnten sie diese besondere Aminosäure zwar nicht selbst herstellen, sie nahmen sie jedoch aus dem Medium auf. Auf diese Weise konnten Mutanten für alle Aminosäuren und viele andere Stoffe isoliert werden.

EIN-GEN-EIN-ENZYM-HYPOTHESE · Die Biosynthese von Aminosäuren ist ein komplexer biochemischer Prozess. Die Synthese von beispielsweise Arginin leitet sich von einer Vorstufe ab und verläuft über die Zwischenstufen Ornithin und Citrullin. Jeder Zwischenschritt wird von jeweils einem Enzym katalysiert.
BEADLE und TATUM teilten die gewonnenen Arginin-Mangelmutanten in drei Typen ein, die unter jeweils verschiedenen Bedingungen wachsen und überleben konnten. Mutanten des Typs 1 wuchsen bei Zugabe von Ornithin, Citrullin oder Arginin zum Minimalmedium. Mutanten des Typs 2 wuchsen bei der Zugabe von Citrullin oder Arginin, während Mutanten des Typs 3 lediglich die Zugabe von Arginin benötigten. Der Wildtyp ohne Mutation konnte unter allen Bedingungen wachsen, er benötigte keine besonderen Zusätze zum Minimalmedium.
Aus diesem unterschiedlichen Bedarf der Mutanten zogen die beiden Wissenschaftler die Schlussfolgerung, dass die Pilze aufgrund der stattgefundenen Mutationen jeweils einen anderen Schritt in der Synthese der Aminosäure nicht mehr realisieren konnten. Durch die Mutation ist das für das jeweilige Enzym codierende Gen defekt. Somit kann das Enzym nicht mehr hergestellt werden und die Synthese von Arginin unterbleibt. BEADLE und TATUM formulierten auf der Grundlage dieser Ergebnisse die *Ein-Gen-ein-Enzym-Hypothese.*

1 Beschreiben Sie die Durchführung des Versuchs, mit dem BEADLE und TATUM Mangelmutanten identifizierten!

2 Erläutern Sie die Ein-Gen-ein-Enzym-Hypothese!

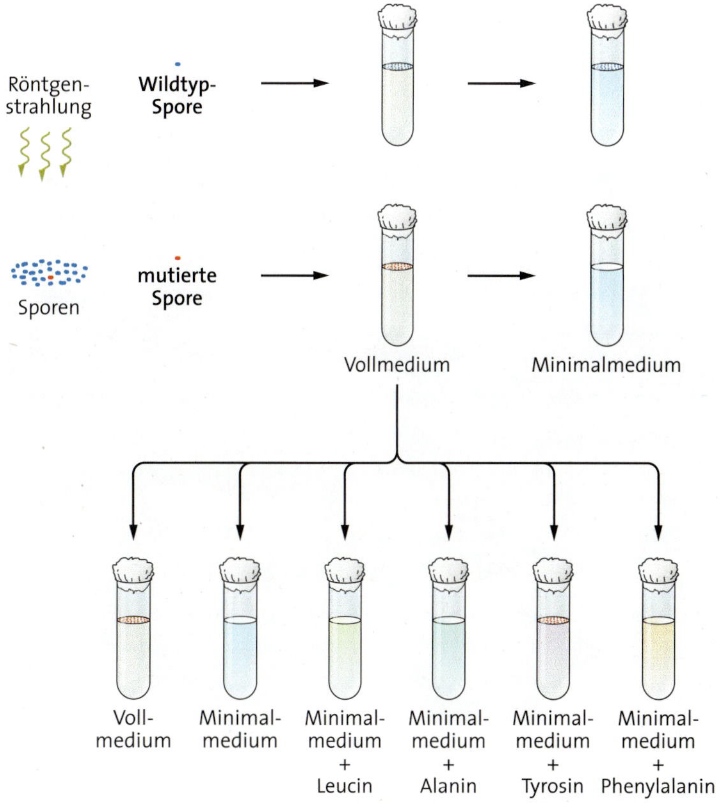

02 Experiment von BEADLE und TATUM

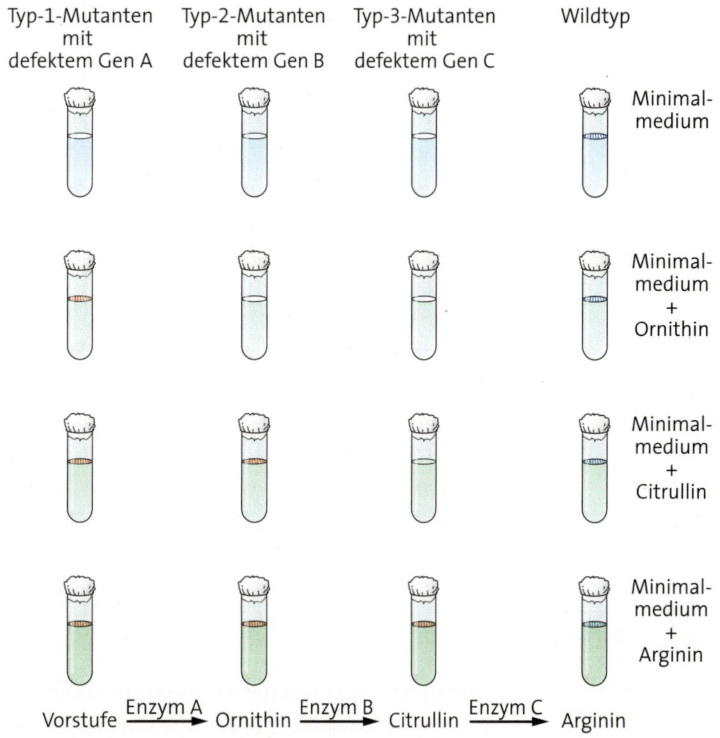

03 Typen der Arginin-Mangelmutanten

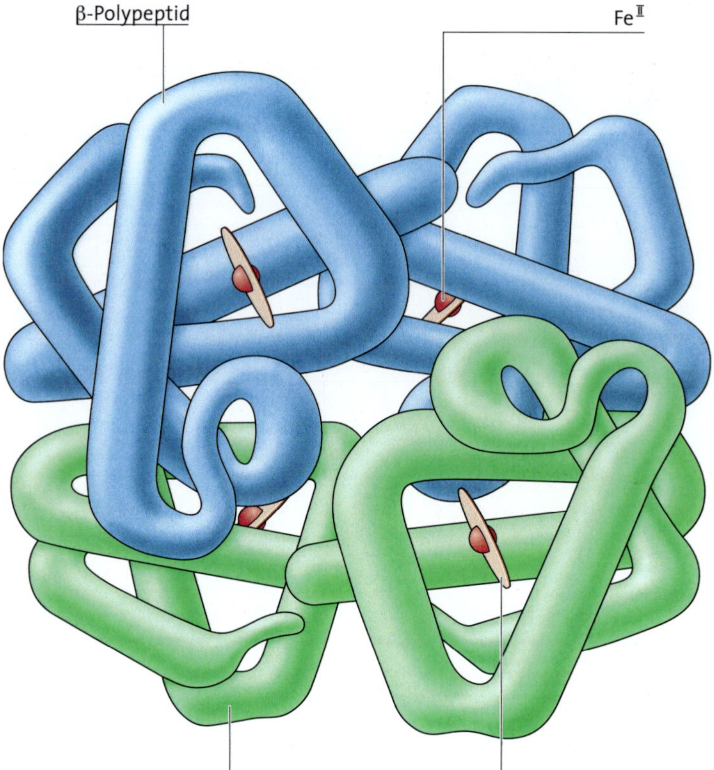

04 Hämoglobinmolekül

DER URSPRÜNGLICHE GENBEGRIFF · Ein Gen codiert für ein Merkmal. Als MENDEL 1854 mit seinen Kreuzungsversuchen an Erbsen begann, kannte er den Begriff Gen nicht. Er verwendete stattdessen den Begriff „Erbfaktor", der für die Ausbildung eines bestimmten Merkmals verantwortlich sei. Die Ausbildung der Merkmalsausprägung „runzelige Samenschale" bei Erbsen ist, wie man heute weiß, auf eine Mutation in einem Gen zurückzuführen, das für die Ausbildung eines bestimmten Enzyms verantwortlich ist. Hier sind also beide Bedeutungen für den Genbegriff „ein Merkmal" und auch „ein Enzym" zutreffend. Bei den blonden Einwohnern der Salomoninseln konnte eine Mutation in dem Gen nachgewiesen werden, das für das Enzym *TYRP 1* codiert. Das veränderte Genprodukt ist sehr wahrscheinlich dafür verantwortlich, dass weniger Melanin in menschliche Haarzellen eingelagert wird. Deshalb sind die homozygoten Träger dieser Mutation blond. Bei Europäern wird die blonde Färbung durch andere Mutationen in diesem Gen verursacht.

engl. TYRP 1 = tyrosinase related protein 1

Dieses Genprodukt ist ein für Melanozyten spezifisches Protein, das an der Synthese von Melanin beteiligt ist.

EIN-GEN-EIN-POLYPEPTID-HYPOTHESE · Im Laufe der weiteren Forschung wurde deutlich, dass die Ein-Gen-ein-Enzym-Hypothese nicht länger Bestand haben konnte. Viele Proteine besitzen keine Enzymfunktion. Die Muskelproteine Aktin und Myosin zum Beispiel sind verantwortlich für die Muskelkontraktion. Insulin ist ein Protein, das als Hormon an der Regulation des Blutzuckerspiegels beteiligt ist. Aus diesem Grund wurde die ursprüngliche Hypothese zur Beschreibung des Genbegriffs zur Ein-Gen-ein-Protein-Hypothese modifiziert.
Durch Untersuchungen in den folgenden Jahren stellte sich heraus, dass viele Proteine im aktiven Zustand aus mehreren Untereinheiten bestehen. Der rote Blutfarbstoff Hämoglobin, der verantwortlich für den Sauerstofftransport ist, besteht aus vier Polypeptiden, zwei identischen α-Polypeptiden und zwei identischen β-Polypeptiden. Die Raumgestalt dieses komplexen Moleküls wird als Quartärstruktur bezeichnet. Jeder Polypeptidtyp wird von einem eigenen Gen codiert. Immunoglobine, die Antikörper, sind ebenfalls aus mehreren Polypeptiden zusammengesetzt. Deshalb musste die Ein-Gen-ein-Protein-Hypothese zur *Ein-Gen-ein-Polypeptid-Hypothese* erweitert werden.

EIN-GEN-EIN-TRANSKRIPTIONSPRODUKT-HYPOTHESE · Nicht alle Produkte von Genen führen zwingend zur Herstellung von Polypeptiden. Zum Beispiel werden bei der Proteinbiosynthese drei verschiedene Typen RNA-Moleküle benötigt: rRNA, tRNA und mRNA. Darüber hinaus wurden in letzter Zeit viele RNA-Moleküle mit Regulationsfunktion entdeckt. Die Basensequenz der RNA-Moleküle ist in der DNA festgelegt. Durch einen Abschreibeprozess, die Transkription, werden diese RNA-Moleküle an der DNA produziert.
Diese Erkenntnisse führten dazu, dass die Genhypothese ein weiteres Mal modifiziert werden musste. Zurzeit wird die *Ein-Gen-ein-Transkriptionsprodukt-Hypothese* als die am besten zutreffende für den Genbegriff akzeptiert.

3 Stellen Sie die historische Entwicklung des Genbegriffs in einem Flussdiagramm dar und erläutern Sie diese!

Material A ▸ Augenfarbe von Drosophila melanogaster

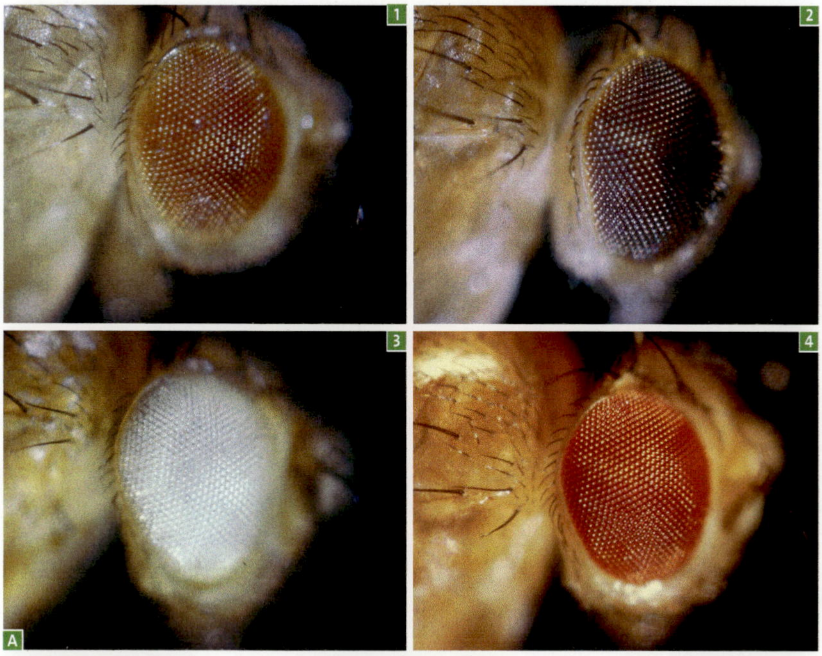

A

Drosophila melanogaster besitzt als Wildtyp eine Rotfärbung der Augen. Es sind viele Mutationen bekannt, die zu Veränderungen dieser Augenfarbe führen. Die Fotos 1 bis 4 zeigen beispielhaft die Mutanten *brown, sepia, white* und die Farbe des Wildtyps. Die Augenfarbe von *Drosophila* wird durch zwei Pigmente bewirkt, die in die Ommatidien der Komplexaugen eingelagert werden. Diese sind das rote Pigment Pteridin sowie das braune Pigment Ommochrom. Beide Pigmente werden auf unterschiedlichen Synthesewegen hergestellt, die jeweils aus mehreren Schritten bestehen. Je nachdem, welcher Syntheseweg unterbrochen ist, bildet sich eine bestimmte Augenfarbe aus.

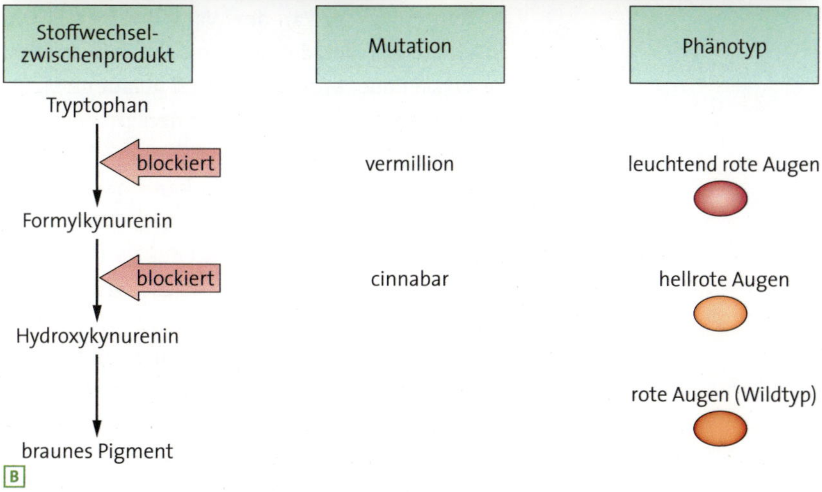

B

A1 Erläutern Sie, weshalb die Mutanten in Abbildung B rote Augen besitzen!

A2 Begründen Sie die unterschiedlich starke Ausprägung der roten Augenfarbe!

A3 Überprüfen Sie die unterschiedlichen Hypothesen zum Genbegriff und begründen Sie, welche Definition hier zutrifft!

Material B ▸ Analyse eines Synthesewegs

	Zusatz zum Medium					
mutierter Stamm/ defektes Enzym	C	D	E	F	G	T
1	0	0	0	0	+	+
2	0	+	+	0	+	+
3	0	+	0	0	+	+
4	0	+	+	+	+	+
5	0	0	0	0	0	+

Bei Bakterien erfolgt die Synthese der Aminosäure Tryptophan, T, aus der Vorstufe Chorismat, C. Über die vier Zwischenstufen D, E, F und G wird das Endprodukt gebildet. Die Enzyme 1 bis 5 katalysieren die Synthese der einzelnen Zwischenstufen. Verschiedene Mutantenstämme können nicht auf einem Minimalmedium wachsen. Sie zeigen aber unterschiedliche Phänotypen. Sie tragen jeweils eine Mutation in einem bestimmten Gen, das für ein bestimmtes Enzym codiert. Sie benötigen unterschiedliche Zwischenstufen, um auf einem Minimalmedium wachsen zu können.

B1 Ermitteln und begründen Sie die Reihenfolge der einzelnen Zwischenprodukte und ordnen Sie die entsprechenden Enzyme den fünf Reaktionen zu!

IM BLICKPUNKT CHEMIE

Bausteine und Raumstruktur der Proteine

griech. hydrophil = wasserliebend, wasseranziehend

griech. hydrophob = wasserfeindlich, wasserabstoßend

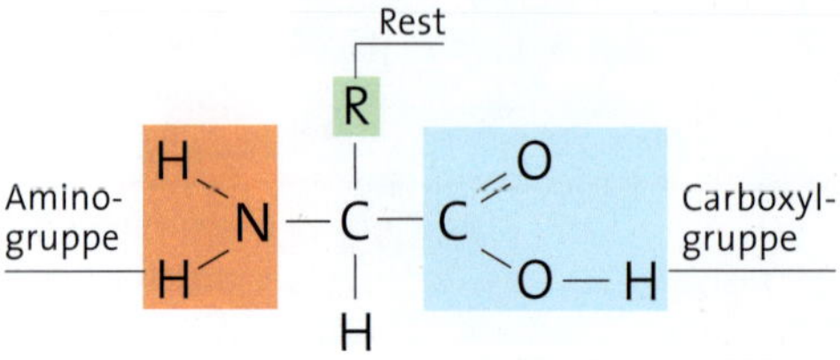

01 Allgemeine Strukturformel der Aminosäuren

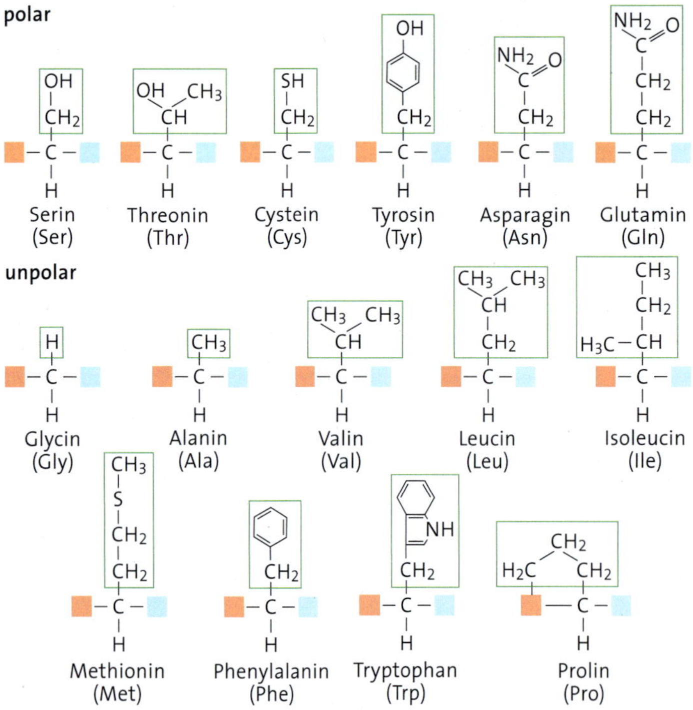

02 Polare und unpolare Aminosäuren

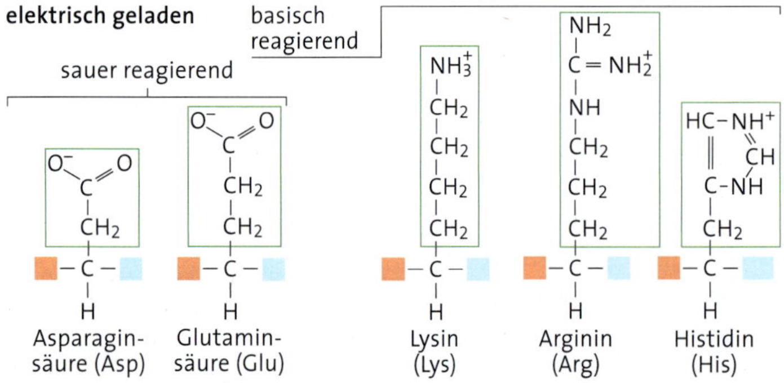

03 Sauer und basisch reagierende Aminosäuren

AMINOSÄUREN · Proteine sind an lebensnotwendigen Prozessen in jedem Lebewesen beteiligt. Sie arbeiten zum Beispiel als Enzyme, Hormone oder Transportsysteme. Alle Proteine sind nach dem gleichen Grundschema aufgebaut. Als Bausteine dienen 20 verschiedene Aminosäuren. Alle Aminosäuren besitzen eine übereinstimmende Struktur. Am zentralen Kohlenstoffatom, dem α-C-Atom, sind immer eine Aminogruppe, eine Carboxylgruppe, ein Wasserstoffatom und eine Seitenkette, der Rest R, gebunden.
Dieser Rest ist verantwortlich für die unterschiedlichen Eigenschaften jeder Aminosäure. Aminosäuren mit polaren Resten sind hydrophil und bilden schwache Wechselwirkungen mit Wasser und anderen polaren Molekülen aus. Aminosäuren mit unpolaren Resten sind dagegen hydrophob und bilden untereinander Van-der-Waals-Kräfte aus. Die elektrisch geladenen Aminosäuren ziehen Wasser oder entgegengesetzt geladene Moleküle an und treten mit ihnen in Wechselwirkungen.
Von den 20 Aminosäuren kann der Mensch lediglich 12 selbst synthetisieren. Die übrigen 8 Aminosäuren müssen mit der Nahrung aufgenommen werden, sie sind essentiell.

PRIMÄRSTRUKTUR · Unter physiologischen Bedingungen liegt eine Aminosäure als Zwitter-Ion vor. Die Aminogruppe ist positiv und die Carboxylgruppe negativ geladen. In wässriger Lösung hängt die Ladung der Aminosäure vom pH-Wert ab. Die Aminogruppe reagiert basisch und die Carboxylgruppe sauer.
Zwei Aminosäuren werden kovalent miteinander verbunden, indem die Aminogruppe der einen Aminosäure mit der Carboxylgruppe der anderen unter Wasserabspaltung reagiert. Es entsteht eine **Peptidbindung,** das entstandene Molekül heißt **Dipeptid.** Nach der Anzahl der Aminosäuren werden Di-, Tri-, Oligo- und Polypeptide unterschieden. Die Reihenfolge der Aminosäuren wird als Aminosäuresequenz bezeichnet und stellt die *Primärstruktur* eines

Proteins dar. Sie ist für jedes Protein charakteristisch.

SEKUNDÄRSTRUKTUR · Die Primärstruktur nimmt nach ihrer Ausbildung selbstständig eine bestimmte Anordnung im Raum ein. Dieses *selfassembly* geschieht vor allem durch die Ausbildung von Wasserstoffbrückenbindungen zwischen den CO-Gruppen und NH-Gruppen der Peptidbindungen. Dadurch entstehen innerhalb derselben Polypeptidketten als *Sekundärstrukturen* **α-Helixbereiche** und **β-Faltblattstrukturen.** Andere Bereiche dagegen bilden keine geordneten Strukturen aus. Bei großen Proteinen und vielen Membranproteinen entsteht die Sekundärstruktur nicht spontan, sondern nur mithilfe anderer Proteine, den Chaperonen.

TERTIÄRSTRUKTUR · Innerhalb der Sekundärstruktur bilden sich vielfältige Wechselbeziehungen aus. Zwischen zwei Cysteinresten kann eine kovalente *Disulfidbindung* entstehen. *Ionenbindungen* zwischen positiv und negativ geladenen Resten, *Wasserstoffbrücken* zwischen polaren Resten und *Van-der-Waals-Kräfte* zwischen den Seitenketten unpolarer Aminosäuren bewirken eine räumliche Stabilisierung der Polypeptidkette. Es entsteht dadurch eine für dieses Protein charakteristische räumliche Anordnung, die *Tertiärstruktur.* Bei Erhöhung der Temperatur bleiben die kovalenten Bindungen am längsten erhalten. Das Protein verliert seine Raumstruktur, es denaturiert. Dieser Prozess ist irreversibel und führt zum Verlust der biologischen Funktion des Proteins.

QUARTÄRSTRUKTUR · Sehr große Proteine wie Hämoglobin bestehen nicht nur aus einer Polypeptidkette, sondern aus mehreren. Der Zusammenhalt dieser Untereinheiten wird mit Ausnahme der Disulfidbindungen durch die gleichen Bindungsarten wie bei der Ausbildung der Tertiärstruktur ermöglicht. Es entsteht die *Quartärstruktur* eines Proteins.

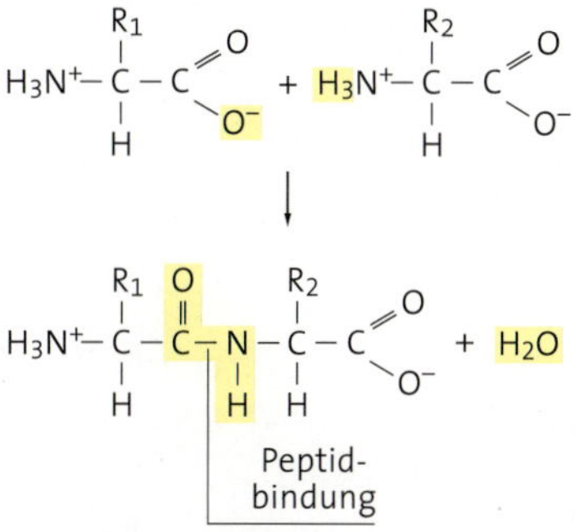

04 Peptidbindung

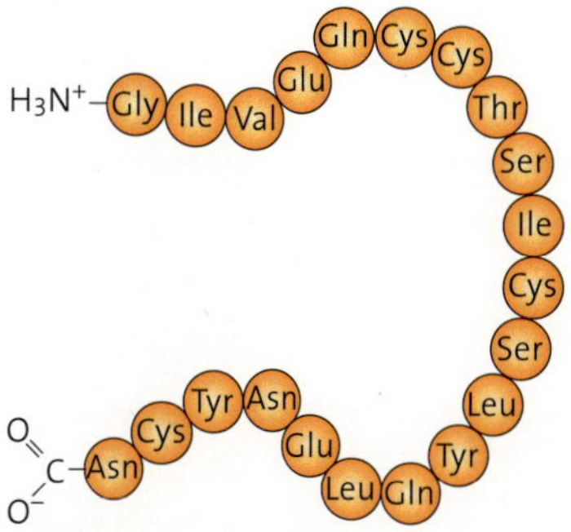

05 Primärstruktur

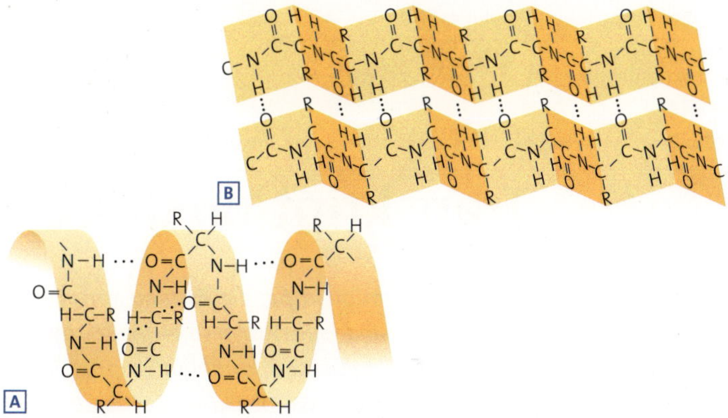

06 Sekundärstruktur: **A** α-Helix, **B** β-Faltblatt

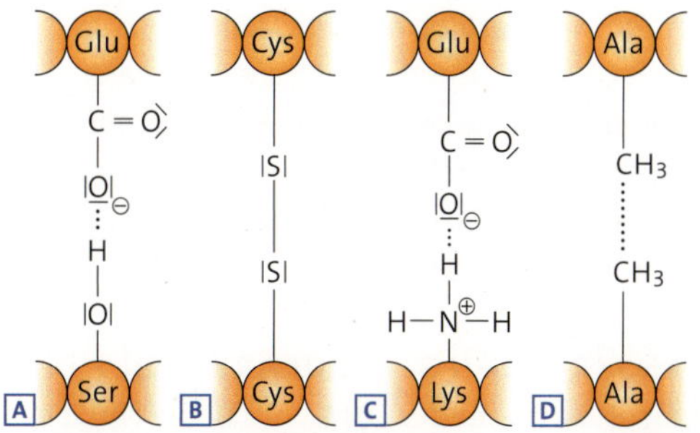

07 Wechselwirkungen zwischen Aminosäuren:
A Wasserstoffbrücke,
B Disulfidbindung,
C Ionenbindung,
D Van-der-Waals-Kraft

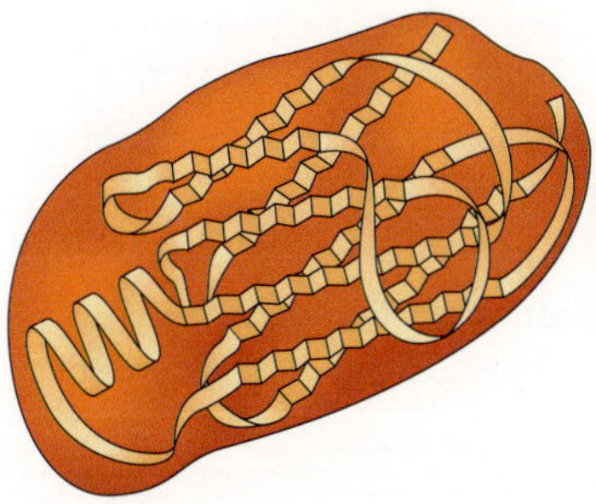

08 Tertiärstruktur

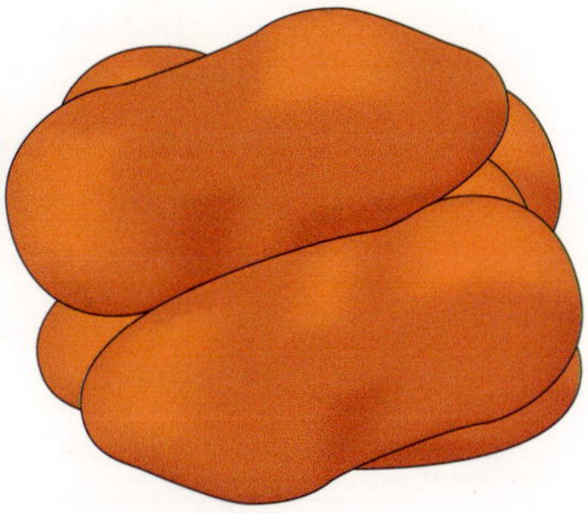

09 Quartärstruktur

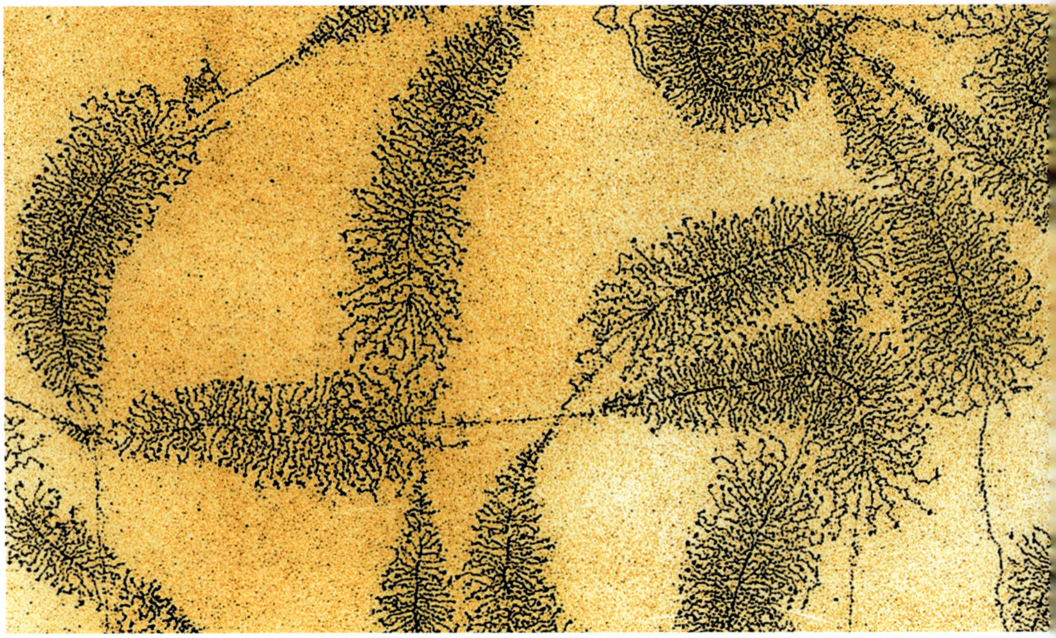

01 Transkription bei Prokaryoten

Transkription und der genetische Code

Die Informationen für die Bildung von RNA-Molekülen sind in der DNA festgelegt. Bei Untersuchungen, wie diese Informationen in der Zelle realisiert werden, wurden lange Zeit radioaktiv markierte Ribonukleotide eingesetzt. Werden diese Nukleotide von der Zelle in die neu synthetisierten Moleküle eingebaut, kann ihre Position durch eine Autoradiografie sichtbar gemacht werden. Hierzu wird geeignetes Fotopapier benutzt, das durch die emittierte Strahlung der radioaktiven Nukleotide geschwärzt wird. Was genau zeigt das Bild?

lat. transcribere = umschreiben, überschreiben

TRANSKRIPTION BEI PROKARYOTEN · Die Nukleotidsequenz der DNA wird in die Nukleotidsequenz eines RNA-Moleküls überschrieben. Für diesen Prozess der RNA-Synthese, die *Transkription,* benötigt eine prokaryotische Zelle:

- einen DNA-Strang als Matrize, der kopiert wird;
- die Nukleosidtriphosphate ATP, CTP, GTP und UTP als Bausteine der RNA-Synthese;
- eine RNA-Polymerase als katalysierendes Enzym.

INITIATION · Die Transkription der DNA lässt sich in drei Schritte gliedern. Im ersten Schritt, der *Initiation,* erfolgt die Bindung der RNA-Polymerase an die DNA. Dabei bindet dieses Enzym an eine spezifische Region der DNA, den **Promotor,** der die typische 5'-TATAAT-3'-Sequenz beinhaltet. Diese Sequenz wird von einem der fünf Untereinheiten, dem σ-Faktor, erkannt. Sie kommt in vielen Genen und bei unterschiedlichen Lebewesen vor. Ihre besondere Bedeutung für die Transkription ist daran erkennbar, dass sie sich im Laufe der Evolution kaum verändert hat. Denn eine Veränderung innerhalb dieser Sequenz würde sich für ein Lebewesen nachteilig auf die Initiation der Transkription auswirken.

ELONGATION · Im zweiten Schritt, der *Elongation,* wird die RNA synthetisiert. Die RNA-Polymerase entspiralisiert die DNA-Doppelhelix Stück für Stück um etwa 15 Basenpaare und liest dann den **Matrizenstrang,** der auch als **codogener Strang** bezeichnet wird, in 3'→5'-Richtung. An das 3'-Ende des wachsenden Stranges bindet die RNA-Polymerase Ribonukleosidtriphosphate, die komplementär zu den Nukleotiden des gelesenen Stranges sind, sodass der sich bildende RNA-Strang in 5'→3'-Richtung verlängert wird. Die entstehende RNA ist damit antiparallel zum gelesenen DNA-Matrizenstrang orientiert. Nach dem Abschreiben eines DNA-Abschnitts bildet sich wieder die DNA-Doppelhelix. An dieser Stelle wird die RNA von der DNA abgelöst. Beide Stränge der Doppelhelix können als Matrizenstrang dienen; es wird nicht immer derselbe Strang verwendet. Bei *E. coli* verläuft der Prozess der RNA-Synthese mit einer Geschwindigkeit von etwa 50 Nukleotiden pro Sekunde. Fehler treten dabei mit einer Häufigkeit von $1:10^4$ bis $1:10^5$ eingebauten Nukleotiden auf. Da von einem Gen jedoch viele RNA-Produkte gebildet werden, sind diese Fehler nicht von großer Bedeutung.

TERMINATION · Am Ende eines Gens gelangt die RNA-Polymerase an eine besondere Basensequenz, den *Terminator*. Dadurch wird die Bindung der RNA-Polymerase an die DNA gelöst. Die Transkription ist damit beendet. Diesen Schritt bezeichnet man als *Termination*. Die gebildete RNA entspricht einer exakten komplementären Kopie des transkribierten Gens. Sie dient später als Vorlage für die Synthese von Polypeptiden.

TRANSKRIPTIONSPRODUKTE · Die RNA-Polymerase synthetisiert alle drei Typen der bakteriellen RNA: mRNA, rRNA und tRNA. Die mRNA macht dabei lediglich einen Anteil von fünf bis zehn Prozent der gesamten RNA-Menge innerhalb einer Bakterienzelle aus. Zudem haben die mRNA-Moleküle eine Halbwertszeit von nur 30 bis 120 Sekunden. Die beiden anderen RNA-Typen sind dagegen für längere Zeit stabil.

Im autoradiografischen Bild sind markierte RNA-Moleküle zu erkennen, die unterschiedlich lang sind. Hierdurch wird sichtbar, dass ein Gen als Matrize für viele fast zeitgleich ablaufende Transkriptionsvorgänge genutzt wird. Da die Synthese der RNA immer an der identischen Promotorsequenz beginnt, sind die zuerst gebildeten RNA-Moleküle länger als später synthetisierte.

1 Stellen Sie den Ablauf der Transkription in einem Flussdiagramm dar!

2 Erläutern Sie Ihre grafische Darstellung!

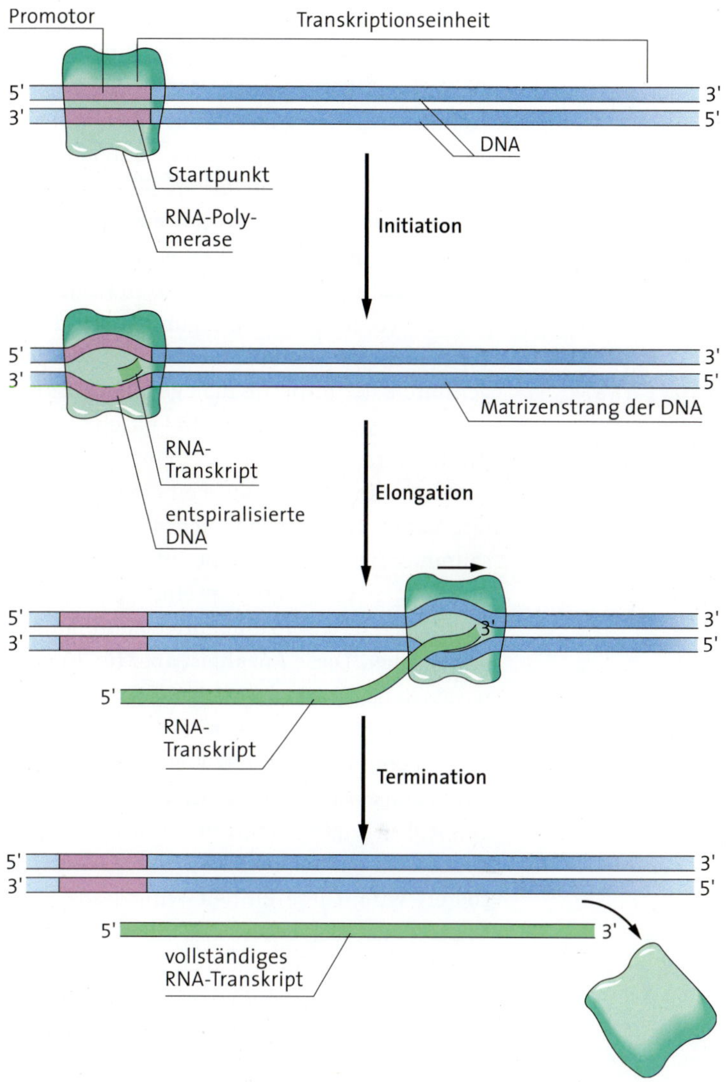

02 Ablauf der Transkription

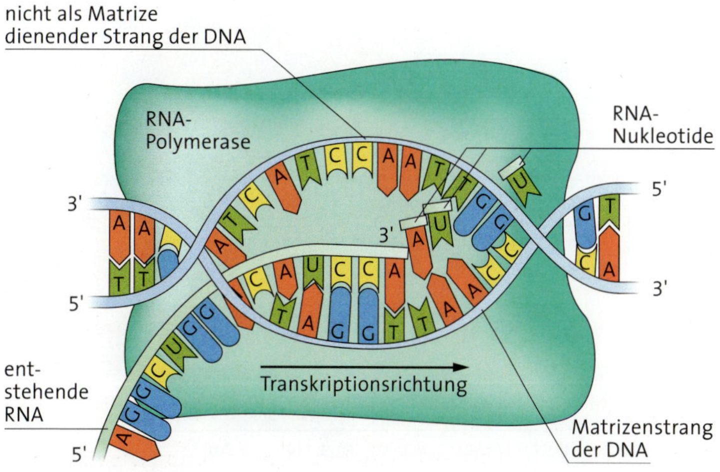

03 Elongationsprozess

*Sidney BRENNER *1927, Nobelpreis 2002*

DER GENETISCHE CODE · DNA-Moleküle bestehen aus vier verschiedenen Nukleotiden, die sich in ihrer jeweiligen Base unterscheiden. Proteine bestehen dagegen aus 20 verschiedenen Aminosäuren. Forscher untersuchten Anfang der 1960er-Jahre die Fragestellung, wie die Information für die Position einer bestimmten Aminosäure innerhalb eines Proteins in der Basensequenz der DNA codiert sein kann. Aufgrund theoretischer Überlegungen, die durch experimentelle Befunde unterstützt wurden, vermutete der britische Biologe Sidney BRENNER, dass eine Einheit aus drei Basen für eine Aminosäure codieren müsse: Eine Base allein kann nur eine Aminosäure eindeutig definieren, damit könnten lediglich $4^1 = 4$ Aminosäuren codiert werden. Eine Informationseinheit aus zwei Basen für eine Aminosäure könnte bereits $4^2 = 16$ eindeutige Zuordnungen ermöglichen. Diese Anzahl ist aber für 20 Aminosäuren noch nicht ausreichend. Eine Informationseinheit aus drei Basen ergibt $4^3 = 64$ mögliche Zuordnungen. Dieser Wert übersteigt die notwendige Anzahl an Informationseinheiten. Tatsächlich zeigten Experimente, dass jede Aminosäure durch eine Einheit aus drei Basen codiert wird. Diese Einheit wird deshalb als **Triplett** oder als **Codon** bezeichnet. Weiterhin zeigten die Experimente, dass die Gesamtheit aller Codons, der *genetische Code,* bestimmte Eigenschaften aufweist, die für seine Funktionsweise von grundlegender Bedeutung sind.

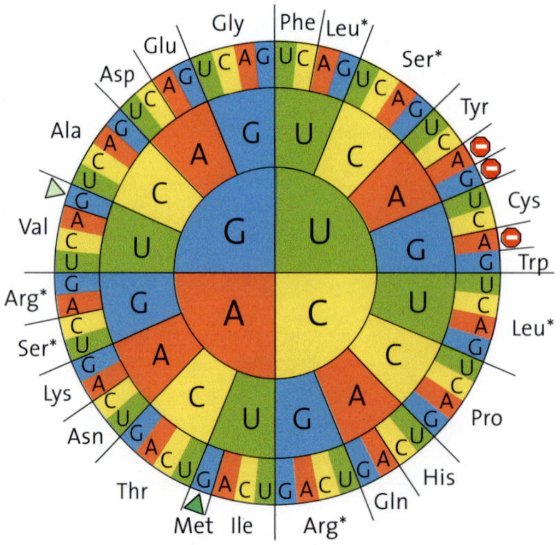

▶ Start
▷ Start (selten)
⛔ Stopp
* mehrfach codiert

04 Codesonne

EIGENSCHAFTEN DES GENETISCHEN CODES · Eine Base gehört immer nur zu einem Triplett, nicht gleichzeitig zu zwei benachbarten. Die Tripletts sind also *überlappungsfrei* nebeneinander angeordnet. Innerhalb der Basensequenz gibt es keine bedeutungsfreien Basen, sodass die Tripletts lückenlos abgelesen werden; die Basensequenz ist *kommafrei.* Jeweils ein bestimmtes Triplett codiert eine bestimmte Aminosäure. Die Tripletts sind somit *eindeutig.*

Es existieren jedoch 44 Tripletts mehr, als es Aminosäuren gibt. Experimente zeigten, dass verschiedene Tripletts auch für die gleiche Aminosäure codieren können. Sehr häufig variieren diese Tripletts in der dritten Position. Der genetische Code wird deshalb als *degeneriert* bezeichnet. Alle Lebewesen besitzen mit ganz wenigen Ausnahmen und Abweichungen den gleichen genetischen Code. Der Code ist damit nahezu *universell.*

Der genetische Code ist zwar kommafrei, er besitzt aber zwei besondere Start- und drei Stoppsignale. An diesen Codons erfolgt die Initiation beziehungsweise die Termination der Übersetzung der Nukleotidsequenz der mRNA in die Aminosäuresequenz der Polypeptide.

DECHIFFRIERUNG DES CODES · Mithilfe synthetischer mRNA-Moleküle konnte die Bedeutung der einzelnen Tripletts eindeutig bestimmt werden. Zunächst wurden mRNA-Moleküle eingesetzt, die nur aus Nukleotiden mit einem Basentyp bestanden. Zum Beispiel ergab die mRNA Poly-U ein Peptid, das lediglich die Aminosäure Phenylalanin enthielt. Damit konnte dem Triplett UUU eindeutig die Aminosäure Phenylalanin zugeordnet werden.
Durch den Einsatz weiterer synthetischer mRNA-Moleküle wurde der gesamte Code dechiffriert. Die Bedeutung aller Tripletts wird in einer **Codesonne** dargestellt. Sie wird von innen nach außen gelesen, dies entspricht einer Leserichtung von 5' nach 3' auf der mRNA.

3 Erläutern Sie die Eigenschaften des genetischen Codes!

Material A ▸ Dechiffrierung des genetischen Codes

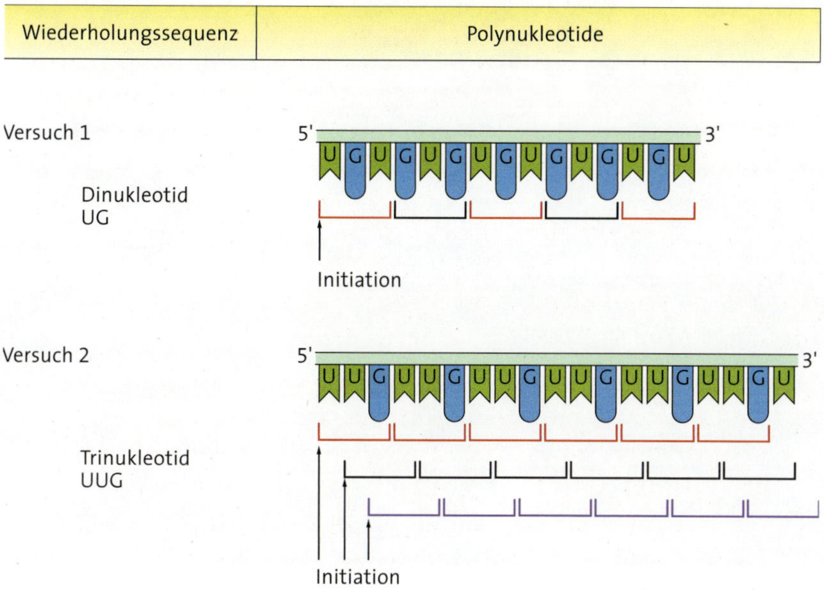

Der US-amerikanische Molekularbiologe Gobind KHORANA synthetisierte in den frühen 1960er-Jahren künstliche RNA-Moleküle, die aus Di- oder Trinukleotiden bestanden, welche sich immer wiederholten. Anschließend wurden diese RNA-Moleküle in einem zellfreien System in Peptide übersetzt. Ein zellfreies System enthält alle zur Proteinbiosynthese notwendigen Enzyme, Aminosäuren und weiteren Komponenten, aber keine zusätzlichen DNA- oder mRNA-Moleküle. Aus der Aminosäuresequenz der gebildeten Peptide konnte KHORANA auf die Bedeutung der möglichen Tripletts für die Codierung schließen.

A1 Geben Sie für die Versuche 1 und 2 die möglichen Tripletts an!

A2 Bestimmen Sie die entsprechende Aminosäuresequenz der Peptide in den Versuchen 1 und 2!

A3 Erläutern Sie, welche Ergebnisse zu erwarten wären, wenn Sie diesen Versuch mit dem Tetranukleotid UAUC durchführen würden! Begründen Sie Ihre Aussage!

A4 Begründen Sie die Zusammensetzung des zellfreien Systems für diesen Versuchsansatz!

Material B ▸ Konzept der überlappenden Gene

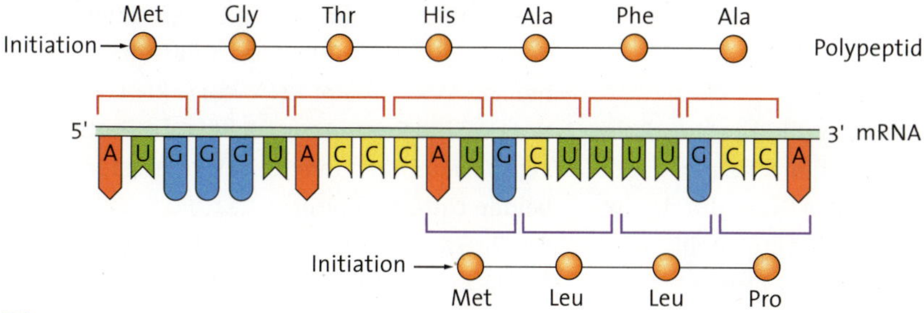

A

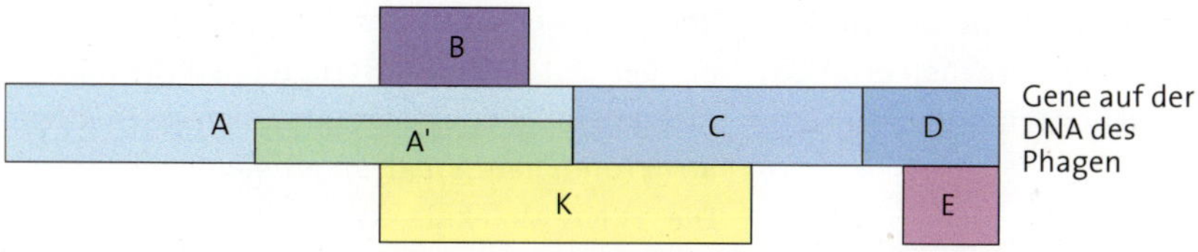

B

Der Phage φ X 174 besitzt ein ringförmiges, einzelsträngiges DNA-Molekül, das aus 5368 Nukleotiden besteht. Seine DNA sollte deshalb für maximal 1795 Aminosäuren codieren, aus denen fünf bis sechs Polypeptide gebildet werden können. Die DNA des Virus codiert aber für elf Proteine, die aus mehr als 2300 Aminosäuren bestehen.

B1 Erläutern Sie die Abbildung A!

B2 Erklären Sie das Konzept der überlappenden Gene aus Abbildung B!

B3 Vergleichen Sie dieses Konzept mit dem Konzept des überlappungsfreien genetischen Codes!

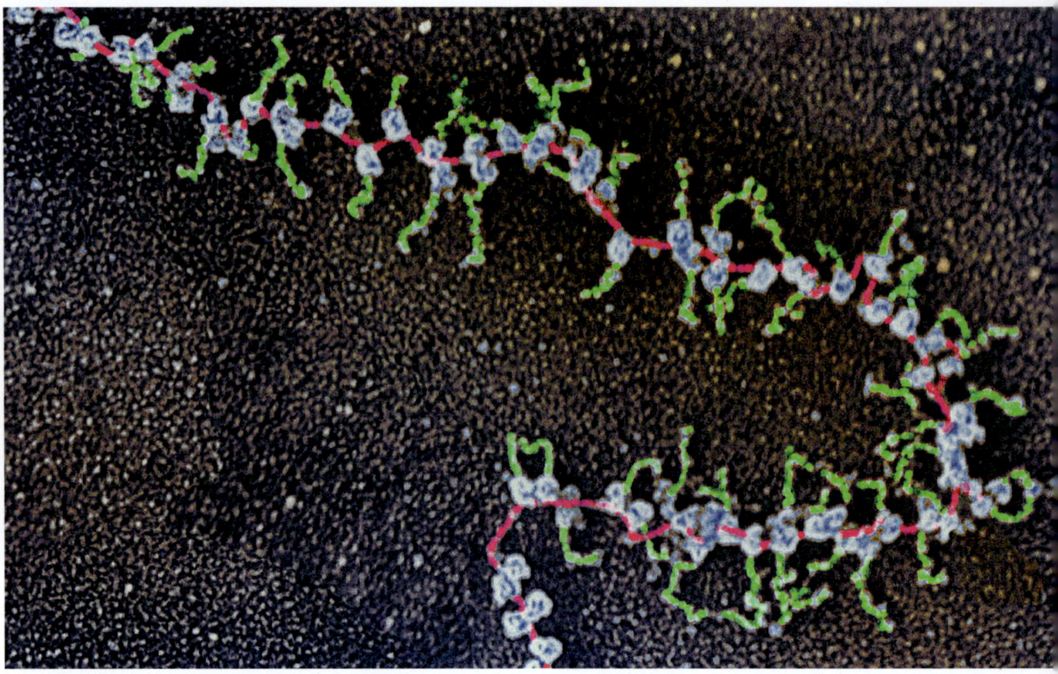

01 Translation bei Prokaryoten

Translation bei Prokaryoten

Nach der Synthese der messenger-RNA als erstem Schritt der Proteinbiosynthese heften sich Ribosomen an dieses Molekül. Sie synthetisieren Polypeptide, die im elektronenmikroskopischen Bild als unterschiedlich lange Ketten erkennbar werden. Wie verläuft dieser zweite Schritt der Proteinbiosynthese?

S = Svedberg-Einheit
Sie bezeichnet den Sedimentationskoeffizienten bei einer Dichtegradientenzentrifugation. Diese Einheiten sind nicht additiv.

Dichtegradientenzentrifugation siehe Seite 75

engl. translation = Übersetzung

TRANSFER-RNA · Für die Bildung eines Polypeptids benötigt die Bakterienzelle neben den Ribosomen und der mRNA, die durch den Prozess der Transkription hergestellt wird, Aminosäuren als Bausteine der Proteine. Diese können nicht einfach zusammengefügt werden, um ein bestimmtes Polypeptid zu bilden. Zum einen müssen sie vor der Ausbildung einer Bindung aktiviert werden, zum anderen müssen sie in einem zweiten Schritt ausgewählt und an die zutreffende Position der mRNA transportiert werden. Diese Aufgaben erfüllen besondere Nukleinsäuremoleküle, die *transfer-RNA*, kurz tRNA.

RIBOSOMEN · Die passenden Aminosäuren werden durch die tRNA zu den Ribosomen transportiert, wo sie miteinander verknüpft werden. Eine Bakterienzelle enthält etwa 10 000 dieser Zellbestandteile. Ribosomen sind aus zwei unterschiedlich großen Untereinheiten zusammengesetzt: der kleinen 30S-Untereinheit und der größeren 50S-Untereinheit. Gemeinsam bilden die beiden Untereinheiten ein vollständiges 70S-Ribosom. Ribosomen bestehen aus ribosomaler RNA, kurz rRNA, und Proteinen. Sind Ribosomen nicht in die Proteinbiosynthese eingebunden, zerfallen sie in die beiden Untereinheiten.

Bei Prokaryoten beginnt die Übersetzung der Nukleotidsequenz der mRNA in die Aminosäuresequenz des Polypeptids, die **Translation,** oft schon während der Transkription. Noch bevor die mRNA fertiggestellt ist, binden die ersten Ribosomen. Während das erste Ribosom die Translation in 5'→3'-Richtung durchführt, bindet bereits ein weiteres Ribosom, sodass nach einiger Zeit viele Ribosomen dasselbe mRNA-Molekül in Polypeptidketten übersetzen. Diese Strukturen nennt man *Polysomen.*

Die rRNA-Moleküle katalysieren die unterschiedlichen Reaktionen im Laufe der Translation, während die ribosomalen Proteine diese Prozesse unterstützen. An der 50S-Untereinheit befinden sich drei verschiedene Bindungsstellen für tRNA-Moleküle: die A-Stelle, die P-Stelle und die E-Stelle. In diesen Stellen ist die tRNA entsprechend dem Fortschritt der Translation gebunden.

TRANSLATION · Im ersten Schritt, der **Initiation,** bindet die 30S-Untereinheit an eine Basensequenz der mRNA, die sich in der Nähe des eigentlichen Startcodons AUG befindet. Unterstützt wird dieser Vorgang durch drei Proteine, die *Initiationsfaktoren.* An das Startcodon bindet eine tRNA mit dem komplementären **Anticodon** UAC. An diese tRNA knüpft das Enzym Synthetase die Aminosäure Methionin. Das Methionin wird nach seiner Bindung an die tRNA durch einen *Formylrest*, der an die Aminogruppe gebunden wird, modifiziert. Dies erfolgt nur an dem Methionin, das als Start der Proteinbiosynthese eingebaut wird. Das modifizierte Methionin bezeichnet man als Formylmethionin, kurz fMet. Nicht alle reifen Proteine tragen am Amino-Ende ein Methionin, da dieses häufig nach Beendigung der Translation wieder entfernt wird. Nachdem die fMet-tRNA gebunden hat, vervollständigt die 50S-Untereinheit den Startkomplex. In der A-Stelle liegt jetzt das nächste Codon der mRNA.
Im zweiten Schritt, der **Elongation,** bindet eine mit einer Aminosäure beladene tRNA mit ihrem komplementären Anticodon an das folgende Codon der mRNA in der A-Stelle. Das Ribosom katalysiert jetzt zwei Reaktionen. Es löst die Bindung zwischen der Aminosäure und ihrer tRNA an der P-Stelle. Anschließend knüpft es zwischen dieser Aminosäure und der folgenden an der A-Stelle eine Peptidbindung. Es entsteht ein **Dipeptid,** das mit der zweiten tRNA verbunden ist. Die unbeladene tRNA wandert an die E-Stelle und ihre Bindung an die mRNA wird gelöst. Im Zytoplasma wird die tRNA wieder mit einer Aminosäure beladen. Die tRNA mit dem Dipeptid wird an die P-Stelle verlagert, das Ribosom bewegt sich um ein Codon in 5'→3'-Richtung weiter. Bei jedem Elongationsvorgang werden insgesamt zwei Moleküle GTP verbraucht. Unterstützt wird dieser Prozess durch Proteine, die *Elongationsfaktoren,* die nicht zum Ribosom gehören.
Gelangt ein Stoppcodon an die A-Stelle, kann keine tRNA binden, da kein tRNA-Molekül ein komplementäres Anticodon trägt. Die Translation bricht an dieser Stelle ab. Dieser dritte Schritt, die **Termination,** wird durch Proteine, die *Terminationsfaktoren,* unterstützt. Sie katalysieren auch die Ablösung des neu synthetisierten Polypeptids von der tRNA. Bereits während der Synthese des Polypeptids beginnt dieses sich aufgrund der Wechselwirkungen zwischen den einzelnen Aminosäuren in die charakteristische Sekundär- und Tertiärstruktur zu falten.

Anticodon siehe Seite 70

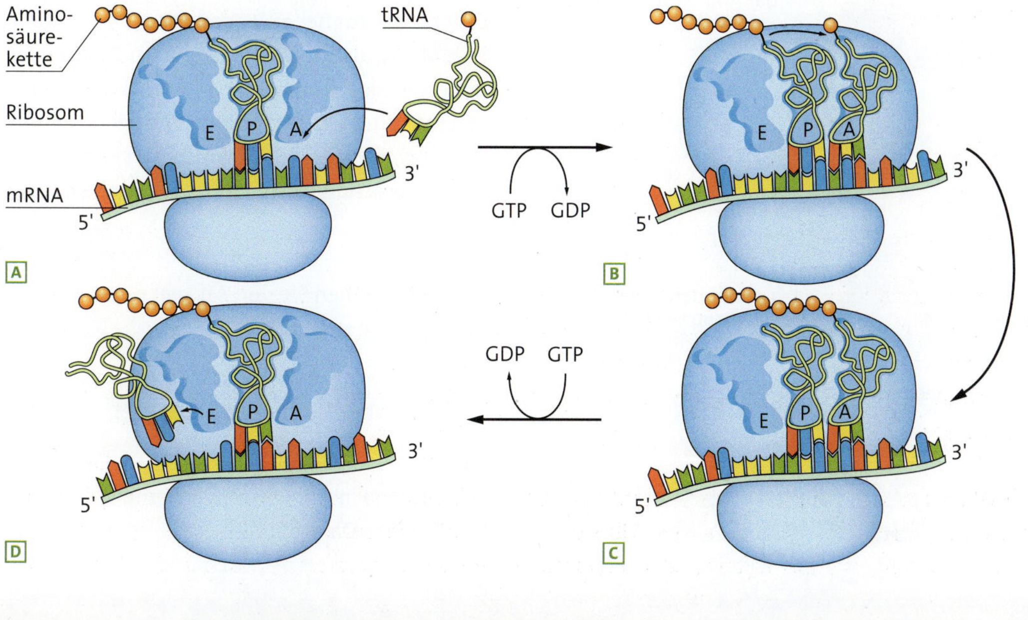

02 Ablauf der Translation:
A Codeerkennung,
B Bildung der Peptidbindung,
C Elongation,
D Wechsel von der A-Stelle in die P-Stelle

BELADUNG DER TRANSFER-RNA · Für jede der 20 verschiedenen Aminosäuren gibt es ein spezifisches tRNA-Molekül, das nur diese eine Aminosäure binden kann. Diese hohe Spezifität wird durch das Enzym Aminoacyl-tRNA-Synthetase gewährleistet. Für die insgesamt 20 verschiedenen Aminosäuren müssen mindestens 20 verschiedene Synthetasen in einer Zelle vorkommen. Da es aber 61 Tripletts gibt, die für die Aminosäuren codieren, könnte man auch jeweils 61 verschiedene tRNA-Moleküle und Synthetasen in einer Zelle vermuten. Es sind aber nur 32 unterschiedliche tRNA-Moleküle nachgewiesen worden. Dies lässt sich so erklären, dass die dritte Base eines Codons häufig nicht von entscheidender Bedeutung für die Festlegung einer bestimmten Aminosäure ist. Die Anzahl der Synthetasen entspricht der Anzahl der verschiedenen Aminosäuren, es gibt also 20 unterschiedliche.
Die Spezifität dieser Enzyme liegt vor allem im Erkennen der dazugehörigen Aminosäure, die dann an das letzte Adeninnukleotid am 3'-Ende der entsprechenden tRNA gebunden wird. Die Synthetasen besitzen ein aktives Zentrum, das drei verschiedene Moleküle erkennen kann: die spezifische tRNA, die spezifische Aminosäure und ATP, dessen Spaltung die notwendige Energie für das Binden der Aminosäure an die tRNA liefert. Die hohe Spezifität der Synthetasen ist ein entscheidender Faktor für die Genauigkeit der Proteinbiosynthese. Die Fehlerrate liegt etwa bei 1:1000.

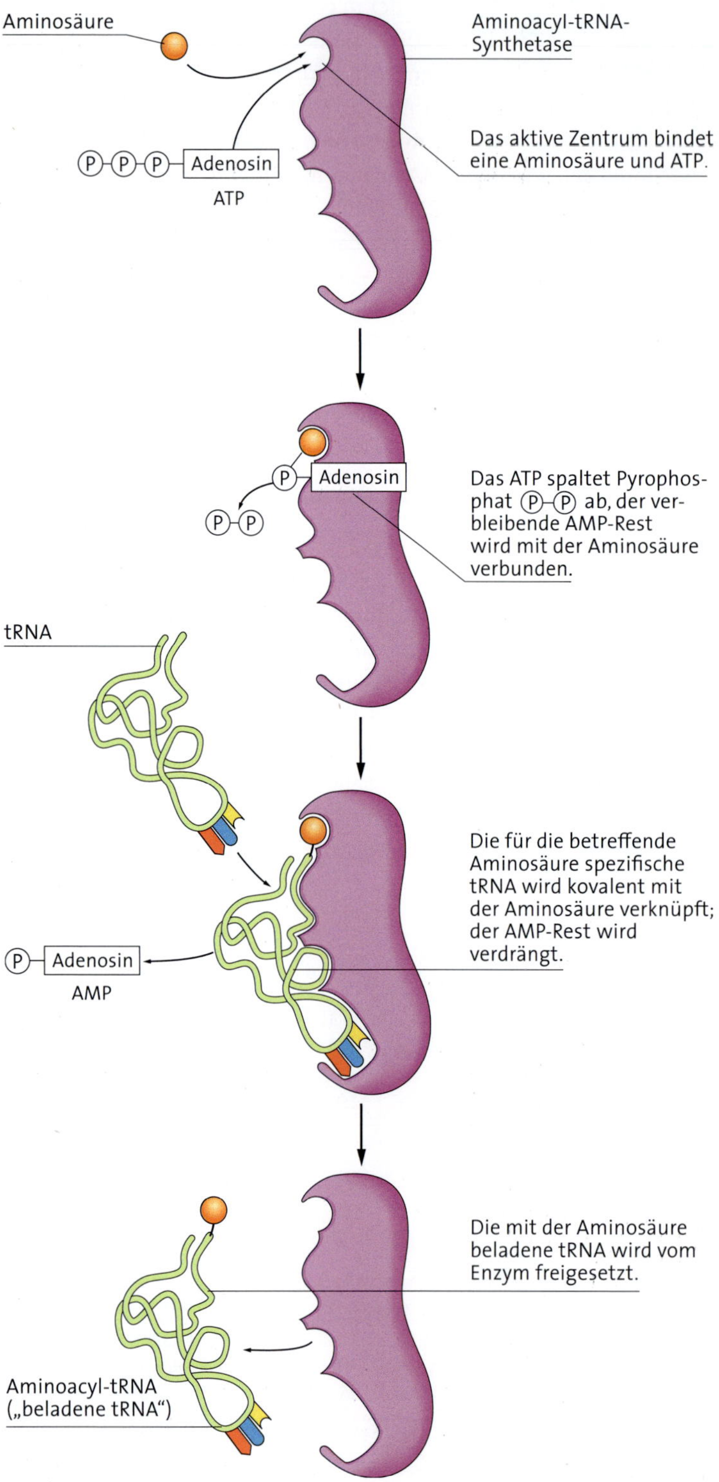

03 Beladung der tRNA

UNIVERSELLER CODE? · In Mitochondrien, die eine eigene DNA enthalten, besitzen einige Codons bei manchen Lebewesen eine andere Bedeutung als im chromosomalen Genom. Sie codieren also eine andere Aminosäure. Insgesamt sind solche Abweichungen selten. Demnach entstand der fast universelle genetische Code schon sehr früh in der Evolution der Lebewesen.

1 Beschreiben Sie den Aufbau eines prokaryotischen Ribosoms!

2 Erläutern Sie die Beladung einer tRNA mit ihrer spezifischen Aminosäure!

3 Stellen Sie den Ablauf der Translation in einem Flussdiagramm dar und erläutern Sie Ihre Darstellung!

Material A ▸ Proteinbiosynthese

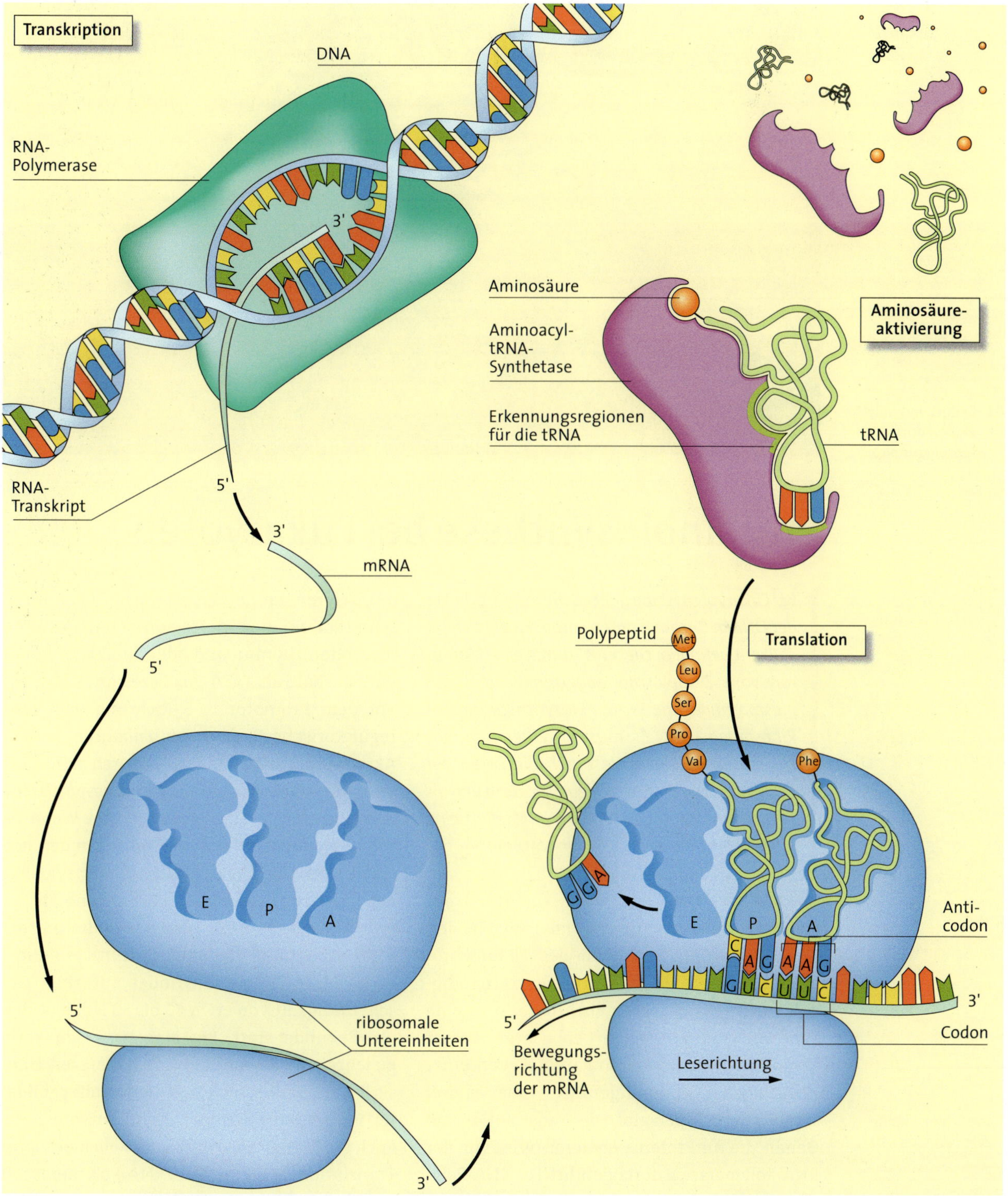

A1 Beschreiben Sie die beiden Schritte der Proteinbiosynthese: Transkription und Translation!

A2 Erläutern Sie die Funktionsweise der Aminoacyl-tRNA-Synthetase!

A3 Begründen Sie die Bedeutung der Synthetasen für einen fehlerfreien Ablauf der Translation!

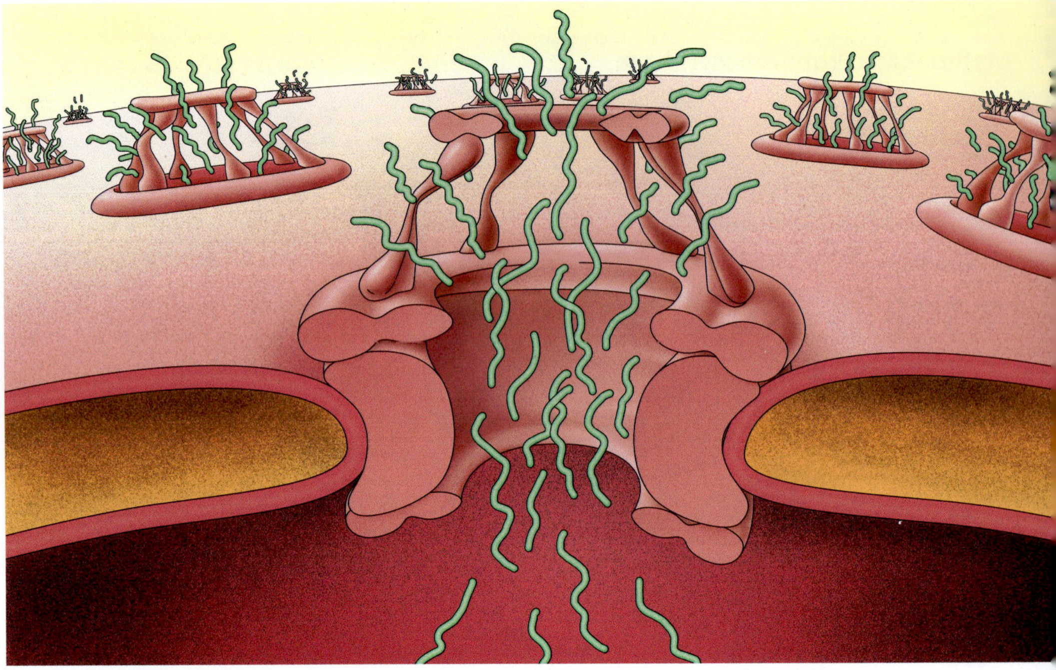

01 Export von mRNA-Molekülen durch den Kernporenkomplex

Proteinbiosynthese bei Eukaryoten

Bei Eukaryoten ist die genetische Information in der DNA in Chromosomen verpackt, die sich im Zellkern befinden. Dieser ist durch eine Membran vom Zytoplasma abgetrennt. Im Zytoplasma findet die Proteinbiosynthese an den Ribosomen statt. Es müssen daher informationstragende Moleküle durch die Poren der Zellkernmembran den Nukleus verlassen und ins Zytoplasma gelangen. Wie bewerkstelligt eine Eukaryotenzelle die Proteinbiosynthese?

engl. to enhance = verstärken

TRANSKRIPTION · Das Chromatin im Zellkern ist unterschiedlich stark kondensiert. In den dicht gepackten Bereichen des Heterochromatins findet keine Transkription statt. Lediglich im locker gepackten Euchromatin ist eine Synthese von mRNA zu beobachten. Dieser Vorgang wird auch bei Eukaryoten von einer RNA-Polymerase durchgeführt, wobei es drei verschiedene Typen gibt. Die Transkription von Genen, die für Proteine codieren, wird von der RNA-Polymerase II durchgeführt. Die RNA-Polymerasen I und III synthetisieren rRNA- und tRNA-Moleküle. Bevor die RNA-Polymerase II an die Promotorregion binden kann, müssen sich zunächst zusätzliche Proteine, die *Transkriptionsfaktoren,* an den Promotor heften. Ein Abschnitt dieser Promotorregion ist reich an alternierenden Thymin- und Adeninnukleotiden. Er wird deshalb als TATA-Box bezeichnet.

Transkriptionskontrolle siehe Seite 111

Vor dem Promotor in 5'-Richtung liegt eine regulatorische Region, der *Enhancer,* an den Aktivatorproteine binden. Dadurch wird eine zell-, gewebe- oder entwicklungsspezifische Transkription der Gene gewährleistet. Wenn die RNA-Polymerase II an die DNA gebunden hat, ist die **Initiation** abgeschlossen. Das Enzym liest den Matrizenstrang in 3'→5'-Richtung ab. Die mRNA-Synthese erfolgt durch Verknüpfung der komplementären Ribonukleotide in 5'→3'-Richtung. Diese **Elongation** findet mit einer Geschwindigkeit von etwa 40 bis 50 Nukleotiden pro Sekunde statt. Ein einzelnes Gen kann gleichzeitig von mehreren Polymerasen transkribiert werden, wodurch die Anzahl gebildeter mRNA-Moleküle und damit entsprechend auch die Menge des Polypeptids nach erfolgter Translation ansteigt. Die RNA-Polymerase II transkribiert über den codierenden Bereich hinaus eine Erkennungssequenz für die weitere enzymatische Modifizierung der mRNA. Assoziierte Proteine trennen jetzt das Transkriptionsprodukt von der RNA-Polymerase ab. So erfolgt die **Termination.** Die gebildete RNA wird als **Prä-mRNA** bezeichnet.

RNA-PROCESSING · Bevor die RNA aus dem Zellkern ausgeschleust werden kann, wird sie auf verschiedene Weise modifiziert. An das 5'-Ende wird kurz nach Transkriptionsbeginn ein methylierter Guanosylrest angehängt, die **5'-Cap-Struktur.** Das 3'-Ende wird ebenfalls verändert. Hier knüpft ein Enzym 50 bis 250 Adeninnukleotide an die transkribierte Basensequenz an, den **Poly-A-Schwanz.** Diese beiden Strukturen zeigen an, dass die mRNA nach erfolgtem *Processing* in das Zytoplasma ausgeschleust werden kann. Außerdem verhindern sie, dass die mRNA vorzeitig durch Nukleasen abgebaut wird, und sie ermöglichen die korrekte Anlagerung der Ribosomen an die mRNA im Zytoplasma.

Die translatierten mRNA-Moleküle sind sehr viel länger, als für die Synthese durchschnittlich langer Polypeptide nötig wäre. Forscher stellten fest, dass jede mRNA viele Abschnitte enthält, die nicht codierend sind. Diese Bereiche liegen zwischen den Abschnitten der mRNA, die für Polypeptide codieren. Die Abschnitte mit Information werden als **Exons** bezeichnet, die nicht codierenden Abschnitte als **Introns.** Die DNA-Moleküle und somit auch die RNA-Moleküle aller Eukaryoten weisen Introns und Exons auf. Die Introns werden aus dem Primärtranskript herausgeschnitten und die Exons an den richtigen Stellen miteinander verknüpft. Dieser Prozess, das **Spleißen** der Prä-mRNA, wird durch einen Enzymkomplex, das **Spleißosom,** durchgeführt. Es bindet an die Erkennungssequenz, eine spezifische Basensequenz auf der mRNA, und trennt diese auf. Die Introns werden entfernt und die Exons aneinandergebunden.

Die so entstandene **reife mRNA** ist das Transkriptionsprodukt eines einzigen Gens und codiert damit auch nur für ein Polypeptid. Die eukaryotische RNA wird daher als **monocistronisch** bezeichnet. Im Gegensatz dazu kann die mRNA der Prokaryoten für unterschiedliche Polypeptide codieren, da sie mehrere Ribosomenbindungsstellen enthalten kann. Diese mRNA wird deshalb als **polycistronisch** bezeichnet.
Die reife mRNA wird mit einer Proteinhülle umgeben und wandert zu den Poren in der Zellkernmembran. Vor dem Austritt durch die Kernporen ins Zytoplasma verweilen die mRNA-Moleküle an der Kernmembran, werden einer Art Qualitätskontrolle unterzogen und richten sich passend an den Kernporen aus. Nur jedes vierte mRNA-Molekül verlässt tatsächlich den Zellkern.

Cistron ist ein Synonym für Gen.

1 Beschreiben Sie den Vorgang der Transkription bis zur Bildung der reifen mRNA!

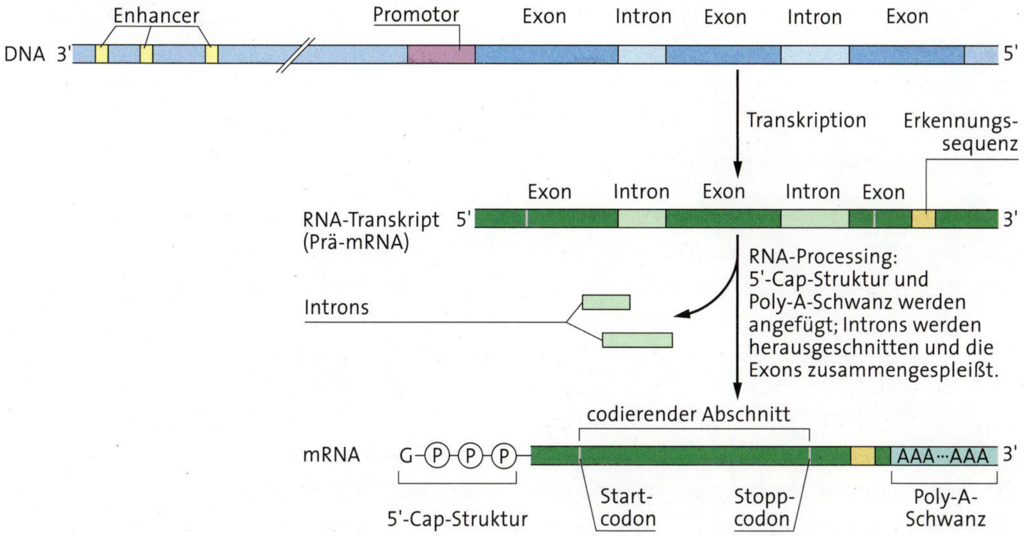

02 Organisation des eukaryotischen Gens und seine Transkription

TRANSLATION · Die 80S-Ribosomen der Eukaryoten bestehen aus zwei unterschiedlich großen Untereinheiten, der kleineren 40S- und der größeren 60S-Untereinheit. Sie enthalten jeweils eine größere Anzahl von Proteinen und rRNA-Molekülen als die Ribosomen in Bakterienzellen. Für die **Initiation** der Translation ist die 5'-Cap-Struktur notwendig. Das Startcodon AUG ist in die Initiationssequenz 5'-ACCAUGG eingebettet. Ohne diese Sequenz können die Start-tRNA sowie die kleine ribosomale Untereinheit nicht an die mRNA binden. Erst dann wird die große ribosomale Untereinheit an den Initiationskomplex gebunden.

Die Translation beginnt am Startcodon AUG und als erste Aminosäure wird nicht modifiziertes Methionin eingebaut. Die Start-tRNA besitzt eine andere Struktur als die mit Methionin beladene tRNA während der Elongation. Die **Elongation** erfolgt durch die Bewegung der mRNA mit dem 5'-Ende voran, sodass die Translation in 5'→3'-Richtung verläuft. Die dafür nötige Energie stammt aus der Spaltung eines GTP-Moleküls. Die **Termination** erfolgt bei Erreichen eines der drei Stoppcodons. Das Ribosom dissoziiert in seine beiden Untereinheiten. Es löst sich von der mRNA und das Polypeptid wird freigesetzt. Bereits während des Translationsvorgangs faltet sich die Primärstruktur des Polypeptids in die Sekundär- und Tertiärstruktur. Zum Teil geschieht dies spontan aufgrund chemischer Wechselwirkungen zwischen den verschiedenen Aminosäuren. Zusätzlich gibt es Proteine, die **Chaperone,** die diesen Prozess katalysieren und damit für die richtige Ausbildung der Tertiärstruktur notwendig sind.

In eukaryotischen Zellen lassen sich Ribosomen an unterschiedlichen Orten beobachten. Eine Gruppe befindet sich frei im Zytoplasma und synthetisiert Polypeptide, die hier verbleiben und ihre Funktion ausüben. Die andere Gruppe ist an die äußere Membran des Endoplasmatischen Retikulums, kurz ER, gebunden. Die Ribosomen dieses rauen ER stellen die Proteine des zelleigenen Membransystems her sowie solche, die von der Zelle mithilfe des Golgiapparats nach außen abgegeben werden. Ribosomen können zeitweise der einen oder der anderen Gruppe angehören.
Die Proteinbiosynthese beginnt immer an freien Ribosomuntereinheiten im Zytoplasma. Proteine, die Bestandteil von Membranen sind oder durch die Membran geschleust werden, besitzen am N-terminalen Ende eine Signalsequenz. Diese veranlasst das translatierende Ribosom, sich an die Membran des ER anzuheften.

03 Genexpression bei Eukaryoten

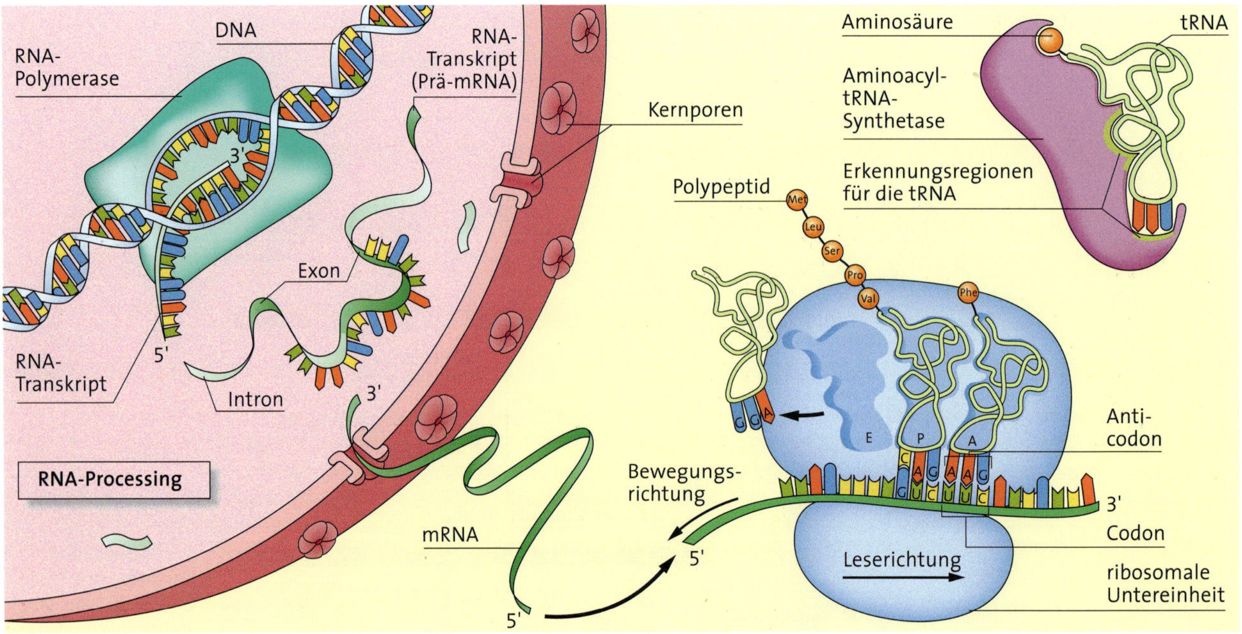

Material A ▸ Vergleich der Proteinbiosynthese bei Pro- und Eukaryoten

	Prokaryoten
Aufbau der DNA	Die DNA ist ringförmig und enthält keine Histone.
räumliche Organisation (Kompartimentierung)	Transkription und Translation finden im Zytoplasma statt.
zeitliche Organisation	Die Translation beginnt, bevor die Transkription beendet ist.
Aufbau der Gene	Die Gene enthalten fast nur codierende Sequenzen.
Reifung der mRNA	Die mRNA wird ohne Modifizierung translatiert.
Aufbau der Ribosomen	Die 70S-Ribosomen bestehen aus jeweils einer 30S- und einer 50S-Untereinheit.

In der Tabelle sind verschiedene Aspekte der Proteinbiosynthese bei Prokaryoten aufgeführt. Die entsprechenden Aussagen zur Proteinbiosynthese bei Eukaryoten fehlen.

A1 Übertragen Sie die Tabelle in Ihre Mappe und ergänzen Sie die Aussagen für Eukaryoten!

Material B ▸ Bestimmungsorte der Polypeptide in einer eukaryotischen Zelle

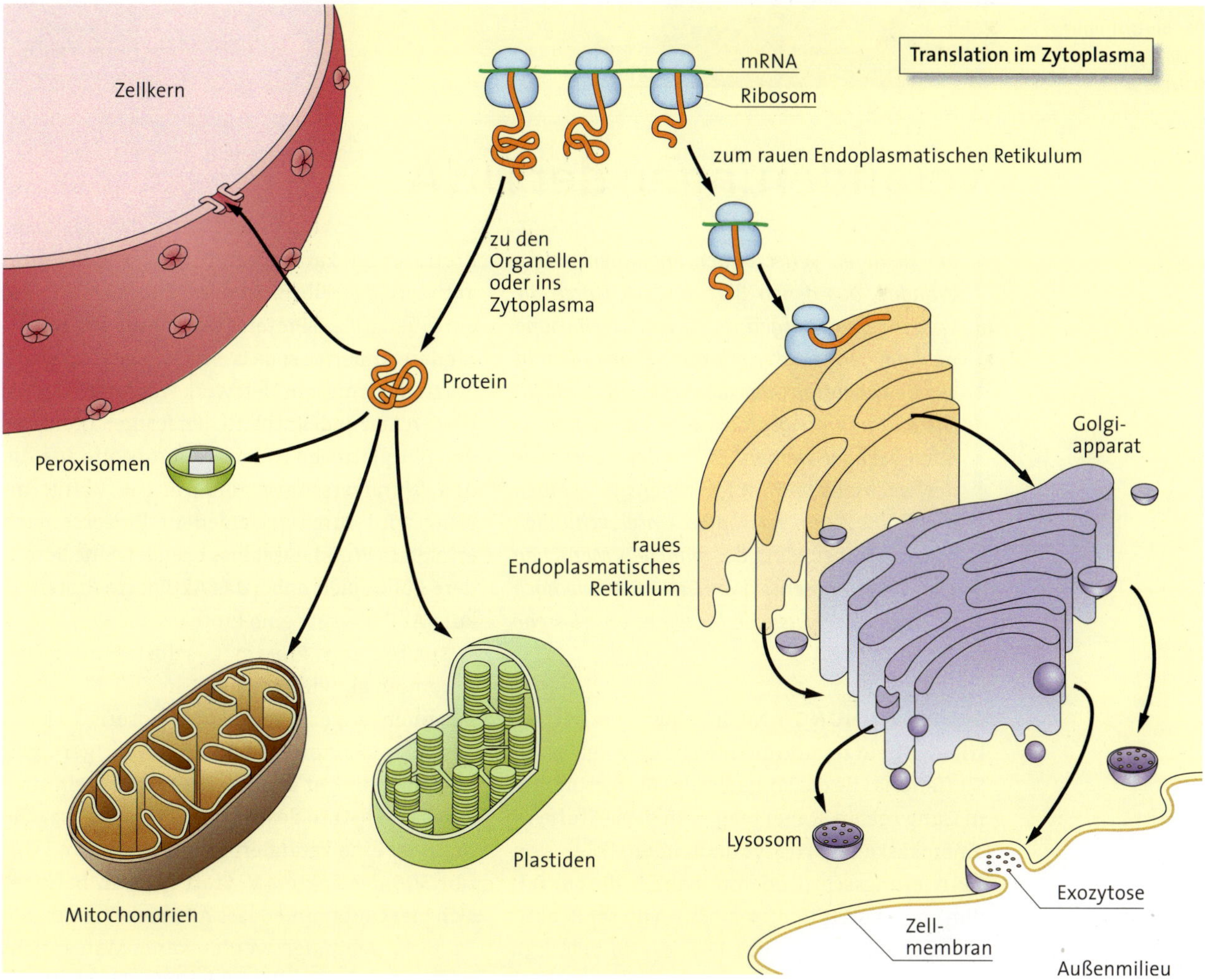

B1 Beschreiben Sie die Abbildung!

B2 Erläutern Sie, auf welche Weise Proteine in die entsprechenden Zellorganellen gelangen!

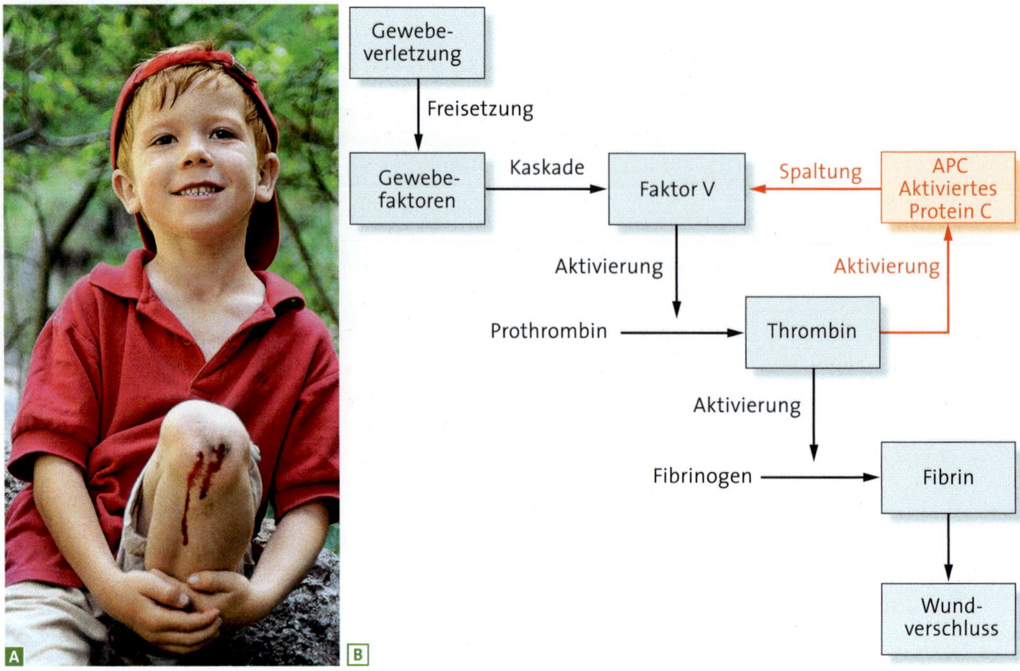

01 Blutgerinnung:
A Wunde,
B Schema

Veränderungen der DNA

Bei kleineren Verletzungen entstehen häufig Wunden, aus denen Blut austritt. Durch die Vorgänge der Blutgerinnung wird die Blutung nach einigen Minuten gestoppt. Dabei entsteht ein Gewebepfropf, der die Wunde verschließt. Die Blutgerinnungsprozesse müssen anschließend beendet werden. Es könnten sonst Teile des wachsenden Pfropfes abgerissen werden und kleine Adern verstopfen. Untersuchungen haben ergeben, dass bei manchen Menschen dieses Thromboserisiko von Geburt an sehr hoch ist. Was ist die Ursache für dieses angeborene Thromboserisiko?

BLUTGERINNUNG · Nach einer Verletzung tritt aus dem zerstörten Gewebe eine Reihe von Stoffen aus, die die Vorgänge der Blutgerinnung in Gang setzen. Dabei reagieren diese Stoffe in einer kaskadenartig verlaufenden Folge von Aktivierungsschritten miteinander, die zur Bildung eines Blutpfropfes führt. An dieser Reaktionsfolge sind insgesamt 13 Faktoren beteiligt, von denen einige als inaktive Vorstufen im Blut vorhanden sind. Im Verlauf dieser Vorgänge entsteht Faktor V, der seinerseits die Bildung des aktiven Thrombins aus dem inaktiven Prothrombin katalysiert. Thrombin wiederum aktiviert das Fibrinogen zu Fibrin. Fibrin ist ein fadenartiges Protein, das sich an den Wundrändern anheftet, sodass ein faseriges Netzwerk entsteht. In diesem Netzwerk werden rote Blutkörperchen und Blutplättchen festgehalten. Aus den Blutplättchen treten weitere Stoffe aus, die den Wundverschluss fördern. Die Blutgerinnung wird durch verschiedene Prozesse nach erfolgtem Wundverschluss beendet. Eine besondere Rolle spielt dabei das Aktivierte Protein C, kurz **APC.** Dies ist eine Protease, die den Faktor V spaltet. Das Protein C selbst wird durch Thrombin aktiviert.

Bei einem angeborenen Thromboserisiko kann APC den Faktor V nur mit einer geringen Geschwindigkeit spalten. Die Folge ist ein stärkeres Wachstum des Blutpfropfes. Die Ursache dafür ist eine veränderte Aminosäure an Position 506 des Faktors V: Statt Arginin befindet sich hier Glutamin, sodass APC nicht fest an den Faktor V gebunden werden kann. Man spricht von *APC-Resistenz.* Der fehlerhafte Einbau einer Aminosäure beruht auf einer Veränderung des betreffenden Codons auf dem Chromosom 1: Statt der Basen CGG findet man CAG. Die Veränderung einzelner Basen der DNA wird als **Punktmutation** bezeichnet. Das Krankheitsbild der APC-Resistenz wird also durch eine Punktmutation ausgelöst. Etwa 30 Prozent der Thrombosepatienten unter 40 Jahren weist diese genetisch bedingte Störung auf.

GENMUTATIONEN · Der Austausch eines einzelnen Nukleotids in einem Genabschnitt der DNA muss nicht unbedingt zum Austausch einer Aminosäure wie bei der APC-Resistenz führen. Aufgrund der Fehlertoleranz des genetischen Codes kann dieser Austausch auch ohne Wirkung bleiben. Man spricht dann von einer *stummen Mutation*. Punktmutationen, die zum Austausch einer Aminosäure führen, heißen auch *Missense-Mutationen*, weil Eiweißstoffe mit veränderter Aktivität entstehen können. Die Punktmutation kann auch dazu führen, dass sich ein Stoppcodon bildet. Bei der Translation entstehen dann unvollständige Proteinfragmente, die im Stoffwechsel keinerlei Funktion erfüllen können. Diese Mutationen werden daher *Nonsense-Mutationen* genannt. Neben den Punktmutationen kann auch ein Verlust eines oder mehrerer Nukleotidpaare beobachtet werden. Diese **Deletion** hat erhebliche Auswirkungen auf den Informationsgehalt der DNA, weil der Triplett-Takt verschoben wird. Man spricht von einer *Leseraster-Mutation*. Dieser Effekt tritt auch ein, wenn ein oder mehrere Nukleotidpaare zusätzlich in die DNA eingefügt werden. Dabei handelt es sich um eine **Insertion.** Insertionen, Deletionen und Punktmutationen werden *Genmutationen* genannt, weil sie nur ein einzelnes Gen umfassen. Etwa drei Viertel aller Genmutationen sind Punktmutationen, das restliche Viertel sind Insertionen und Deletionen.

Genmutationen sind selten, ihre Häufigkeit kann jedoch nicht allgemein angegeben werden, weil sie für jedes Gen verschieden ist. Die Häufigkeit von Mutationen bei einem Gen wird als *Mutationsrate* bezeichnet. Sie liegt durchschnittlich bei einem Nukleotidaustausch pro 10^9 Basenpaare bei einer Replikation. Genmutationen können spontan auftreten oder durch bestimmte Chemikalien sowie durch Strahlung ausgelöst werden.

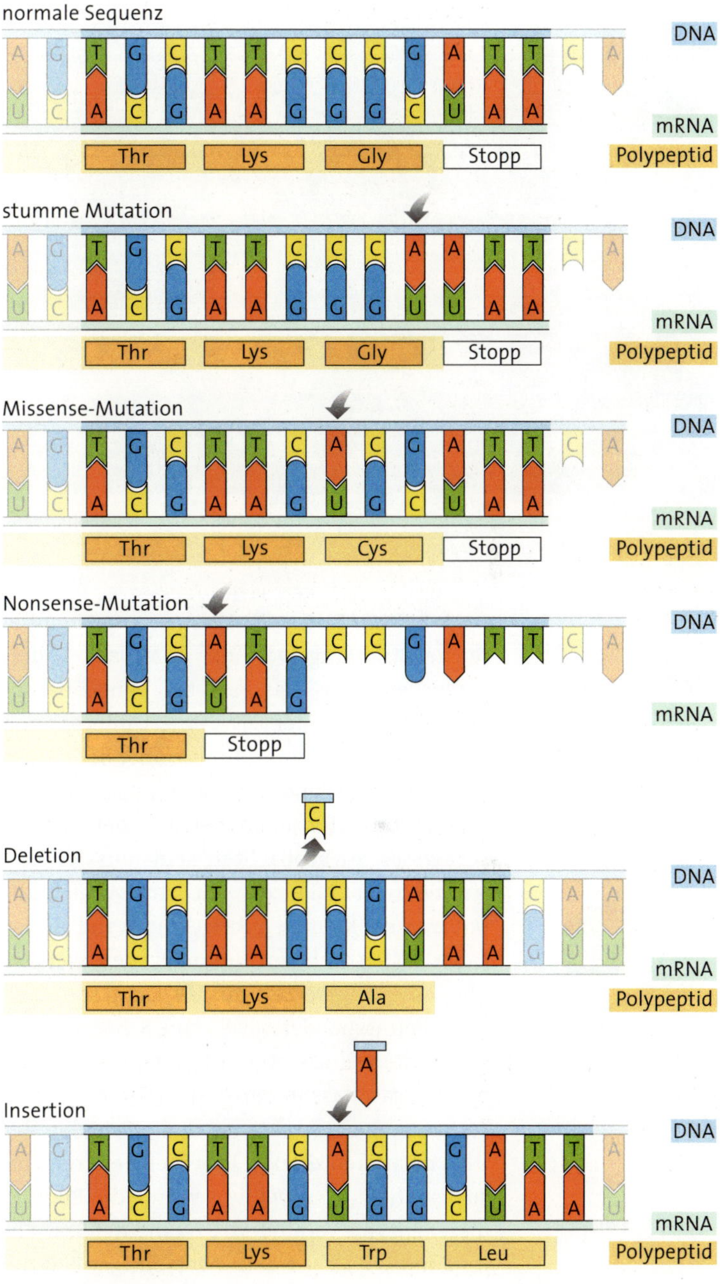

02 Genmutationen

1) Beschreiben Sie die Ursache und die Auswirkungen der APC-Resistenz!

2) Gegeben sei folgende DNA-Basensequenz: GCTTTATTCGAC. Fügen Sie willkürlich jeweils eine Punktmutation, eine Insertion sowie eine Deletion ein und erläutern Sie die Auswirkungen auf die Aminosäuresequenz!

02 Reaktion von *Arabidopsis* auf DNA-schädigende Umweltreize: **A** unbehandelt, **B** ohne DNA-reparierende Enzyme

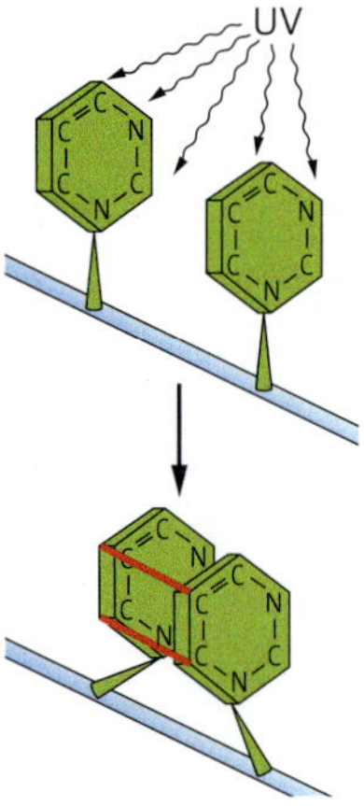

03 Thymindimer

DNA-REPARATUR · UV-Licht ist eine energiereiche Strahlung, von der man aus Laborversuchen weiß, dass sie bei benachbarten Thyminbasen in der DNA eine Dimerbildung auslösen kann. Thymindimere aber behindern die Replikation und die Transkription, sodass Entwicklungsstörungen bei den betroffenen Lebewesen zu beobachten sein müssten. Bestrahlt man Pflanzen der Art *Arabidopsis thaliana*, der Kleinen Ackerschmalwand, die im Labor in Petrischalen herangezogen werden, über eine längere Zeit mit UV-Licht, so lassen sich überraschenderweise keine Schädigungen beobachten. Eine Untersuchung dieses Phänomens ergab, dass in den Zellkernen der Pflanzenzellen Enzyme aktiv sind, die Schäden der DNA reparieren können. Bei einer weiteren Versuchsreihe mit *Arabidopsis* wurde die Bildung dieser Enzyme verhindert. Bei erneuter Bestrahlung mit UV-Licht traten nach einiger Zeit die erwarteten Schädigungen auf. Das *Arabidopsis*-DNA-Reparatursystem ist ein Beispiel für viele weitere DNA-Reparaturmechanismen.

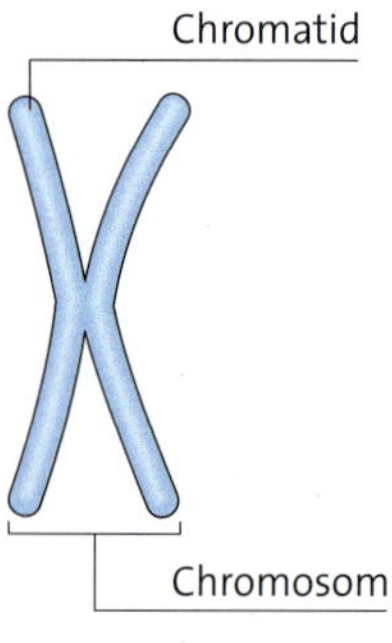

04 Zwei-Chromatiden-Chromosom

REPARATURSYSTEME · Heute ist nachgewiesen, dass alle Zellen effektive Reparatursysteme für DNA-Schäden aufweisen. So können Thymindimere durch das Enzym Fotolyase wieder gespalten werden. Solche Vorgänge, bei denen die Schäden an der DNA rückgängig gemacht werden, nennt man *Reversion*.

Bei der *Exzisionsreparatur* werden veränderte Nukleotide aus einem DNA-Einzelstrang herausgeschnitten, indem die Phosphodiesterbindungen in der Nachbarschaft des betreffenden Nukleotids gelöst werden. Die entstehende Lücke umfasst mehrere Nukleotide und wird mithilfe einer DNA-Polymerase wieder gefüllt.

Fehler bei der Replikation treten auf, wenn Fehlpaarungen von Basen stattfinden. Enzyme des *Fehlpaarungsreparatursystems* erkennen und reparieren solche falschen Basenpaarungen direkt nach der Replikation. Bei *E. coli* wurde untersucht, wie dieses Reparatursystem die falschen von den richtigen Basen unterscheiden kann: Die Basen der Bakterien-DNA werden im Verlauf des Wachstums der Bakterien mit Methylgruppen markiert. Nach der Replikation besitzt daher nur der alte Strang Methylgruppen. Der neue Strang ist nicht methyliert. Seine fehlgepaarten Basen müssen ersetzt werden.

Auch Doppelstrangbrüche können von einem besonderen Reparatursystem behoben werden. Bei Eukaryoten erkennen Enzyme den Strangbruch und schneiden am 5'-Ende der DNA einige Basen eines Einzelstrangs heraus. So entstehen am 3'-Ende der DNA überstehende Enden. Diese werden zur Basenpaarung mit einem Strang des zweiten Chromatids benutzt. Anschließend werden die fehlenden Basen durch eine DNA-Polymerase neu synthetisiert und die Paarung mit dem zweiten Chromatid des Chromosoms aufgehoben. Dieser Vorgang wird *Rekombinationsreparatur* genannt.
Ohne DNA-Reparatursysteme beträgt die durchschnittliche Mutationsrate ein Nukleotid pro 10^6 Basenpaare bei der Replikation. Mit Reparatursystemen wird lediglich ein Nukleotid pro 10^9 Basenpaare ausgetauscht. Mehr als 99 Prozent der Mutationen werden also durch die verschiedenen Mechanismen repariert.

3 Beschreiben Sie die beiden Versuchsreihen mit *Arabidopsis thaliana*!

4 Erläutern Sie die Bedeutung der DNA-Reparaturmechanismen für die Evolution der Lebewesen!

Material A ▸ Spontane Mutationen

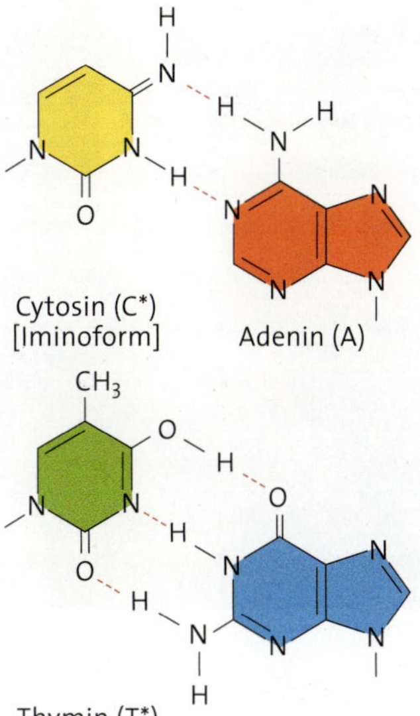

Cytosin (C*) [Iminoform] Adenin (A)

Thymin (T*) [Enolform] Guanin (G)

$^{5'}$GC*TAAC*CT*G$^{3'}$

Aufgrund chemischer Umlagerungen können Basen in veränderten Formen vorkommen. Diese veränderten Formen besitzen andere Bindungseigenschaften. Die veränderte Form des Cytosins wird mit C* symbolisiert. Die veränderte Form des Thymins wird mit T* bezeichnet.

A1 Erläutern Sie, weshalb die veränderten Formen des Cytosins und des Thymins Mutationen auslösen!

A2 Ermitteln Sie die RNA-Basensequenz für die mutierte und für die nicht mutierte Form der abgebildeten DNA-Sequenz!

A3 Bestimmen Sie die Abfolge der Aminosäuren für die drei Tripletts der beiden RNA-Stränge! Benutzen Sie dazu die Codesonne im Anhang!

A4 Erläutern Sie die Folgen der mutierten DNA-Sequenz für die gebildeten Aminosäuresequenzen!

Material B ▸ Mukoviszidose

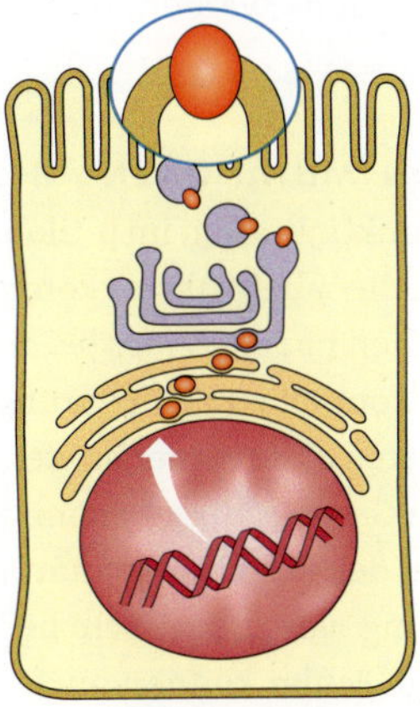

Normalfall

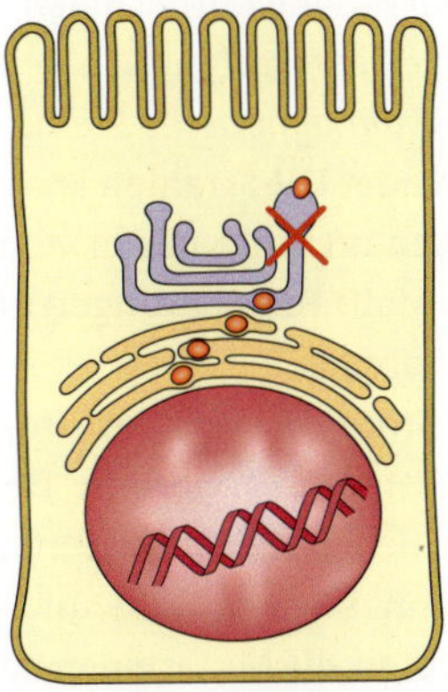

Mukoviszidose

Mukoviszidose (lat. mucus = Schleim, lat. viscidus = zäh) oder Zystische Fibrose ist eine angeborene Stoffwechselerkrankung, bei der ein in der Lunge gebildeter zäher Schleim die Atmung behindert. Die Krankheit beruht auf einem autosomal rezessiven Erbgang und kommt mit einer Häufigkeit von 1 : 2500 vor. Sind beide Eltern Überträger, so besteht für die Kinder eine 25-prozentige Wahrscheinlichkeit, die Krankheit auszubilden. Mukoviszidose kann durch unterschiedliche Gendefekte ausgelöst werden. Etwa 800 dieser Gendefekte betreffen ein Membranprotein, das in den Lungenepithelzellen als Chloridtransporter aktiv ist. Chlorid-Ionen werden zusammen mit einer großen Hydrathülle aus den Lungenepithelzellen nach außen transportiert. Die mit 85 Prozent häufigste Ursache für die Funktionsunfähigkeit des Chloridtransporters ist das Fehlen der Aminosäure Phenylalanin an Postition 508 des Membranproteins.

B1 Ermitteln Sie die Auswirkung der Mutation auf den gebildeten Chlorid-Ionen-Transporter!

B2 Erstellen Sie einen Stammbaum der Krankheit und erläutern Sie den Erbgang! Begründen Sie, dass eine 25-prozentige Wahrscheinlichkeit für die Ausbildung des Merkmals besteht, wenn beide Eltern Überträger sind!

B3 Erläutern Sie die physiologischen Ursachen der Entstehung des zähen Schleims!

B4 Ermitteln Sie die Art des häufigsten genetischen Defekts unter Verwendung der Fachbegriffe!

B5 Erläutern Sie den Zusammenhang zwischen diesem Beispiel und dem Basiskonzept Reproduktion!

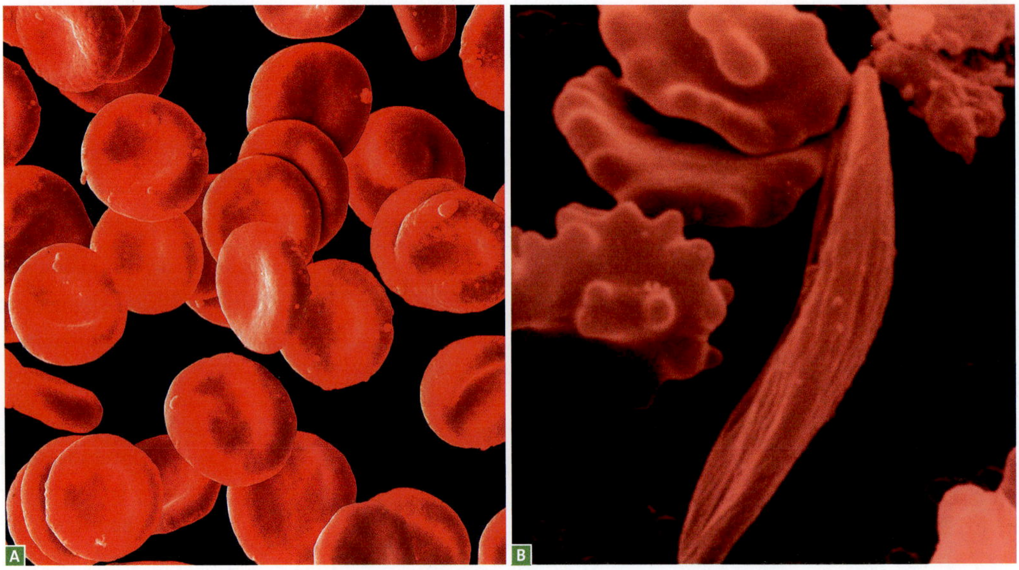

01 Sichelzellenanämie:
A gesunde Erythrozyten,
B Sichelzellen

Ursachen und Folgen von Genmutationen

Die Sichelzellenanämie ist die in Afrika am häufigsten auftretende genetisch bedingte Krankheit. Bei den Betroffenen bildet das Hämoglobin unter Sauerstoffmangel stäbchenförmige Aggregate, sodass sich die Form der Erythrozyten verändert und Sichelzellen entstehen. Die Veränderung des Hämoglobins beruht auf dem Austausch einer einzigen Aminosäure in der Peptidkette des β-Globins. Der Austausch ist auf eine Punktmutation im β-Globin-Gen zurückzuführen. Wie entstehen Mutationen und welche Folgen können sie haben?

SICHELZELLENANÄMIE · Die Sichelzellenanämie kann auf eine Punktmutation in einer Geschlechtszelle zurückgeführt werden. Alle Zellen, die nach der Befruchtung aus der Zygote entstanden sind, trugen diese Mutation. So entstand die Sichelzellenanämie als genetisch bedingte Krankheit. Die Sichelzellen transportieren kaum noch Sauerstoff. Sie können sich im Blutstrom miteinander verhaken und Kapillaren unpassierbar machen.
Da dies überall im Körper geschehen kann, lassen sich eine Vielzahl von Krankheitssymptomen bei den Betroffenen beobachten: Anämie – eine unterdurchschnittliche Anzahl von Erythrozyten im Blut –, allgemeine körperliche Schwäche und geringe Belastbarkeit, Beeinträchtigung der Hirnfunktionen, Steigerung des Risikos für Schlaganfall und Herzinfarkt. Solche vielfältigen Wirkungen eines Gens werden als *Pleiotropie* bezeichnet.

griech. pleio = voll

URSACHEN VON MUTATIONEN · Genmutationen wie die Punktmutation im β-Globin-Gen, die zum Sichelzellenallel führte, können verschiedene Ursachen haben. *Fehler bei der Replikation* der DNA können zu Fehlpaarungen der Basen führen. Treten diese Fehler bei der Meiose auf, so entstehen Geschlechtszellen mit mutierter DNA. Wie bei der Sichelzellenanämie kann dies der Ursprung von genetisch bedingten Krankheiten sein. Fehler können auch bei den Replikationsvorgängen der Mitose auftreten. In diesem Fall tragen nur die Körperzellen, die aus der mutierten Zelle hervorgehen, den Gendefekt. *Energiereiche elektromagnetische Strahlung* wie Röntgenstrahlen oder UV-Strahlen können auf die DNA einwirken und ihre Basen verändern. So entstehen ebenfalls Fehlpaarungen und eine veränderte Basenabfolge.
Auch *chemische Stoffe*, die aus der Umgebung aufgenommen werden, können die DNA verändern, sodass eine veränderte Basenpaarung die Folge sein kann. Physikalische und chemische Einflussfaktoren, die Mutationen auslösen, werden **Mutagene** genannt.

MUTATIONEN AUF GONOSOMEN · Das Sichelzellenallel befindet sich auf einem Autosom. Seine Vererbung folgt den MENDELschen Regeln. Bei Mutationen, die die Geschlechtszellen betreffen, folgt die Vererbung dem X-Chromosom-gebundenen Erbgang. Beispiele hierfür sind die Rot-Grün-Sehschwäche, die Hämophilie und das **Fragile-X-Syndrom.**
Die häufigste Ursache für eine genetisch bedingte geistige Behinderung ist das Fragile-X-Syndrom. Bei den Betroffenen zeigt ein X-Chromosom an einem Ende eine Einschnürung. Diese ist dafür verantwortlich, dass bei der mikroskopischen Präparation oft ein Stück des X-Chromosoms abbricht. Über die Einschnürungsstelle hinweg zieht sich ein Gen, in dem ein codierendes Triplett als Folge mehrerer Mutationsschritte fast tausendfach vorkommt. Als Folge dieser Wiederholungen inaktiviert die Zelle dieses Gen, sodass es nicht mehr transkribiert werden kann. Bei Menschen ohne Fragile-X-Chromosom wird das Gen in Nervenzellen transkribiert. Das Genprodukt, ein Protein, ist für die Entwicklung eines gesunden Gehirns unerlässlich.

KREBS · Mutationen können auch die Ursache dafür sein, dass sich aus gesunden Zellen Krebszellen bilden. Krebszellen teilen sich unkontrolliert, sodass große Zellmassen, die **Tumore,** entstehen. Diese verdrängen und zerstören gesundes Gewebe und können deshalb tödlich wirken. Krebs ist in Deutschland nach den Herz-Kreislauf-Erkrankungen mit etwa 220 000 Todesfällen pro Jahr die zweithäufigste Todesursache.
Die Entstehung einer Krebserkrankung ist eng mit der Lebensweise der Menschen verbunden: Lungenkrebs und sonstige Krebserkrankungen der „Rauchstraße" treten zu 95 Prozent bei Rauchern auf. Darmkrebs ist sehr häufig auf den Konsum von Fleischprodukten zurückzuführen und Hautkrebs tritt meist bei Menschen auf, die sich oft ungeschützt dem Sonnenlicht aussetzen. Der Teer des Zigarettenrauches, die gesättigten Fettsäuren der Fleischprodukte und das UV-Licht der Sonne sind Mutagene, die Krebs auslösen. Sie werden *Karzinogene* genannt. Mehrere Mutationen sind für die Entstehung von Krebszellen aus gesunden Körperzellen verantwortlich. In der Krebsforschung werden die Gene, deren Produkte eine unkontrollierte Zellteilung verhindern, als *Tumorsuppressorgene* bezeichnet. Mutationen in diesen Genen führen zum Beispiel dazu, dass die DNA-Reparatur unterbleibt und die Zellteilung in Gang gesetzt wird. So entstehen *gutartige Tumore.* Gene, die für die Zellteilung unerlässlich sind, werden *Protoonkogene* genannt. Durch mutierte Protoonkogene, die Onkogene, entstehen ebenfalls gutartige Tumore. Sie wachsen langsam und ihre Zellen verbleiben an ihrem Entstehungsort.
Durch weitere Mutationen in Tumorsuppressorgenen gehen die Kontakte zwischen den Zellen eines Tumors verloren, sodass ein *bösartiger Tumor* entsteht. Solche Zellen werden als Krebszellen bezeichnet. Sie werden mit dem Blut in alle Körperregionen transportiert und bilden dort Tochtertumore, die *Metastasen,* aus. Alle bösartigen Tumore erzeugen chemische Signale, durch die Blutgefäße zur Versorgung der Tumore mit Sauerstoff und Nährstoffen ausgebildet werden. So wachsen in vielen Körperregionen Tumore, die gesundes Gewebe zerstören. Diese Entwicklung führt ohne rechtzeitige Behandlung zum Tod.

1 Beschreiben Sie die Ursache und Folgen der Sichelzellenanämie!

2 Erläutern Sie, wie Fehlpaarungen von Basen zu einer veränderten Information in der DNA-Sequenz führen können!

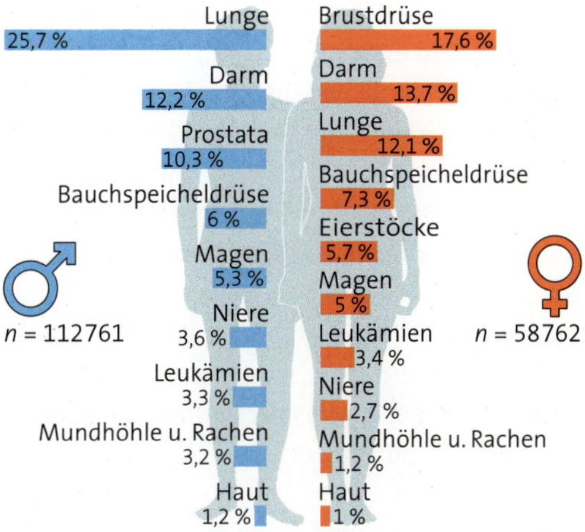

02 Krebstote in Deutschland 2006

Rot-Grün-Sehschwäche und Hämophilie siehe Seite 176 und 177

lat. fragilis = zerbrechlich

griech. onkos = Anschwellung

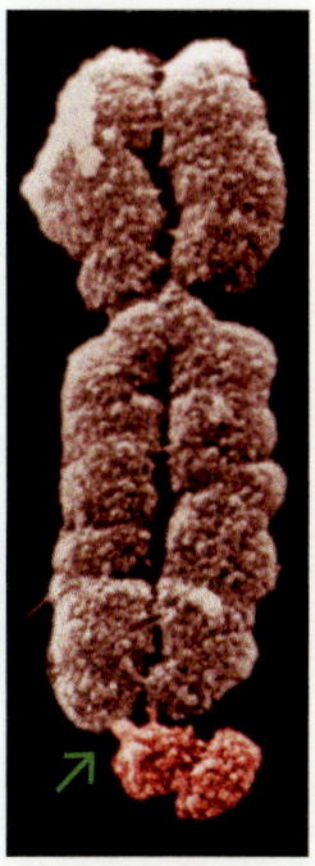

03 Fragile-X-Chromosom in der Metaphase (→ Einschnürung)

DARMKREBS · Darmkrebs entwickelt sich sehr langsam und entsteht in drei Schritten, an denen unterschiedliche Mutationen beteiligt sind. Zunächst wird die Blockade der Zellteilung aufgehoben, sodass Darmzellen sich teilen. So entstehen Darmpolypen, die bei einer Darmspiegelung erkannt und dann entfernt werden können. Verbleiben sie im Darm, so wachsen sie zu gutartigen Tumoren heran. Weitere Mutationen verändern den Tumor in die bösartige Form. Der Krebs greift nun umliegendes Darmgewebe an und initiiert seine Versorgung mit Blutgefäßen. In diesem Stadium kann der Krebs medizinisch nur noch durch die Entfernung des betroffenen Darmabschnitts bekämpft werden. In einem letzten Schritt verlieren die Zellen des Tumors die Fähigkeit, Zellkontakte auszubilden. Einzelne Zellen verlassen den Tumor und werden mit dem Blut im Körper verteilt. An unterschiedlichen Stellen entstehen Metastasen.

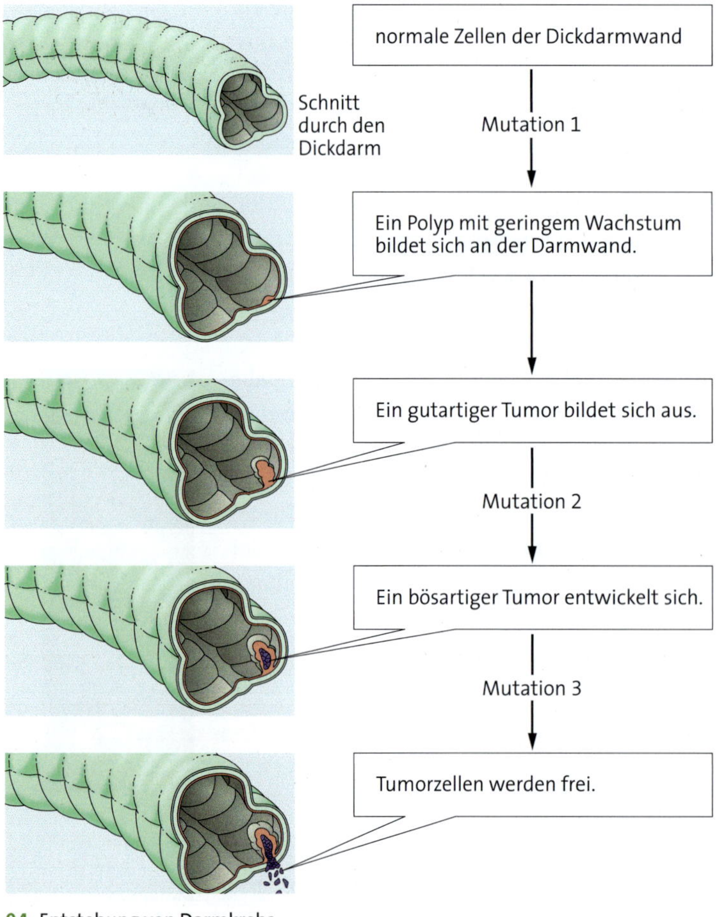

04 Entstehung von Darmkrebs

RADIOAKTIVITÄT · Der Zerfall von radioaktiven Atomen setzt ionisierende Strahlung frei, die zu Mutationen der DNA führen kann. Die Partikel der Strahlung können mit den Basen der DNA reagieren und diese chemisch verändern, sodass Fehlpaarungen auftreten. Das Ausmaß dieser Auswirkungen ist linear von der empfangenen Energiedosis, der *Strahlenbelastung*, abhängig. Sie wird in der Maßeinheit Sievert angegeben.

Die Strahlenbelastung der Bevölkerung lässt sich auf natürliche und künstliche Strahlungsquellen zurückführen. Natürliche kosmische Strahlung erzeugt in der Atmosphäre radioaktive Teilchen, die zerfallen und Sekundärstrahlung aussenden. Kosmische Strahlung trägt aber auch selbst, besonders in hohen Atmosphärenschichten, zur Strahlenbelastung bei. Radioaktive Stoffe in der Erdkruste, hauptsächlich Uran, zerfallen und geben gasförmige radioaktive Stoffe an die Atmosphäre ab, die selbst zerfallen und Strahlung erzeugen. Dabei handelt es sich hauptsächlich um radioaktives Radon. Je nach geografischer Lage kann die natürliche Strahlenbelastung zwischen einem und zehn Millisievert betragen.

Etwa im gleichen Ausmaß wird die Bevölkerung durch Strahlung aus künstlichen Quellen belastet. Diese sind zumeist medizinische Anwendungen wie Röntgenuntersuchungen. Die Auswirkungen von Unfällen in Atomkraftwerken oder von Atombombenversuchen nehmen in der durchschnittlichen Belastung nur einen verschwindend geringen Stellenwert ein. In der unmittelbaren Umgebung dieser Unfälle oder Versuche ist die Strahlenbelastung jedoch extrem hoch.

Der für akzeptabel gehaltene Grenzwert für die Bevölkerung liegt bei einem Millisievert pro Jahr. Bei dieser Strahlenbelastung wird davon ausgegangen, dass keine organischen Schäden auftreten. Ob solche Schäden bei einer jährlichen Belastung von bis zu 100 Millisievert auftreten, ist umstritten. Erst ab einer jährlichen Strahlenbelastung von 100 Millisievert lässt sich ein Prozent zusätzlicher Krebserkrankungen nachweisen.

Eine Krebserkrankung tritt nicht direkt nach einer Strahlenexposition auf. Je nach betroffenem Gewebe ist eine unterschiedlich lange Zeit bis zum Krankheitsausbruch zu beobachten. Bei sich schnell erneuerndem Gewebe wie Blut oder Schleimhaut ist diese Latenzzeit kurz. Eine Krebserkrankung tritt hier drei bis fünf Jahre nach einer Strahlenexposition auf. Bei langsam wachsendem Gewebe wie zum Beispiel bei Knochen kann die Latenzzeit mehrere Jahrzehnte umfassen. Noch heute sterben in Japan Menschen an Krebs, dessen Entstehung nachweislich auf die Atombombenabwürfe auf Hiroshima und Nagasaki im August 1945 zurückzuführen ist. Steigt die Strahlenbelastung auf ein Sievert und mehr, treten Symptome der Strahlenkrankheit auf: zunächst Ermüdung, Übelkeit und Unwohlsein, später Erbrechen, unkontrollierte Blutungen und völlige Desorientierung. Bei einer Strahlenexposition von fünf Sievert sterben 50 Prozent der Betroffenen nach 30 Tagen, zehn Sievert sind für alle Betroffenen tödlich. Diese Symptome sind darauf zurückzuführen, dass die Strahlung Moleküle in den Zellen zerstört, sodass der Zellstoffwechsel zusammenbricht.

3 Beschreiben Sie die Entstehung von Darmkrebs!

4 Beschreiben Sie natürliche und künstliche Strahlungsquellen!

5 Recherchieren Sie die höchste bei den Kraftwerksunfällen in Tschernobyl und Fukushima im Umland gemessene Strahlungsdosis und nehmen Sie Stellung!

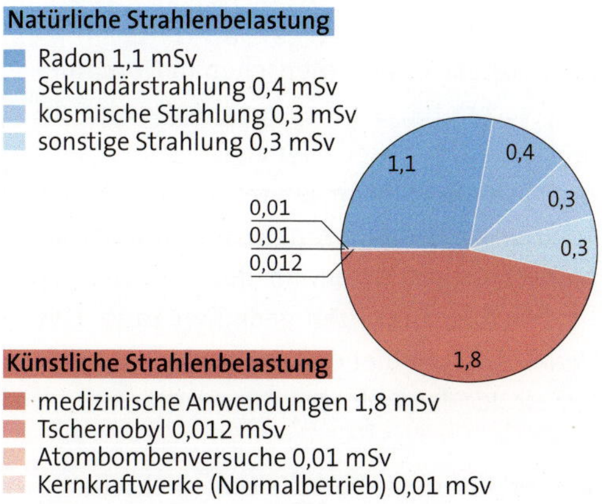

05 Durchschnittliche Strahlenbelastung in Deutschland

IM BLICKPUNKT PHYSIK

Radioaktivität

*Beim Zerfall radioaktiver Atome können unterschiedliche Formen ionisierender Strahlung frei werden. Als **α-Strahlung** werden Heliumkerne, also doppelt positiv geladene Heliumatome, bezeichnet. **β-Strahlung** besteht aus Elektronen und bei der **γ-Strahlung** werden Photonen mit hohem Energiegehalt ausgestrahlt. Der Zerfall der Atome wird in Becquerel, kurz Bq, gemessen. Radioaktive Stoffe unterscheiden sich in der Art der Emission dieser drei Strahlungstypen und in der Strahlungsintensität.*

ein Becquerel = ein Zerfall pro Sekunde und Kilogramm Substanz

Die ionisierende Strahlung kann unterschiedliche Auswirkungen auf Lebewesen haben. So kann α-Strahlung kaum die äußeren Hautschichten durchdringen, während β-Strahlung und besonders γ-Strahlung tief in den Körper eindringt. Alle Strahlungstypen haben mutagene Wirkung.

Um die Wirksamkeit der verschiedenen Strahlungstypen und Strahlungsintensitäten zu berücksichtigen, wird ein Korrekturfaktor in die Berechnung der Strahlenbelastung einbezogen: Die Äquivalentdosis ist ein Maß für die biologische Wirksamkeit einer bestimmten Energiedosis. Sie wird in Sievert, kurz Sv, angegeben. Als Grenzwert für die Bevölkerung wird eine Strahlenbelastung von einem Millisievert pro Jahr für akzeptabel gehalten, wobei die tatsächliche Strahlenbelastung oft höher liegt.

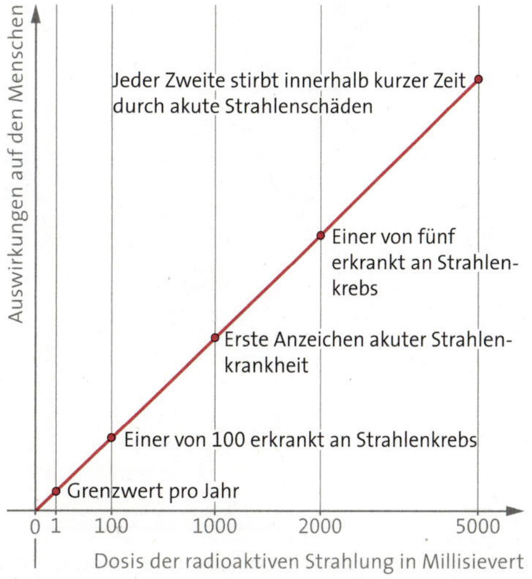

06 Strahlenschäden

IM BLICKPUNKT EVOLUTION

Mutation

Mutationen sind selten. Ihre Auswirkungen sind zumeist schädlich für die betroffenen Lebewesen. Mutationen sind jedoch auch die Grundlage für die Entstehung neuer Merkmale und ihrer Ausprägungen bei Lebewesen. Diese Lebewesen können besser an die Bedingungen ihrer Umgebung angepasst sein und sich daher erfolgreicher fortpflanzen als ihre Artgenossen. Wie ist dieser scheinbare Widerspruch zu erklären?

Duplikation siehe Seite 34 und 35

DIPLOIDIE · *Haploide Lebewesen* besitzen einen einfachen Chromosomensatz. Eine schädliche Mutation endet für das betroffene Lebewesen oft tödlich, weil das Genprodukt funktionslos ist. *Diploide Lebewesen* besitzen einen doppelten Chromosomensatz. Mutationen betreffen in der Regel nur eines der beiden Allele. Das unmutierte Allel behält seine Ursprungsinformation. So können sich in Lebewesen Mutationen anhäufen, ohne dass es zu schädlichen Auswirkungen kommen muss. Außerdem besteht die Möglichkeit, dass im Verlauf der Stammesgeschichte die veränderte Erbinformation ein Merkmal codiert, das für das betroffene Lebewesen von Vorteil ist.

DUPLIKATION · Nach *Duplikationen* liegen Gene in einer Zelle zwei- bis mehrfach vor. Auch in diesem Fall können sich in einem duplizierten Gen Mutationen anhäufen. Bei Untersuchungen der Proteine und Gene von Lebewesen wurde eine Vielzahl von Proteinfamilien und Genfamilien gefunden. Sie zeichnen sich durch große Ähnlichkeiten in der Abfolge der Aminosäuren beziehungsweise der Nukleotide aus. Das Vorkommen dieser Protein- und Genfamilien wird auf frühere Genduplikationen zurückgeführt.

POLYPLOIDIE · Auch *Genommutationen* können die Konkurrenzfähigkeit von Lebewesen erhöhen. Wenn während der Meiose die Chromosomensätze nicht getrennt werden, entstehen bei einigen Pflanzenarten nach der Befruchtung tetraploide, $4n$, oder sogar hexaploide, $6n$, Lebewesen. Polyploide Formen können auch durch Bastardisierung ursprünglich diploider Arten entstehen. Ein Beispiel für diese *Polyploidisierung* ist die Gattung des nordamerikanischen Wiesen-Bocksbarts. Diploide Ausgangsarten wurden unbeabsichtigt vom Menschen in Nordamerika verbreitet. Sie kommen entweder an feuchten, schattigen oder an trockenen, sonnigen Standorten vor. Ein tetraploider Nachkomme zweier Ausgangsarten wächst an halbschattigen Orten, an denen keine der beiden Ausgangsarten gedeihen kann. Das Verbreitungsgebiet dieser Hybriden ist größer als das der diploiden Ausgangsarten.

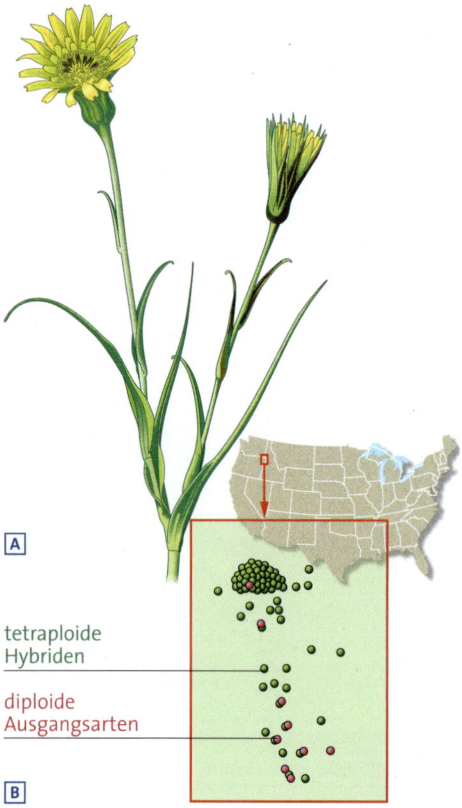

01 Wiesen-Bocksbart: **A** Habitus, **B** Verbreitung

1 Erläutern Sie Vorteile und Nachteile von Mutationen!

Material A ▸ Blutgerinnungsfaktoren

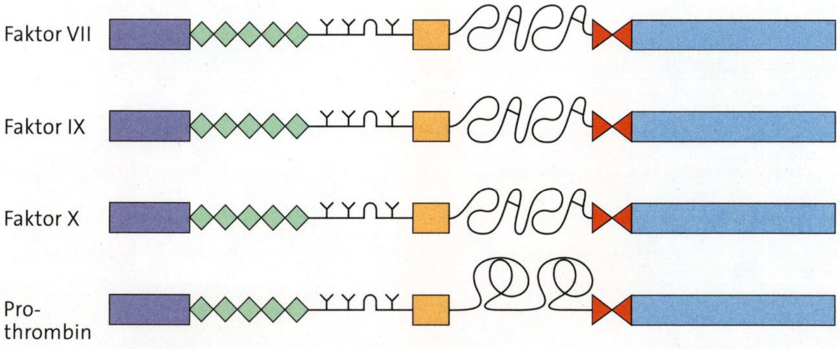

- **Signalpeptid**: Aminosäuresequenz, mit der sich der Faktor an den in der Kaskade vor ihm stehenden Faktor anheftet
- **Propeptid**
- **Gla-Domäne**
- **Kringle-Domäne**
- **aromatische Aminosäuren-Packregion**

(Propeptid, Gla-Domäne, Kringle-Domäne, aromatische Aminosäuren-Packregion:) Peptidabschnitte mit ähnlichen Aminosäuresequenzen

- **Proenzym-Aktivierungsregion**: Aminosäuresequenz, mit der sich der in der Kaskade vorangehende Faktor verbindet und die katalytische Domäne des Faktors aktiviert
- **katalytische Domäne**: enzymatisch aktiver Peptidabschnitt, der den nachfolgenden Faktor aktiviert

Wenn eine Verletzung eines Blutgefäßes auftritt, so wird über den Mechanismus der Blutgerinnung der Verschluss der Wunde ausgelöst. An diesem Vorgang sind 13 verschiedene Faktoren beteiligt, die kaskadenartig miteinander reagieren. Untersucht man die an der Blutgerinnung beteiligten Proteinfaktoren genauer, so findet man große Ähnlichkeiten zwischen ihnen. Viele dieser Proteinfaktoren sind als inaktive Vorstufen im Blut gelöst.

A1 Beschreiben Sie den Aufbau und die Funktionsweise der Gerinnungsfaktoren!

A2 Erläutern Sie den genetischen Entstehungsmechanismus, mit dem man die Ähnlichkeiten der Proteinfaktoren erklären kann!

A3 Erläutern Sie die Bedeutung von Mutationen für den Evolutionsprozess!

Material B ▸ Familiäre Hypercholesterinämie

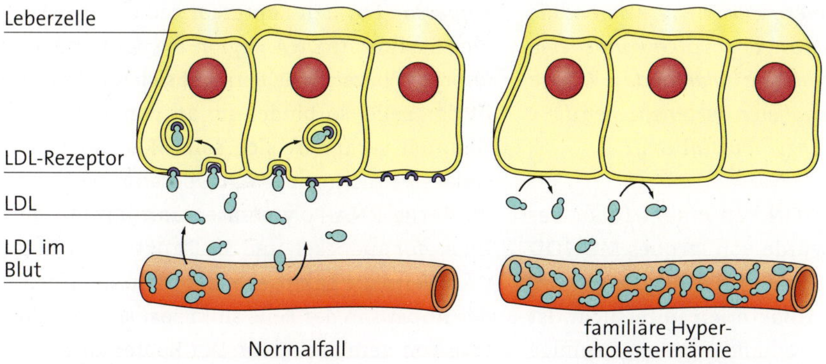

Bei dem Krankheitsbild der familiären Hypercholesterinämie können sehr große Mengen an Cholesterin im Blut gemessen werden. Cholesterin lagert sich arteriosklerotisch in den Blutgefäßen ab. Dies führt zu einem hohen Schlaganfall- und Herzinfarktrisiko. Die Patienten haben eine Lebenserwartung von etwa 45 Jahren. Cholesterin ist wasserunlöslich und wird zum Transport im Blut an bestimmte Transportproteine, *low-density-lipoproteins*, kurz LDL, gebunden. Überschüssige mit Cholesterin beladene LDL-Partikel werden nach der Bindung an einen Rezeptor auf der Zellmembran von Leberzellen in die Leber aufgenommen und dort abgebaut. Mit einer Häufigkeit von 1 : 500 werden Menschen mit einem fehlerhaften Rezeptorprotein geboren. Die häufigste Ursache ist der Austausch einer der 840 Aminosäuren des Rezeptorproteins.

B1 Beschreiben Sie das Krankheitsbild der Hypercholesterinämie!

B2 Erläutern Sie die molekularen Ursachen der Krankheit!

B3 Ermitteln Sie, welche Gendefekte die Krankheit auslösen können!

01 Entdeckung der Genregulation bei Prokaryoten:

A Kolonien von *E. coli*,

B Jacques MONOD (1910–1976),

C François JACOB (*1920)

Genregulation bei Prokaryoten

Bei der Kultivierung von Escherichia coli nehmen die Zellen Nährstoffe aus dem Medium auf, wachsen und teilen sich. Nach kurzer Zeit lassen sich viele Kolonien der Bakterien erkennen. In einer Versuchsreihe von Jacques MONOD und François JACOB wurde den Bakterien entweder Glukose oder Laktose im Nährmedium angeboten und die jeweilige Enzymausstattung der Zellen untersucht. Den Zellen, denen Glukose angeboten wurde, fehlte das Enzym Galaktosidase nahezu vollständig, während die Zellen, denen Laktose angeboten wurde, eine zehntausendfach höhere Galaktosidase-Menge aufwiesen. Wie regulieren Bakterienzellen diese unterschiedliche Enzymausstattung?

SUBSTRATINDUKTION · In einem Labor der Universität Paris wurde von Jacques MONOD und François JACOB 1961 die Regulation der Enzymsynthese bei Bakterien untersucht. Ist Laktose im Medium vorhanden, gelangen einige Moleküle in die Zellen und werden von den Bakterien erkannt. Kurze Zeit später findet man in den Zellen große Mengen von Enzymen, die die Laktose durch die Zellwand und die Zellmembran ins Zellinnere schleusen und dort in Glukose und Galaktose spalten.

An diesen Vorgängen sind neben der Galaktosidase noch zwei weitere Enzyme beteiligt. Deren codierende Gene sind auf der Bakterien-DNA hintereinander angeordnet. JACOB und MONOD nannten sie *Strukturgene Z, Y* und *A*. Diesen Genen ist eine DNA-Region vorangeschaltet, an die ein Protein binden kann. Das gebundene Protein verhindert, dass die RNA-Polymerase die Strukturgene abliest, wenn Laktose im Kulturmedium der Bakterien fehlt. JACOB und MONOD nannten diese DNA-Region *Operator* und das bindende Protein *Repressor*. Für den Repressor codiert ebenfalls eine bestimmte DNA-Region. Sie wird als *Regulatorgen I* bezeichnet. Befindet sich nun Laktose in der Zelle, so bindet sie an den Repressor. Dadurch verändert sich seine Raumstruktur, sodass er nicht mehr am Operator gebunden wird. Die RNA-Polymerase kann nun an den *Promotor* andocken und die Strukturgene ablesen. Wenn die Laktosekonzentration aufgrund des Abbaus in der Zelle sinkt, löst sich die Laktose von dem Repressor. Der Repressor bindet erneut an den Operator und blockiert die Transkription.

Der Promotor, der Operator und die Strukturgene bilden eine Einheit, das *Operon*. Dieses Modell der Enzymregulation wird als **Operon-Modell** bezeichnet. Das Regulatorgen liegt außerhalb des Operons. Die Neusynthese eines Proteins auf ein äußeres Signal hin heißt **Induk-**

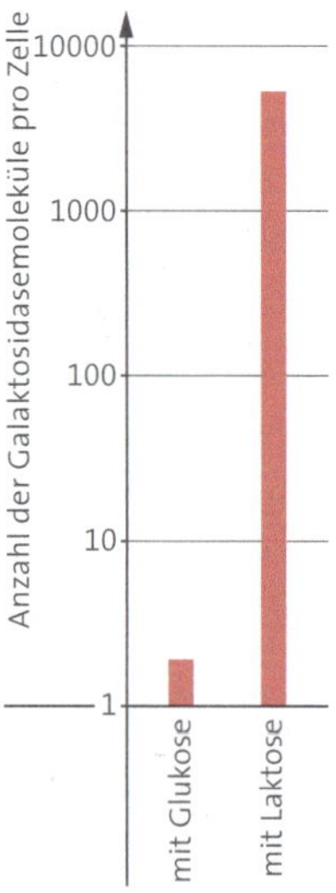

02 Galaktosidasemenge auf Glukose und Laktose

tion. Da Laktose das signalgebende Substrat ist, das abgebaut wird, spricht man auch von Substratinduktion beim **lac-Operon.** Diese Form der Regulation stellt sicher, dass die Enzyme für den Abbau eines Substrats nur dann gebildet werden, wenn dieses Substrat auch vorhanden ist.

ENDPRODUKTREPRESSION · Neben der Regulation der Genaktivität durch Substratinduktion kann auch das Endprodukt einer Synthesekette die Transkription unterbinden. Ein Beispiel ist das Tryptophan-Operon, kurz **trp-Operon.** Tryptophan ist eine Aminosäure, die von Bakterienzellen selbst synthetisiert werden kann. Die Synthese wird von fünf Enzymen katalysiert, die von den Strukturgenen A bis E codiert werden. Wenn aufgrund dieser Synthese die Menge des Tryptophans in der Zelle steigt, kann es an einen zunächst inaktiven Repressor binden. Dadurch ändert sich die Raumstruktur des Repressors, sodass er aktiviert wird und an den Operator der DNA binden kann. Der Operator ist den Strukturgenen A bis E vorgelagert. So wird die Transkription dieser Gene blockiert. Da das Produkt einer Synthese die Bildung der dafür notwendigen Enzyme abschaltet, spricht man von *Endproduktrepression*. Sie stellt sicher, dass die Enzyme für die Synthese eines Produkts nicht mehr gebildet werden, wenn dieses Produkt bereits in ausreichendem Maße vorhanden ist.

Seit den 1960er-Jahren wurde eine Vielzahl weiterer Regulationsmechanismen gefunden. So gibt es beispielsweise die Möglichkeit, dass ein Signal von außen zur Aktivierung eines Faktors führt, der die Bindung der RNA-Polymerase an den Promotor der DNA ermöglicht. Bei Stoffwechselprozessen, an denen viele Enzyme beteiligt sind, lässt sich meist eine Kombination mehrerer Regulationsmechanismen beobachten.

1 Beschreiben Sie den Verlauf der Substratinduktion und der Endproduktrepression! Erstellen Sie an einem Beispiel eine Concept-Map!

2 Erläutern Sie den biologischen Nutzen der beiden Regulationstypen!

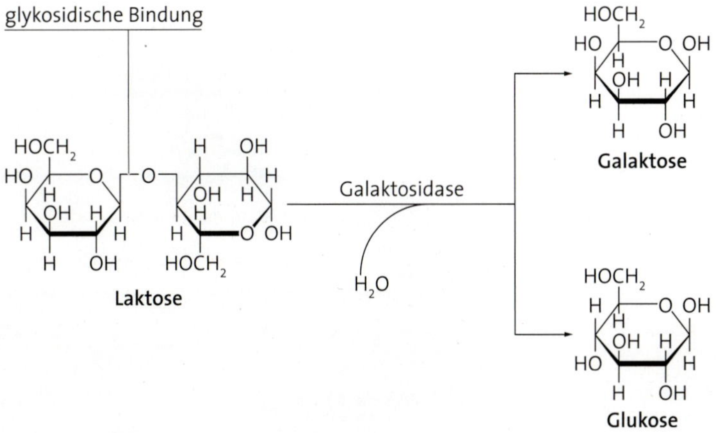

03 Laktosespaltung

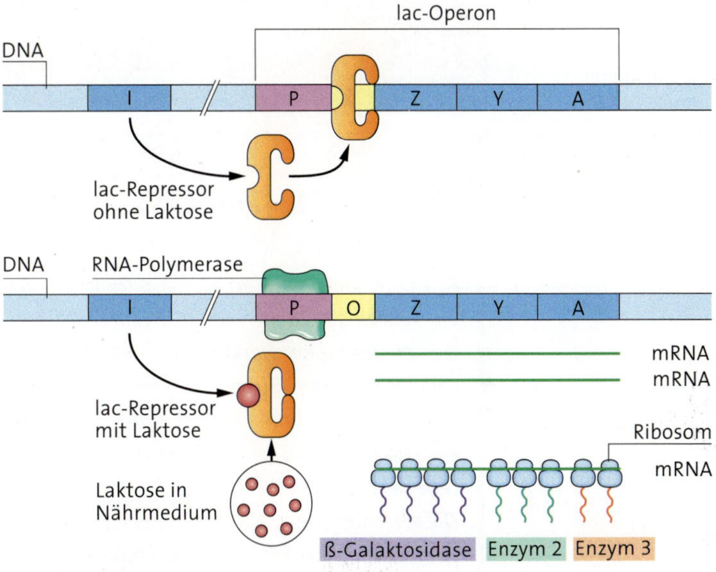

04 Substratinduktion

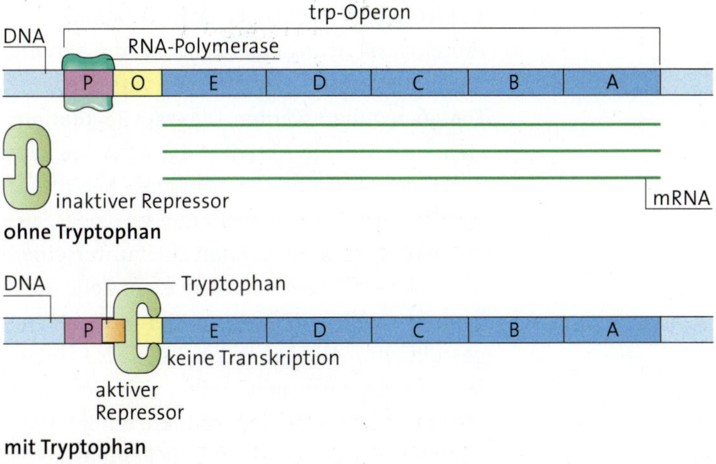

05 Endproduktrepression

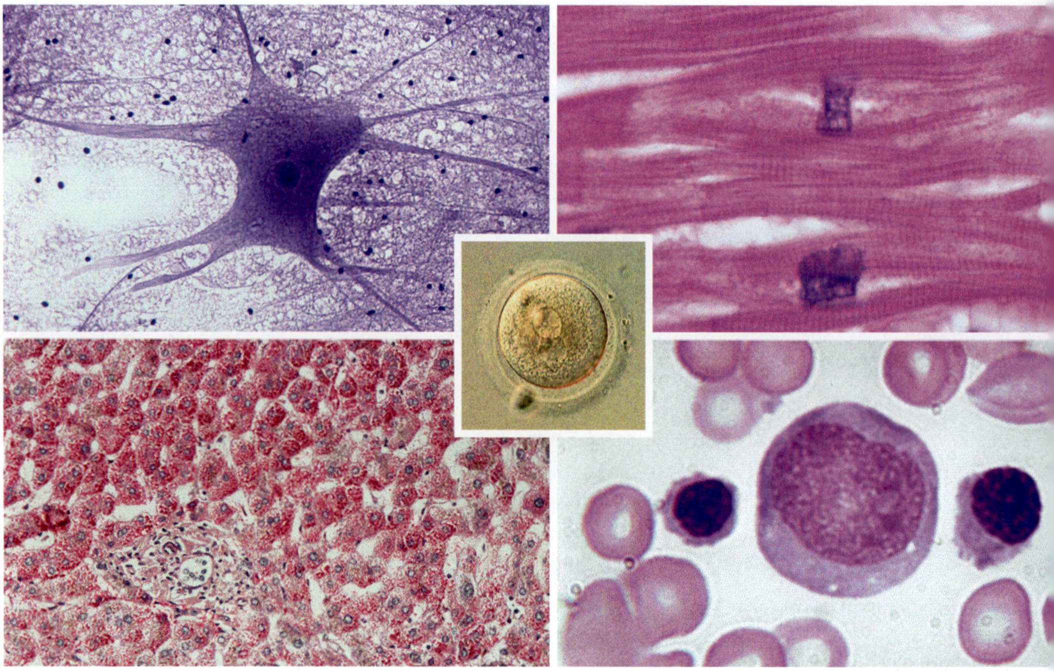

01 Zelldifferenzierung

Genregulation bei Eukaryoten

Aus einer befruchteten Eizelle entwickelt sich ein vielzelliges Lebewesen mit vielen differenzierten Zelltypen. Nervenzellen, Muskelzellen, Leberzellen oder Blutzellen sehen sehr unterschiedlich aus und erfüllen unterschiedliche Funktionen. Und doch besitzen alle Zellen eines Lebewesens dieselbe genetische Information. Die verschiedenen Zelltypen unterscheiden sich jedoch durch ihre RNA- und Proteinausstattung. Wie lassen sich diese Unterschiede erklären?

Spleißen siehe Seite 93

EBENEN DER REGULATION · Die RNA- und Proteinausstattung einer Zelle und die Aktivität dieser Moleküle kann auf verschiedenen Ebenen reguliert werden. Die erste Regulationsebene betrifft die Aktivität der DNA. Sie kann durch verschiedene Mechanismen beeinflusst werden. Gene können nicht nur „an-“ oder „ausgeschaltet“ sein, sie können auch unterschiedlich stark aktiv sein, sodass in einer Zelle mehr, in einer anderen weniger des Genprodukts hergestellt wird. Außerdem kann die DNA in vielfacher Kopie vorliegen, sodass sich die Anzahl der entsprechenden Genprodukte erhöht. Diese Prozesse werden insgesamt als Regulation der Transkription bezeichnet.

Eine zweite Ebene der Regulation betrifft die RNA, die als Transkript der DNA gebildet wird. Es können viele oder wenige RNA-Moleküle gebildet werden und sie können unterschiedlich lange in der Zelle existieren, bevor sie abgebaut werden. Dieser RNA-Umsatz beeinflusst die Menge des gebildeten Genprodukts. Darüber hinaus kann die RNA verändert und modifiziert werden, beispielsweise durch Spleißen. Damit wird der Informationsgehalt der RNA verändert. Diese Vorgänge werden als Regulation der Translation bezeichnet.

Schließlich unterliegen auch die gebildeten Proteine der Regulation. Sie können nach der Translation verändert werden und damit in einen aktiven oder inaktiven Zustand versetzt werden. Andere Proteine unterliegen dem Abbau, der unterschiedlich schnell ablaufen kann. Die Gesamtmenge aktiven Proteins kann durch diesen Proteinumsatz in der Zelle variieren.

Alle zu einem bestimmten Zeitpunkt in einer Zelle oder in einem Lebewesen vorliegenden Proteine werden als **Proteom** bezeichnet. Mit ihrer Erforschung befasst sich die **Proteomik.** Sie unterscheidet zwischen Strukturproteinen, Stoffwechselproteinen, Signalproteinen und regulatorischen Proteinen. Um den Bau und die Funktionsweise einzelner Proteine zu untersuchen, werden sie zunächst aus dem Proteingemisch einer Zelle isoliert und anschließend analysiert. Die Proteomforscher arbeiten nach dem Vorbild der Genomforscher in einer weltweiten Kooperation zusammen.

CHROMOSOMENTERRITORIEN · Während einer Zellteilung sind Chromosomen lichtmikroskopisch sichtbar. Die DNA ist stark spiralisiert und dicht gepackt. Zwischen den Zellteilungen liegt die DNA aufgelockert als Chromatinfäden vor. Jedes Chromosom besitzt charakteristische DNA-Sequenzen, die es von anderen Chromosomen unterscheidet. Färbt man solche DNA-Sequenzen mit verschiedenen Farbstoffen an, so zeigt sich, dass die Chromosomen im Zellkern bestimmte, gegeneinander abgegrenzte Regionen belegen, die *Chromosomenterritorien*. Wendet man diese Methode bei unterschiedlichen Zelltypen an, so erkennt man, dass die Chromosomen in den verschiedenen Zelltypen oft ganz unterschiedlich angeordnet sind. Dies hängt mit der Aktivität bestimmter Gene im Zellkern zusammen: Im Zentrum des Zellkerns befinden sich Chromosomenabschnitte, deren Gene gerade abgelesen werden. Das Chromatin der Chromosomen liegt als Euchromatin vor. Am Rand des Zellkerns liegt das Chromatin als Heterochromatin dicht gepackt vor. Es ist inaktiv, weil die Enzyme, die für die Transkription verantwortlich sind, die DNA

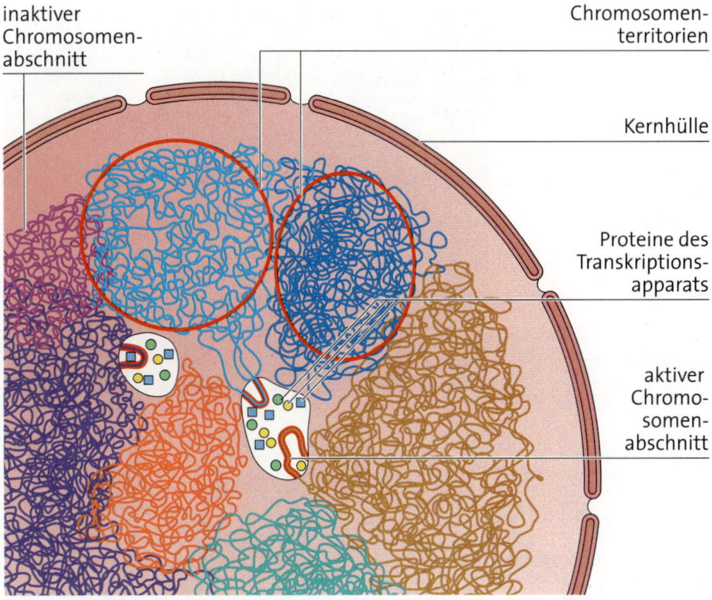

02 Lage der Chromosomen im Zellkern

im Heterochromatin nicht erreichen können. Im Zentrum des Zellkerns befindet sich dagegen eine große Menge dieser Enzyme. Man vermutet, dass die verschiedenen Chromosomen je nach Ausmaß der Transkriptionsaktivität zum Zentrum dieses Transkriptionsapparats transportiert werden oder von ihm weg. Auf diese Weise kann die durch die Transkription entstehende RNA-Menge reguliert werden.

1 Beschreiben Sie die Verteilung der Chromosomen im Zellkern und die Folgen dieser Verteilung!

03 Regulationsebenen bei Eukaryoten

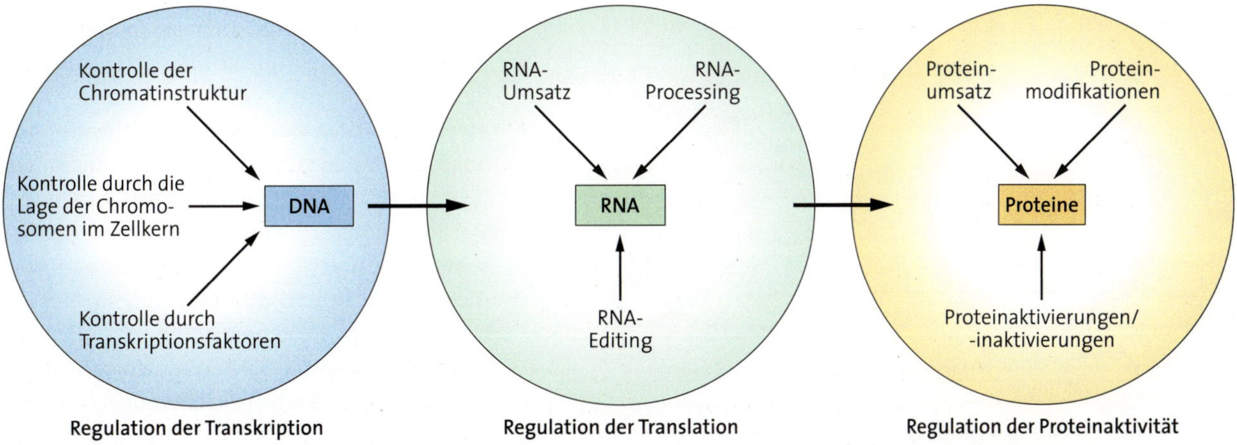

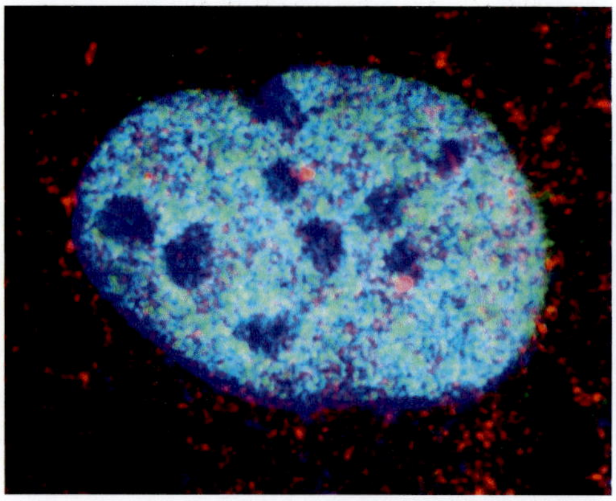

04 Zellkern mit Nukleoli

lat. amplificare = vermehren

GENAMPLIFIKATION · Betrachtet man ein lichtmikroskopisches Bild reifender Eizellen von Amphibien, zum Beispiel des Krallenfrosches, so erkennt man im Zellkern viele dunkel gefärbte Bereiche, die Nukleoli. Eine Untersuchung dieser Bereiche zeigte, dass hier DNA in erhöhtem Maße in ribosomale RNA transkribiert wird. Da die Gene für die rRNA in den Nukleoli um den Faktor 1000 vermehrt vorliegen, spricht man von *Genamplifikation*. Die rRNA wird in Ribosomen eingebaut, die in einer Eizelle sowohl während der Eizellreifung als auch nach einer Befruchtung in großer Menge aktiv sind. Eine ähnliche Amplifikation findet man auch in den Eizellen von Insekten. In anderen Zelltypen können für Proteine codierende Gene amplifiziert vorliegen.

REGULATION DER CHROMATINSTRUKTUR · Nur etwa 2000 Gene werden in allen Zellen eines Lebewesens zu jedem Zeitpunkt transkribiert. Alle anderen Gene werden zumindest zeitweilig stillgelegt, indem die DNA in diesen Bereichen besonders dicht gepackt wird. Dieser Übergang vom *Euchromatin* zum *Heterochromatin* bei der Inaktivierung von DNA-Bereichen kann auf verschiedene Weise ausgelöst werden. Durch eine Methylierung von Cytosinbasen der DNA wird eine dichtere Verpackung der DNA bewirkt. So wird verhindert, dass sich Transkriptionsfaktoren und die RNA-Polymerase an die DNA anlagern können. Daher unterbleibt eine Transkription. Einen ähnlichen Effekt hat die Methylierung der freien, aus den Nukleosomen herausragenden Histonschwänze. Diese Methylgruppen dienen als Signalsequenzen für weitere Proteine, die die DNA verdichten und so ein Anheften von Transkriptionsfaktoren oder der RNA-Polymerase verhindern. Bei der Aktivierung der DNA werden diese Methlygruppen abgespalten, sodass die DNA in den aufgelockerten Zustand des Euchromatins übergeht. Darüber hinaus können an den Histonschwänzen Acetylgruppen angeheftet werden, die aufgrund ihrer Größe dafür sorgen, dass die Nukleosomen in einem größeren Abstand zueinander lagern als im Heterochromatin. So ist die DNA für die transkribierenden Enzyme gut zugänglich.

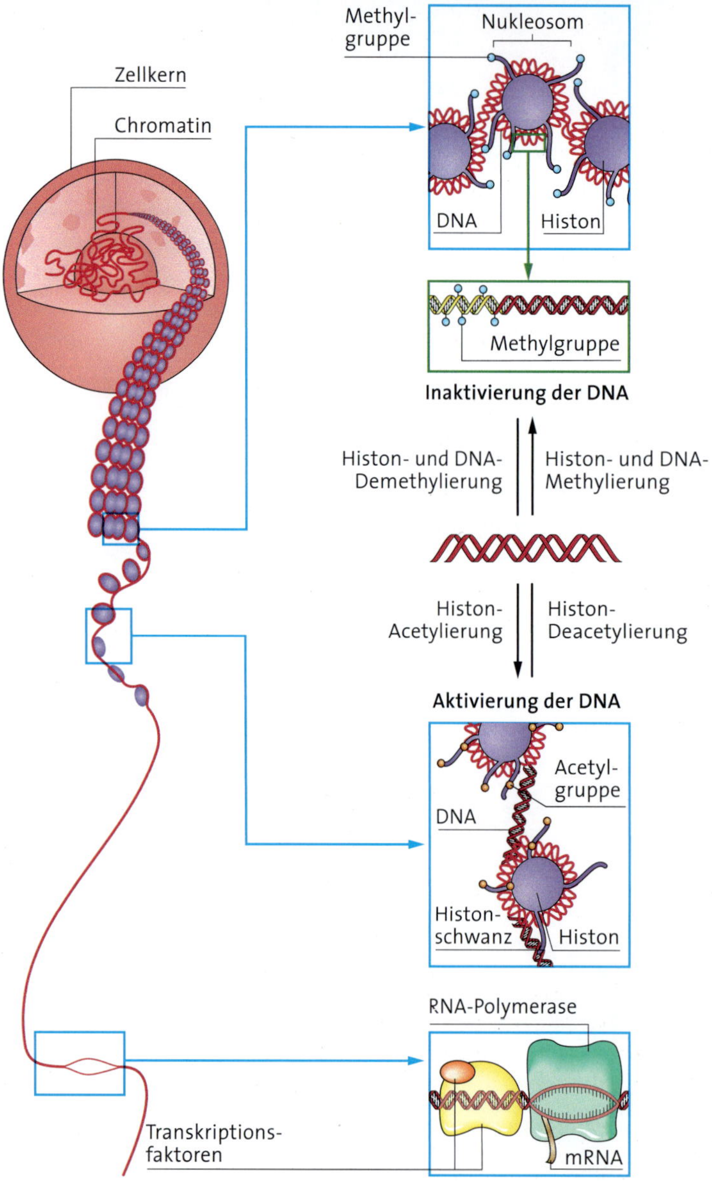

05 Regulation der Chromatinstruktur

TRANSKRIPTIONSKONTROLLE · Auch wenn ein Gen im Euchromatin vorliegt und somit seine Transkription prinzipiell möglich ist, so unterliegt seine Expression strengen Kontrollen, an denen mehrere regulatorische Elemente beteiligt sind. Dem codierenden Genbereich der DNA ist auch bei Eukaryoten ein Promotor vorgeschaltet. Der Promotor enthält die Basen Thymin und Adenin in großer Anzahl. Dieser Bereich des Promotors wird daher als TATA-Box bezeichnet. Besondere regulatorische Proteine, die Transkriptionsfaktoren, heften sich an den Promotor, wobei das TATA-Box-bindende Protein stets zuerst gebunden wird. Der Zusammenbau des Komplexes aus Transkriptionsfaktoren ist ein stufenweiser Vorgang, an dessen Ende die Bindung der RNA-Polymerase steht. Weitere regulatorische Proteine können in mehr oder weniger großer Entfernung vom abzulesenden Gen an die DNA gebunden werden. Diese regulatorischen Proteine können mit dem eigentlichen Transkriptionskomplex mithilfe einer Schleifenbildung der DNA in Verbindung treten. Durch diese Verbindung kann die Geschwindigkeit und das Ausmaß der Transkription durch *Enhancer* beschleunigt oder durch *Silencer* verlangsamt werden. Als Produkt der Transkription entsteht eine mRNA, die anschließend dem *Processing* unterliegt.

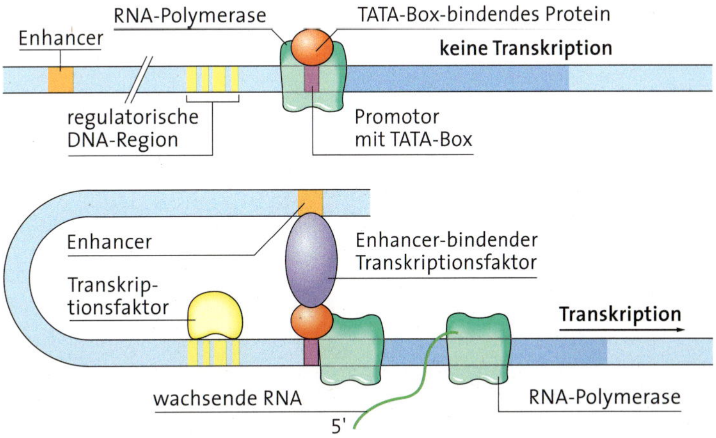

06 Transkriptionskontrolle

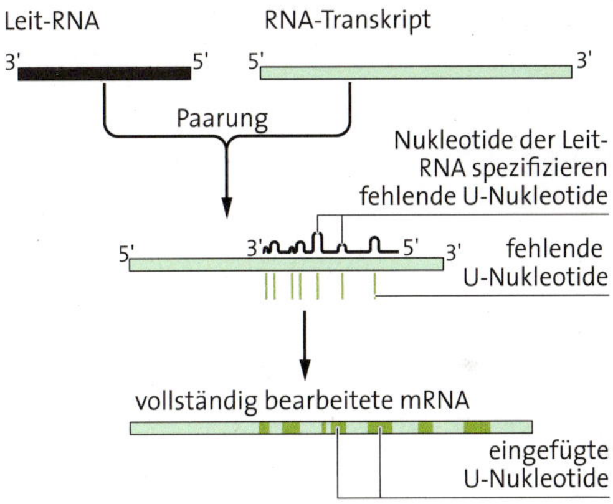

07 RNA-Editing

RNA-EDITING · Nach dem Processing kann bei vielen Lebewesen der Informationsgehalt der entstandenen mRNA durch das Einfügen von Basen in die vorliegende RNA-Sequenz verändert werden. Dieser Vorgang wird *RNA-Editing* genannt. Ein Beispiel hierfür ist das Uracil-*Editing* in Mitochondrien. Hierbei wird das RNA-Transkript mit einer Leit-RNA, die an anderer Stelle der DNA transkribiert wurde, gepaart. Die Leit-RNA weist nicht komplementäre Bereiche zu der zu verändernden mRNA auf. Die mRNA wird in diesen Bereichen geschnitten und anhand der Leit-RNA verändert, wobei jeweils am 3'-Ende der Schnittstellen ein U-Nukleotid eingefügt wird. Andere Formen des *Editing* ersetzen bestimmte Basen, wodurch neue Bindungseigenschaften entstehen, zum Beispiel beim Cytosin-zu-Uracil-*Editing*. Diese Form kommt besonders häufig bei Säugetieren vor. Die biologische Bedeutung des RNA-*Editing* ist noch unbekannt.

PROTEIN-REGULATION · Auch bei Proteinen kann durch das Einfügen von Aminosäuren nach erfolgter Translation der genetisch festgelegte Informationsgehalt verändert werden. Erst durch diese Modifikationen entstehen biologisch aktive Proteine. Das Zusammenspiel der verschiedenen Regulationsmechanismen in der Zelle ist bis heute nicht vollständig aufgeklärt.

RNA-Processing siehe Seite 93

2 Beschreiben Sie Regulationsmechanismen, durch die in verschiedenen Zellen eine unterschiedliche RNA- und Proteinausstattung zustande kommen kann!

3 Erläutern Sie den Zusammenhang zwischen den Mechanismen der Regulation und der Zelldifferenzierung!

Material A ▸ Regulation der Tryptophansynthese

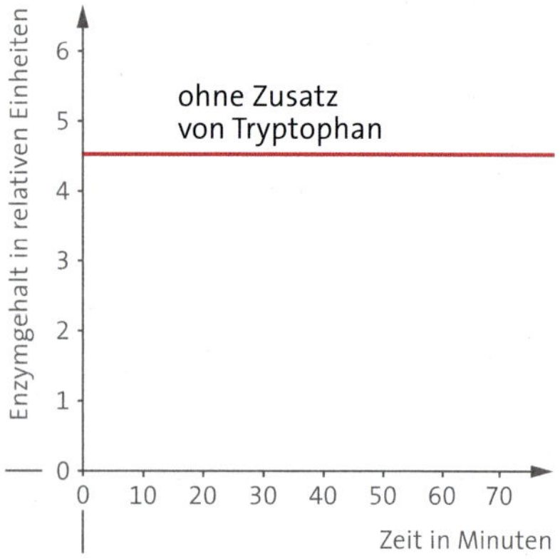

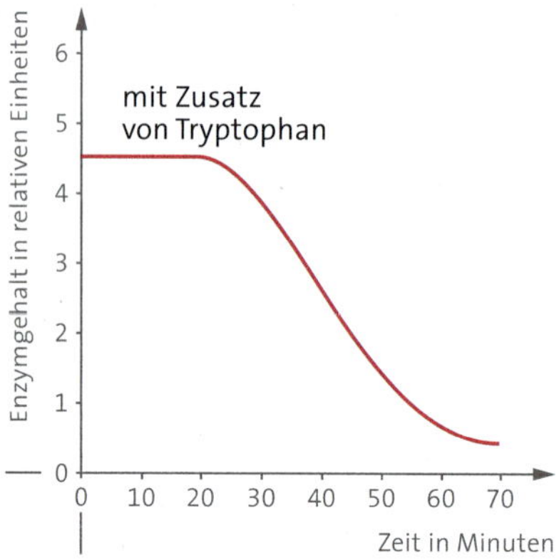

Bei *Escherichia coli* wurde in verschiedenen Versuchsansätzen der Gehalt von Enzymen für die Synthese von Tryptophan gemessen.

A1 Beschreiben Sie die Ergebnisse der beiden Versuchsreihen A und B!

A2 Erläutern Sie die Ergebnisse anhand des Operon-Modells!

Material B ▸ Forschungen zum Operon-Modell

JACOB und MONOD formulierten das Operon-Modell, indem sie verschiedene Formen von mutierten Bakterien analysierten. Im Einzelnen machten sie folgende Beobachtungen:

1. Mutierte Bakterien erzeugten dauerhaft die Enzyme für den Laktoseabbau. Nach der Zugabe des Repressors verschwanden diese Enzyme langsam aus der Zelle.

2. Mutierte Bakterien erzeugten dauerhaft die Enzyme für den Laktoseabbau, obwohl in ihren Zellen intakte Repressoren nachzuweisen waren.

3. Mutierte Bakterien erzeugten keine Enzyme für den Laktoseabbau. Diese Bakterien zeigten folgende Merkmale: Es konnten intakte Repressoren nachgewiesen werden. Nach der Inkubation mit Laktose wurden mit Laktose assoziierte Repressoren gefunden.

B1 Geben Sie für jede Beobachtung an, in welchem DNA-Bereich, der mit dem Laktoseabbau im Zusammenhang steht, eine Mutation stattgefunden hat!

B2 Begründen Sie Ihre Angabe!

Material C ▸ Wachstum von Escherichia coli auf verschiedenen Kulturmedien

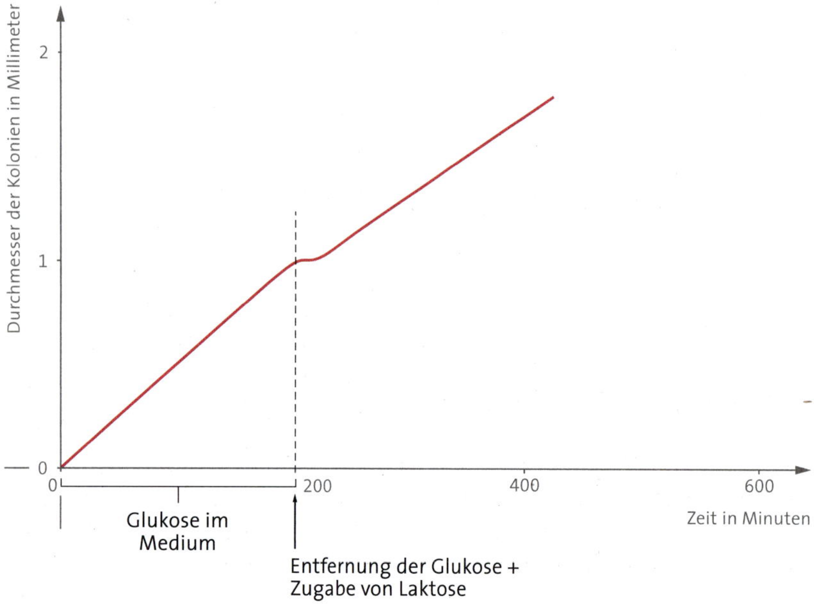

C1 Beschreiben Sie den dargestellten Versuch und sein Ergebnis!

C2 Erläutern Sie das Ergebnis mithilfe des Operon-Modells!

Material D ▸ Autoradiografie

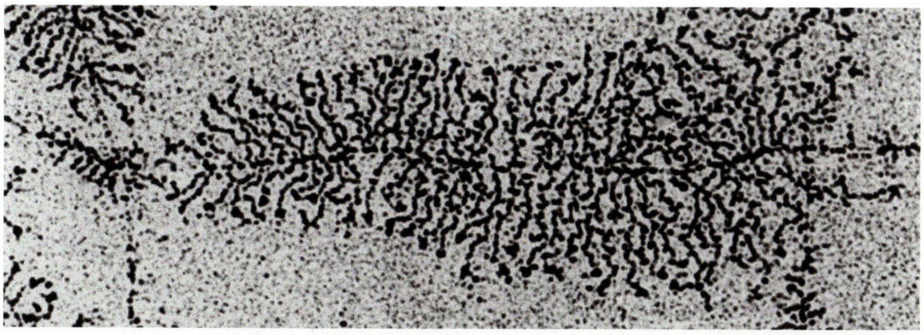

Eine wachsende Bakterienkultur wird in ein Medium gegeben, welches unter anderem radioaktiv markiertes Uridin enthält. Die Zellen können nicht zwischen markiertem und unmarkiertem Uridin unterscheiden und bauen das markierte Uracil bei der Transkription in ihre mRNA ein. Nach einer bestimmten Zeit werden Proben von Zellen entnommen. Die DNA wird isoliert und auf eine Filmemulsion übertragen. Die radioaktive Strahlung aus dem markierten Uracil belichtet den Film. Diese Stellen erscheinen nach der Entwicklung des Films schwarz.

D1 Beschreiben Sie die Methode der Autoradiografie sowie das in der Abbildung dargestellte Versuchsergebnis!

D2 Erläutern Sie das Ergebnis!

D3 Geben Sie an, in welche Richtung die in der Abbildung gezeigte Transkription verläuft!

Material E ▸ Polytänchromosomen und Puffs

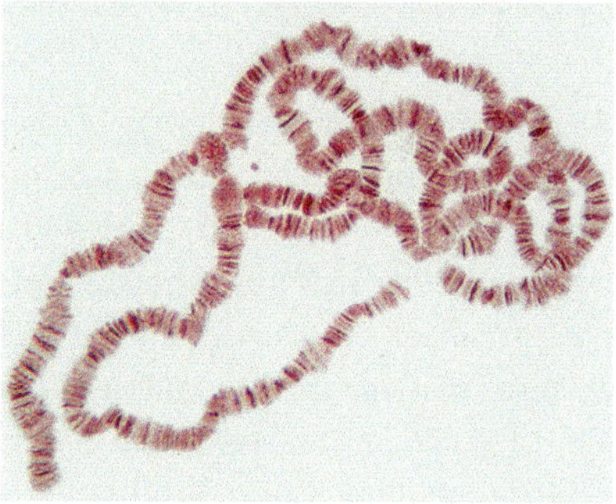

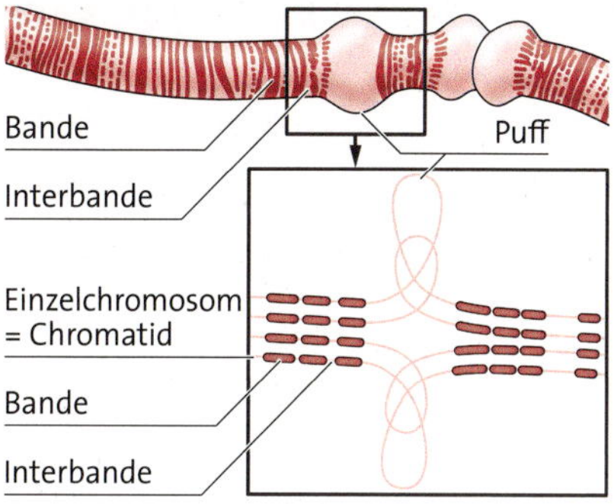

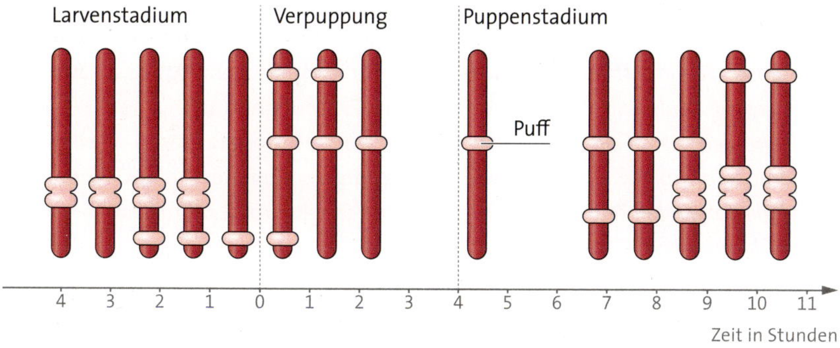

Bei manchen Insekten durchlaufen einige Zellen viele Zyklen der DNA-Replikation, ohne dass eine Zellteilung erfolgt. Ein Beispiel hierfür sind die Speicheldrüsenzellen von *Drosophila*. Die so entstehenden Riesenzellen sind polyploid. Bei einigen Arten werden die durch die DNA-Replikation entstandenen homologen Chromosomen zusammengehalten wie Trinkhalme in einer Dose. So entsteht ein großes Chromosom, ein Polytänchromosom. Im Lichtmikroskop sind dunkle Banden mit stark kondensierter DNA und hellere Interbanden zu erkennen.

Die DNA der Banden besteht aus bis zu 200 000 Nukleotidpaaren, in den Interbanden sind es etwa 3000. Untersuchungen zeigten, dass die DNA der Interbanden schleifenartig aus dem Polytänchromosom herausragt. Diese Struktur nennt man Puff. Verfolgt man das Muster von Banden und Interbanden während der Entwicklung eines Insekts, so zeigt sich, dass im Larvenstadium und bei der Verpuppung verschiedene Muster auftreten.

E1 Beschreiben Sie die Entstehung von Polytänchromosomen!

E2 Erläutern Sie die Beobachtung von Banden und Interbanden mithilfe Ihrer Kenntnisse zur Regulation der Genaktivität!

E3 Analysieren Sie das Auftreten unterschiedlicher Puffmuster an Polytänchromosomen während der Entwicklungszeit von Insekten!

E4 Erläutern Sie die Bedeutung des Vorkommens von Polytänchromosomen in den Speicheldrüsenzellen von *Drosophila*!

01 Schildpatt-Katze

Epigenetik und Zellgedächtnis

Einige Katzen besitzen ein rot und schwarz gefärbtes Fell, die Schildpatt-Katzen. Der Genlocus für die Ausbildung der roten beziehungsweise schwarzen Fellfarbe liegt auf dem X-Chromosom. Während der frühen Embryonalentwicklung wird in den Zellen der weiblichen Katzen eines der beiden X-Chromosomen inaktiviert. Es ist stark kondensiert und wird nach seinem Entdecker BARR-Körperchen genannt. Die Inaktivierung erfolgt zufällig und wird über alle Zellgenerationen beibehalten. Da Schildpatt-Katzen für die Fellfarbe heterozygot sind, zeigen die unterschiedlichen Farbflecken des Fells das jeweils aktive X-Chromosom an. Wie wird sichergestellt, dass über alle folgenden Zellgenerationen hinweg immer das gleiche X-Chromosom stillgelegt wird?

INAKTIVIERUNG DES X-CHROMOSOMS · Die Kondensation des X-Chromosoms wird von einem bestimmten DNA-Abschnitt in der Mitte des Chromosoms eingeleitet. Diese DNA-Region wird XIC genannt. Sie codiert für eine bestimmte RNA, die XIST-RNA. Diese überzieht nach und nach das gesamte X-Chromosom und sorgt für dessen Stilllegung. Parallel zu diesen Vorgängen finden weitere Veränderungen der DNA-Struktur statt, die vermutlich von der XIST-RNA ausgelöst werden. Viele Cytosinbasen in GC-reichen Regionen der DNA werden methyliert, sodass ein typisches Methylierungsmuster entsteht. Die Histone der DNA werden ebenfalls methyliert, ihre Acetylgruppen werden abgespalten. Als Folge dieser Prozesse ist eine sehr starke Kondensation des X-Chromosoms zu beobachten.

Darüber hinaus wird ein bestimmtes Histon der Nukleosomen ausgetauscht. An das neue Histon wird ein Protein gebunden, das die Anheftung von Transkriptionsfaktoren verhindert. Am vollständig kondensierten X-Chromosom findet keine Transkription mehr statt.

ZELLGEDÄCHTNIS · Während der Embryonalentwicklung finden besonders viele Zellteilungen statt. Für die damit im Zusammenhang stehenden Replikationen der DNA muss die Kondensation des X-Chromosoms wieder aufgehoben werden. Die Information darüber, welches X-Chromosom im Anschluss an die Replikation wieder inaktiviert werden soll, bleibt jedoch erhalten.

Eine Ursache dafür ist, dass das Methylierungsmuster der DNA während der Replikation nicht verloren geht. Nach der Replikation besteht die DNA der Tochterzellen daher aus einem methylierten Strang und einem unmethylierten Strang. Bestimmte Enzyme, die Erhaltungsmethylasen, erkennen nach der Replikation das Methylierungsmuster des einen Strangs und ergänzen es am anderen. Auch die Veränderungen an den Histonen werden anhand der Informationen des Matrizenstrangs auf den neu synthetisierten Strang übertragen. Die Informationen über das stillzulegende X-Chromosom bleiben so über alle folgenden Zellgenerationen erhalten. Diesen Erhalt bezeichnet man als *Zellgedächtnis.* Die Mechanismen der Informationsweitergabe umfassen keine Veränderung der Nukleotidsequenz der DNA. Deshalb spricht man von einer epigenetischen Vererbung. Das betreffende Fachgebiet der Genetik wird **Epigenetik** genannt.

Die für alle weiblichen Säugetiere typische Inaktivierung eines X-Chromosoms ist ein extremes Beispiel für epigenetische Vererbung, weil ein ganzes Chromosom davon betroffen ist. Das Zellgedächtnis spielt beispielsweise auch bei den Teilungen von Leberzellen oder Hautzellen eine wichtige Rolle. Immer werden die Muster der Genexpression an die Tochterzellen weitergegeben.

UMWELTEINFLÜSSE UND DNA-METHYLIERUNG · In einem Bienenstaat lässt sich die Bienenkönigin leicht von den Arbeiterinnen unterscheiden. Die große, langlebige Bienenkönigin ist zeitlebens damit beschäftigt, Eier zu legen. Die wesentlich kleineren Arbeiterinnen dagegen sind unfruchtbar und arbeiten im Stock nacheinander als Ammenbiene, Baubiene, Honigbiene und Sammelbiene. Etwa 550 Gene sind bei den Königinnen im Vergleich zu den Arbeiterinnen anders methyliert. Das unterschiedliche Methylierungsmuster der Königinnen-DNA wird durch ein besonderes Futter ausgelöst, das manche Bienenlarven erhalten: Gelee Royale. Hemmt man bei einer beliebigen Anzahl von Bienenlarven die Aktivität des Methylgruppen übertragenden Enzyms, so entwickeln sich alle Larven zu Königinnen – ganz ohne Gelee Royale. Das Futter ist also nur der

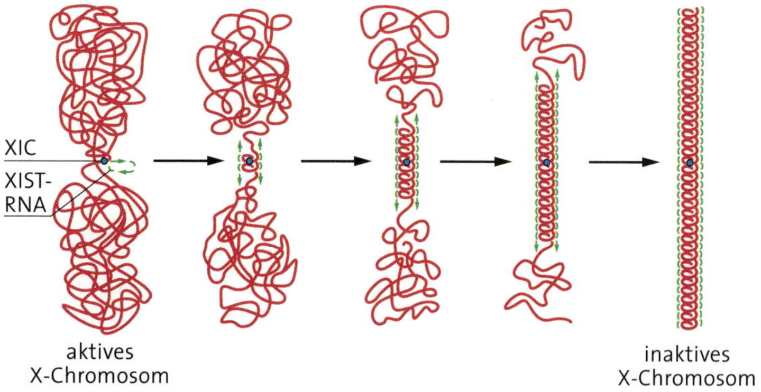

02 Inaktivierung des X-Chromosoms

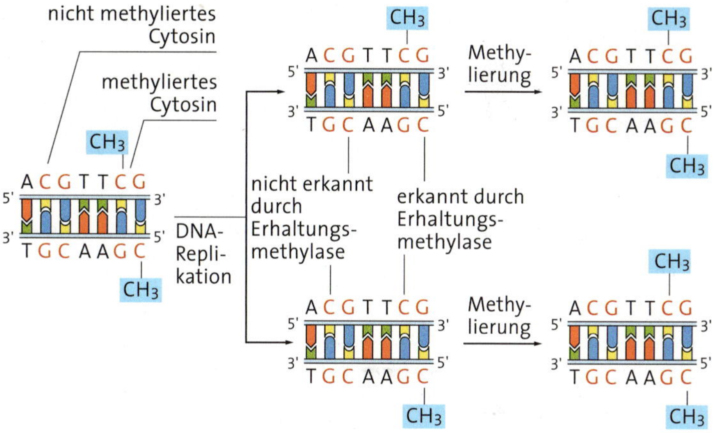

03 Weitergabe des Methylierungsmusters

griech. epi = darüber

Auslöser, nicht die Ursache für die unterschiedliche Entwicklung. Auch die Arbeiterinstadien unterscheiden sich in der Aktivität ihrer Gene. Bei den älteren Sammelbienen werden im Vergleich zu den jüngeren Bienen bis zu 40 Prozent andere Gene exprimiert. Der Wechsel der Tätigkeiten der Arbeiterinnen ist jedoch nicht genetisch festgelegt. Er wird durch Pheromone ausgelöst, die von den älteren Sammelbienen abgegeben werden. Wenn nur wenige Sammelbienen im Stock sind, so sinkt die Pheromonkonzentration und jüngere Bienen werden zu Sammelbienen. Bei hoher Pheromonkonzentration werden die Gene für das Sammelverhalten abgeschaltet.

1 Beschreiben Sie die Mechanismen der epigenetischen Vererbung!

2 Erläutern Sie am Beispiel der Honigbiene den Begriff Zellgedächtnis!

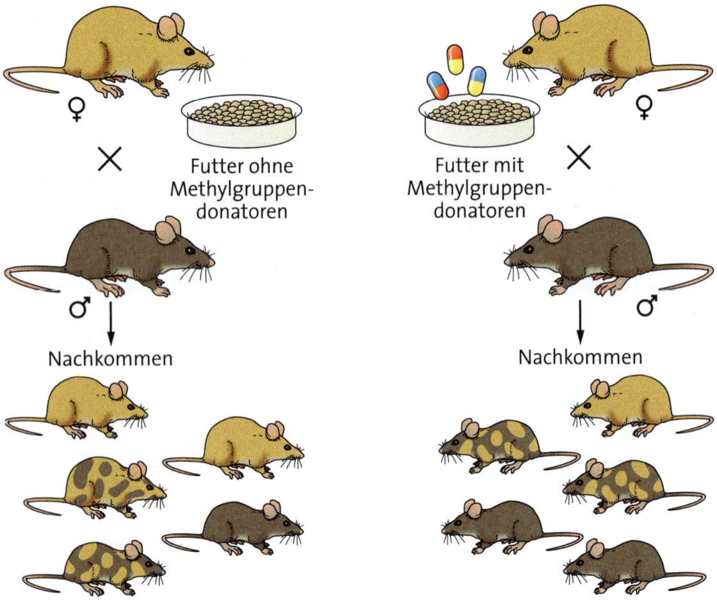

04 Ernährungsfolgen bei Agouti-Mäusen

Zwillingsforschung und Epigenetik siehe Seite 180 und 181

EPIGENETISCHE VERERBUNG · Agouti-Mäuse besitzen eine gelbe statt einer braunen Fellfarbe. Diese beruht auf einer bestimmten Variante des für die Ausprägung der Fellfarbe verantwortlichen Allels, die Agouti-Gen genannt wird. Das Agouti-Gen hat nicht nur Auswirkungen auf die Fellfarbe. Homozygote Träger sind gefräßig und neigen zur Ausbildung von Übergewicht, Diabetes und Krebs. Bekommen Agouti-Mäuse Nachwuchs, so ist dieser normalerweise ebenso gelb, fett und krankheitsanfällig wie die Elterntiere.

Füttert man weibliche Agouti-Mäuse vor und während einer Schwangerschaft vorwiegend mit Nahrungsmitteln, die als Methylgruppendonatoren dienen, so ist der Anteil der gelben und dicken Nachkommen gegenüber einer Kontrollgruppe deutlich verringert. Es treten braune und schlanke Nachkommen auf sowie Übergangstypen mit gelb-braunem Fell. Die Ausbildung dieser Phänotypen ist abhängig vom Methylierungsgrad im Agouti-Gen: Ein geringer Methylierungsgrad wird bei gelb gefärbten Tieren gefunden, ein mittlerer bei gelb-braunen und ein hoher bei braunen Tieren. Das durch die spezifische Ernährung ausgelöste Methylierungsmuster ist auch bei den Nachkommen dieser Tiere stabil. Die Ernährung der weiblichen Tiere der Parentalgeneration beeinflusst also die Fellfarbe und den Gesundheitszustand der Tiere der zweiten Filialgeneration.

Wissenschaftler überprüften, ob sich ein ähnlicher Zusammenhang auch beim Menschen nachweisen lässt. In einer abgelegenen Stadt Nordschwedens, Överkalix, wurden etwa bis ins Jahr 1800 zurückreichende Aufzeichnungen über Ernteerträge, Lebensmittelpreise und Sterbefälle ausgewertet. Dabei zeigte sich, dass die Enkelsöhne von Männern, deren Kindheit in eine Zeit des Überflusses fiel, mit größerer Wahrscheinlichkeit erkrankten und früh verstarben. Die Enkeltöchter waren wiederum betroffen, wenn die Großmütter im Überfluss lebten. In diesem Fall blieben die männlichen Enkel gesund. Man nimmt an, dass die überreiche Versorgung mit Nahrung epigenetische Spuren auf den Geschlechtschromosomen X und Y hinterließ. Genauere Analysen zeigten, dass der Zeitraum, in dem die Großeltern im Nahrungsüberfluss lebten, eine entscheidende Rolle spielte: Bei den Großmüttern war dies ihre Embryonalzeit, bei den Großvätern die Zeit kurz vor ihrer Pubertät. Während dieser Lebensphasen beginnt bei beiden Geschlechtern die Geschlechtszellenbildung.

Ob epigenetische Vererbung beim Menschen über Generationen hinweg tatsächlich stattfindet, ist bisher jedoch nicht nachgewiesen. Während der Bildung der Geschlechtszellen werden alle Methylgruppen von der DNA entfernt und anschließend durch neue ersetzt. Nach einer Befruchtung ist eine erneute Demethylierung zu beobachten. Die anschließende Neumethylierung erfolgt an bestimmten Genen geschlechtsspezifisch und wird als **genomische Prägung** bezeichnet. Es wird erforscht, ob im Rahmen dieser Vorgänge individuelle Erfahrungen das Meythlierungsmuster der DNA beeinflussen können.

3 Beschreiben Sie die Untersuchungen zur epigenetischen Vererbung bei Agouti-Mäusen!

4 Ziehen Sie eine Schlussfolgerung aus der möglichen epigenetischen Vererbung beim Menschen!

Material A ▸ Bau und Funktion des Zentromers

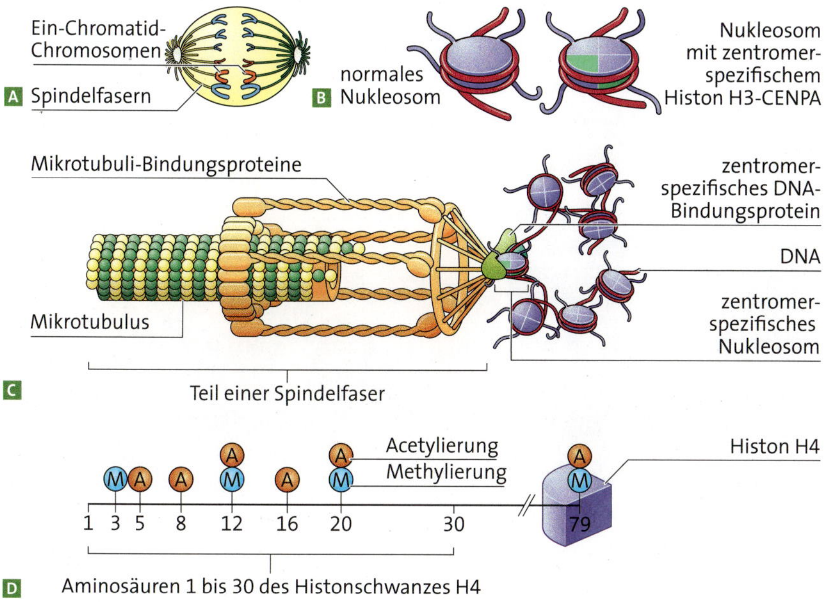

Während der Mitose werden die Ein-Chromatid-Chromosomen voneinander getrennt und von den Fasern des Spindelapparats zu den entgegengesetzten Polen der Zelle gezogen. Die Spindelfasern bestehen aus Mikrotubuli. Sie sind über besondere Bindungsproteine mit einer spezialisierten Region der Chromatiden, dem Zentromer, verbunden.

A1 Beschreiben Sie anhand der Abbildungen A bis C den Bau des Kontaktbereichs zwischen Chromosom und Spindelfaser!

A2 Erläutern Sie die Bedeutung des Histons H3-CENPA!

A3 Beschreiben Sie die Abbildung D!

A4 Erläutern Sie, weshalb sich die Aminosäuresequenz der Histone im Laufe der Evolution kaum geändert hat!

A5 Erläutern Sie die Bedeutung der in den Abbildungen A bis D dargestellten Sachverhalte für das Zellgedächtnis!

Material B ▸ Stress bei Ratten

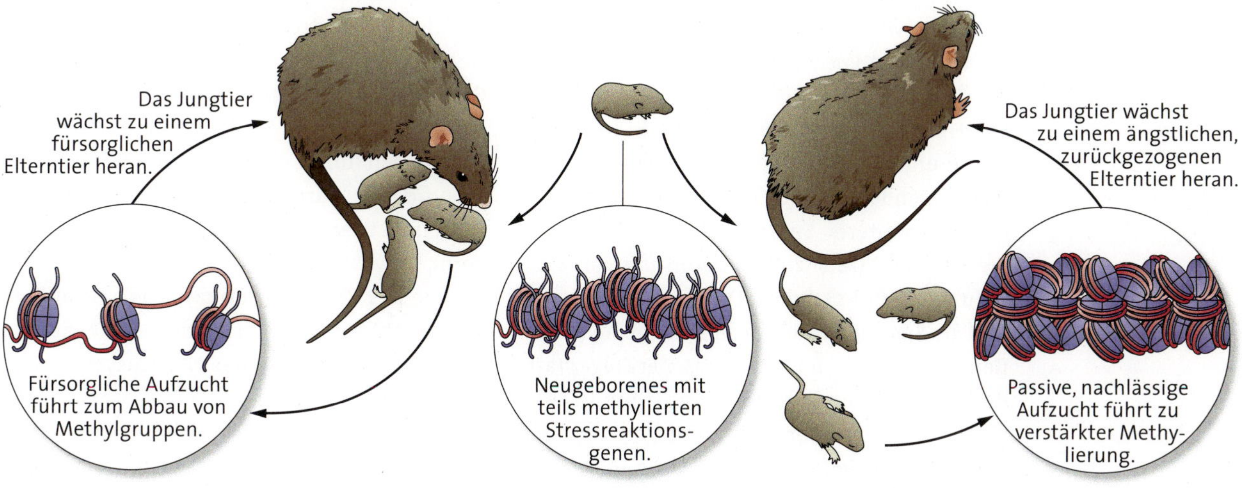

Bestimmte Situationen wie eine neue Umgebung lösen bei Ratten eine Stressreaktion aus. Dabei werden Stresshormone wie Kortisol frei. Spezifische Rezeptormoleküle binden Kortisol und bremsen die Stressreaktion.

B1 Beschreiben Sie die dargestellten Untersuchungsergebnisse!

B2 Begründen Sie, dass es sich hier um einen Fall von generationsübergreifender epigenetischer Vererbung handelt!

B3 Methylierungsmuster sind flexibel. Erläutern Sie diese Aussage anhand des dargestellten Beispiels!

01 Entwicklung beim Grasfrosch:
A Laich,
B Zweizellstadium,
C Kaulquappe,
D Frosch

Entwicklung von Tieren

Aus einer befruchteten Eizelle des Grasfrosches entwickelt sich zunächst eine Kaulquappe und später ein ausgewachsener Frosch, der aus vielen Millionen Zellen besteht. Er ist symmetrisch gebaut, besitzt Gliedmaßen und Organsysteme, die unterschiedlich strukturiert sind und verschiedene Funktionen erfüllen. Diese Entwicklung lässt sich bei vielen Tieren und auch beim Menschen beobachten. Wie verläuft diese Entwicklung?

FRÜHENTWICKLUNG BEI AMPHIBIEN · Eine in die unbefruchtete Eizelle des Grasfrosches eindringende Spermienzelle blockiert das Eindringen weiterer Spermienzellen. Der Stoffwechsel der Eizelle zur Vorbereitung von Zellteilungen wird aktiviert. Die Kerne der Eizelle und der Spermienzelle verschmelzen. Anschließend finden Zellteilungen in rascher Folge statt, die zu einem vielzelligen Embryo führen. Diese Zellteilungen werden **Furchung** genannt, die entstehenden Zellen heißen Blastomeren.

Die Eier des Grasfrosches enthalten wie alle Amphibieneier eine größere Menge Dotter, der sich an einem Zellpol, dem vegetativen Pol, konzentriert. Durch die Furchung entstehen kleinere Blastomeren am dotterarmen, dem animalen Pol und große Blastomeren am vegetativen Pol. Da die gesamte Zellmasse an den Furchungsteilungen teilnimmt, spricht man von einer *totalen Furchung.* Als Ergebnis der Furchungsteilungen entsteht eine von einer Zellschicht umgebene Hohlkugel, die **Blastula.** Mit dem Ende der Furchung hören die Zellteilungen auf. Nun finden Zellwanderungen statt, die dazu führen, dass ein mehrschichtiger Keim mit deutlich hervortretenden Körperachsen entsteht. Diese Gestaltungsbewegungen werden **Gastrulation** genannt. Dabei drängen nun an einer bestimmten Stelle der Froschblastula Zellen nach innen, sodass der Keim dreischichtig wird. Diese drei Schichten bezeichnet man als Keimblätter. Das innere Keimblatt, das Entoderm, umwächst den Dotter und bildet später Organe des Verdauungstrakts aus. Das äußere Keimblatt, das Ektoderm, bildet die äußere Körperbedeckung und das Nervensystem. Aus dem mittleren Keimblatt, dem Mesoderm, gehen Muskeln, Knochen und Blutgefäße hervor. Der Keim streckt sich nun in die Länge. Im Froschembryo entsteht, wie bei allen Wirbeltieren, aus Mesodermmaterial ein längs verlaufender Stützstab, die Chorda dorsalis, der Vorläufer der Wirbelsäule. Über der Chorda senkt sich ektodermales Material ein und schließt sich zu einer Röhre, dem Neuralrohr, aus dem später das Nervensystem hervorgeht.

ENTWICKLUNG BEI ANDEREN TIEREN · Je nach dem Aufbau des Eies lassen sich unterschiedliche Furchungstypen unterscheiden. Beim Seeigelei ist eine geringe Menge Dotter gleichmäßig im Zellplasma verteilt. Die Furchung umfasst daher wie beim Froschei alle Zellbereiche gleichermaßen und die entstehenden Blastomeren sind alle gleich groß.

Vogeleier wie das des Huhns enthalten so viel Dotter, dass nur der Teilbereich des Eies, der den Zellkern enthält, an der Furchung teilnimmt. Dieser Furchungstyp wird als *partielle Furchung* bezeichnet. Durch diese Furchung entsteht eine Keimscheibe, die dem Dotter aufliegt. Am Beginn der Gastrulation bildet sich in der Mitte der Keimscheibe eine Rinne, durch die Zellen nach unten gelangen. Sie bilden Entoderm und Mesoderm.

Beim Insektenei schließlich liegt der Zellkern inmitten einer voluminösen Dottermasse. Es finden zunächst Kernteilungen statt. Die entstandenen Tochterkerne wandern zum Randbereich des Eies und erst dort wird eine Zellschicht gebildet. Dieser Furchungstyp wird *superfizielle Furchung* genannt. Nach dieser Furchung sinken Zellen im unteren Bereich des Insektenkeims als Platte in den Dotter ein. Diese Mittelplatte wird von den Seiten überwachsen, sodass auch hier ein mehrschichtiger Keim entsteht.

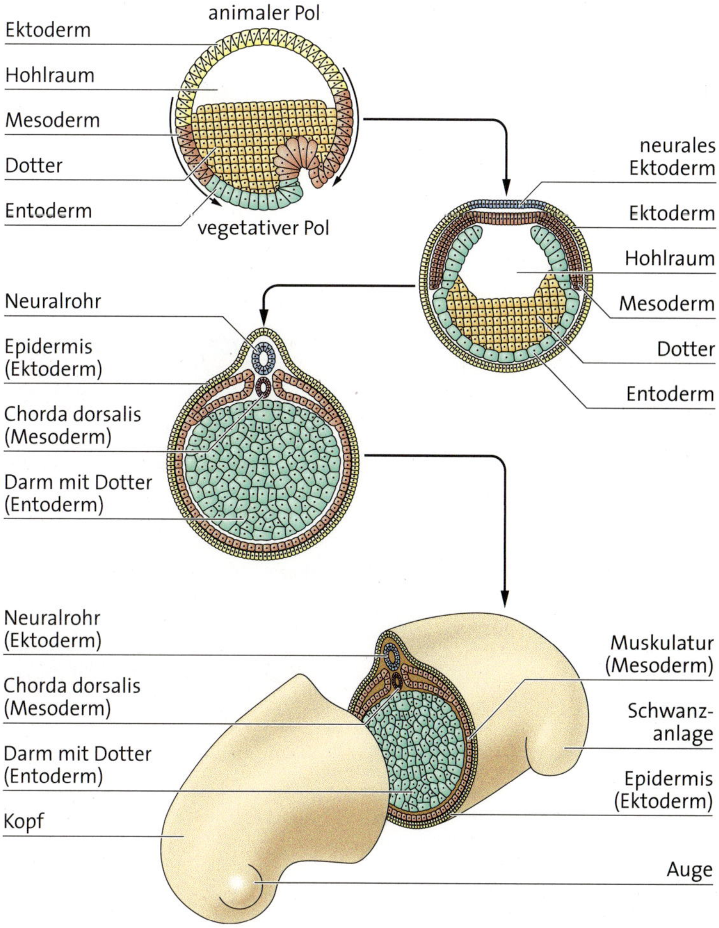

02 Gastrulation bei Amphibien

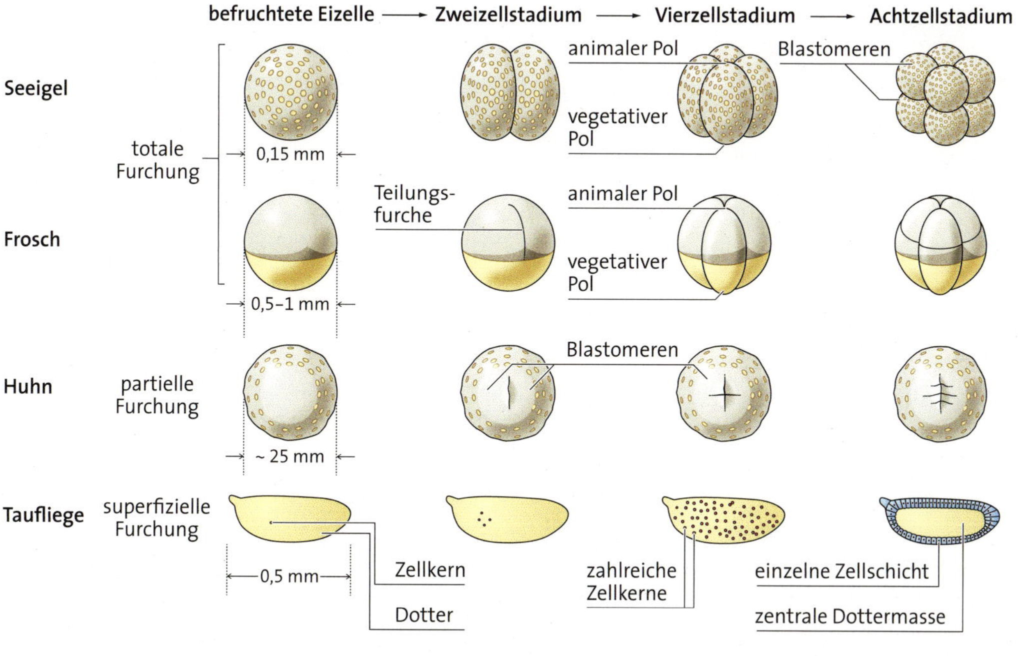

03 Furchungstypen

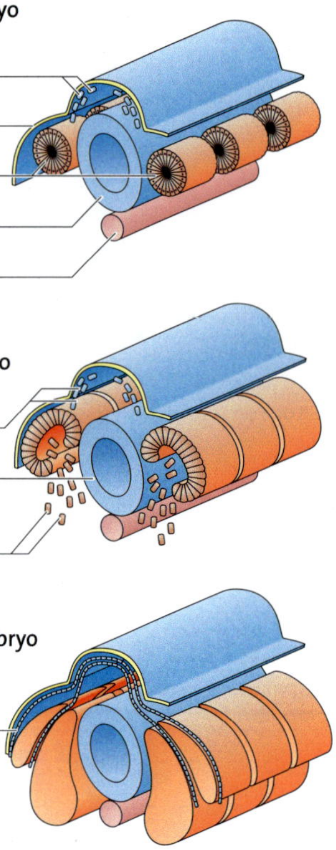

04 Bildung der Körpergrundgestalt bei Amphibien

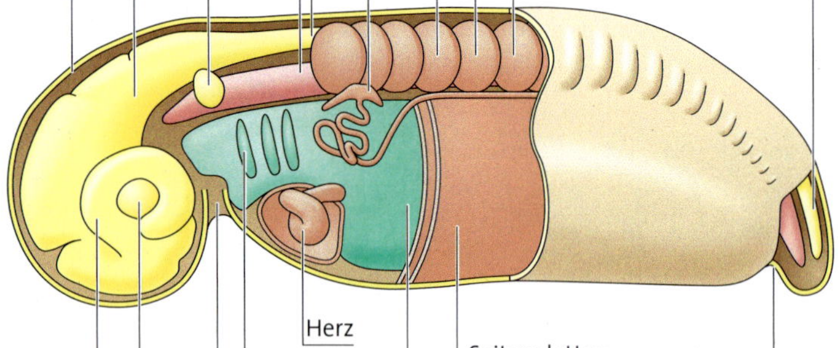

05 Organanlagen beim Amphibienkeim

1 Beschreiben Sie einen der vier Vorgänge Furchung, Gastrulation, Bildung der Körpergrundgestalt oder Organbildung!

2 Ziehen Sie eine Schlussfolgerung aus der Beobachtung, dass die drei Keimblätter bei Wirbeltieren und Wirbellosen vergleichbare Organsysteme hervorbringen!

BILDUNG DER KÖRPERGRUNDGESTALT · Noch während der Gastrulation streckt sich der Froschkeim in die Länge. Beiderseits des Neuralrohrs bilden sich mesodermale Gewebeblöcke, die Somiten. Sie gliedern sich in einen äußeren, einen mittleren und einen inneren Teil. Der innere Teil bildet Knorpelgewebe für Rippen und Wirbelkörper. Der Knorpel verknöchert später. Jede Rippe und jeder Wirbelkörper gehen bei einem Wirbeltierkeim auf einen Somiten zurück. Der Wirbeltierkörper besteht also ursprünglich aus Segmenten. Der mittlere Teil der Somiten bildet Muskulatur, der äußere Teil ist an der Hautbildung beteiligt.
An der Verschlussstelle des Neuralrohrs gliedern sich besondere Zellen ab, die Neuralleistenzellen. Sie wachsen zwischen die verschiedenen Teile der Somiten und bilden Nervengewebe mit den Hautsinnesorganen aus. Auch dieses Nervengewebe ist segmental organisiert. Neuralleistenzellen bilden noch viele weitere Strukturen im Wirbeltierkörper aus wie Schwannsche Zellen, Pigmentzellen oder Zähne.

ORGANBILDUNG · Die Organe und Organsysteme im Wirbeltierkörper werden von den drei Keimblättern Entoderm, Ektoderm und Mesoderm gebildet. Aus dem Ektoderm gehen die Körperbedeckung und das Nervensystem hervor. Das Neuralrohr gliedert sich im vorderen Bereich des Keims zu fünf Bläschen, aus denen das Gehirn entsteht. Hier werden auch die Augenblase und die Hörblase ausgestülpt. Im hinteren Teil des Körpers entsteht aus dem Neuralrohr das Rückenmark. Das Entoderm bildet im weiteren Verlauf der Entwicklung die Organe des Verdauungssystems wie Magen, Darm, Bauchspeicheldrüse und Leber. Außerdem entsteht der Kiemendarm mit seinen Anhangsorganen wie Kiemenspalten, Lunge und Schwimmblase. Mesodermalen Ursprungs sind Muskeln, Herz, Blutgefäßsystem, Knochen, die Extremitätenknospen sowie die Umhüllungen der inneren Organe.
Auch bei wirbellosen Tieren bilden die drei Keimblätter während der Embryonalentwicklung Organe und Organsysteme, wobei der Ursprung und die Funktion der gebildeten Organe verglichen mit denen der Wirbeltiere nahezu identisch sind.

Material A ▸ Entwicklung eines Huhns im Ei

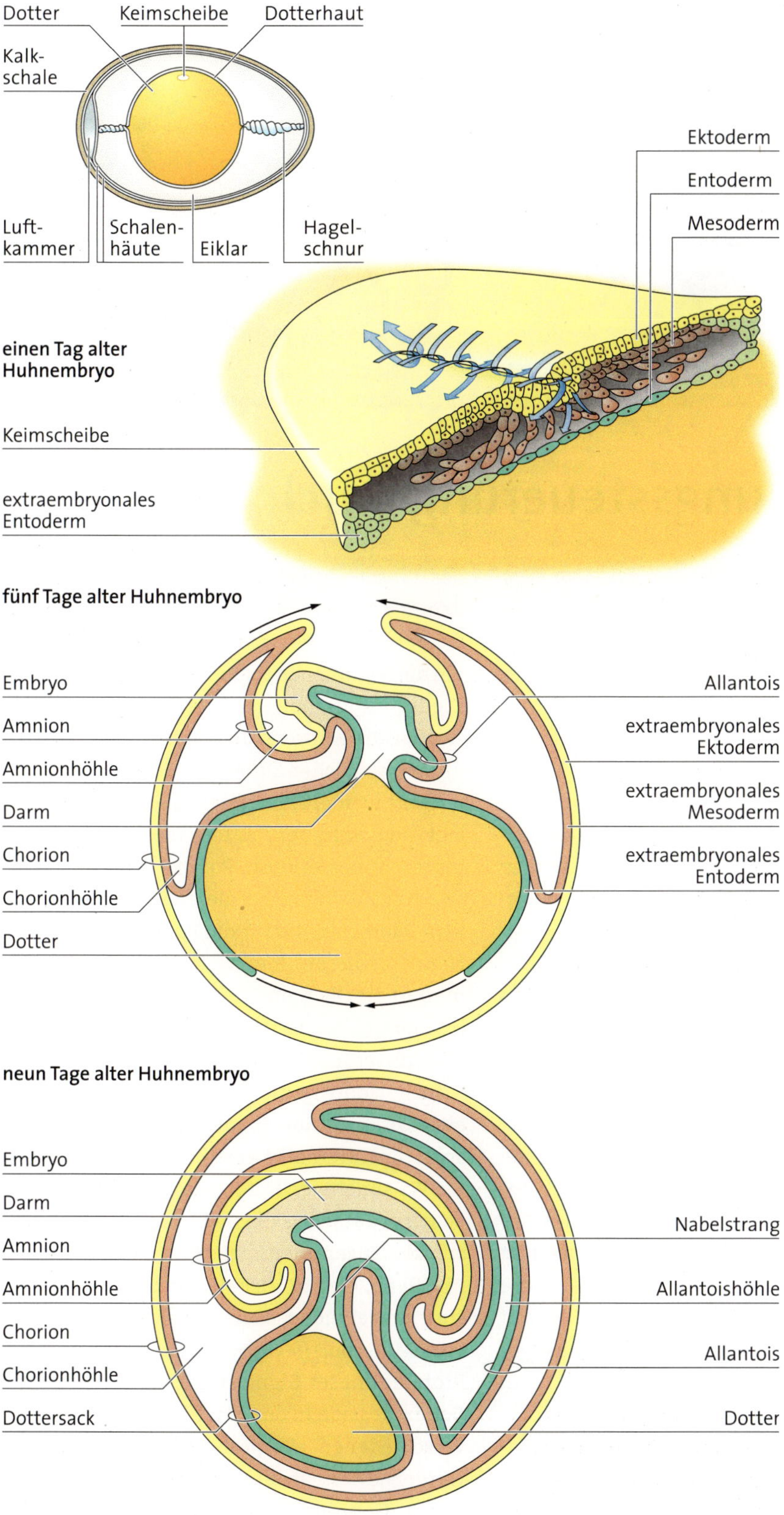

Während der Embryonalentwicklung eines Vogels finden ausgehend von der Keimscheibe Zellteilungen statt. Diese Zellen umwachsen als extraembryonales Ektoderm langsam den Dotter. Gleichzeitig lösen sich einige Zellen von der Keimscheibe und wandern nach unten. Sie bilden extraembryonales Entoderm, umwachsen ebenfalls den Dotter und bauen ihn ab.
Nach dem Abschluss der raschen Zellteilungen wird der Embryo mehrschichtig und Falten aus extraembryonalem Ektoderm und extraembryonalem Mesoderm überwachsen ihn. Diese Falten wachsen über dem Embryo zusammen, sodass er von zwei zweischichtigen zellulären Membranen umhüllt wird. Die innere Membran, das Amnion, umschließt eine mit Flüssigkeit gefüllte Höhle, in der der Embryo schwimmt. Sie wird Amnionhöhle genannt. Die äußere zelluläre Membran heißt Chorion. Sie schließt sich von innen dicht der Schalenhaut des Eies an und dient als Atmungsorgan.
Der Embryo wächst und hebt sich von der Dotterkugel ab. Nur über den Nabelstrang bleibt er mit ihr verbunden. In unmittelbarer Nähe des Nabelstrangs entspringt eine dritte extraembryonale Membran, die Allantois. Sie breitet sich im gesamten Ei unter dem Chorion aus. In der Allantois werden Stoffwechselendprodukte gespeichert.

A1 Beschreiben Sie die Entstehung der extraembryonalen Membranen im Hühnerei!

A2 Erläutern Sie die dargestellten Entwicklungsvorgänge!

A3 Stellen Sie Vermutungen über die evolutionäre Bedeutung der extraembryonalen Membranen an, indem Sie Unterschiede zwischen der Huhnentwicklung und der Amphibienentwicklung aufzeigen!

01 *Drosophila* und Mensch

Entwicklungssteuerung durch Gene

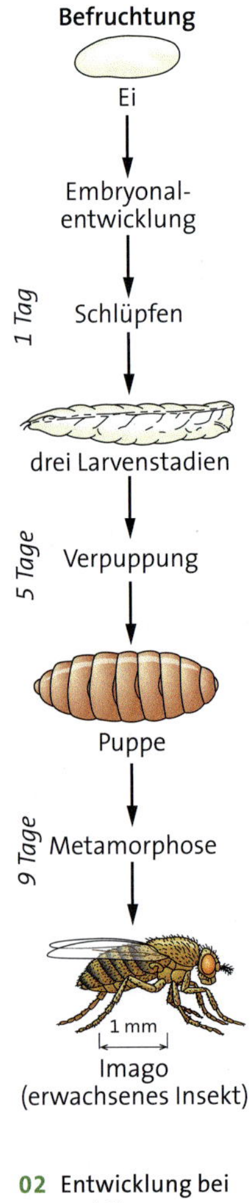

02 Entwicklung bei *Drosophila*

Drosophila und Mensch haben scheinbar nicht viele Gemeinsamkeiten. Insekten wie Drosophila besitzen ein Außenskelett aus Chitin, Wirbeltiere wie der Mensch ein Innenskelett aus Knochen. Insekten haben sechs Beine, die meisten Wirbeltiere dagegen vier Gliedmaßen. Der Mensch besitzt einen Tastsinn in der Haut, Drosophila Fühler am Kopf. Und doch gibt es eine auffällige Gemeinsamkeit: Die Körper von Insekten und Wirbeltieren bestehen aus mehr oder weniger gleichartig gestalteten Abschnitten, den Segmenten. Beim Menschen sind Reste dieser Segmentierung an der ausgeprägten Bauchmuskulatur zu erkennen. Wie entsteht die Segmentierung?

ENTWICKLUNG BEI DROSOPHILA · Bei der Taufliege *Drosophila melanogaster* sind die Entwicklungsprozesse und die ihnen zugrunde liegende genetische Steuerung ausführlich untersucht worden. Nach der Befruchtung des Eies dauert die Embryonalentwicklung etwa einen Tag. Die schlüpfende Larve weist eine deutliche Segmentierung ihres Körpers auf. Nach fünf Tagen verpuppt sich die Larve nach zweimaliger Häutung. Das Puppenstadium dauert neun Tage, dann schlüpft das adulte Insekt, die Imago. Während der Furchung werden Zellkerne gebildet, die zum Außenbereich des Keims wandern. Dort entstehen Zellen, sodass der Keim von einer einschichtigen Zellschicht umgeben ist, dem *Blastoderm*. Bereits einige Stunden nach der Befruchtung lässt sich im Blastodermstadium die beginnende Segmentierung beobachten. Die Informationen dazu stammen von Signalstoffen, die während der Reifung der Eizelle an unterschiedlichen Stellen des Zellplasmas angereichert werden. Ein System dieser Signalstoffe legt den vorderen, anterioren, Pol und den hinteren, posterioren, Pol der späteren Larve fest. Es handelt sich bei diesen Signalstoffen um RNA-Moleküle, die für die Proteine Bicoid und Nanos codieren. Ein weiteres System determiniert die Ober- und Unterseite und ein drittes besondere Strukturen im Kopf- und im Schwanzbereich der künftigen Larve. Durch Diffusion der Signalstoffe entsteht in der Eizelle ein Konzentrationsgradient, sodass zum Beispiel für Nanos eine vom hinteren zum vorderen Pol abnehmende Konzentration messbar ist. So wirkt auf jede Zelle im Blastoderm eine spezifische Zusammensetzung von Signalstoffen. Die Gene, die für diese Signalstoffe codieren, sind im weiblichen Eierstock aktiv. Man spricht von *Maternaleffektgenen*. Die translatierten Proteine dieser Signalstoffe beeinflussen die Genexpression in den Blastodermzellen. In den verschiedenen Körperbereichen der Larve werden jeweils andere Genabschnitte aktiviert. Deren Genprodukte schalten kaskadenartig erneut bestimmte Gene an. Beispielsweise verfeinern drei Gruppen von Segmentierungsgenen das anterior-posteriore Muster. Zunächst sorgen *Lückengene* für die grobe Untergliederung des Embryos in Segmente und für die Abgrenzung des vorderen und hinteren Pols. Anschließend werden *Paarregelgene* exprimiert, die die genauen Segmentgrenzen festlegen. Als Letztes folgt die Aktivität der *Segmentpolaritätsgene*, die in den Segmenten ein vorderes und ein hinteres Kompartiment festlegen. Gegen Ende der Gastrulation erscheinen äußerlich sichtbare Einbuchtungen auf dem Larvenkörper. Sie entsprechen den Segmentgrenzen. Mit der Ausbildung der Kopf- und Schwanzanhänge ist die Larve bereit zum Schlüpfen und zur Nahrungsaufnahme.

IMAGINALSCHEIBEN · Im Inneren des Larvenkörpers finden weitere Determinationsvorgänge statt. Im Anschluss an die Segmentierungsgene werden *homöotische Gene* aktiv, die zum Beispiel für Regulationsfaktoren zur Ausbildung von segmentspezifischen Körperanhängen wie Beinen, Flügeln oder Fühlern codieren. Die Zellen, in denen diese Regulationsfaktoren aktiv sind, erscheinen äußerlich undifferenziert. Sie sammeln sich in besonderen Bereichen der Larve, den *Imaginalscheiben*. Die Gene, die zur Ausbildung bestimmter Körperstrukturen der Imago führen, werden in den Imaginalscheibenzellen erst während der Verpuppung aktiv. Verpflanzt man eine Imaginalscheibe an einen anderen Ort im Larvenkörper, so bildet sie – ungeachtet ihres neuen Standortes – Körperstrukturen, die ihrem ursprünglichen Determinationszustand entsprechen. Die Regulationsfaktoren der homöotischen Gene haben also ein Zellgedächtnis erzeugt, das bis zur Verpuppung bestehen bleibt. Während der Verpuppung werden alle larvalen Zellen aufgelöst und ihr Material wird zum Aufbau des adulten Insektenkörpers benutzt.

Die Entwicklungsgene stellen also ein koordiniertes und abgestuftes System von Genen und Regulationsfaktoren dar, das die Identität von Segmenten und Zellen immer genauer festlegt.

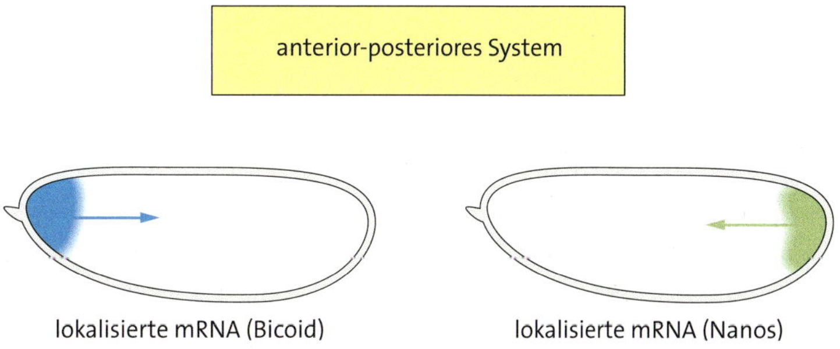

03 Signalgradienten im Insektenei

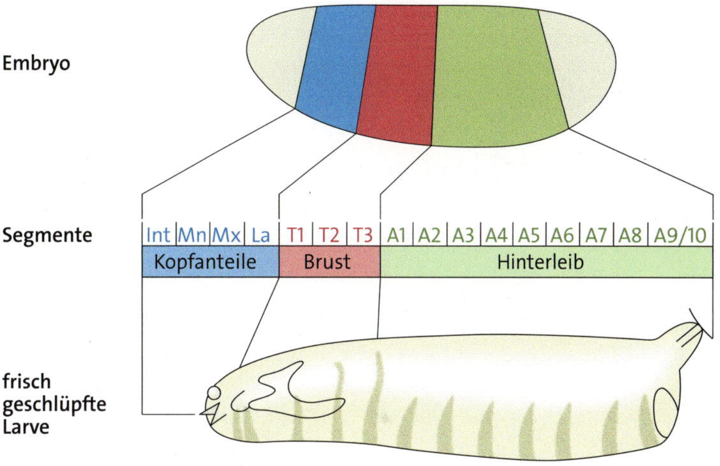

04 Segmente der Insektenlarve

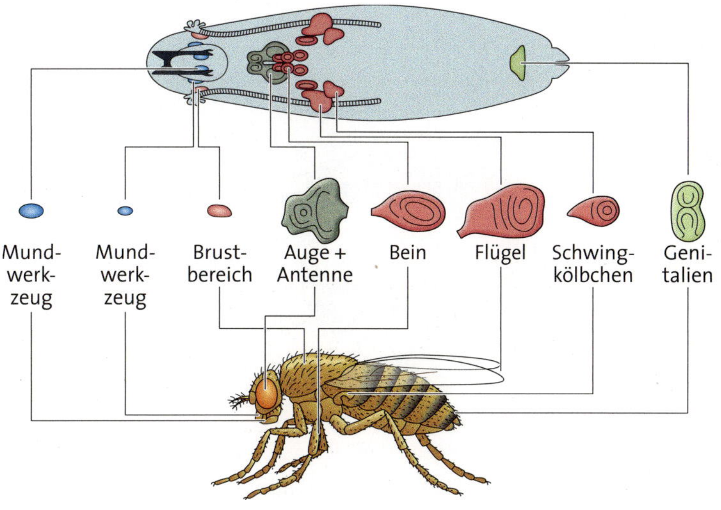

05 Imaginalscheiben und daraus entstehende Strukturen

1 Erläutern Sie die Entstehung einer Taufliege, bei der als Ergebnis eines Experiments ein Bein am Kopf der Fliege ausgebildet ist!

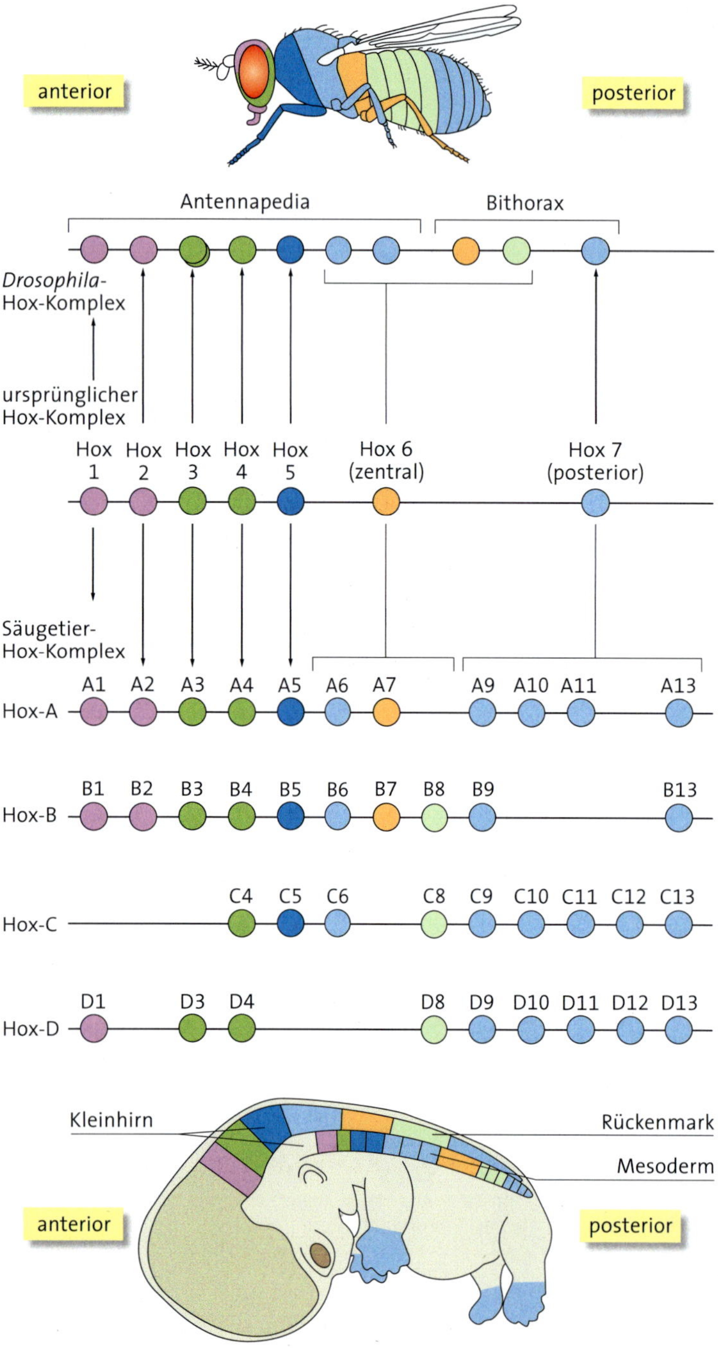

06 Hox-Gene bei *Drosophila* und beim Menschen

HOX-GENE · Die homöotischen Gene determinieren im *Drosophila*-Embryo die Identität der einzelnen Segmente und der Zellen, die in den Imaginalscheiben für den Aufbau der späteren Imago verantwortlich sind. Diese Gene liegen in zwei voneinander getrennten, dicht gepackten Genclustern, die Antennapedia und Bithorax genannt werden. Antennapedia-Gene werden in Kopf- und Brustsegmenten abgelesen, Bithorax-Gene in Brust- und Hinterleibsegmenten. Sie werden von Segment zu Segment gestaffelt nacheinander aktiv. Die Abfolge der Gene auf dem Chromosom entspricht der Abfolge der Segmente, in denen die Gene aktiviert werden. Die Genprodukte sind Proteine, die als Transkriptionsfaktoren die Aktivität anderer Gene regulieren. Alle diese Proteine besitzen eine identische, etwa 60 Aminosäuren lange DNA-Bindungsdomäne, die Homöodomäne genannt wird. Die dafür codierende DNA-Region wird als **Homöobox** bezeichnet. Diese Namensgebung hat dazu geführt, dass für die Antennapedia- und Bithorax-Gene auch der Begriff *Hox-Gene* verwendet wird. Weitere Untersuchungen haben gezeigt, dass die Hox-Gene zunächst in einem einheitlichen Cluster lokalisiert waren, der im Verlauf der Stammesgeschichte der Fliegen gespalten wurde.

Bei allen weiteren untersuchten Tierarten einschließlich des Menschen wurden fast identische Varianten der Hox-Gene gefunden. Auch die Anordnung der Gene in Clusterform ist bei allen untersuchten Tierarten gleich. Säugetiere besitzen vier solcher Cluster, die als Hox A, B, C und D bezeichnet werden. Man vermutet, dass die vier Cluster aus einem ursprünglich einfach vorliegenden Hox-Komplex durch wiederholte Duplikation hervorgegangen sind. Die Gene werden wie bei *Drosophila* in Kopf-Schwanz-Richtung gestaffelt nacheinander aktiv und legen die Segmentierung des Wirbeltierkörpers sowie die Struktur und Funktion der Segmente fest. Die segmentale Gliederung des Wirbeltierkörpers wird am deutlichsten beim Neuralrohr und dem sich daraus entwickelnden Nervensystem sowie bei den auf die Ausbildungen der Somiten zurückgehenden Anteilen des Mesoderms wie der Bauchmuskulatur.

2 Beschreiben Sie die Wirkungsweise der Hox-Gene!

3 Ziehen Sie eine Schlussfolgerung aus der Beobachtung, dass in allen untersuchten Tierarten Varianten der Hox-Gene gefunden wurden!

Material A ▸ Der Fadenwurm als Modellorganismus

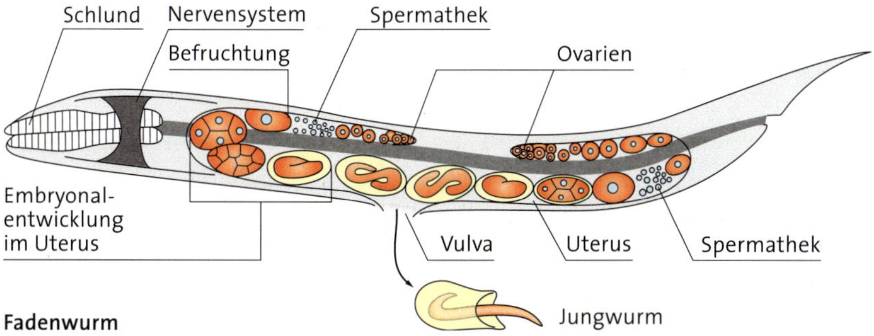

Fadenwurm

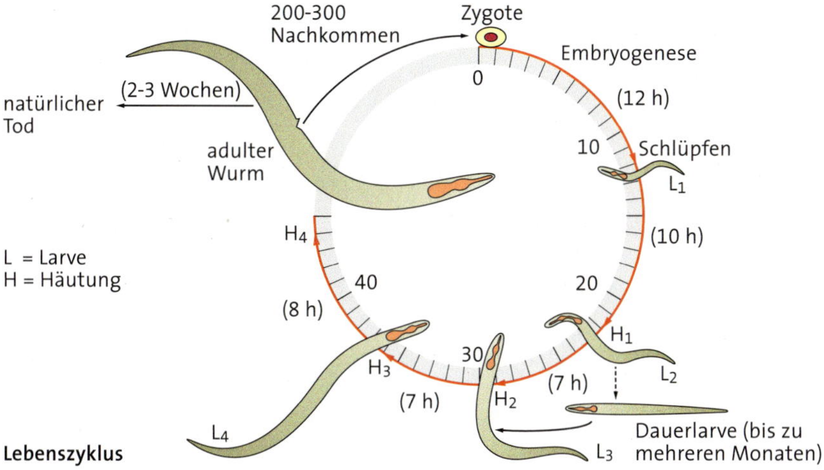

Lebenszyklus

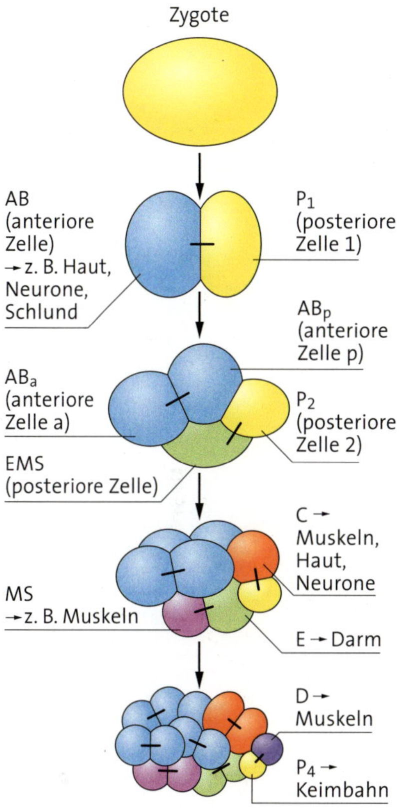

Der Fadenwurm *Caenorhabditis elegans* wird etwa einen Millimeter lang. Er ist als eukaryotischer Modellorganismus ein bevorzugtes Untersuchungsobjekt in der Entwicklungsgenetik. *C. elegans* ist leicht zu züchten, die Generationsfolge ist kurz, der Wurm ist transparent und seine Anatomie ist einfach. Seine Entwicklung ist intensiv untersucht worden, sodass die Herkunft jeder einzelnen Körperzelle als lückenloser Stammbaum angegeben werden kann.
Bis zum schlupfreifen Wurm entstehen zunächst 558 Zellen. Dieser entwickelt sich anschließend zum selbstbefruchtenden Weibchen, einem Hermaphroditen. *C. elegans* ist also ein Zwitter. Er produziert während der späten Larvenphase Spermienzellen, die in der Spermathek gespeichert und später zur Befruchtung der Eizellen genutzt werden. Der Körper von *C. elegans* weist eine konstante Anzahl von 959 Zellen auf. Während der Entwicklung entstehen 1090 Zellen, von denen 131 wieder absterben. Die Zeitpunkte dieser Zelltode folgen einem exakten Zeitplan. Bei einem solchen programmierten Zelltod, der Apoptose, werden durch die Expression bestimmter Gene proteolytische Enzyme, die Caspasen, gebildet. Diese spalten zelluläre Proteine, wodurch die Auflösung der Zelle in Gang gesetzt wird.

Nach der Befruchtung wird die Polarität des späteren Keims durch verschiedene Par-Proteine festgelegt, die während der Eizellreifung in das Ei eingelagert werden. Diese Stoffe legen auch die Weiterentwicklung der späteren Blastomeren fest, sodass man bereits in frühen Furchungsstadien die Ursprungszellen von Organsystemen identifizieren kann. Lediglich der Darm und die Keimbahn lassen sich auf eine einzelne Ursprungszelle zurückführen. Die Individualität wird über die stattfindenden Zellteilungen hinweg beibehalten. Die weitere Musterbildung hängt jedoch auch von Zell-Zell-Kontakten ab. So bildet jede Zelle entsprechend ihres Determinationszustands weitere regulatorische Signalstoffe aus. Diese können jedoch nur die während der Furchung benachbarten Zellen erreichen. Die Verschiedenheit der Zellen wird damit erhöht.

A1 Beschreiben Sie die Entwicklung von *C. elegans* von der Befruchtung bis zum erwachsenen Wurm!

A2 Stellen Sie die genetischen Grundlagen der Entwicklung detailliert dar! Berücksichtigen Sie dabei Ihre Kenntnisse zur Entwicklungsgenetik und zum Zellgedächtnis!

Training A ▸ Das zentrale Dogma der Molekularbiologie

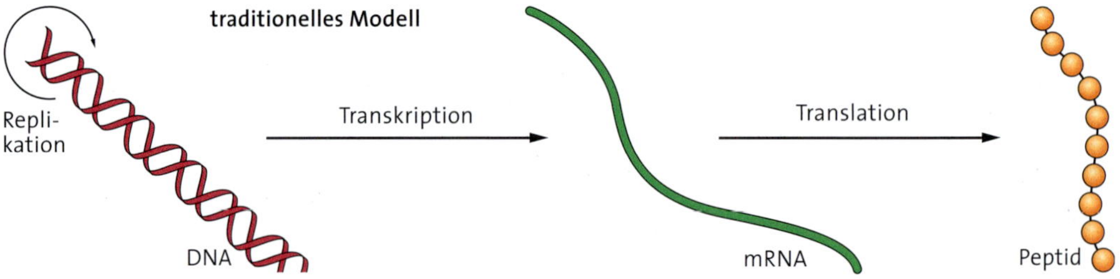

Nachdem im Jahr 1953 durch WATSON und CRICK die Struktur der DNA entdeckt worden war, wurden viele weitere molekulargenetische Prozesse aufgeklärt. Diese Forschungen führten zur Formulierung des zentralen Dogmas der Molekularbiologie: Der Prozess der Informationsübertragung verläuft immer von der DNA über mRNA zum Protein, nicht umgekehrt.

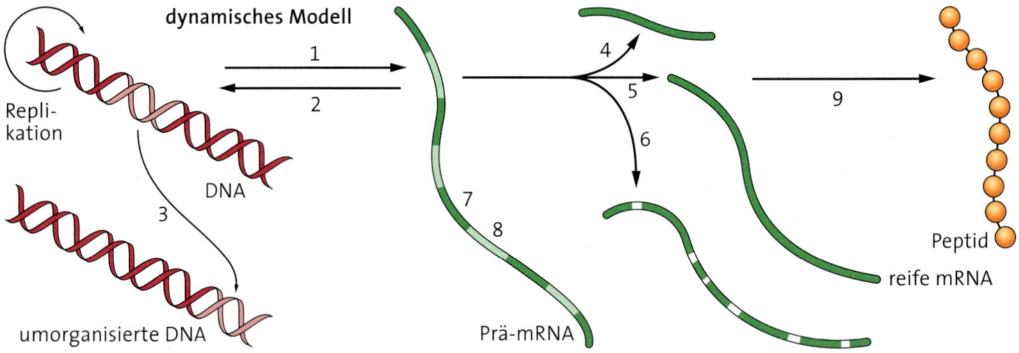

Weitere Untersuchungen erschütterten in den Folgejahren das zentrale Dogma. Barbara McCLINTOCK entdeckte 1947 beim Mais Vererbungsmuster, die sie nicht mithilfe der MENDELschen Regeln erklären konnte. Sie vermutete, dass bestimmte Gene keinen festen Platz haben, ihren Standort auf dem Chromosom von Replikation zu Replikation verändern und dadurch andere Gene abschalten können. Zunächst wurde sie ausgelacht. Untersuchungen in den 1970er-Jahren erwiesen die Existenz solcher springender Gene oder Transposons.

Bestimmte Viren besitzen keine DNA als genetisches Material, sondern RNA. Wenn sie Zellen befallen, wird die RNA zunächst durch das Enzym Reverse Transkriptase in DNA umgewandelt und erst dann in das Genom der Zelle eingebaut.

1982 wurde entdeckt, dass in der Prä-mRNA Exons mit Introns abwechseln. Während des Spleißens werden die Introns aus der Prä-mRNA herausgeschnitten, sodass eine reife mRNA entsteht. Aus einer Prä-mRNA können durch alternatives Spleißen verschiedene mRNAs unterschiedlicher Länge hervorgehen.

Bei dem am Ende der 1980er-Jahre entdeckten RNA-Editing werden einzelne Basen aus der mRNA gezielt herausgeschnitten oder in andere Basen umgewandelt, oder es werden Basen hinzugefügt. Seit 1990 werden Proteine entdeckt, die autokatalytisch nach der Translation eine Spleißreaktion ausführen. Dabei schneiden sich Teile der Aminosäurekette selbst aus dem Protein heraus und fügen die freien Enden in einer Peptidbindung zusammen.

a Erläutern Sie das zentrale Dogma der Molekularbiologie und beschreiben Sie die damit verbundenen Prozesse!

b Benennen Sie die Strukturen und Prozesse 1 bis 9 mit den Fachbegriffen!

c Erläutern Sie für jedes der neueren Forschungsergebnisse, weshalb es sich um eine Verletzung des zentralen Dogmas handelt!

Training B ▸ Genetischer Code

Versuchsreihe	Versuchsansatz	Bestandteile der Versuchsansätze
A	I	Serin*, Leucin, Poly-UC
	II	Serin*, Poly-UC (ohne Leucin)
	III	Serin*, Leucin (ohne Poly-UC)
B	I	Leucin*, Serin, Poly-UC
	II	Leucin*, Poly-UC (ohne Serin)
	III	Leucin*, Serin (ohne Poly-UC)

Im Verlauf der Erforschung des genetischen Codes wurden auf chemischem Wege mRNA-Moleküle mit definierter Basenfolge synthetisiert. Eine mRNA mit der regelmäßigen Basenabfolge UC wurde in ein Reagenzglas gegeben, in dem sich alle notwendigen Faktoren eines Translationssystems befanden. In der Versuchsreihe A dieser In-vitro-Translation wurde der Einbau der radioaktiv markierten Aminosäure Serin, Serin*, in das entstehende Polypeptid verfolgt. In Versuchsreihe B wurde der Einbau radioaktiven Leucins, Leucin*, untersucht.

a Erläutern Sie, welche Faktoren eines Translationssystems sich im Reagenzglas befinden müssen, und beschreiben Sie den Vorgang der Translation!

b Nennen Sie die entstehenden radioaktiv markierten Aminosäuresequenzen in den Ansätzen der beiden Versuchsreihen und begründen Sie Ihre Antwort! Nehmen Sie dazu die Codesonne im Anhang zu Hilfe!

c Ermitteln Sie, inwieweit das beschriebene Experiment den Triplettcharakter des genetischen Codes bestätigen kann!

d Entwerfen Sie ein Experiment, mit dem man den Triplettcharakter des genetischen Codes eindeutig belegen kann!

e Erläutern Sie, weshalb der Versuchsansatz III in die beiden Versuchsreihen aufgenommen wurde!

Training C ▸ Mutationen

1 G A A T C A C T G A T G C C A T T T

2 G A A T C G C T G A T G C C A T T C

3 G G A T C A C T T A T G C C A T T T

4 G A A T C A C T G A T C C C A T T T

5 G A T C A C T G A T G C C A T T T

Die Basensequenz 1 zeigt einen Abschnitt des codogenen Strangs der DNA. Die Basensequenzen 2 bis 5 zeigen verschiedene Mutationen dieses Abschnitts.

a Ergänzen Sie anhand der Basensequenzen der DNA die komplementären mRNA-Abschnitte und erstellen Sie die resultierenden Aminosäureketten! Nehmen Sie dazu die Codesonne im Anhang zu Hilfe!

b Benennen Sie die dargestellten Mutationen und erläutern Sie anhand der Transkription und der Translation ihre Auswirkungen auf die entstehende Polypeptidkette!

c Erläutern Sie anhand des Materials und Ihrer Auswertungen wesentliche Kennzeichen des genetischen Codes!

d Durch die dargestellte Basensequenz sei ein Teil eines Enzyms codiert. Erläutern Sie die möglichen Auswirkungen der Mutationen 2 bis 5 für die Enzymaktivität!

Bakteriengenetik

Plasmid: kleines ringförmiges DNA-Molekül bei Bakterien zusätzlich zu der ebenfalls ringförmig angeordneten DNA.

Konjugation: Bakterien, die ein Plasmid besitzen, sind in der Lage, eine Plasmabrücke zu einem benachbarten Bakterium auszubilden. Bei der Konjugation wird über diese Plasmabrücke eine Kopie des Plasmids auf das benachbarte Bakterium übertragen. Diese Form der Übertragung genetischen Materials wird Parasexualität genannt.

Transformation: Aufnahme von frei im Medium vorkommender DNA durch Bakterien. Die aufgenommene DNA wird in die eigene DNA der Bakterien eingebaut.

Desoxyribonukleinsäure, DNA

DNA-Struktur: Die DNA liegt als Doppelhelix zweier gegenläufiger Polynukleotidstränge vor. Sie ist aus vier verschiedenen Nukleotiden aufgebaut.

Nukleotid: Es besteht aus dem Zucker Desoxyribose, der eine der vier Basen Cytosin, Guanin, Adenin oder Thymin gebunden hat, sowie einer Phosphatgruppe. Die Nukleotide können miteinander verbunden werden. So entsteht eine Polynukleotidkette.

Prinzip der komplementären Basenpaarung: Es beruht auf der Ausbildung von Wasserstoffbrückenbindungen zwischen den Basen gegenüberliegender Polynukleotidketten. Adenin und Thymin bilden zwei, Cytosin und Guanin drei Wasserstoffbrückenbindungen aus.

Chromosom: Organisationsform der DNA bei Eukaryoten. Die DNA ist um ein Oktamer von Proteinen, den Histonen, gewickelt, sodass eine perlenkettenartige Struktur entsteht.

Heterochromatin: stark kondensierter und deshalb dunkel gefärbter Bereich eines Chromosoms, der genetisch inaktiv ist.

Euchromatin: wenig kondensierter und deshalb schwach gefärbter Bereich eines Chromosoms, der genetisch aktiv ist.

Watson-Crick-Modell: antiparallele Anordnung zweier DNA-Stränge in einer Doppelhelix.

Replikation: Verdopplung der DNA. Dabei wird der DNA-Doppelstrang in zwei Einzelstränge gespalten. An jedem Einzelstrang wird nach dem Prinzip der komplementären Basenpaarung ein neuer Strang synthetisiert. Dieser Mechanismus wird als semikonservative Replikation bezeichnet. Die Synthese der neuen Nukleotide erfolgt durch die DNA-Polymerase in 5'→3'-Richtung. Nur am Leitstrang ist eine kontinuierliche DNA-Synthese möglich. Am anderen Strang, dem Folgestrang, kann die Synthese nur diskontinuierlich erfolgen. Es entstehen kurze DNA-Abschnitte, die Okazaki-Fragmente, die anschließend miteinander verbunden werden.

Telomer: arttypische, sich vielfach wiederholende DNA-Sequenz an den Chromosomenden.

Genetischer Code: Die DNA enthält die Bauanleitung für Polypeptidketten. Die Position jeder Aminosäure in der Kette wird durch ein Triplett von Basen festgelegt, das als Codon bezeichnet wird. Der genetische Code gilt nahezu universell, er ist kommafrei und nicht überlappend.

Mutation: spontane Veränderung der DNA. Auf molekularer Ebene sind davon die Basen betroffen. Ein Austausch einer Base in einem Gen, die Genmutation, kann ohne Auswirkung bleiben, zum Austausch einer Aminosäure in der Polypeptidkette führen oder ein Stopp-Codon erzeugen. Weitere Genmutationen sind Deletion, der Verlust von Basenpaaren, oder Insertion, das Einfügen von Basenpaaren. Beide führen zu Leserasterverschiebungen.

DNA-Reparatur: Alle Zellen besitzen Enzymsysteme, die Schäden an der DNA reparieren können.

Ribonukleinsäure, RNA

RNA-Typen: In Zellen treten drei verschiedene RNA-Typen auf: *messenger*-RNA, ribosomale RNA und *transfer*-RNA, abgekürzt mRNA, rRNA und tRNA. Die RNA ähnelt in ihrem grundsätzlichen Aufbau der DNA, liegt jedoch meist als Einzelstrang vor. Im Unterschied zur DNA enthalten die Nukleotide der RNA Ribose als Zuckermolekül und die Base Thymin ist durch Uracil ersetzt.

Transkription: Dabei wird die DNA-Sequenz eines Gens durch die RNA-Polymerase in eine mRNA übertragen. Die Transkription beginnt an einer spezialisierten DNA-Region, dem Promotor. Nur ein DNA-Strang, der Matrizenstrang oder codogene Strang, enthält die genetische Information. Die Synthese der mRNA erfolgt in 5'→3'-Richtung.

Translation: Dabei wird die genetische Information, die in der Basenabfolge der mRNA codiert ist, in eine Abfolge von Aminosäuren übersetzt. Das Ribosom bewegt sich in 5'→3'-Richtung auf der mRNA und überträgt alle Codons in eine Aminosäuresequenz. Dabei wird jedes Triplett der mRNA mit dem passenden Anticodon einer tRNA gepaart.

Gene bei Eukaryoten: Im Gegensatz zu prokaryotischen Genen liegen sie gestückelt vor. Die bei der Transkription gebildete mRNA enthält nicht codierende Abschnitte, die Introns, und codierende Abschnitte, die Exons. Die Introns werden beim Spleißen aus dieser Prä-mRNA herausgeschnitten und die Exons werden zusammengefügt.

Regulation

Operon-Modell: Modellvorstellung zur Erklärung der unterschiedlichen Genaktivität bei Prokaryoten. Ein Operon besteht aus dem Promotor, dem Operator und den Strukturgenen.

Substratinduktion: Ein Substrat bindet an einen Repressor und inaktiviert ihn. Er kann nicht mehr am Operator gebunden werden, sodass die RNA-Polymerase nun an den Promotor binden und die Strukturgene ablesen kann.

Endproduktrepression: Das Endprodukt einer Synthesekette bindet an einen Repressor und aktiviert ihn. Er besetzt nun den Operator, sodass die RNA-Polymerase nicht mehr an den Promotor binden kann.

Genamplifikation: Vermehrung bestimmter DNA-Bereiche, für deren Genprodukte ein erhöhter Bedarf besteht.

DNA-Methylierung: Durch die Methylierung von Cytosinbasen und Histonen wird die Heterochromatinbildung ausgelöst.

Enhancer: Regulationsfaktor, der die Geschwindigkeit der Transkription erhöht.

Silencer: Regulationsfaktor, der die Geschwindigkeit der Transkription senkt.

RNA-Editing: Veränderungen der reifen mRNA, die zu einer Veränderung des Informationsgehalts führen.

Zellgedächtnis: Es beruht auf Methylierungen der DNA, die ein Expressionsmuster erzeugen. Die Methylierungen bleiben nach Zellteilungen erhalten und werden am neu synthetisierten DNA-Strang ergänzt. Ein Methylierungsmuster der DNA kann auch durch Umwelterfahrungen zustande kommen.

Maternaleffektgene: Sie codieren für Signalstoffe, die im sich entwickelnden Ei angereichert werden. Diese Stoffe legen die aus den Eizellbereichen hervorgehenden Organe und Organsysteme fest.

Imaginalscheiben: Bereiche determinierter Zellen in der Larve von *Drosophila*, aus denen Körperstrukturen der adulten Fliege hervorgehen.

Homöotische Gene: Sie codieren für Regulationsfaktoren, die die Embryonalentwicklung steuern.

Hox-Gene: Sie codieren für Regulationsfaktoren vieler Tierarten, bei denen eine etwa 60 Aminosäuren lange DNA-Bindungsdomäne nahezu identisch ist.

Biotechnologie

In diesem Kapitel beschäftigen Sie sich mit

- der Erzeugung gentechnisch veränderter Lebewesen;
- Methoden zur Bestimmung der Basensequenzen von DNA-Abschnitten;
- der Produktion von Medikamenten mithilfe pro- und eukaryotischer Einzeller;
- der in der Kriminalistik angewandten Methode des genetischen Fingerabdrucks;
- dem Einsatz von Gentechnik in der Pflanzenzucht und in der Medizin.

Die Katze trägt ein Gen der Qualle *Aequorea victoria* in ihrem Genom, das für das grün fluoreszierende Protein codiert.

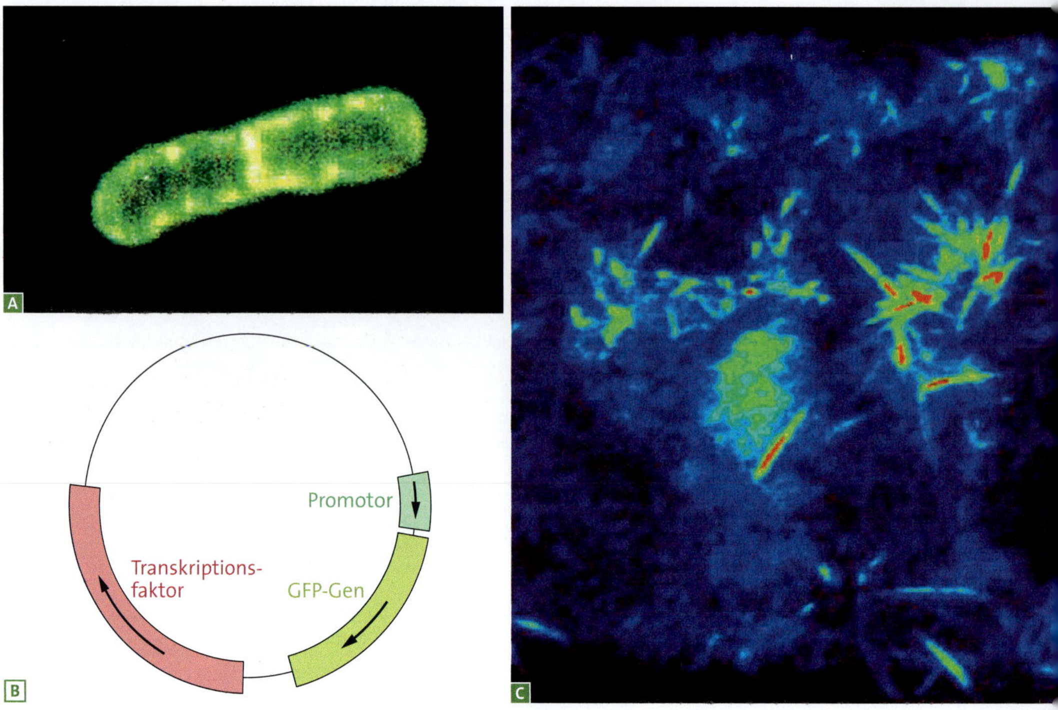

01 *Pseudomonas putida:*
A fluoreszierende Form,
B TOL-Plasmid,
C Testfeld im UV-Licht

Künstliche DNA-Rekombination

Ein drei mal vier Meter großes Testfeld zur Landminendetektion wird mit UV-Licht bestrahlt. Die grüne Fluoreszenz ist auf die Aktivität eines grün fluoreszierenden Proteins, kurz GFP, zurückzuführen. Dieses wird ursprünglich von der pazifischen Qualle Aequorea victoria synthetisiert. Doch auf dem Testfeld gibt es keine Quallen, sondern Ansammlungen von Pseudomonas putida, einem begeißelten Stäbchenbakterium, welches auf das Testfeld ausgebracht wurde. Denn das Bakterium baut Trinitrotoluol, kurz TNT, ab und nutzt es als Stickstoffquelle. TNT ist als Sprengstoff in Landminen vorhanden. Aber weshalb fluoreszieren Bakterien durch das Quallenprotein GFP, wenn sie TNT abbauen?

TOL-PLASMID · Die für den Abbau von TNT notwendigen Enzyme sind auf Plasmiden codiert, welche *TOL-Plasmide* genannt werden. Treten TNT-Moleküle mit einem Transkriptionsfaktor in Kontakt, aktiviert dieser einen Promotor. Der Promotor initiiert die Transkription eines bestimmten DNA-Abschnitts, sodass die für den TNT-Abbau notwendigen Enzyme hergestellt werden. Wenn nun nach dem Promotor die für GFP codierende DNA-Sequenz eingebaut wird, sorgt der Transkriptionsfaktor für die Herstellung des fluoreszierenden Proteins. Es wird also synthetisiert, sobald die Bakterien auf TNT treffen. Die GFP-Sequenz muss aus dem Quallengenom in das Bakterienplasmid transferiert werden.

RESTRIKTIONSENZYME · Bakterien verfügen über DNA-spaltende Enzyme, die Restriktionsendonukleasen, mit deren Hilfe sie eingedrungene Viren-DNA in kleine Stücke zerlegen. Diese Restriktionsenzyme schneiden DNA an spezifischen Sequenzen von meist vier bis acht Basen. Immer wenn sie diese Basenabfolge innerhalb eines DNA-Moleküls erkennen, schneiden sie es, sodass viele unterschiedlich lange DNA-Stücke mit gleichen Enden entstehen und die Virus-DNA somit unschädlich gemacht wird. Damit die eigene Bakterien-DNA nicht von den Restriktionsenzymen zerschnitten wird, ist sie an den Erkennungsstellen der Restriktionsenzyme methyliert. Die gebundenen Methylgruppen verhindern den enzymatischen Abbau.

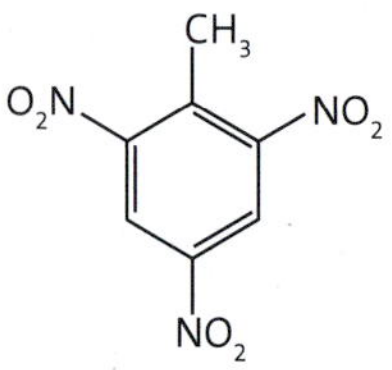

02 Trinitrotoluol

GENTRANSFER · Mithilfe der Restriktionsenzyme können Gene gezielt aus ihrem Herkunftsgenom isoliert und in andere DNA eingebaut werden. Häufig ist die Erkennungssequenz am komplementären Strang in der entgegengesetzten Richtung gelesen identisch. Dies bezeichnet man als *Palindrom*. Dort spalten die von Gentechnikern verwendeten Enzyme den DNA-Doppelstrang versetzt, sodass die Stücke an den Enden kurze einsträngige Nukleotidsequenzen tragen. Da diese leicht an komplementäre Nukleotide binden, nennt man sie *sticky ends*, klebrige Enden. Damit diese Enden bei der Quallen-DNA und dem Bakterienplasmid komplementär sind, verwendet man dasselbe Restriktionsenzym. Dieses darf den Plasmidring nur an einer Stelle öffnen, im Fall von *Pseudomonas* hinter der Promotorregion. Nach der Isolation der DNA-Sequenzen mischt man die Suspensionen der geöffneten Plasmide und des GFP-Gens. Nach Zugabe von DNA-Ligase, welche die DNA-Stränge kovalent verknüpft, entsteht *rekombinante DNA*, wenn das GFP-Gen in das Plasmid eingebaut wird. Es entstehen aber auch geschlossene Plasmidringe oder Ringe aus GFP-Sequenzen. Eine Suspension dieser Moleküle wird mit plasmidfreien *Pseudomonas*-Bakterien vermengt, die zur Aufnahme von DNA angeregt wurden. Nach der erfolgten Aufnahme von DNA-Abschnitten in die Bakterien, der **Transformation,** erfolgt eine Selektion der Bakterien, die ein rekombinantes Plasmid enthalten. Diese Zellen erkennt man nach Zugabe von Toluol daran, dass sie im UV-Licht fluoreszieren. Das GFP-Gen dient hier auch als *Reportergen*. Die fluoreszierenden Bakterien werden in eine Nährlösung übertragen und vermehren sich dort durch Zweiteilung. Da dabei auch die Plasmide kopiert werden, entstehen durch diese *Klonierung* große Mengen rekombinanter Bakterien.

STECKBRIEF

Osamu SHIMOMURA (*1928)

Der 1928 im japanischen Kyoto geborene Biochemiker Osamu SHIMOMURA beschrieb erstmals im Jahr 1961 das grün fluoreszierende Protein, das heute aus dem Bereich der Zellbiologie nicht mehr wegzudenken ist. Wissenschaftler machen sich seine Eigenschaft zunutze, bei Bestrahlung mit ultraviolettem Licht grün zu leuchten. Dadurch, dass das GFP sich beliebig mit anderen Proteinen fusionieren lässt, ist es als Marker auch in isolierten Zellen und in Lebewesen geeignet. Für seine Grundlagenforschung erhielt SHIMOMURA zusammen mit M. CHALFIE und R. Y. TSIEN 2008 den Nobelpreis für Chemie.

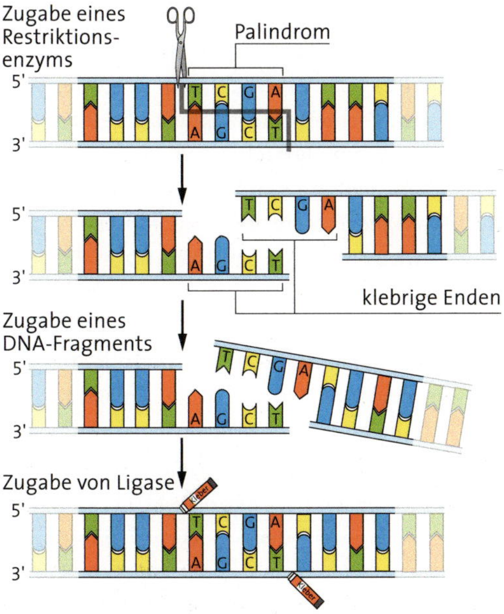

03 Wirkungsweise eines Restriktionsenzyms

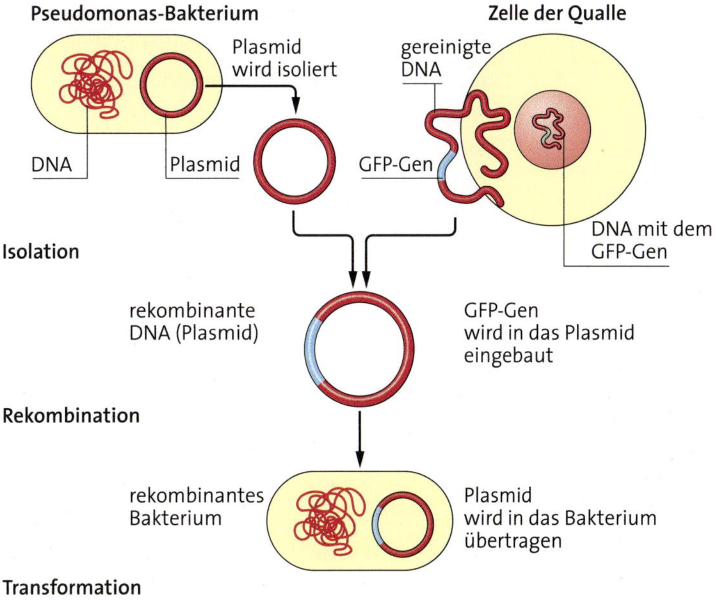

04 Schema des Gentransfers

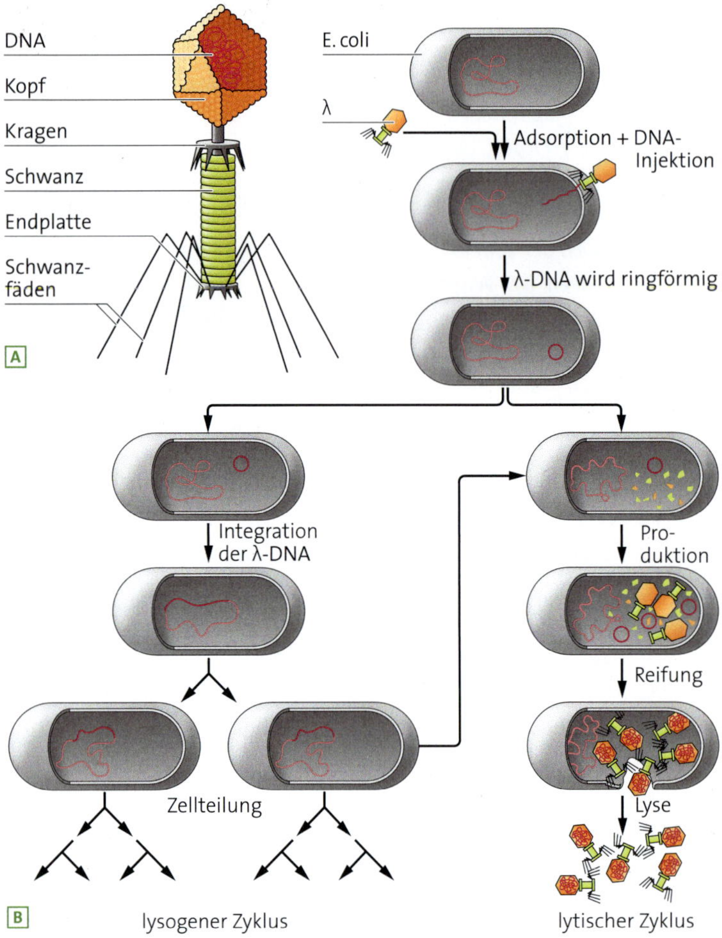

05 Bakteriophage λ: **A** Schema, **B** Vermehrung

lat. vector = Träger

griech. lysis = Zellauflösung

λ = griech. Buchstabe, gesprochen lambda

VEKTOREN · Da Plasmide genutzt werden können, um einen DNA-Abschnitt in Bakterienzellen einzuschleusen, gehören sie zu den *Vektoren* und fungieren als *Genfähren*. Der Vorteil der bakteriellen Plasmidvektoren besteht darin, dass sie über nur eine Schnittstelle für ein Restriktionsenzym verfügen. Zudem sind sie in der Lage, sich in der Wirtszelle zu replizieren, sodass viele Kopien der rekombinanten DNA gebildet und an die Tochterzellen weitergegeben werden. Allerdings ist die Größe des zu klonierenden DNA-Fragments auf sechs bis sieben Kilobasenpaare beschränkt. Um größere DNA-Fragmente von bis zu 25 Kilobasenpaaren zu klonieren, nutzt man daher Bakteriophagen. Dies sind Viren, die spezifisch Bakterien infizieren. Der Bakteriophage λ war einer der ersten jemals verwendeten Phagenvektoren. Er besteht aus einem relativ kleinen DNA-Molekül und einer schützenden Proteinhülle, dem Kapsid, das die Nukleinsäure umschließt. Er ist in Kopf, Kragen, kontraktilen Schwanz und Endplatte mit kurzen Spikes und langen Fäden gegliedert.

Beim Einsatz der Bakteriophagen als Klonierungsvektoren macht man sich deren Vermehrungszyklus zunutze. Nach der Adsorption am Bakterium injiziert der Phage λ seine lineare DNA in die Bakterienzelle. Die leere Hülle bleibt auf der Zelloberfläche zurück. Die λ-DNA schließt sich durch die Verknüpfung der kohäsiven Enden, kurz *cos*, zu einem Ring und wird in die Bakterien-DNA eingebaut. Die in die Bakterien-DNA integrierte Virus-DNA trägt die Bezeichnung **Prophage.** Bei jeder Zellteilung wird die Virus-DNA zusammen mit der Bakterien-DNA verdoppelt und an die Tochterzellen weitergegeben. Diese Art der Vermehrung wird als **lysogen** bezeichnet.

Das Phagengenom kann aber auch wieder aus dem Bakteriengenom herausgelöst werden. Dann werden die Phagengene in einer festgelegten Reihenfolge abgelesen und alle Virusbausteine separat im Zellinneren produziert. Die Virus-DNA wird durch Replikation vervielfältigt. In der Phase der Reifung finden die Bausteine von selbst zu neuen Phagen zusammen. Dies nennt man *selfassembly*. Nachdem etwa 200 Phagen gebildet wurden, wird das Enzym Lysozym synthetisiert, welches die Bakterienzellwand auflöst, sodass das Bakterium platzt und die Phagen freisetzt. Da die Bakterienzelle in diesem Vermehrungszyklus aufgelöst wird, spricht man vom **lytischen** Zyklus.

Viren, die sich wie der Phage λ als Prophagen verhalten, bezeichnet man als *temperent*. Der Befall eines Bakteriums mit Viren zum Beispiel vom Typ T4 führt stets zur *Lyse*. Diese Phagen sind *virulent*.

In der Reifungsphase können bei virulenten wie bei temperenten Phagen Teile der Bakterien-DNA mit in den Phagenkopf aufgenommen und auf weitere Bakterien übertragen werden. Die Übertragung eines DNA-Abschnitts mittels Phagen bezeichnet man als **Transduktion**.

1 Erklären Sie, weshalb sich Plasmide und Bakteriophagen als Vektoren eignen!

Material A ▸ Lambda als Klonierungsvektor

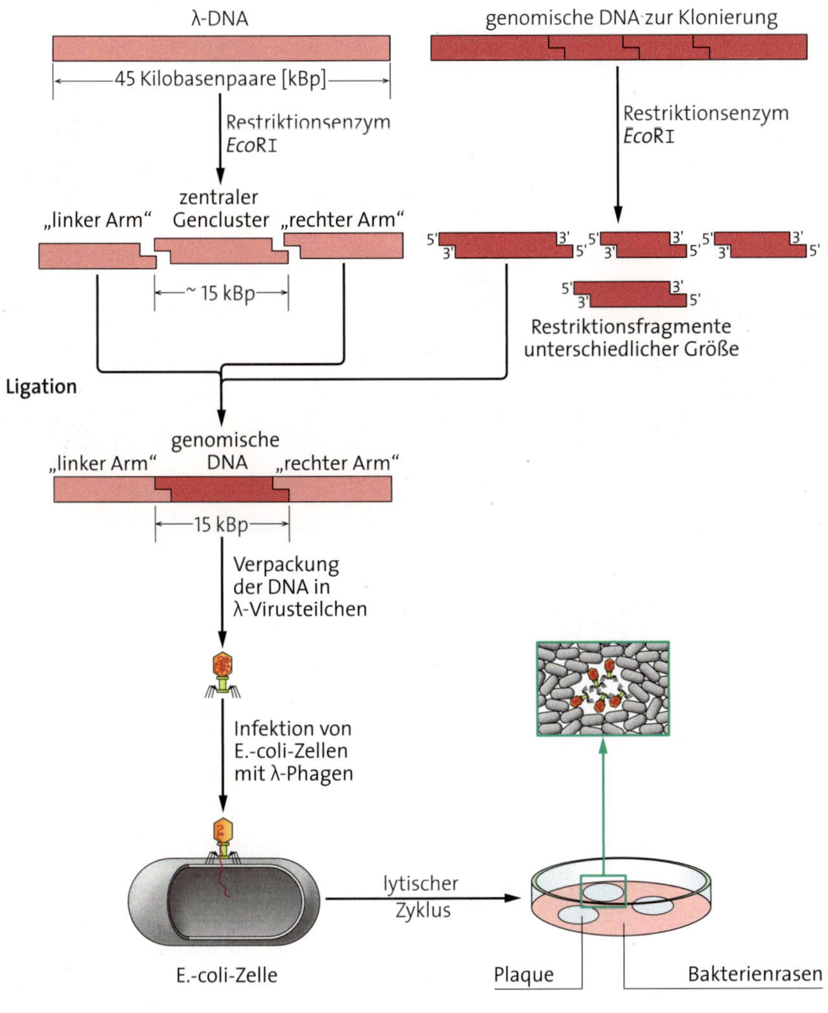

Für den Einsatz des Bakteriophagen λ als Vektor müssen folgende Erkenntnisse berücksichtigt werden:

- Das DNA-Molekül ist so groß, dass das Hinzufügen zusätzlicher DNA dazu führen würde, dass die DNA nicht mehr im Phagenkopf verpackt werden könnte.
- Der zentrale Gencluster enthält die genetischen Informationen, die es ermöglichen, dass sich die Phagen-DNA als Prophage im Bakteriengenom „verstecken“ kann.
- Die Arme enthalten die Gene für die Replikation, sind aber zu klein, um verpackt zu werden.
- Phagenbausteine und für *self-assembly* notwendige Enzyme können isoliert werden.
- Plaques sind durchsichtige Bereiche abgestorbener Bakterienzellen im Bakterienrasen auf Agarplatten.

A1 Beschreiben Sie die Schritte der Klonierung mit dem Vektor λ!

A2 Erläutern Sie, inwiefern man sich die Eigenschaften des Bakteriophagen für die Klonierung zunutze macht!

Material B ▸ Resistenzgene

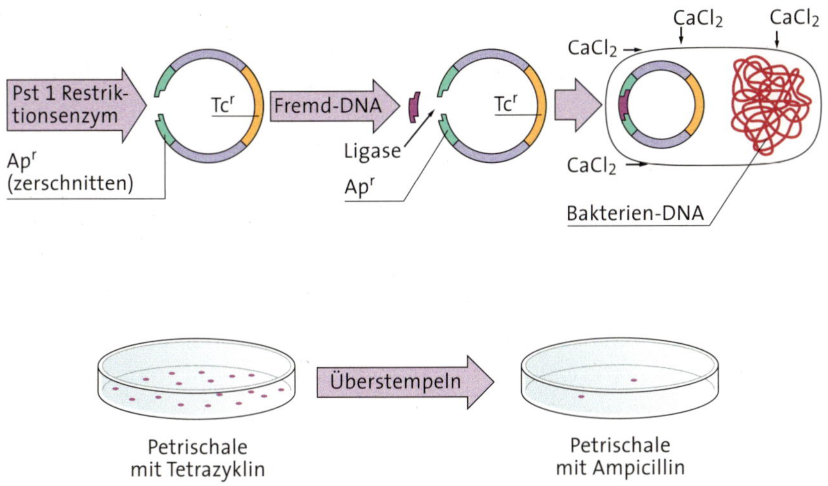

Künstlich erzeugte Plasmide, die als Klonierungsvektoren eingesetzt werden, tragen häufig Resistenzgene gegen Antibiotika. Ap^r bezeichnet das Ampicillin-Resistenzgen, Tc^r das Tetrazyklin-Resistenzgen. Die Behandlung mit Calciumchlorid, $CaCl_2$, macht die Bakterienzellen kompetent, das heißt aufnahmebereit.

B1 Beschreiben und erläutern Sie die dargestellten Vorgänge!

B2 Erläutern Sie die Funktion der Resistenzgene!

01 Kalifornischer Highway

Polymerasekettenreaktion

Als sich Kary MULLIS im Jahr 1985 auf der dreistündigen Fahrt von seinem Labor nach Hause befand, ließ ihn die Arbeit nicht los. Er dachte die ganze Zeit darüber nach, wie ein einziges Stück DNA millionenfach kopiert werden könnte. Man könnte DNA in Plasmide einbauen, diese in Bakterien übertragen, die Bakterien züchten, um anschließend die Plasmide mit der gewünschten DNA zu gewinnen und die DNA herauszuschneiden. Dieses Verfahren schien aber sehr aufwendig. Während der Fahrt sah MULLIS die Lichter der Autos auf beiden Seiten der Fahrbahn aufeinander zubewegen, aneinander vorbeigleiten. Er beobachtete, wie Autos vom Highway abbogen und hinzukamen. Beim Anblick dieser Lichtspuren kam ihm die Idee, die Wissenschaftsgeschichte schreiben sollte. Er hielt an, zeichnete Linien auf ein Blatt Papier, um seinen so genialen wie einfachen Einfall festzuhalten. Was haben diese Lichtbänder mit der DNA-Vervielfältigung zu tun?

engl. PCR = polymerase chain reaction

POLYMERASEKETTENREAKTION · Die Lichtbänder stehen für DNA-Stränge, die sich *in vitro* verdoppeln. Wenn das Produkt jeder Verdopplung wiederum als Vorlage für eine weitere Vervielfältigung genutzt wird, reichen 20 Zyklen aus, um aus einem doppelsträngigen DNA-Molekül eine Million identische Kopien zu erzeugen. Das Vorbild für die Vervielfältigung liefert die Replikation der DNA, durch die während der Synthesephase des Zellzyklus eine identische Kopie der genetischen Information hergestellt wird. Dabei werden die Stränge der Doppelhelix voneinander getrennt. Die Einzelstränge dienen als Matrizen für zwei neue Stränge. Katalysiert wird diese Reaktion von DNA-Polymerasen. Daher nannte Mullis dieses Verfahren *Polymerasekettenreaktion*, kurz PCR.

lat. in vitro = im Reagenzglas

Die Reaktion läuft heute automatisiert in einem Thermocycler ab, in dem ein Reaktionsansatz aus isolierter DNA, Primer, Polymerasemolekülen und Nukleotiden bei verschiedenen Temperaturen inkubiert wird. Dort vollzieht sich ein aus drei Schritten bestehender Zyklus, der mehrfach wiederholt wird.

DENATURIEREN · Zunächst wird die DNA auf 90 bis 95 Grad Celsius erwärmt. Bei dieser Temperatur lösen sich die Wasserstoffbrückenbindungen, welche die beiden Stränge der DNA zusammenhalten. Das Molekül dissoziiert innerhalb weniger Minuten in Einzelstränge, das heißt, es *denaturiert*.

HYBRIDISIEREN · Die Temperatur wird auf 50 bis 60 Grad Celsius gesenkt. Unter diesen Bedingungen binden synthetische Oligonukleotide mit einer Länge von 15 bis 30 Nukleotiden an die einzelsträngige DNA. Diese als Primer fungierenden Moleküle sind komplementär zu den Bereichen, die die zu kopierende DNA-Sequenz auf beiden Seiten flankieren. Sie dienen als Ausgangspunkte der Synthese neuer DNA-Stränge. Damit diese *Hybridisierung* an beiden Strängen gleichzeitig erfolgen kann, werden gegenläufig orientierte Primer eingesetzt.

POLYMERISIEREN · Die Temperatur wird auf 70 bis 75 Grad Celsius erhöht. In diesem Bereich hat die *Taq-Polymerase* ihr Temperaturoptimum. Deren Bezeichnung leitet sich von dem in heißen Quellen lebenden Bakterium *Thermus aquaticus* ab, dessen DNA-Polymerase für die PCR gentechnisch modifiziert wurde. Die Taq-Polymerase synthetisiert den zum ursprünglichen DNA-Abschnitt komplementären Strang nach den Regeln der Basenpaarung an das 3'-Ende der Primer. So verdoppelt sich die Anzahl der DNA-Stränge in jedem Zyklus in weniger als zehn Minuten. Die Klonierung von DNA über Plasmide und Bakterienkulturen dauert dagegen mehrere Tage. Allerdings kann man mit der PCR nur DNA-Sequenzen begrenzter Länge kopieren und auch nur solche, für die Primersequenzen bekannt sind. Längere und unbekannte DNA-Sequenzen müssen weiterhin auf Zellbasis kloniert werden.

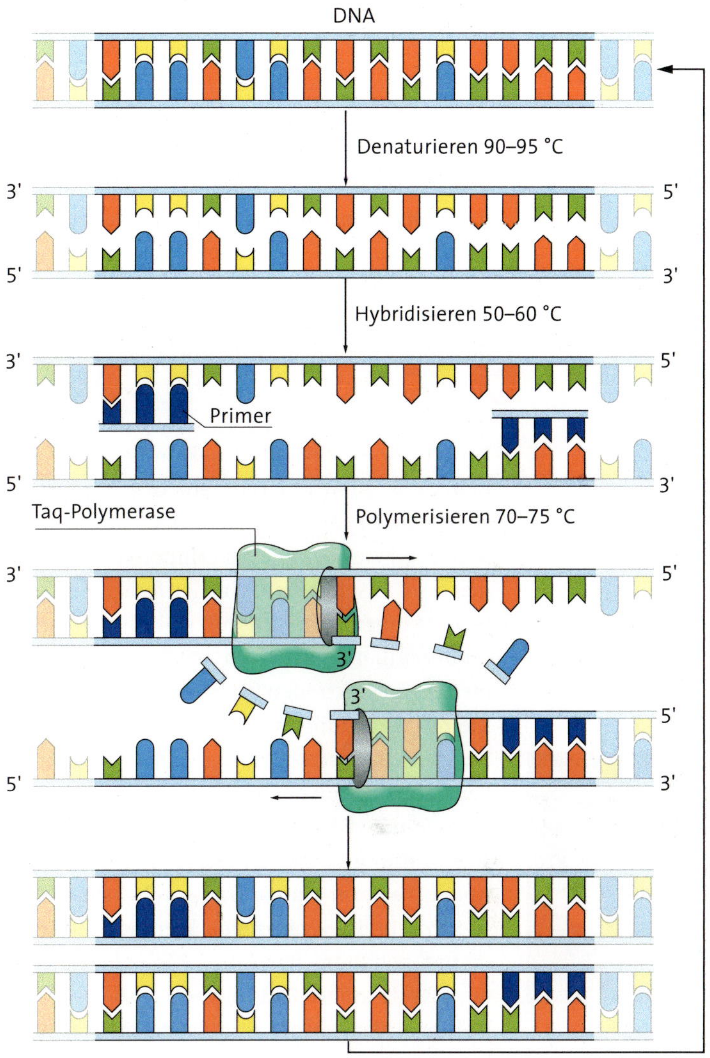

02 Ablauf der PCR

STECKBRIEF

Kary Banks MULLIS (*1944)

Kary Banks MULLIS wurde 1944 in Lenoir im US-amerikanischen Bundesstaat North Carolina geboren. Er studierte Chemie am Georgia Institute of Technology und promovierte 1972 an der Universität von Kalifornien, Berkeley. 1979 ging er als DNA-Chemiker zur Cetus Cooperation in Kalifornien und betrieb Forschungen zur Oligonukleotidsynthese. Seine genial einfache Idee zur PCR schlug bei seinen Kollegen im Labor zunächst nicht ein, obwohl sie funktionierte. Man war der Überzeugung, dass ein so simples Verfahren bereits von anderen Wissenschaftlern ausprobiert worden sei. Bei der Vorstellung auf einem Kongress erhielt er dann die wissenschaftliche Anerkennung und wurde zusammen mit Michael SMITH 1993 mit dem Nobelpreis für Chemie geehrt.

RESTRIKTIONSKARTE · Nach der Klonierung eines bisher unbekannten DNA-Abschnitts lässt sich untersuchen, welche Restriktionsenzyme die Sequenz an welchen Stellen schneiden können. Dazu wird der DNA-Abschnitt von verschiedenen Restriktionsenzymen einzeln und in Kombination geschnitten, sodass jeweils ein Gemisch aus DNA-Fragmenten unterschiedlicher Größe entsteht. Um die Fragmente der Größe nach aufzutrennen, nutzt man die Methode der **Gelelektrophorese.** Das aus einer Meeresalge gewonnene Polysaccharid Agarose wird in einer Lösung erhitzt und in flüssiger Form in eine Elektrophoresekammer gegossen. Beim Abkühlen entsteht ein Gel mit einem Wasseranteil von 98 bis 99 Prozent, dessen Konsistenz an Wackelpudding erinnert. In die Kammer wird anschließend eine Pufferlösung gegeben, die Ionen enthält, damit elektrischer Strom hindurchfließen kann. An den Enden der Kammer liegen Elektroden für die Stromversorgung. Kleine Vertiefungen im Gel im Bereich der Kathode, die Taschen, werden mit den DNA-Proben befüllt. Wenn der Strom eingeschaltet wird, wandern die DNA-Fragmente wegen der negativen Ladungen an den Phosphatgruppen zur Anode. Bei ihrer Wanderung durch die netzartige Struktur des Agarosegels kommen die Fragmente abhängig von ihrer Molekülgröße in einer bestimmten Zeit unterschiedlich weit. Je kleiner die Fragmente sind, desto weiter ist ihre Laufstrecke. In eine der Taschen des Gels wird ein Gemisch von DNA-Fragmenten bekannter Größe gegeben. Dieser Größenvergleichsstandard hilft, die Größe der zu untersuchenden DNA-Stücke anhand des Vergleichs der Laufstrecken abzuschätzen. Nach der Auftrennung wird das Gel mit einem Farbstoff angefärbt. Die Farbstoffmoleküle lagern sich zwischen die Basen der Nukleinsäuremoleküle ein und fluoreszieren bei ultraviolettem Licht. Die sichtbare Bandenstruktur wird fotografiert.

Aus dieser Bandenstruktur kann man Rückschlüsse auf die Anzahl, Reihenfolge und den Abstand zwischen den Schnittstellen der Restriktionsenzyme ziehen. Das ungeschnittene Fragment ist laut Größenvergleichsstandard neun Kilobasenpaare lang. Beim Schneiden mit den Enzymen *Bam*HI oder *Pst*I ergeben sich jeweils zwei Banden. Also hat jedes Enzym eine Schnittstelle in diesem Fragment. Das zeitgleiche Schneiden mit beiden Enzymen ergibt drei Fragmente, aus deren Größe man die Reihenfolge und den Abstand der Schnittstellen schlussfolgern kann. So erhält man eine *Restriktionskarte,* die ein charakteristisches Erkennungsmerkmal eines klonierten DNA-Abschnittes darstellt.

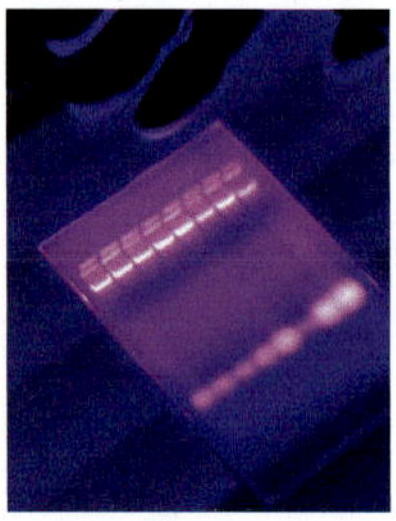

03 Gel unter UV-Licht

1 Beschreiben und erklären Sie die Abbildung 02 auf Seite 137!

2 Erklären Sie die Ableitung der Restriktionskarte aus dem Bandenmuster!

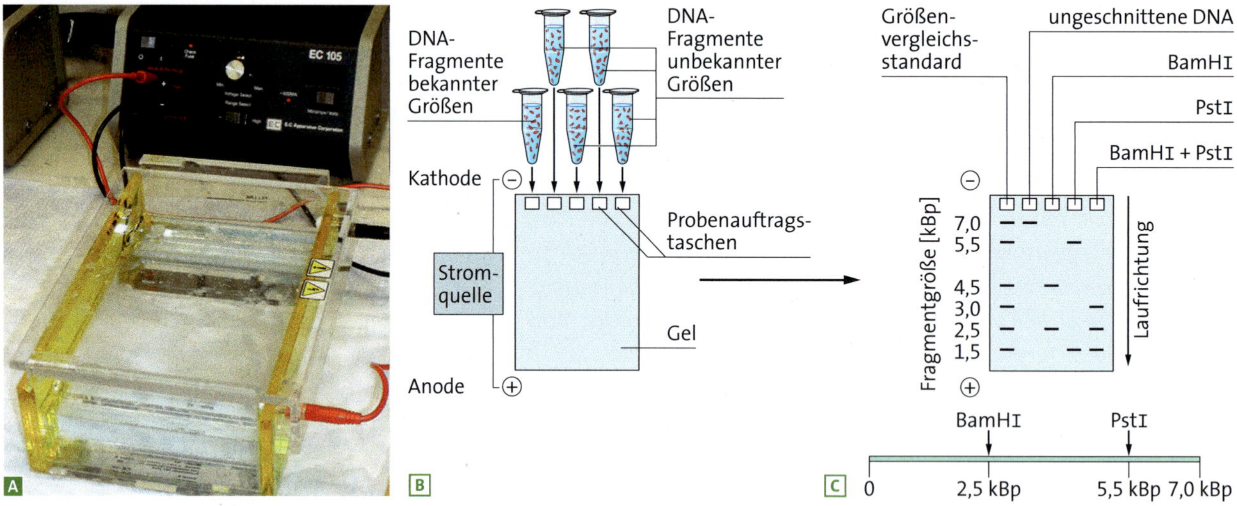

04 Gelelektrophorese: **A** Aufbau, **B** Versuchsansatz, **C** Restriktionskarte

Material A ▸ Restriktionskarte

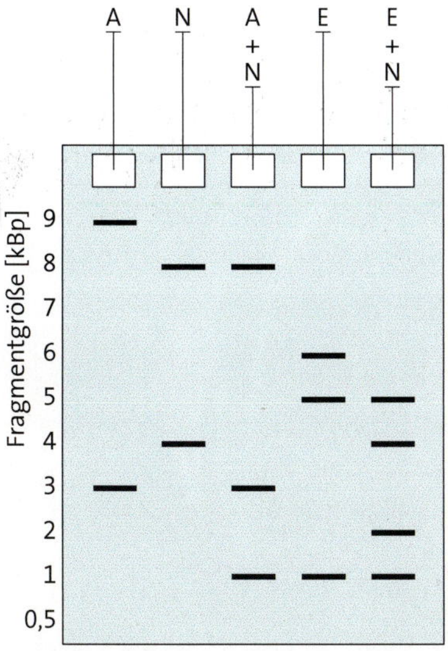

E = EcoRI N = NcoI A = ApoI

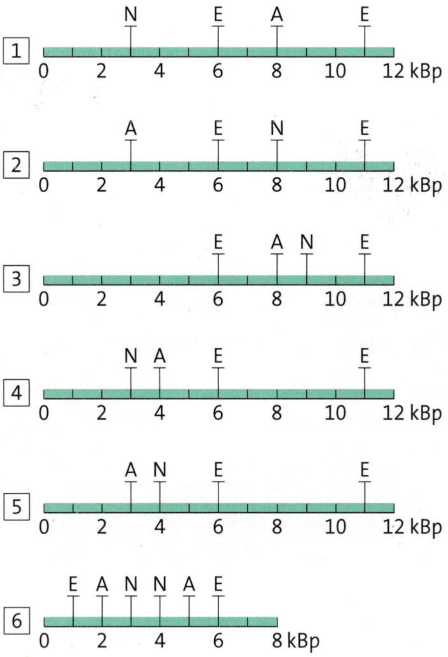

Ein kloniertes DNA-Segment wurde isoliert. Nun soll eine Restriktionskarte für die Restriktionsenzyme *Apo*I, *Nco*I und *Eco*RI erstellt werden. In drei Versuchsansätzen wurde das Fragment mit dem Enzym *Apo*I, *Nco*I beziehungsweise *Eco*RI behandelt. Im vierten und fünften Ansatz wurde das Fragment mit *Apo*I und *Nco*I beziehungsweise mit *Eco*RI und *Nco*I behandelt. Nach einer gelelektrophoretischen Auftrennung erstellten Laboranten verschiedene Restriktionskarten.

A1 Geben Sie an, welche der Restriktionskarten aus dem Bandenmuster der Gelelektrophorese abgeleitet werden kann, und begründen Sie Ihre Auswahl!

Material B ▸ Glasknochenkrankheit

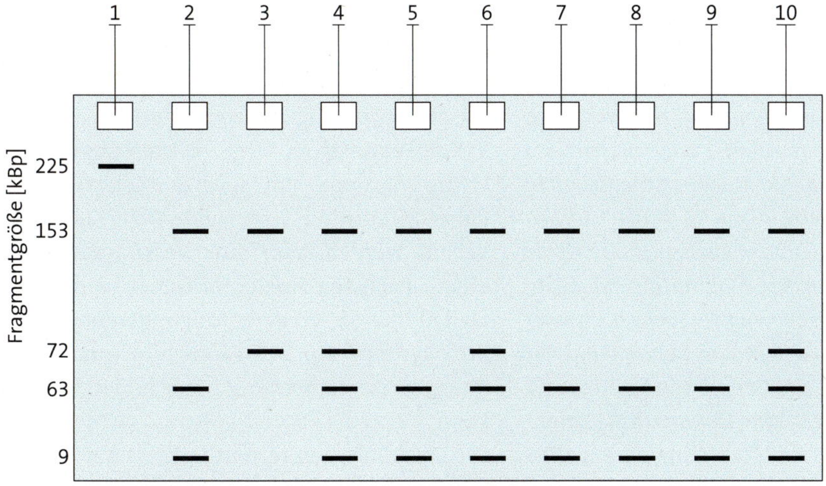

1 = ungeschnittene DNA
2 = normales Allel *Col*1A1
3 = mutiertes Allel *Col*1A1
4 = Blut des ersten Sohnes
5 = Blut des Vaters
6 = Blut des zweiten Sohnes
7 = Blut der Mutter
8 = Blut der Tochter
9 = Spermienzellen einer gesunden Person
10 = Spermienzellen des Vaters

Die Glasknochenkrankheit beruht auf einer Mutation des Gens *Col1A1*, das für die Bildung des Kollagens in den Knochen verantwortlich ist. In einer Familie, deren Söhne von der Krankheit betroffen sind, trat diese Krankheit weder in der Verwandtschaft noch bei ihren Vorfahren auf. Daher sollte eine molekulargenetische Untersuchung das plötzliche Auftreten der Erkrankung klären.

Dazu wurden allen Familienmitgliedern Zellen entnommen und die darin enthaltene DNA mit einem Restriktionsenzym geschnitten. Wenn das normale Allel vorliegt, entstehen so Fragmente von 153, 63 und 9 Basenpaaren. Das mutierte Allel ergibt Fragmente von 153 und 72 Basenpaaren. Eine gelelektrophoretische Auftrennung der behandelten DNA-Proben zeigt das Ergebnis dieser Untersuchung.

B1 Erläutern Sie den Unterschied in der Größe des DNA-Fragments eines normalen und mutierten Allels nach Behandlung mit einem Restriktionsenzym!

B2 Werten Sie das Ergebnis der Untersuchung aus!

B3 Erläutern Sie, ob das Allel für die Glasknochenkrankheit dominant oder rezessiv vererbt wird!

01 Pärchenegel

DNA-Sequenzierung

Plattwürmer der Gattung Schistosoma tragen den Namen Pärchenegel, weil das kleinere Weibchen in der Bauchfalte des Männchens lebt. Es handelt sich um Parasiten, die das menschliche Darm- und Urogenitalsystem befallen. An der aus dem Befall resultierenden Krankheit Schistosomiasis oder Bilharziose erkranken jährlich 200 Millionen Menschen in tropischen Ländern. Allein in Afrika sterben daran pro Jahr 280 000 Menschen. Damit ist die Bilharziose neben der Malaria die häufigste parasitäre Erkrankung. Auf der Suche nach einer möglichen medikamentösen Behandlung der Menschen wurde das Genom von Schistosoma mansoni analysiert. Man kennt nun die Basensequenz der ungefähr 12 000 Gene, die etwa 360 Millionen Basenpaare umfassen. Wie gelang es, das Genom zu sequenzieren?

Urogenitalsystem = Harnwege und Fortpflanzungsorgane

SANGER-SEQUENZIERUNG · Das Prinzip der DNA-Sequenzierung geht zurück auf Frederick SANGER, der diese Methode in den 1970er-Jahren entwickelt hat. Dabei wird die DNA zu Einzelsträngen denaturiert und mit geeigneten Primern, DNA-Polymerasemolekülen und den vier verschiedenen Desoxyribonukleosid-Triphosphaten, kurz dNTP, versetzt. Diese vier Triphosphate dienen als Substrate der DNA-Replikation: dATP, dGTP, dCTP und dTTP. Außerdem werden in geringer Menge Didesoxyribonukleosid-Triphosphate, kurz ddNTP, dem Ansatz hinzugefügt. Diesen Molekülen fehlt am 3'-Kohlenstoffatom der Desoxyribose die Hydroxylgruppe. Ein solches Molekül kann daher zwar in die wachsende DNA-Kette eingebaut werden, aber eine Verknüpfung mit einem nächsten Nukleotid findet nicht statt, weil die für die Verlängerung notwendige Hydroxylgruppe am 3'-C-Atom fehlt und keine Phosphordiesterbindung ausgebildet werden kann.

Die DNA-Polymerase synthetisiert am 3'-Ende des Primers beginnend aus den vorhandenen Desoxyribonukleotid-Triphosphaten einen komplementären Strang. Wird aber zufällig eines der vier ddNTP in die DNA-Sequenz eingebaut, wird die Synthese an dieser Position gestoppt. Da die Verlängerung der Nukleotidkette hier abgebrochen wird, spricht man von der **Kettenabbruchmethode.**

Die vier ddNTP sind jeweils mit unterschiedlichen Fluoreszenzmarkern versehen. Mit voranschreitender Replikation enthält der Ansatz neben den Matrizenfragmenten unterschiedlich lange DNA-Stücke, die jeweils mit einem fluoreszierenden ddNTP enden. Durch Erhitzen werden die neuen Stränge von der Matrize getrennt und mittels Elektrophorese der Länge nach sortiert. Per Laserstrahl wird der Markerfarbstoff zur Fluoreszenz angeregt. Das Fluoreszenzlicht wird von einer Fotozelle erfasst und anhand der Wellenlänge den Basen zugeordnet. So kann bestimmt werden, welches ddNTP sich am Ende eines Fragments befindet. Aus dieser Abfolge wird die Nukleotidsequenz des synthetisierten DNA-Strangs bestimmt und in die Sequenz des Matrizenstrangs umgewandelt. Anders als zu SANGERs Zeiten stehen allerdings heutzutage für die Sequenzierung Laborroboter und Computer mit entsprechender Software zur Verfügung. Aber auch diese vollautomatisierten Verfahren basieren auf dem Prinzip der Erkennung unterschiedlich markierter Fragmente.

SHOTGUN-METHODE · Auch automatisierte Sequenzierroboter können nur DNA-Stücke mit weniger als 1000 Kilobasenpaaren entschlüsseln. Daher wird zur Analyse eukaryotischer Genome wie dem des Pärchenegels die DNA zunächst durch Restriktionsenzyme oder durch Ultraschall in Fragmente zerlegt. Weil diese Fragmentierung ungerichtet erfolgt, spricht man von der *Schrotschuss-* oder *Shotgun-Methode*.

Dazu verwendet man mehrere Ansätze: Bei dem ersten Ansatz sind die Fragmente nur etwa zwei Kilobasenpaare groß, beim zweiten und dritten jeweils um den Faktor zehn größer. Jeder Ansatz umfasst die gesamte DNA, die sequenziert werden soll. Sie wird mit geeigneten Vektoren kloniert. Dann werden zufällig Klonsequenzen aus den Ansätzen genommen und einzeln sequenziert, ohne zunächst die Anordnung der Einzelsequenzen zueinander in der DNA zu kennen. Erst später werden auf der Grundlage der größeren Fragmente überlappende Bereiche ermittelt. Mithilfe spezieller Software werden die überlappenden Abschnitte der einzelnen Fragmente bestimmt, sodass die Gesamtsequenz stückweise zusammengesetzt werden kann.

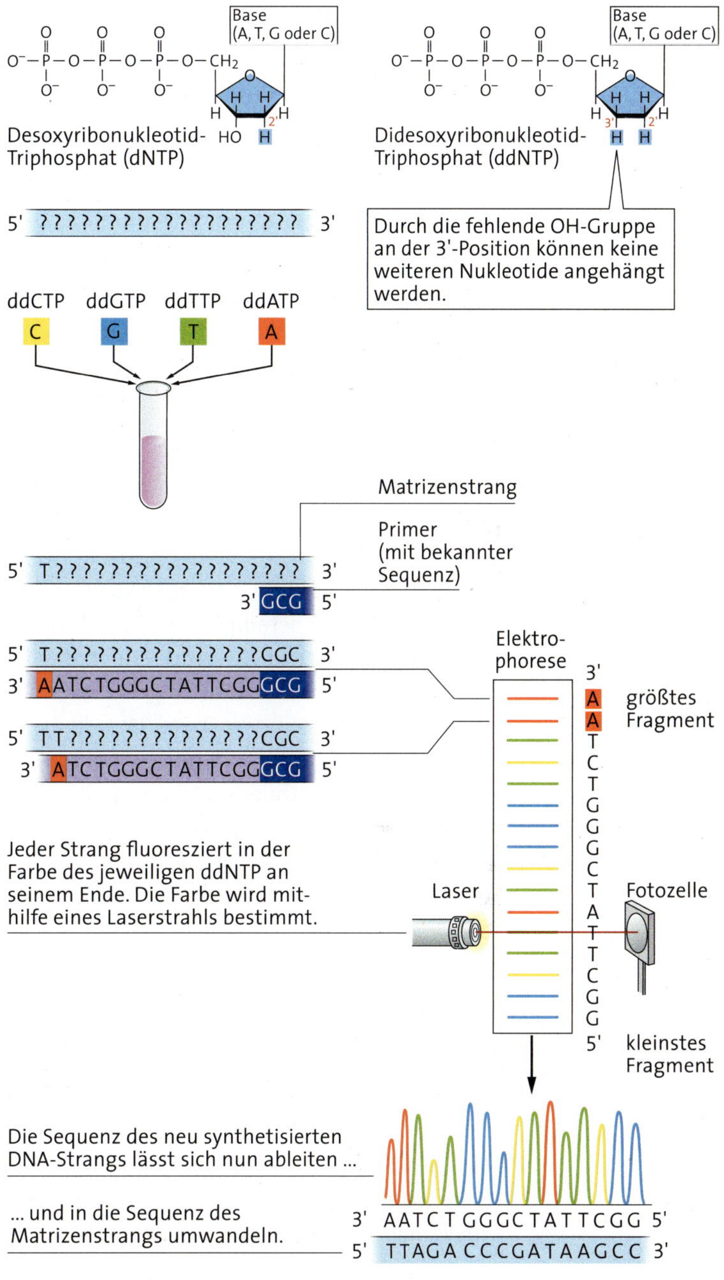

02 Ablauf der DNA-Sequenzierung

1 Beschreiben Sie detailliert den Ablauf der DNA-Sequenzierung!

2 Geben Sie die Funktion der ddNTP-Moleküle an!

3 Erläutern Sie, weshalb bei der Schrotschuss-Sequenzierung die Fragmente mehrerer Ansätze parallel sequenziert werden!

IM BLICKPUNKT FORSCHUNG

Humangenomprojekt

AUSGANGSSITUATION · Mitte der 1980er-Jahre steckten sich Wissenschaftler das ehrgeizige Ziel, das gesamte menschliche Genom zu sequenzieren, die Gene auf den 24 verschiedenen Chromosomen zu kartieren und ihre Funktion zu klären. So wurde 1990 in den USA das *Human Genome Project* unter der Leitung von James WATSON, dem Mitentdecker der DNA-Doppelhelix, in Angriff genommen. Wenig später erwuchs daraus nach der Idee von Sidney BRENNER eine internationale Kooperation unter der Leitung der *Human Genome Organization,* kurz HUGO, an der ab 1995 auch deutsche Forschungslabore beteiligt waren. 1998 trat das Privatunternehmen Celera Genomics in Konkurrenz zu der staatlich geförderten Organisation. Der Gründer dieses Unternehmens Craig VENTER wollte die Genomsequenzierung mithilfe der Schrotschuss-Methode schneller und kostengünstiger durchführen. Seine Absicht, sich die kommerziell interessanten Ergebnisse patentieren zu lassen, war in der wissenschaftlichen Welt sehr umstritten. Sie widerspricht dem freien Austausch wissenschaftlicher Erkenntnisse und wirft die ethische Frage auf, ob man Anspruch auf ein schon vorhandenes natürliches Gen erheben darf.

ERGEBNISSE · Zu Beginn des Jahres 2001 legten die beiden Konkurrenten gemeinsam ein vorläufiges Ergebnis vor. Bis dahin waren 90 Prozent der genreichen, *euchromatischen* Abschnitte analysiert. Dies entspricht etwa 70 Prozent des gesamten Genoms, das aber noch 150 000 Lücken aufwies. Erst 2003 wurde das Humangenomprojekt für beendet erklärt. 99 Prozent der euchromatischen Abschnitte sind bekannt, die Anzahl der Lücken hat sich auf 341 reduziert. Damit liegt nun die Sequenz von 2 851 330 913 Nukleotiden der 24 menschlichen Chromosomen vor. Neben der reinen Basensequenz konnte man auch wesentliche Informationen über die Gene herausfinden: Das menschliche Genom weist entgegen den vorherigen Prognosen nur ungefähr 25 000 Gene auf, die für Proteine codieren. Die Funktion von 40 Prozent dieser Gene ist unbekannt. 37 Gene haben ihre Funktion durch eine Mutation verloren. Man nennt sie daher *Pseudogene.* 1183 Gene sind erst vor stammesgeschichtlich relativ kurzer Zeit durch Genverdopplung entstanden. Des Weiteren wurde deutlich, dass die Gene nicht gleichmäßig auf die 24 Chromosomen verteilt sind. Die genärmeren, *heterochromatischen* Bereiche liegen in repetitiven Abschnitten innerhalb und an den Enden der Chromosomen. Dieses Fünftel des menschlichen Genoms bleibt bislang unerschlossen. Auch wenn nicht alle kühnen Ziele erreicht wurden, hat das Humangenomprojekt durch die insgesamt erfolgreiche Arbeit ein neues Teilgebiet der Genetik mitbegründet, die **Genomik.**

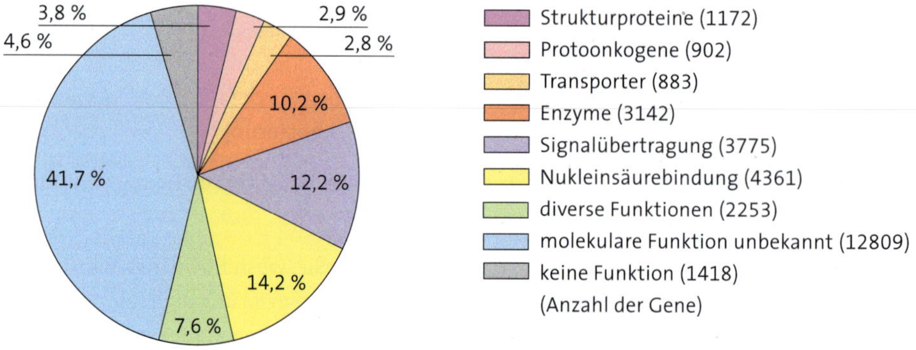

01 Genfunktionen

Material A ▸ Sanger-Sequenzierung

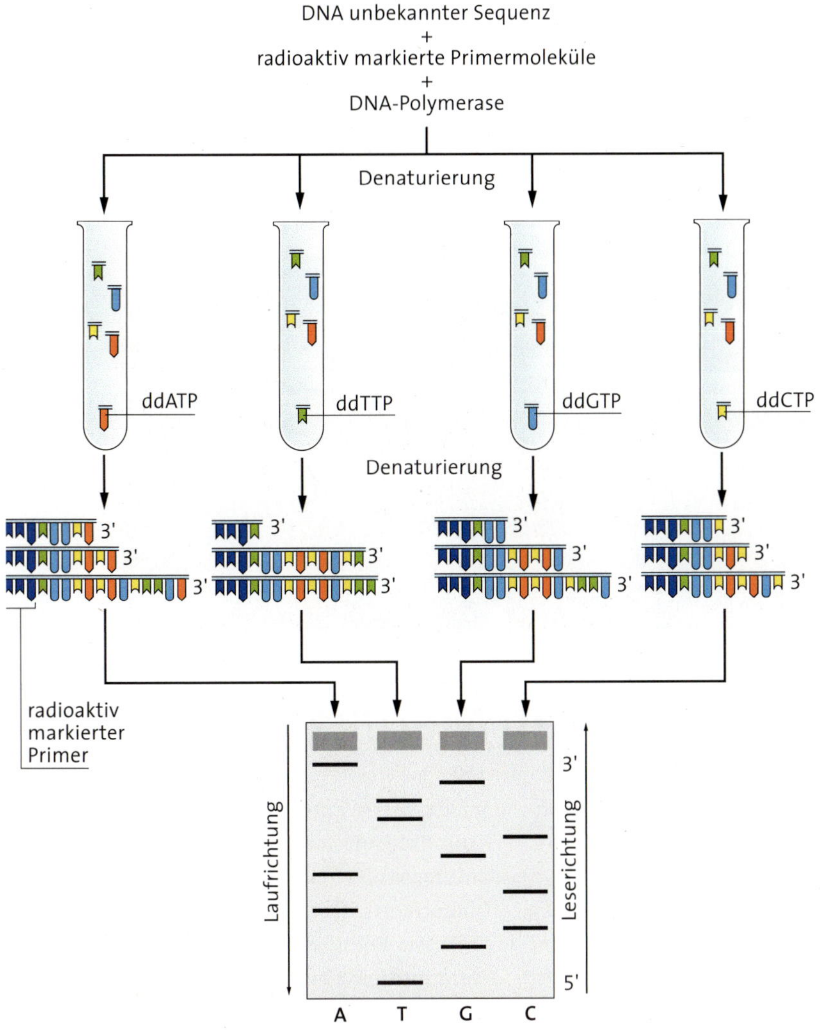

Frederick SANGER entwickelte die Kettenabbruchmethode in den 1970er-Jahren, also zu einer Zeit, in der noch keine Sequenzierrobotor zur Verfügung standen. Als Ergebnis erhielt er ein Autoradiogramm. Bei der Autoradiografie werden radioaktiv markierte Stoffe durch Schwärzung eines Röntgenfilms nachgewiesen. Das Prinzip der Sequenzierung liegt aber bis heute allen verwendeten Verfahren zugrunde. Hätte SANGER ein Patent auf seine Erfindung angemeldet, wäre er heute Multimillionär.

A1 Beschreiben Sie den Ablauf der ursprünglichen Sanger-Sequenzierung!

A2 Vergleichen Sie die ursprüngliche Methode mit der automatisierten Vorgehensweise! Nehmen Sie die Seiten 140 und 141 zu Hilfe!

A3 Geben Sie die Basensequenz des untersuchten DNA-Abschnitts an!

Material B ▸ Repetitive Sequenzen

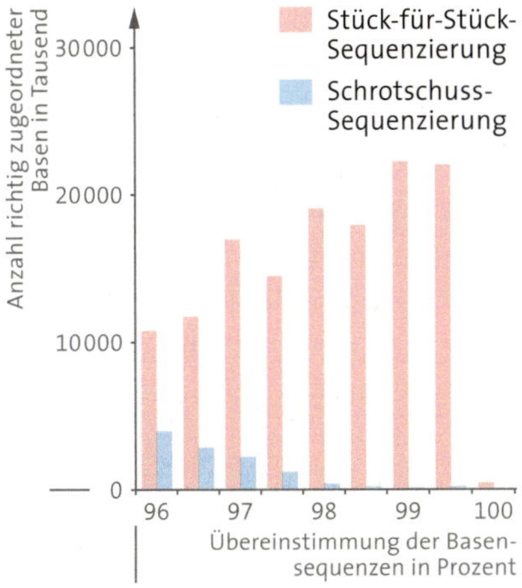

Die Forscher des Humangenomprojekts nutzten lange die im Vergleich zur Schrotschuss-Methode aufwendigere Stück-für-Stück-Sequenzierung. Dabei findet vor der Sequenzierung ein Arbeitsschritt statt, bei dem überlappende DNA-Fragmente in die richtige Reihenfolge gebracht werden.

Mit der Schrotschuss-Sequenzierung ist es bisher nicht gelungen, das menschliche Genom vollständig zu sequenzieren. Teile dieser unbekannten Bereiche sind durch Genduplikation entstanden und enthalten daher einen hohen Anteil sich wiederholender nahezu identischer Basensequenzen.

B1 Vergleichen Sie die Effektivität beider Verfahren bei der Untersuchung repetitiver DNA-Sequenzen!

B2 Entwickeln Sie eine Hypothese, die die unterschiedliche Effektivität beider Verfahren erklärt!

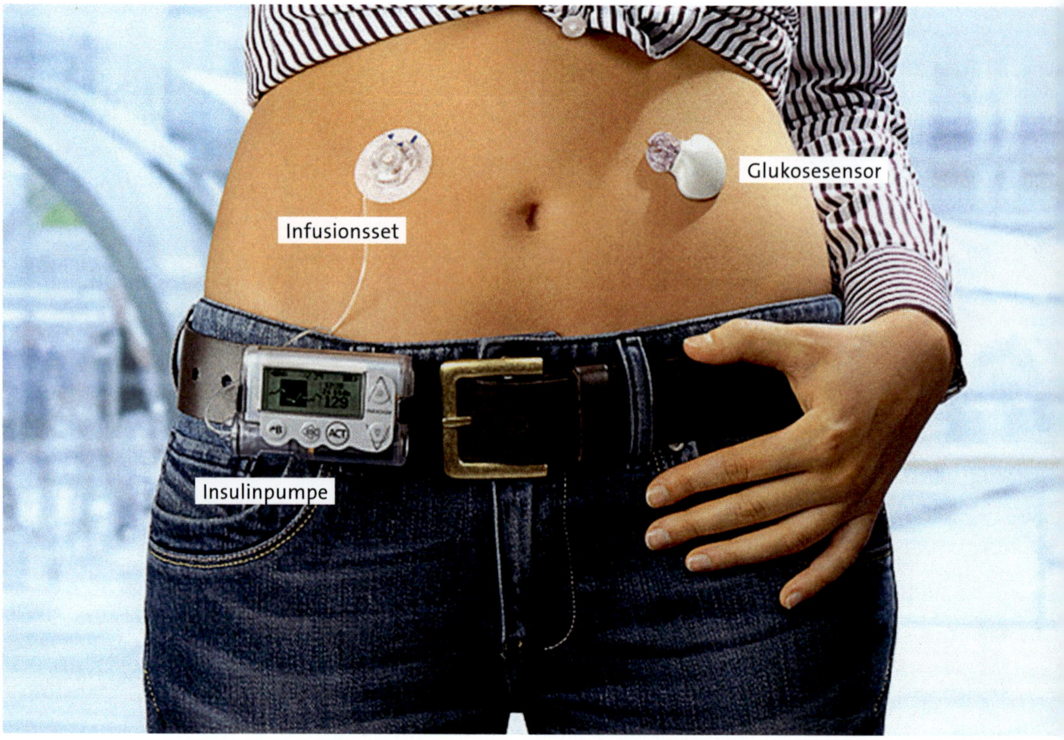

01 Insulinpumpe

Einzeller produzieren Medikamente

Diabetes mellitus ist eine der häufigsten Zivilisationskrankheiten. Es handelt sich um eine Stoffwechselerkrankung, bei welcher der Blutzuckerspiegel ständig zu hoch ist, weil die Menge der im Blut zirkulierenden Glukose nicht reduziert werden kann. Das Hormon Insulin ist normalerweise dafür zuständig, den Glukosespiegel im Blut zu verringern, indem es die Aufnahme der Glukose in die Körperzellen anregt. Ursache für den insulinabhängigen Diabetes, Typ-I-Diabetes, ist ein Mangel an Insulin, der auf eine unzureichende Bildung des Hormons in der Bauchspeicheldrüse, dem Pankreas, zurückzuführen ist. Als Behandlung hat sich die Injektion von Insulin etabliert, die manuell vor den Mahlzeiten erfolgt oder automatisch von Insulinpumpen gesteuert wird. Woher stammt aber das injizierte Insulin?

TIERINSULIN · Zu Beginn der 1920er-Jahre gelang es, Insulin aus tierischen Bauchspeicheldrüsen zu isolieren. Als Insulinlieferanten dienten Schweine und Rinder. Es erwies sich jedoch als problematisch, dass sich das Insulin aus Schweinen in einer und das aus Rindern in drei Aminosäuren von der menschlichen Variante unterscheiden, sodass sich bei behandelten Diabetikern trotz aufwendiger Reinigungsprozesse allergische Reaktionen gegen diese Fremdproteine einstellten. Obwohl in den 1970er-Jahren ein Weg gefunden wurde, die abweichende Aminosäure des Schweineinsulins enzymatisch auszutauschen, stand man angesichts der steigenden Diabetikeranzahl vor der Schwierigkeit, dass allein ein deutscher Hersteller täglich die Bauspeicheldrüsen von 100 000 Schlachttieren benötigte, um den Bedarf zu decken.

REKOMBINANTES HUMANINSULIN · Auf der Grundlage der von Frederick SANGER bereits 1953 bestimmten Struktur und Aminosäuresequenz des menschlichen Insulins konnte man eine Gensequenz im Labor entwerfen, die für menschliches Insulin codierte. Das aktive Insulin besteht aus zwei über Disulfidbrücken kovalent verknüpften Polypeptidketten, der A-Kette und der B-Kette. Die synthetischen Gene für die beiden

Ketten sind so konstruiert, dass beide mit einem Methionin-Codon beginnen. Sie werden jeweils mit Restriktionsenzymen geschnitten und getrennt in zwei Plasmidvektoren hinter das β-Galaktosidase-Gen, kurz *lacZ*-Gen, integriert. Denn es hat sich als erfolgreich erwiesen, die fremde DNA an bakterieneigene DNA zu koppeln und die gut funktionierenden Promotoren mit zu nutzen. Mit diesen rekombinanten Plasmiden werden nun Bakterien transformiert. Da die Insulingene sich jeweils direkt an das β-Galaktosidase-Gen anschließen, stellen Bakterien bei der Genexpression entweder β-Galaktosidase-A-Ketten-Insulin oder β-Galaktosidase-B-Ketten-Insulin her. Diese Produkte sind also *Fusionsproteine*. Dies hat den Vorteil, dass die bakterienfremde Insulinkette nicht von bakteriellen Proteasen zersetzt wird. Nachdem sich Fusionsproteine in den Bakterien angehäuft haben, werden die Wirtszellen zerstört und die Fusionsproteine gereinigt, das heißt von allen übrigen Molekülen getrennt. Auch dieser Schritt gelingt besser mit dem größeren Fusionsprotein. Anschließend werden die Fusionsproteine mit Bromcyan behandelt, welches innerhalb einer Aminosäurekette die Peptidbindung hinter Methionin spaltet. Da innerhalb der beiden Insulinuntereinheiten kein Methionin vorkommt, erfolgt die Spaltung hinter dem zusätzlich eingebauten Methionin, sodass die A-Kette beziehungsweise die B-Kette von der β-Galaktosidase getrennt wird. Nach erneuter Reinigung werden die beiden Insulinketten gemischt. Diese verbinden sich spontan unter Ausbildung der Disulfidbrücken und bilden aktive menschliche Insulinmoleküle.

Die Synthese des Humaninsulins in rekombinanten Bakterien Ende der 1970er-Jahre gilt als ein Meilenstein in der modernen Biotechnologie. Bald darauf folgte die Herstellung weiterer medizinisch bedeutsamer Proteine, die sonst nur mittels sehr aufwendiger Verfahren und oft nicht in ausreichender Menge zur Verfügung standen. Dazu gehören Wachstumshormone ebenso wie Interferone und Interleukine, die in der Krebsbehandlung eingesetzt werden.

1 Erläutern Sie die Funktion der Fusionsproteine bei der Insulinherstellung!

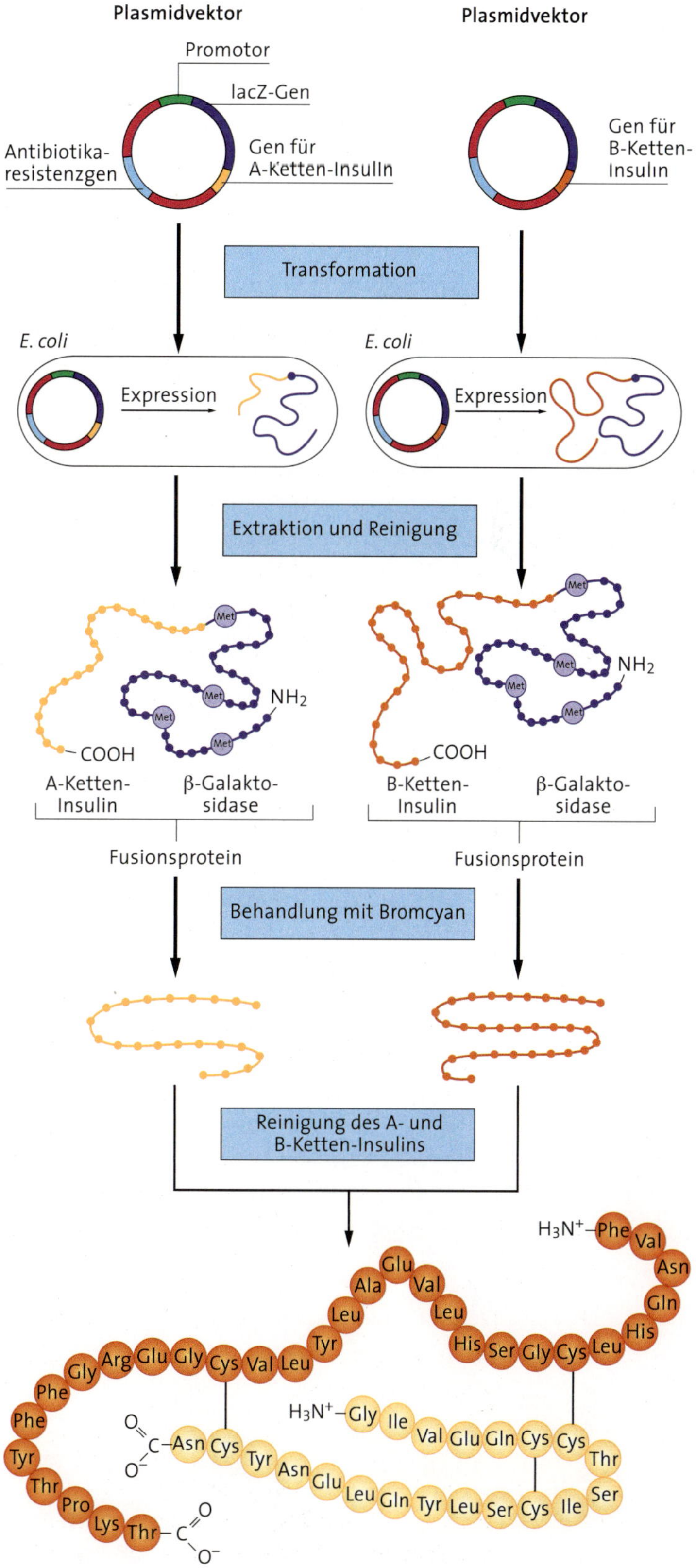

02 Insulinherstellung mit Bakterien

BAKTERIEN ODER HEFE · Da ein großer Teil der genetischen Grundlagenforschung an *E. coli* durchgeführt worden ist, ist dieses Bakterium bei der Produktion rekombinanter Proteine am weitesten verbreitet. Der Einsatz von Prokaryoten zur Herstellung eukaryotischer Proteine stößt jedoch auch an Grenzen. Denn es können Probleme auftreten, die zum einen aus der Sequenz des klonierten Gens resultieren. Zum anderen können sie auf unterschiedliche Eigenschaften der Bakterienzellen im Vergleich zu eukaryotischen Zellen zurückzuführen sein:

- Wenn das Fremdgen beispielsweise Introns enthält, kann es nicht richtig exprimiert werden, weil Prokaryoten diese Introns nicht aus den Transkripten herausschneiden können.
- Eukaryotische Gene können Sequenzen enthalten, die bei *E. coli* als Terminationssignale wirken.
- Trotz der nahezu uneingeschränkten Universalität des genetischen Codes werden bei jeder Art bestimmte Codons präferiert. Enthält eine fremde DNA zu viele für eine bestimmte Art nicht geläufige Codons, so kann die Anzahl der vorhandenen spezifischen tRNAs zu gering sein. Dies führt zu Schwierigkeiten bei der Translation.
- Viele eukaryotische Proteine werden nach der Translation durch chemische Modifikationen der Aminosäuren abgewandelt. So werden beispielsweise häufig Zuckergruppen angefügt. Eine solche Glykosylierung findet aber bei Bakterien nur in Ausnahmefällen statt.
- Bei der Faltung des Proteins und der Ausbildung von Disulfidbrücken treten in Bakterien oft Fehler auf, sodass das Protein nicht wirksam ist. Eine nachträgliche Faltung im Reagenzglas ist kaum möglich. Außerdem verklumpen solche Proteine ohne korrekte Tertiärstruktur oft, sodass sie schwer löslich sind.
- Manche Fremdproteine werden von *E. coli* abgebaut.

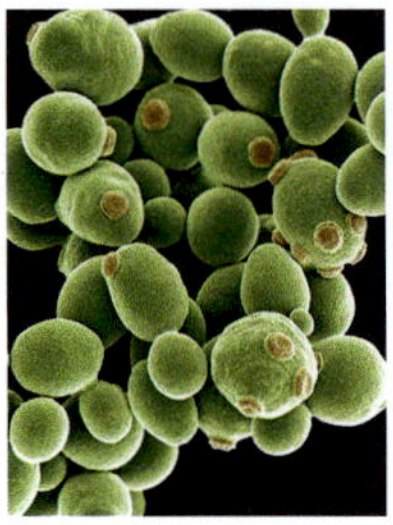

03 Hefezellen

Übertragung von DNA in Eukaryotenzellen siehe Seite 153

Für die Synthese in Bakterien wie *E. coli* eignen sich demnach nur diejenigen eukaryotischen Proteine, auf welche diese Beschränkungen nicht oder nur in einem geringen Maß zutreffen. Daher suchte man alternative Mikroorganismen und wurde bei *Saccharomyces cerevisiae* fündig. Denn bei der Hefe handelt es sich um einen einzelligen Eukaryoten, der aufgrund seiner engeren Verwandtschaft tierische Gene besser exprimieren und die entstandenen Proteine leichter weiterverarbeiten kann. Vor allem das Problem der fehlenden Glykosylierung bei Bakterien taucht bei der Hefe nicht auf.

BIOREAKTOR · Dennoch treffen einige für die biotechnologische Produktion wichtige Eigenschaften sowohl auf die Hefe als auch auf *E. coli* zu. Beide sind einzellige Mikroorganismen, in die DNA leicht zu übertragen ist und die im großen Maßstab mit geringem Aufwand zu züchten sind. Dazu verwendet man große biotechnologische Produktionsanlagen, deren Herzstücke geschlossene Systeme sind, in denen die biologischen Prozesse ablaufen. Solche *Bioreaktoren* können mehrere Stockwerke hoch sein und werden vollautomatisch überwacht. Computer kontrollieren zum Beispiel die Temperatur, den pH-Wert und die Sauerstoffkonzentration sowie die Vermehrung der Zellen. Da die rekombinanten Proteine bei Bakterien und Hefe meist in den Zellen verbleiben, wird der Bioreaktor nach der biochemischen Umsetzung, die einige Stunden oder Tage dauern kann, geleert, die Zellen werden zerstört, die Proteine extrahiert und gereinigt.

04 Bioreaktor

2 Nennen Sie mögliche Schwierigkeiten bei der Nutzung von *E. coli* als Proteinproduzent!

Material A ▸ Hefevirus

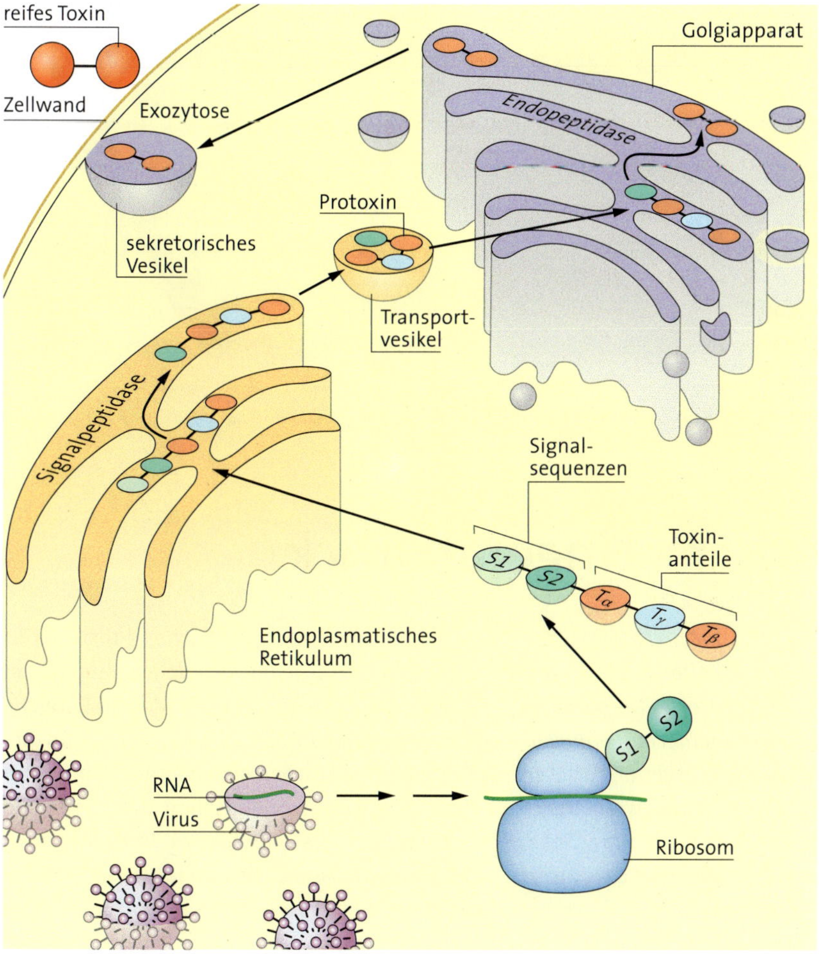

Die Hefe *Saccharomyces cerevisiae* wird von einem Virus befallen, das sich in der Zelle vermehrt und dort in hoher Kopienanzahl verbleibt. Dieses Virus bringt die Wirtszelle dazu, ein Toxin zu produzieren und aus der Zelle auszuschleusen, welches dann in andere Zellen eindringt und diese tötet. Verantwortlich für die Einschleusung des Toxins in den natürlichen Syntheseweg der Sekretionsprodukte der Hefe ist eine doppelte Signalsequenz, S1 und S2, am Aminoende eines von der Hefe translatierten Proteins.

A1 Beschreiben Sie die Schritte von der Virusinfektion der Hefezelle bis zur Sekretion des Toxins!

A2 Stellen Sie eine Hypothese auf, wie man die Erkenntnisse über das Hefevirus für eine vereinfachte Gewinnung rekombinanter Proteine aus Hefezellen nutzen kann!

Material B ▸ Affinitätschromatografie

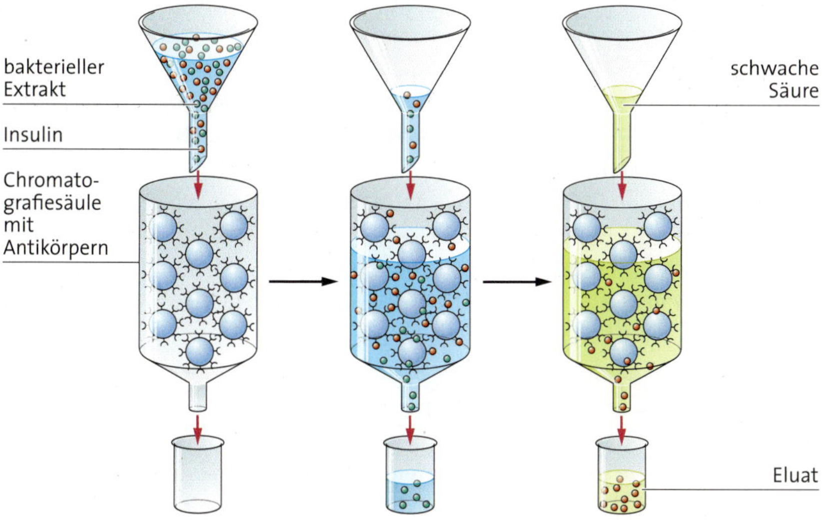

Bei der gentechnischen Herstellung von Insulin werden die produzierenden Bakterien am Ende des Prozesses zerstört. Dadurch entsteht die Schwierigkeit, dass die gewünschten Proteine von den anderen zellulären Molekülen getrennt werden müssen. Ein Standardverfahren dazu ist die Affinitätschromatografie.

B1 Beschreiben Sie das Verfahren der Affinitätschromatografie!

B2 Erläutern Sie die Funktion der Insulinantikörper!

01 Lynda Mann und Dawn Ashworth

Der genetische Fingerabdruck

1983 wurden Lynda Mann und drei Jahre später Dawn Ashworth jeweils im Alter von 15 Jahren in der Nähe des englischen Dorfes Narborough sexuell missbraucht und ermordet aufgefunden. Die Polizei tappte lange im Dunkeln, bis Forscher von der Universität Leicester durch zwei neu entwickelte Verfahren der Suche nach dem Mörder neuen Antrieb geben konnten. Peter GILL hatte eine Methode entwickelt, Vaginal- und Spermienzellen voneinander zu trennen, sodass die Spermienzellen des Mörders isoliert werden konnten. Alec JEFFREYS war es gelungen, aus der DNA menschlicher Zellen ein genetisches Profil zu erstellen, das einem einzelnen Menschen wie der Fingerabdruck eindeutig zugeordnet werden kann. Wie gelang JEFFREYS dieser genetische Fingerabdruck?

MINISATELLITEN · Die genetische Information ist in allen Zellen eines menschlichen Körpers identisch, auch wenn sie unterschiedliche Funktionen ausüben. So können Zellen, die ein Täter am Tatort hinterlässt, für eine eindeutige Zuordnung benutzt werden.
Dies ist möglich, da jeder Mensch durch seine individuelle Anordnung der drei Milliarden Nukleotide der DNA auf 23 Chromosomen eine einzigartige genetische Identität hat. Nur eineiige Zwillinge bilden eine Ausnahme.

Zur Erstellung eines genetischen Profils ist es nicht notwendig, jedes Basenpaar der DNA zu erfassen. Man stützt sich vor allem auf Bereiche nicht codierender DNA, die Introns. Denn in diesen Bereichen können sich in einer Population Mutationen über Generationen anhäufen ohne Nachteile für das Individuum. In den Introns sind daher größere Unterschiede in der Nukleotidabfolge zu beobachten als in den Exons. Man bezeichnet diese Unterschiede in der Nukleotidsequenz als Polymorphismen. Die Introns enthalten häufig sich zwei- bis hundertmal wiederholende Sequenzen von 10 bis 100 Basenpaaren Länge, die wegen ihrer variablen Häufigkeit bei jedem Menschen ein individuelles Muster ausprägen. Diese repetitiven Abschnitte bezeichnet man als Minisatelliten-DNA oder *variable number of tandem repeats,* kurz **VNTR.**

RFLP-ANALYSE · Um diese Wiederholungen zu analysieren, wird die DNA mit Restriktionsenzymen geschnitten. Dadurch lassen sich DNA-Moleküle abhängig von der Anzahl der vorhandenen Schnittstellen in verschieden lange Fragmente zerlegen. Diese von Person zu Person unterschiedliche Länge von DNA-Fragmenten nach der Behandlung mit Restriktionsenzymen bezeichnet man als **Restriktionsfragmentlängenpolymorphismus,** kurz RFLP.

SOUTHERN-BLOTTING · Die erhaltenen DNA-Fragmente werden nun mithilfe einer Gelelektrophorese ihrer Größe nach aufgetrennt. Das Gel wird mit Wärme oder Chemikalien behandelt, um die DNA zu denaturieren. Es wird dann auf einem Schwamm in einer Pufferlösung platziert. Auf dem Gel liegen ein Nitrozellulosefilter und Papiertücher, die mit einem Gewicht beschwert sind. Durch Kapillarkräfte wird die Pufferlösung durch das Gel und den Filter nach oben gesogen. Dabei werden die DNA-Fragmente mit hoher Präzision auf den Filter übertragen, sodass ihre Anordnung im Gel auf dem Filter erhalten bleibt. Dieses Verfahren wird nach seinem Erfinder Edwin SOUTHERN als *Southern-Blotting* bezeichnet.

Nun wird der Filter mit der verankerten DNA mit einer radioaktiv markierten Sonde inkubiert. Diese Sonden sind einzelsträngige DNA-Sequenzen wie GGGCAGGAGG, die mit komplementären Sequenzen bestimmter DNA-Abschnitte hybridisieren und sie damit markieren. Die Sonden entsprechen ausgewählten VNTRs. Nach dem Waschen des Filters zur Entfernung überzähliger Sonden legt man einen Röntgenfilm auf den Nitrozellulosefilter. Da die Sonden durch Radioisotope markiert sind, wird der Röntgenfilm nach der Entwicklung dort geschwärzt, wo die Strahlungsemission stattfindet. Auf dem Röntgenfilm sind an den Stellen schwarze Balken zu erkennen, an denen auf dem Filter Sonden gebunden waren. Dieses Verfahren bezeichnet man als *Autoradiografie*.

JEFFREYS konnte durch den Vergleich der aus Spermienzellen isolierten DNA-Proben nachweisen, dass es sich bei beiden Mädchen um Opfer desselben Täters handelte. Ein erster Verdächtiger wurde durch den Vergleich mit seinem genetischen Profil entlastet. Daraufhin ordnete die Polizei eine Untersuchung der Gewebeproben von über 5000 Männern des Bezirks an. So konnte ein Mann verhaftet werden, dessen Profil seiner Minisatelliten exakt zu dem der an den Tatorten gefundenen DNA-Spuren passte. Diese Erstellung eines eindeutigen genetischen Profils nennt man populärwissenschaftlich genetischen Fingerabdruck oder *Fingerprinting*. Fachleute sprechen eher von **DNA-Profiling.**

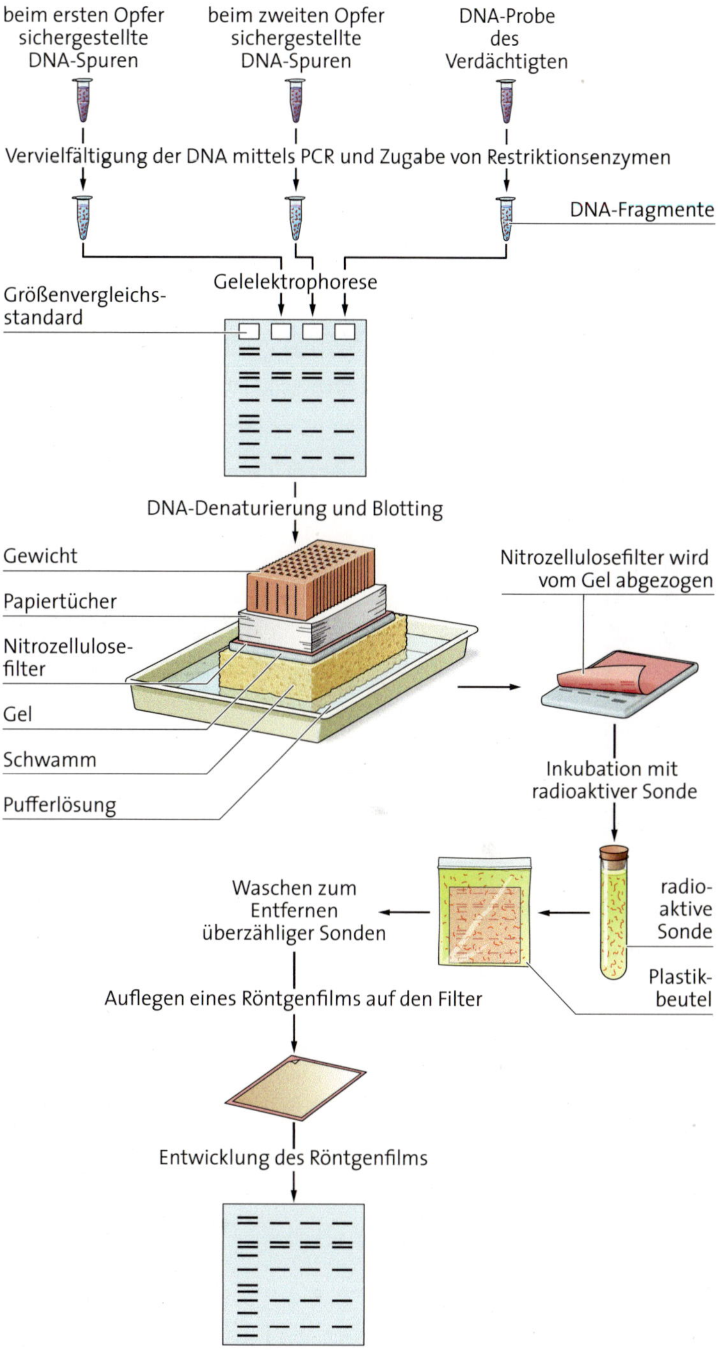

02 Entstehung eines genetischen Fingerabdrucks

1 Erläutern Sie, weshalb die DNA-Sonden ausgewählten VNTR-Sequenzen entsprechen müssen!

2 Beurteilen Sie die Bedeutung des *Fingerprinting* für die Aufklärung von Mordfällen!

MIKROSATELLITEN · Für eine DNA-Analyse nach dem Verfahren des genetischen Fingerabdrucks mit VNTRs werden mindestens 50 Mikrogramm DNA benötigt. Dies entspricht der DNA von ungefähr 10 000 Zellen, deren Zersetzung noch nicht begonnen haben darf. Diese Bedingungen werden an vielen Tatorten nicht erfüllt. Daher wird die RFLP-Analyse heute vor allem bei Vaterschaftstests eingesetzt, die auf der Untersuchung frischer intakter Zellen beruhen. Um aus Proben wie einzelnen Haaren, einem Zigarettenstummel oder Speichelresten ein DNA-Profil zu erstellen, nutzt man hingegen eine andere Gruppe von Sequenzen als Marker, die den VNTRs sehr ähnlich sind. Jedoch sind die wiederholten Basenfolgen noch kürzer. Sie umfassen bis zu zehn Nukleotide und wiederholen sich fünf- bis zwanzigmal. Sequenzen wie CACACACACA werden als *Mikrosatelliten* oder *short tandem repeats*, kurz **STR**, bezeichnet. In einem einzelnen STR liegen unterschiedlich viele Wiederholungseinheiten, die durch Fehler bei der Replikation entstanden sind. Zur Erstellung eines DNA-Profils bedient man sich zuerst der Technik der Polymerasekettenreaktion zur Vervielfältigung des genetischen Materials. Man setzt dabei Primer ein, die sich an beiden Enden eines STR an die DNA heften, sodass nicht alle vorhandenen DNA-Sequenzen abgelesen werden, sondern nur bekannte STRs. Anschließend werden die gebildeten Fragmente gelelektrophoretisch aufgetrennt und man erhält nach der Markierung mit einer spezifischen Farbstoffsonde ein Bandenmuster wie beim klassischen *Fingerprinting*. Wenn man die Primer bei der PCR mit verschiedenen Fluoreszenzfarbstoffen markiert, können die gebildeten DNA-Fragmente durch einen Sequenzierungsautomaten analysiert werden. Als Ergebnis dieser Fluoreszenzdetektion erhält man eine Grafik mit Peaks, die für gebundene Sonden an den jeweiligen Genloci stehen. So kann ein DNA-Profil zur Identifizierung und Verwandtschaftsbestimmung genutzt werden. Betrachtet man nur ein STR, kann man von einer Probe nicht sicher auf eine bestimmte Person schließen, weil die Wahrscheinlichkeit einer Übereinstimmung bei etwa 1:200 liegt. Ermittlungsbehörden nutzen daher international ein Markerfeld mit 13 STRs, sodass die Wahrscheinlichkeit, dass jemand dieselbe STR-Kombination aufweist, auf eins zu einer Trillion sinkt.

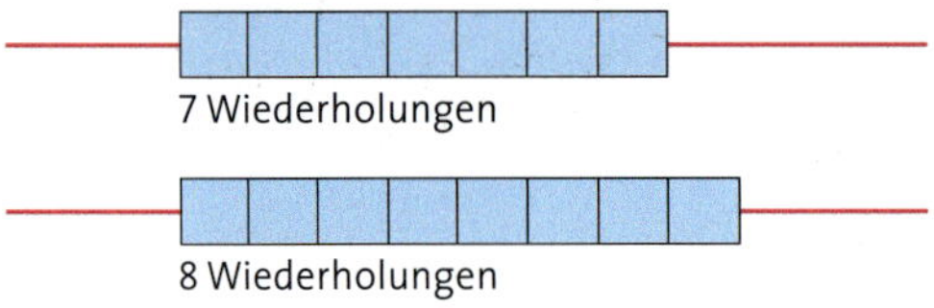

03 STR-Polymorphismus

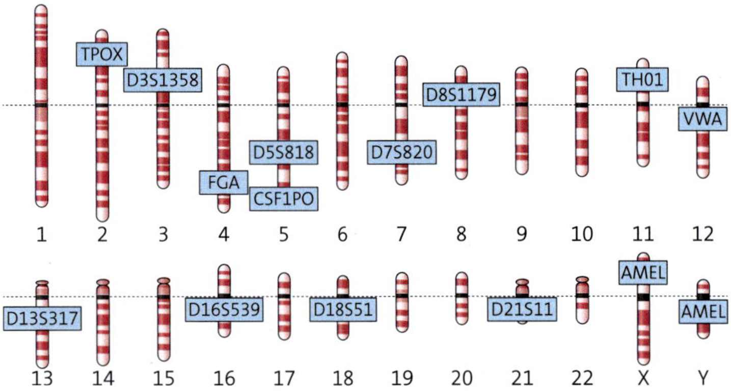

04 Internationales Markerfeld

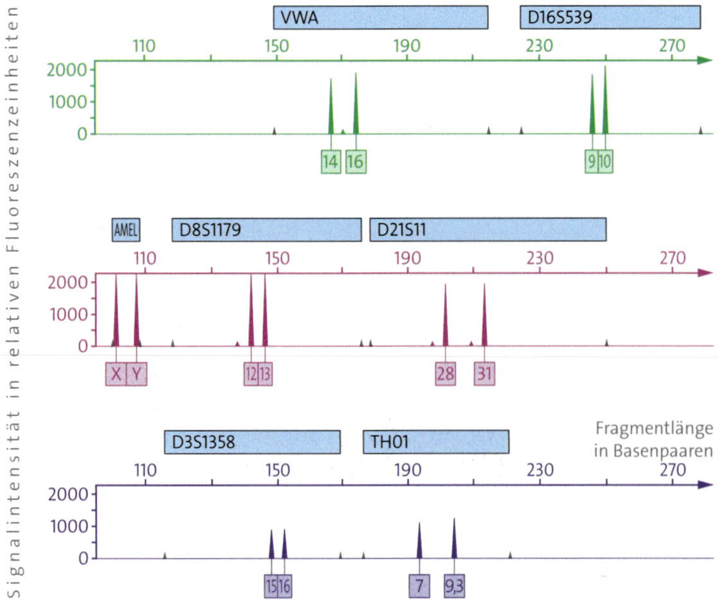

05 DNA-Profil

3 Erläutern Sie, weshalb sich Polymorphismen für die Erstellung von DNA-Profilen eignen!

4 Vergleichen Sie VNTRs und STRs!

Material A ▸ Vaterschaft

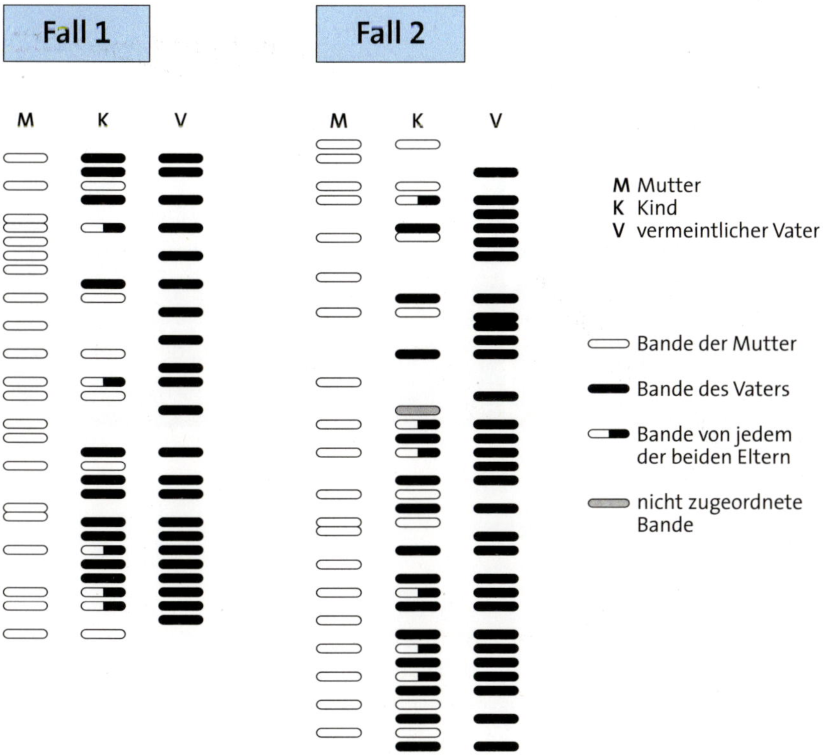

Sowohl zur Strafverfolgung als auch im Zivilrecht werden zwei DNA-Sonden von Minisatellitenloci auf dem ersten und siebten Chromosom eingesetzt, um ein DNA-Profil zu erstellen.
So konnte man Tausende von Vaterschaftsfällen erfolgreich klären.

A1 Beschreiben Sie das Bandenmuster zu Fall 1!

A2 Werten Sie das Bandenmuster zu Fall 1 aus und nehmen Sie Stellung zur Frage der Vaterschaft!

A3 Beschreiben Sie das Bandenmuster zu Fall 2!

A4 Werten Sie das Bandenmuster zu Fall 2 aus und nehmen Sie Stellung zur Frage der Vaterschaft!

A5 Erläutern Sie die Möglichkeiten zur Entstehung einer nicht den Elternteilen zuzuordnenden Bande!

Material B ▸ Mann oder Frau

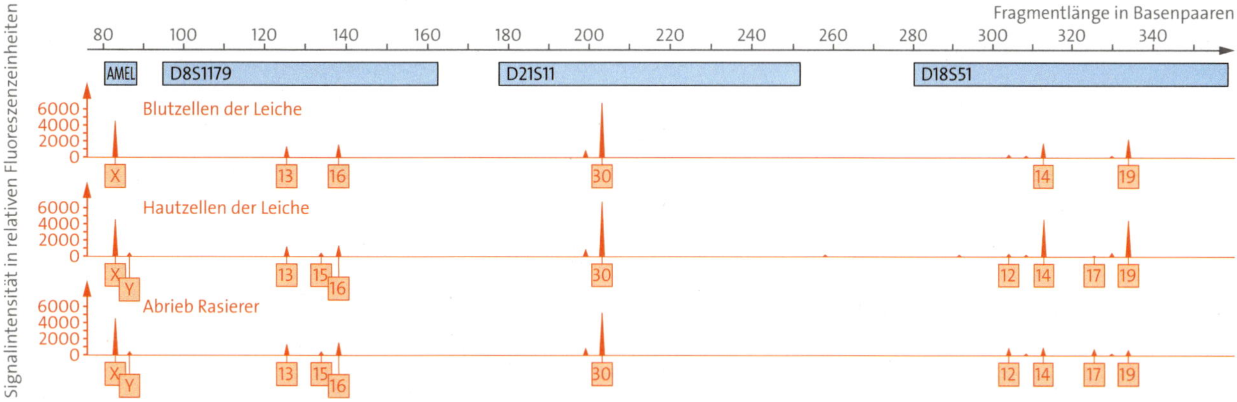

Das DNA-Profil stammt von einer Person, die sich vor einen Zug geworfen hatte. Ihr Körper war bis zur Unkenntlichkeit entstellt und auf Ausweispapiere konnten die Ermittlungsbehörden auch nicht zurückgreifen. Die Polizei ermittelte einen vermissten Mann, der als wahrscheinlichstes Opfer galt. Zur Klärung der Identität wurde ein DNA-Profil aus den Blutzellen und Hautzellen der Leiche sowie aus Hautzellen vom Rasierer aus der Wohnung des Vermissten erstellt. Medizinischen Unterlagen in der Wohnung war zu entnehmen, dass der Mann eine Knochenmarksspende von einer Frau erhalten hatte.

B1 Werten Sie das DNA-Profil aus!

B2 Nehmen Sie Stellung zur Eindeutigkeit eines DNA-Profils!

01 Reis:
A goldener Reis,
B normaler Reis

„Grüne“ Gentechnik

In Ländern, in denen Reis als Grundnahrungsmittel dient, leiden weltweit schätzungsweise 140 Millionen Kinder an Vitamin-A-Mangel. Dieser Mangel bewirkt eine Schwächung des Immunsystems, die zu einer erhöhten Anfälligkeit für Infektionskrankheiten führt, sowie eine Beeinträchtigung des Sehsinns. Mehr als 500 000 Kinder in Afrika und Asien erblinden pro Jahr infolge dieses Mangels. Die Hauptursache dafür besteht darin, dass geschälter Reis nur über sehr geringe Mengen β-Carotin verfügt, das im Körper zu Vitamin A umgewandelt wird. Gentechnisch hergestellter „goldener Reis“ hingegen enthält erhöhte Mengen β-Carotin, das zu der namensgebenden Färbung führt. Wie gelingt diese gentechnische Veränderung?

Phytoen-Vorstufe
↓ *Phytoen-Synthase*
Phytoen
↓ *Phytoen-Desaturase*
Lycopin
↓ *Lycopin-ß-Zyklase*
ß-Carotin

02 Schema der ß-Carotin-Synthese

BIOFORTIFIKATION · In allen Teilen der Reispflanze wird β-Carotin synthetisiert, zum Beispiel in den Laubblättern und auch in der mehrschichtigen Samenschale. Diese wird aber bei der Verarbeitung von Reis entfernt, weil polierter Reis als Endprodukt der Verarbeitung zwar den größten Teil der Mineralstoffe und Vitamine verloren hat, aber wesentlich haltbarer ist. Da es in der Natur keine Reisart gibt, die auch im Reiskorn β-Carotin synthetisiert, begannen Ingo POTRYKUS und Peter BEYER zu Beginn der 1990er-Jahre mit der Entwicklung einer gentechnisch veränderten Reissorte. Der Biosyntheseweg des β-Carotins geht von einer Vorstufe des Carotins Phytoen aus und wird von drei Enzymen katalysiert.

Da diese Enzyme im Reiskorn unter natürlichen Bedingungen deaktiviert sind, wurden die codierenden DNA-Abschnitte aus dem Genom der Narzisse mit der Technik der rekombinanten DNA in das Genom der Reispflanze eingeschleust. Die DNA-Abschnitte wurden an Promotoren gekoppelt, die nicht in den übrigen Teilen der Pflanze, sondern nur im Reiskorn aktiv werden, sodass die β-Carotin-Synthese nur dort stattfindet. Ein solches Verfahren der gentechnischen Veränderung einer Pflanze mit dem Ziel, diese mit bestimmten Inhaltsstoffen wie Vitaminen oder Mineralstoffen anzureichern, bezeichnet man als *Biofortifikation.*

AGROBACTERIUM TUMEFACIENS · Für das Einschleusen der Fremd-DNA in die Reispflanze macht man sich einen natürlichen Vektor zunutze. Das Bodenbakterium *Agrobacterium tumefaciens* infiziert Pflanzen an verletzten Stellen. Es enthält ein doppelsträngiges DNA-Plasmid, das an der infizierten Stelle eine unkontrollierte Teilung der Pflanzenzellen hervorruft. Man nennt es daher tumorinduzierendes Plasmid, kurz **Ti-Plasmid.** Das tumorartige Zellwachstum kommt zustande, da ein Teil des

Ti-Plasmids, die Transfer-DNA oder **T-DNA,** in die DNA der Pflanze integriert wird. Die T-DNA bleibt in der Pflanzenzelle erhalten und wird auch an Tochterzellen weitergegeben. In der Pflanzenzelle bewirkt die T-DNA, dass Phytohormone und Opine synthetisiert werden. Die Phytohormone stimulieren die Zellteilung und das Wachstum. Opine sind spezielle Aminosäuren, die nur von *Agrobacterium* genutzt werden können. Das Bakterium programmiert die Zelle also genetisch zu seinem eigenen Nutzen um.

TRANSFEKTION · Um die Ti-Plasmide für die Übertragung von DNA in eine eukaryotische Zelle, die *Transfektion,* nutzen zu können, wurden die Phytohormon- und Opingene entfernt. So entsteht Platz für die Fremd-DNA und eine Zellwucherung kann vermieden werden. In diese „gezähmten“ Ti-Plasmide können nun Fremdgene integriert werden. Zusätzlich wird als Selektionsmarker ein Kanamycinresistenzgen eingebaut. Das rekombinante Plasmid kann nun entweder direkt in Pflanzenzellen übertragen oder erneut in *Agrobacterium tumefaciens* eingeschleust werden, welches dann im Labor mit Pflanzenzellen inkubiert wird.
Anschließend werden die Bakterien durch Antibiotikazugabe getötet und die Pflanzenzellen auf einen kanamycinhaltigen Nährboden gegeben. Die rekombinanten Zellen sind resistent gegen Kanamycin und überleben. Durch bestimmte Hormongaben wird nun die Spross- und Wurzelbildung eingeleitet, sodass die rekombinanten Pflanzenzellen zu vollständigen Pflanzen regeneriert werden.

GOLDEN RICE 2 · Nach der Herstellung des ersten Prototyps wurde in weiteren Forschungsarbeiten der noch immer geringe β-Carotingehalt in den Reiskörnern durch Einsatz eines Synthetasegens aus dem Mais statt aus der Narzisse gesteigert. Eine durchschnittliche Reisration soll nun den Tagesbedarf an Vitamin A zur Hälfte decken. 2013 soll eine zur Aussaat freigegebene Golden-Rice-Sorte auf den Philippinen und in Bangladesch für Kleinbauern zur Verfügung stehen. Untersuchungen zur Verfügbarkeit des β-Carotins haben ergeben, dass der gesamte Gehalt des Reiskorns vom menschlichen Verdauungssystem verarbeitet werden kann. Kritiker monieren, dass mit dem finanziellen Aufwand für die jahrzehntelange Forschung die Lage der betroffenen Menschen hätte verbessert werden können und dass der vorgegebene humanitäre Einsatz nur dazu dienen soll, das Ansehen der Gentechnologie zu verbessern.

1 Erläutern Sie die Funktion von *Agrobacterium tumefaciens* bei der Transfektion!

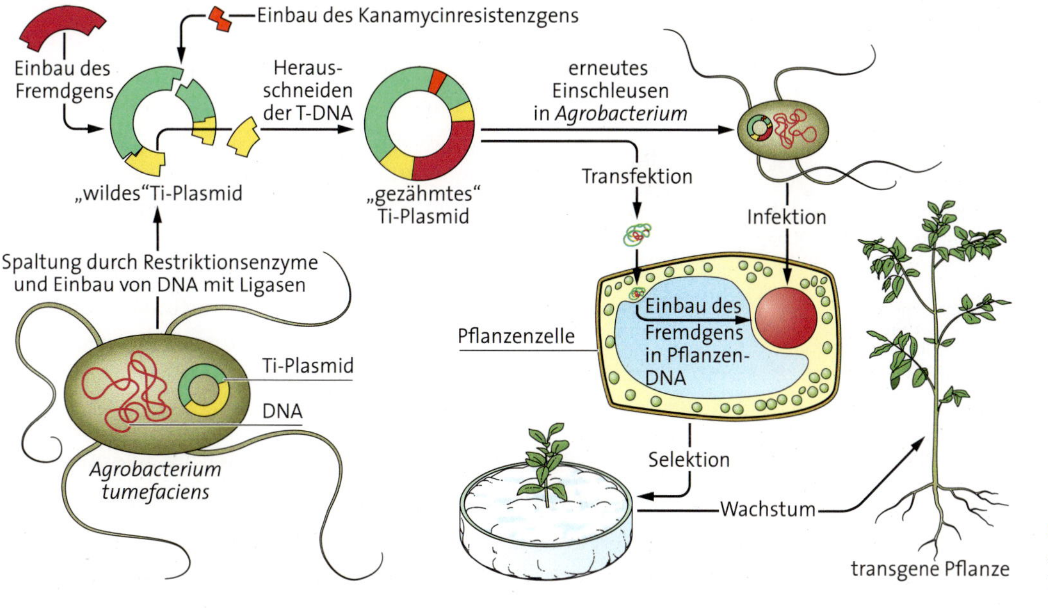

03 Transfektion mit *Agrobacterium tumefaciens*

GENTECHNISCH ERZEUGTE INSEKTIZIDE · In der Landwirtschaft stellen Insekten und ihre Larven ein großes Problem als Schädlinge dar. Das ideale Insektizid wirkt spezifisch gegen Schädlinge, ist leicht biologisch abbaubar und unschädlich gegen alle anderen Lebewesen. Am nächsten kommt dieser Vorstellung das Endotoxin des Bodenbakteriums *Bacillus thuringensis*, kurz Bt. Das Bakterium wird in großen Mengen auf Feldern ausgebracht. Es stellt ein inaktives Endotoxin her, das im Insektendarm aktiviert wird, das Darmepithel schädigt und das Insekt verhungern lässt. Die Larve des Maiszünslers ist der häufigste Schädling der Maispflanze. Sie bohrt sich in Laubblätter und Stängel und entgeht so Insektiziden, die durch Spritzen aufgebracht werden. Zur Abwehr wird die Maispflanze gentechnisch manipuliert, ein spezifisches Bt-Toxin zu synthetisieren. Dazu stellt man nach dem Vorbild des *Bacillus thuringensis* ein künstliches Gen mit maisspezifischen Merkmalen her und koppelt es mit einer geeigneten Promotorsequenz. Diese künstliche DNA wird auf winzige Metallkügelchen übertragen, die mit einer **Genkanone** mit hoher Geschwindigkeit in Maisembryonen hineingeschossen werden. Die transfizierten Pflanzen können das Bt-Toxin synthetisieren und sind weniger anfällig für die Maiszünsler. Seit 2003 steigt der Anteil des Bt-Maises am weltweiten Maisanbau kontinuierlich. Es gibt kaum anderes Saatgut auf dem Markt. Allerdings wird ein weiterer Schädling, der Maiswurzelbohrer, zunehmend unempfindlich gegen die gebräuchlichste Variante des Bt-Toxins. Wie Bakterien gegen Antibiotika entwickeln auch Insekten Resistenzen gegen häufig auftretende Gifte.

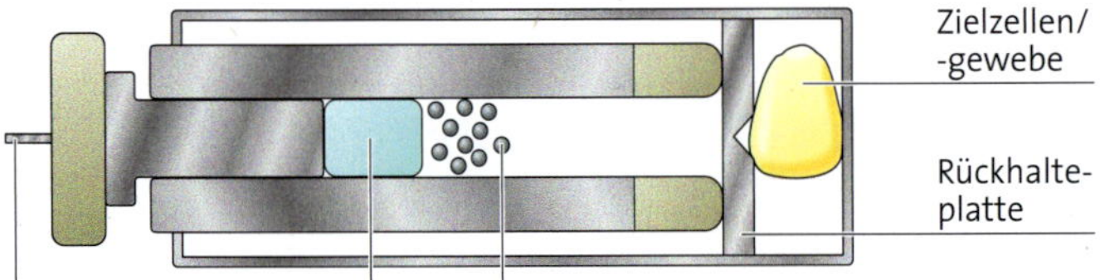

04 Genkanone

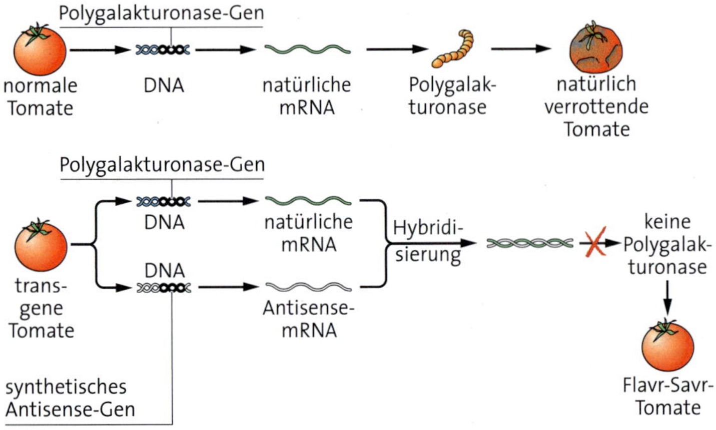

05 Antisense-Technik

ANTI-MATSCH-TOMATE · Reife Tomaten verderben schnell. Sie produzieren das Enzym Polygalakturonase, welches das Pektin in den Zellwänden abbaut und damit den natürlichen Verrottungsprozess einleitet. Dieser Prozess sollte verlangsamt werden. Dazu wurde das Polygalakturonase-Gen identifiziert und isoliert. Anschließend stellte man eine Kopie dieses Gens her und schleuste diese mit dem Vektor *Agrobacterium tumefaciens* in eine Tomatenzelle und damit in das Tomatengenom ein. Wenn die DNA der Tomatenzelle transkribiert wird, entsteht einmal die natürliche mRNA, die für die Translation der Polygalakturonase genutzt wird, sowie durch die eingeschleuste DNA eine komplementäre sinnwidrige mRNA, die Antisense-mRNA. Da die beiden mRNA-Moleküle zueinander komplementär sind, hybridisieren sie. Dies bezeichnet man als **Antisense-Technik.** Die Translation wird so verhindert und die sinnvolle mRNA inaktiviert. Daher wird keine Polygalakturonase synthetisiert und der Verrottungsprozess der Tomate um bis zu drei Wochen hinausgezögert. Die **FlavrSavr-Tomate** war eines der ersten kommerziellen transgenen Pflanzenprodukte, brachte aber nicht den erwarteten wirtschaftlichen Erfolg. Gründe hierfür sind die nicht vollständig erfüllten Erwartungen und die Zurückhaltung der Verbraucher gegenüber gentechnisch veränderten Lebensmitteln.

2 Stellen Sie Hypothesen auf, wie die Resistenzentwicklung gegen das Bt-Toxin verhindert werden kann!

3 Erläutern Sie die Antisense-Technik!

Material A ▸ Herbizidresistenz

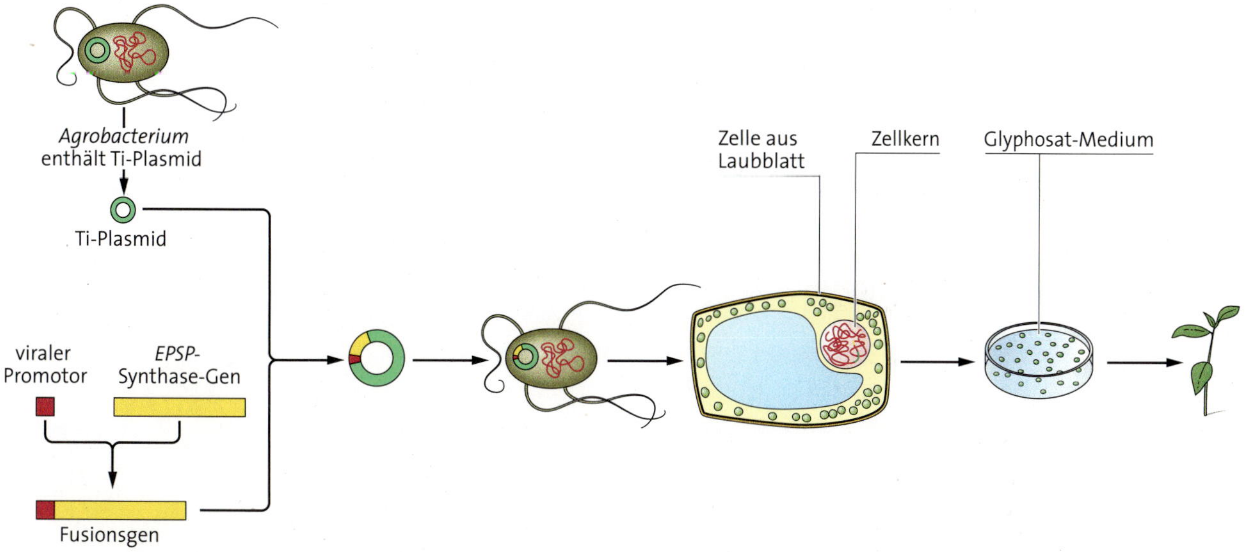

Herbizide werden eingesetzt, weil durch das Wachstum von Wildkräutern, die beispielsweise mit der Sojapflanze um die Bodennährstoffe konkurrieren, der Anbau konventioneller Soja erschwert wird. Üblicherweise werden mehrere kombinierte Herbizide eingesetzt. Das Herbizid Glyphosat wirkt dagegen gleichermaßen auf nahezu alle unerwünschten Wildkräuter. Es ist für den Menschen nicht toxisch, wirkt in geringer Konzentration und wird im Boden schnell von Mikroorgansimen abgebaut. Bei Pflanzen hemmt es die Wirkung des Enzyms EPSP-Synthase, das für die Biosynthese von Aminosäuren wichtig ist. Wenn dieses Enzym nicht gebildet wird, wächst die Pflanze nicht weiter und stirbt. Dies trifft natürlich auch auf konventionelle Soja zu. Gentechnisch veränderte Sojapflanzen enthalten ein EPSP-Synthasegen aus glyphosatresistenten Bakterien.

Bei verschiedenen Wildkräutern sind inzwischen Resistenzen gegenüber Glyphosat aufgetreten, sodass die ausgebrachte Menge erhöht werden muss und teilweise andere Herbizide in Kombination eingesetzt werden. Die Hersteller gentechnisch veränderter Soja raten zu diesem Vorgehen. Sie liefern passend zu dem gentechnisch veränderten Saatgut neben Glyphosat auch weitere Herbizide. Alle diese aufeinander abgestimmten Produkte sind patentgeschützt.

Der Sojaanbau floriert, jährlich werden 220 Millionen Tonnen Soja angebaut, mehr als die Hälfte ist gentechnisch verändert. In den Hauptanbauländern für Soja in Nord- und Südamerika sind in den letzten Jahren mehrere Millionen Hektar neue Anbauflächen geschaffen worden, in Südamerika zum Teil auf Kosten ökologisch wertvoller Waldgebiete. Die industriell bewirtschafteten Flächen gehören meist großen Firmen. Die Menge eingesetzter Düngemittel hat sich in Argentinien verfünffacht. Das Land hat mithilfe des Sojaanbaus eine wirtschaftliche Krise überstanden. Sojaanbau ist unter wirtschaftlichen Gesichtspunkten lohnenswerter als Viehzucht.

Studien zur Verträglichkeit gentechnisch veränderter Soja geben einerseits keine Hinweise auf eine gesundheitsschädliche Wirkung, andererseits werden morphologische Veränderungen und eine erhöhte Stoffwechselaktivität bei Leberzellen von Versuchstieren festgestellt. Daher meinen viele Wissenschaftler, dass noch keine abschließenden Aussagen getroffen werden können.

Bei geringem Abstand der Felder mit konventioneller Soja zu gentechnisch veränderter Soja wurden Kreuzungen festgestellt.

A1 Stellen Sie die Herstellung einer gegenüber Glyphosat resistenten Sojapflanze in einem Flussdiagramm dar!

A2 Geben Sie an, welche Vorteile Glyphosat als Herbizid aufweist!

A3 Beurteilen Sie den Anbau gentechnisch veränderter Soja aus der Sicht argentinischer Bauern, von Umweltschützern und Vertretern eines Saatgutkonzerns!

A4 Nehmen Sie Stellung zum Anbau gentechnisch veränderter Soja!

A5 Beurteilen Sie, ob die gentechnische Veränderung der Sojapflanze ein Beispiel für das Basiskonzept Variabilität und Angepasstheit darstellt!

01 Radrennen

Anwendung in der Medizin

Radrennen sind in den letzten Jahren in Verruf geraten, weil Teilnehmer sich verbotener Substanzen bedienen, um ihre Leistungsfähigkeit zu steigern. Dazu gehört auch das normalerweise in der Niere gebildete Hormon Erythropoietin, kurz EPO. Es handelt sich um einen Wachstumsfaktor, der die Bildung von Erythrozyten induziert. Je mehr Erythrozyten vorhanden sind, desto besser ist die Sauerstoffversorgung der Muskeln und damit auch die Ausdauer im Wettkampf. Woher stammt diese eigentlich körpereigene Substanz, die von Sportlern zu Dopingzwecken missbraucht werden kann?

engl. CHO = chinese hamster ovary

engl. cDNA = complementary DNA

CHINESISCHE HAMSTER · Menschen mit chronischem Nierenversagen leiden wegen eines gleichzeitigen Mangels an körpereigenem Erythropoietin häufig an einer zu geringen Anzahl Erythrozyten, einer Anämie. Zur Anregung der Vermehrung der Erythrozyten wird gentechnisch erzeugtes Erythropoietin als Medikament bei diesen Patienten eingesetzt. Wegen der Schwierigkeiten bei der Herstellung eukaryotischer Proteine durch Bakterien nutzt man zur Herstellung von EPO eukaryotische Zellen. Allerdings ist EPO ein Glykoprotein mit einer komplexen Struktur. Daher scheiden auch Hefezellen als Proteinproduzenten aus. Denn nur in Säugetierzellen können die für die Funktion des EPO wichtigen Zuckerketten und Disulfidbrücken korrekt synthetisiert werden. Man nutzt daher Zellen aus den Ovarien chinesischer Hamster, kurz **CHO-Zellen.**

REVERSE TRANSKRIPTASE · Zunächst wird das EPO-Gen oder die entsprechende mRNA aus menschlichen Zellen isoliert. Das Enzym *Reverse Transkriptase* nutzt die mRNA als Matritze und synthetisiert eine komplementäre DNA-Kopie, kurz **cDNA.** Der RNA-Anteil des entstandenen Doppelstrangs wird enzymatisch abgebaut, die verbleibenden Reste dienen der DNA-Polymerase als Primer. So entsteht eine doppelsträngige cDNA.

PLASMIDVEKTOR · Die cDNA wird nun mit der Polymerasekettenreaktion vervielfältigt, um eine ausreichend große Menge zur Verfügung zu haben. Als Vektor zur Übertragung der fremden DNA in die CHO-Zellen dienen bakterielle Plasmide. Diese verfügen für die spätere Selektion der erfolgreich transformierten Zellen sowohl über ein Antibiotikumresistenzgen als auch über ein Enzymgen, das einen Stoffwechseldefekt der verwendeten CHO-Zellen kompensiert. Mit Restriktionsenzymen und DNA-Ligasen wird das EPO-Gen in das Plasmid eingebaut und mit einem tierischen Promotor verknüpft. Dieser bewirkt in der Säugetierzelle die Expression des Gens. Die rekombinanten Plasmide werden in Bakterien eingeschleust. Durch den Einsatz eines antibiotikumhaltigen Nährbodens wachsen nur die Bakterien zu Kolonien heran, die das Plasmid aufgenommen haben. Durch die Klonierung wird das Plasmid vervielfältigt und danach aus den Bakterienzellen extrahiert.

TRANSFEKTION · Die Einschleusung der rekombinanten Plasmide in die Zellkerne der CHO-Zellen kann über eine **Mikroinjektion** erfolgen, bei der unter dem Mikroskop mit einer sehr feinen Nadel das Plasmid in den Zellkern injiziert wird. Eine weitere Möglichkeit besteht darin, mithilfe eines starken elektrischen Impulses die Poren der Zellmembran so zu weiten, dass Plasmide leicht die Membran passieren können. Diese Methode bezeichnet man als **Elektroporation.** Alternativ können die Plasmide auch mit schwer löslichem Kalziumphosphat umgeben werden, sodass winzige körnige Strukturen entstehen, die sich auf die Zellen legen. Die Kalzium-Ionen beschleunigen dann die Aufnahme dieser DNA-haltigen Körnchen in die CHO-Zelle. Bei dieser **Kalziumphosphatfällung** wird ein kleiner Teil der aufgenommenen DNA stabil in die chromosomale DNA integriert.

Nach Einschleusung der fremden DNA in den Zellkern, nach der *Transfektion,* werden die CHO-Zellen vermehrt. Aufgrund des Enzymgens für die Selektion im Plasmid überleben nur die Zellen, bei denen die Transfektion erfolgreich war. Diese Zellen wachsen in Bioreaktoren heran und produzieren EPO, das aus dem Medium gewonnen und zur Verabreichung aufgearbeitet wird.

DOPINGNACHWEIS · Seit Ende der 1980er-Jahre gibt es Erythropoietin als Medikament zum Beispiel für Nierenpatienten. Der EPO-Umsatz im Jahr 2011 überstieg den therapeutischen Bedarf jedoch um etwa das Fünffache. Die Verwendung von EPO bei Ausdauersportlern war bis zum Jahr 2000 nur indirekt durch eine Veränderung bestimmter Blutwerte nachzuweisen, da menschliches EPO kaum von der rekombinanten Form zu unterscheiden ist. So lässt EPO das Blut beispielsweise zähflüssiger werden. Darin liegt auch eine der gefährlichen Nebenwirkungen, da dies zu einem erhöhten Risiko von Herz- und Hirninfarkten führen kann. Seit 2001 gibt es einen direkten Nachweis, der auf der artspezifischen Ausprägung des Glykolisierungsmusters basiert und EPO-Moleküle menschlicher Zellen von denen unterscheidet, die in Hamsterzellen produziert wurden.

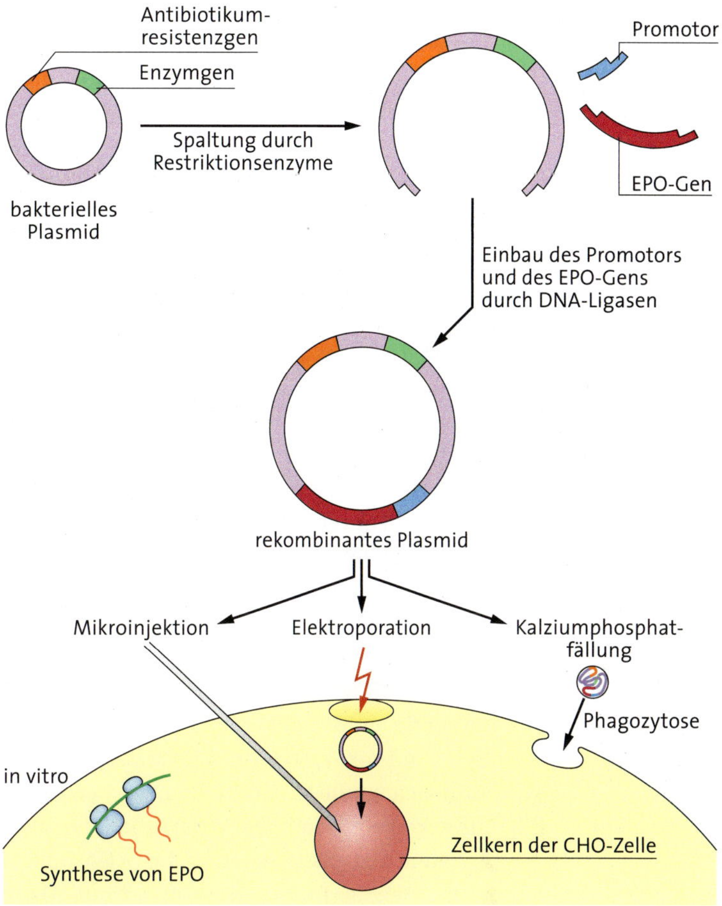

02 Herstellung rekombinanter CHO-Zellen

1 Stellen Sie die Herstellung rekombinanten Erythropoietins in einem Flussdiagramm dar!

GENTHERAPIE · Wenn man genetisches Material in den Körper eines Patienten einbringt, um einen Krankheitszustand zu heilen, der auf der Fehlfunktion eines Gens oder mehrerer Gene beruht, spricht man von *Gentherapie.* Diese Behandlungsmethode wurde erstmals 1990 bei einem jungen Mädchen angewandt, das an dem schweren kombinierten Immundefekt, kurz SCID, leidet. Diese genetisch bedingte Erkrankung führt dazu, dass die Betroffenen an den Folgen kleinster Infektionen sterben. Verantwortlich dafür ist die Mutation eines Gens, das das Enzym Adenosindesaminase, kurz ADA, codiert. Dieses Enzym bewirkt den Abbau von Adenosin. Fehlt das Enzym, kommt es zu hohen Adenosinkonzentrationen, die für Zellen giftig sind. Besonders empfindlich reagieren Leukozyten, sodass nahezu die gesamte Immunabwehr zum Erliegen kommt.

griech. soma = Körper

EX-VIVO-GENTRANSFER · Zur Behandlung der Patientin wurde aus deren Blut ein bestimmter Typ von Leukozyten, die T-Zellen, isoliert. Das ADA-Gen wurde kloniert und in ein Retrovirus als Vektor eingebaut. Die Viren infizierten viele T-Zellen und übertrugen so das ADA-Gen in deren Genom. Da der Gentransfer außerhalb des Körpers stattfand, spricht man von *Ex-vivo-Gentransfer.* Die transfizierten Zellen wurden selektiert und vermehrt, bevor sie der Patientin in den Blutkreislauf injiziert wurden. Einige T-Zellen wanderten ins Rückenmark und begannen sich zu teilen.

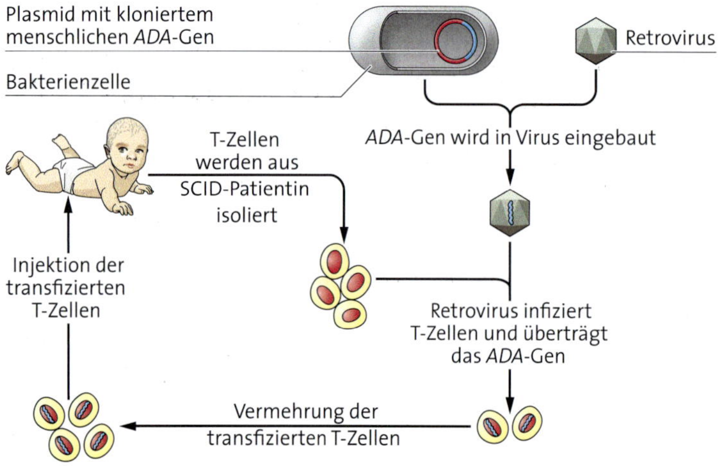

03 ADA-Gentherapie

Nach mehrfacher Wiederholung der Therapie war ein Viertel der T-Zellen transgen und produzierte ausreichend ADA, sodass die Patientin seitdem ein normales Leben führen kann. Da aber nur die Körperzellen der Patientin behandelt wurden, also eine **somatische Gentherapie** durchgeführt wurde, kann die Patientin die Veranlagung für die SCID an ihre Nachkommen weitergeben. Der Gentransfer in Geschlechtszellen, die **Keimbahntherapie,** die eine Weitergabe ausschließen würde, ist ethisch problematisch und in Deutschland verboten.

RISIKEN · In jüngerer Zeit wurde das Vertrauen in die Gentherapie durch einige Rückschläge stark vermindert. Die meisten Probleme gehen auf die Vektoren zurück, da die Integration des viralen Genoms in das Genom der Wirtszelle nicht ausreichend zielgerichtet erfolgt. So können die falschen Zelltypen getroffen werden oder Insertionen dazu führen, dass wichtige Gene inaktiviert werden oder mutieren. Außerdem verursachen virale Vektoren oft eine Immunreaktion und die Rekombination mit anderen viralen Bestandteilen in der Zelle, die zu einem infektiösen Virus führen kann, ist nicht auszuschließen. Laborversuche mit einem neu entwickelten Virus führten nicht zu einer Immunantwort und wecken Hoffnung auf eine sichere Durchführung der Gentherapie.

GENDOPING · Mit der für die Gentherapie entwickelten Methodik können auch Gene für leistungsfördernde Stoffe mit viralen Vektoren in die Muskeln von Sportlern eingeschleust werden. Man spricht von **In-vivo-Gentransfer.** In den Muskelzellen wird dann das Gen für EPO oder einen Muskelwachstumsfaktor in das Genom integriert und abgelesen, sodass die Sauerstoffversorgung oder das Wachstum des Muskels verbessert wird. Neuerdings ist *Gendoping* nachweisbar, da die künstlichen Gene auf cDNA basieren und im Gegensatz zu den natürlichen Genen über keine Introns verfügen. Für eine PCR wurden Primer entwickelt, die sich nur an nicht von Introns unterbrochene Gene anlagern.

2 Beschreiben Sie den Ablauf einer somatischen Gentherapie!

Material A ▸ Pro und kontra Gentherapie

Erwin CHARGAFF war der Entdecker der komplementären Basenpaarung und damit einer der Wegbereiter der Gentechnik.

„Zum Beispiel die Gentherapie. Also man weiß, dieser Jüngling da hat am Chromosom soundso eine DNA, der eine gewisse Sequenz fehlt und damit wird er eben […] vielleicht ein Bluter oder was immer. Jetzt ersetzen wir diese fehlerhafte Sequenz. Ja, wie denn? Wie kann man etwas platzieren im Körper? Und wie werden wir wissen, ob wir es da, wo wir es platzieren, richtig platzieren, ohne gefährliche Folgen. Und vor allem: Wir können doch diesen Versuch, der ein Experiment ist, nur am lebenden Objekt, also am Menschen direkt machen. Das Experiment ist irreversibel. Was tun wir, wenn dieser Versuch schiefgeht? Was machen wir mit dem Menschen? Ein Auto würde man ins Werk zurückrufen oder verschrotten." (1999)

Philip KITCHER ist Professor für Wissenschaftsgeschichte in den USA.

„Wir sehen die Gefahr der Herausbildung einer privilegierten ‚Herrenkaste', während sich die breite Masse weiterhin mit Behinderungen und degenerativen Erkrankungen herumschlagen muss. […] Wenn die Zukunft eine nahtlose Fortschreibung der gegenwärtigen Wohlstandsgesellschaft bringt, lässt sich absehen, dass die Oberschichten in einen unerbittlichen genetischen Konkurrenzkampf investieren werden, der möglicherweise zum Scheitern verurteilt sein wird, während die medizinischen Bedürfnisse der weniger Begüterten nicht befriedigt werden." (1998)

Wolfgang SCHÄUBLE ist einer der führenden deutschen CDU-Politiker.

„Wenn also Forschung und Drang nach mehr Wissen das Besondere und Unverwechselbare des Menschen mitbegründen, dann muss Forschungsfreiheit für mich eher Bestandteil der Unantastbarkeit der Menschenwürde sein, als dass sie zu ihr in Widerspruch stünde. […] In der Geschichte sind anatomische Forschungen an Leichen lange als Verstoß gegen die Menschenwürde gewertet worden. Heute sehen wir das zweifelsfrei anders. […] Das heißt, der jeweilige Forschungsstand beeinflusst offenbar das Verständnis dessen, was Menschenwürde im Einzelnen bedeutet." (2002)

A1 Fassen Sie die Positionen von CHARGAFF, KITCHER und SCHÄUBLE zusammen!

A2 Nennen Sie die Werte, die in den Positionen angesprochen werden, und fällen Sie Ihr eigenes Werturteil!
Nehmen Sie die Seite 193 zu Hilfe!

Material B ▸ Gendoping

Olympia 2020: Gendoping gerät außer Kontrolle

Nach dem Ende der Olympischen Spiele 2012 in London sind zehn Dopingfälle bekannt geworden. Routinemäßig werden Urinproben aller Medaillengewinner für spätere Untersuchungen eingefroren. Fachleute gehen davon aus, dass viele Dopingfälle unentdeckt blieben.

B1 Nennen Sie zentrale Werte, die durch Doping betroffen werden, und nehmen Sie Stellung zum Doping!

B2 Nehmen Sie Stellung zu der Behauptung, dass zu viele aufgeklärte Dopingfälle dem Ansehen der Olympischen Spiele schadeten!

B3 Interpretieren Sie die Karikatur!

IM BLICKPUNKT FORSCHUNG

DNA-Chips

HERSTELLUNG · DNA-Chips oder Microarrays sind kleine Glasplättchen, die einem Objektträger aus der Mikroskopie ähneln und in Felder unterteilt sind. Jedes Feld ist halb so breit wie ein menschliches Haar. In jedem Feld werden Kopien einer spezifischen, synthetisch hergestellten, einzelsträngigen DNA-Sonde mit einer Länge von ungefähr 20 Nukleotiden auf dem Glas befestigt. Dies geschieht mit einem computergesteuerten Laborroboter, der ähnlich arbeitet wie ein Tintenstrahldrucker. Feine Düsen werden in eine Lösung mit Kopien der Sonden-DNA für ein bestimmtes Feld getaucht. Dann trägt der Roboter diese Moleküle in dem Feld auf und befestigt sie auf dem Glas. So entsteht ein Punktmuster auf dem Glasträger mit über 500 000 Feldern, in denen jeweils eine kleine Gruppe DNA-Moleküle eine bestimmte Sequenz aufweist.

GENANALYSE · Wenn man DNA eines Individuums extrahiert und ausgewählte Gene mit der PCR vermehrt, können die PCR-Produkte mit Fluoreszenzfarbstoffen markiert und in Einzelstränge denaturiert werden. Dann werden diese markierten DNA-Fragmente auf einen DNA-Chip gegeben. Die Fragmente, die komplementär zu einer der DNA-Sonden sind, hybridisieren mit der Sonde. Markierte Fragmente, die nicht zu einer Sonde passen, werden abgewaschen. Anschließend tastet ein Laser den DNA-Chip ab und regt die gebundenen DNA-Moleküle zur Fluoreszenz an, die gemessen wird. So entsteht mithilfe von Software ein Muster von Punkten, das per Computer analysiert wird.

TRANSKRIPTOMANALYSE · DNA-Chips werden eingesetzt, um Hunderte oder Tausende Gene gleichzeitig in einer Untersuchungsreihe zu testen. So werden in der Krebsforschung Genexpressionsmuster untersucht. Denn das Genom vieler Krebszelltypen zeigt ein spezifisches Expressionsmuster, das sich von dem Genom anderer Krebszelltypen und von dem gesunder Zellen unterscheidet.
Für die Untersuchung eines Genexpressionsmusters wird die mRNA aus gesunden Zellen und Krebszellen desselben Typs isoliert. Mithilfe der Reversen Transkriptase wird die mRNA in cDNA umgewandelt und dann mit Fluoreszenzfarbstoffen markiert: cDNA ge-

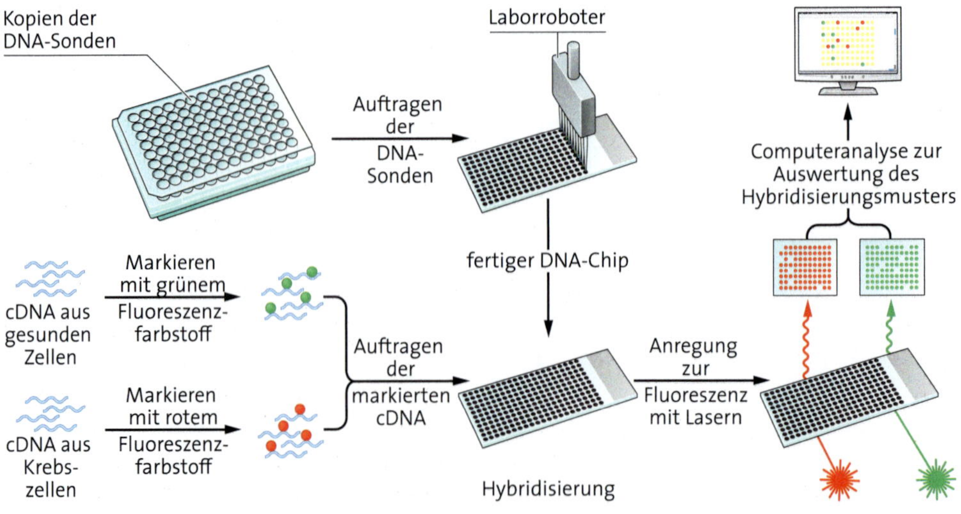

01 Herstellung und Anwendung eines DNA-Chips

sunder Zellen beispielsweise mit einem grünen, die der Krebszellen mit einem roten Farbstoff. Die gemischten cDNA-Moleküle werden auf einen DNA-Chip gegeben, der Sonden für exprimierte Gene der normalen und der Krebszellen trägt. Das Hybridisierungsmuster zeigt grün markierte Felder, die für die Genexpression normaler Zellen stehen, sowie rot markierte Felder, die anzeigen, dass diese Gene in Krebszellen exprimiert werden. Außerdem sind gelbe Felder erkennbar. Hier hybridisierten cDNA-Moleküle sowohl der normalen als auch der Krebszellen. Diese Erkenntnisse können für die Entwicklung von Medikamenten und für die Früherkennung von Krebs genutzt werden. Solche Medikamente können zum Beispiel die Transkription spezifischer Krebsgene in einem Zelltyp hemmen. Auch in anderen Bereichen wird die Analyse der Genexpression eine Rolle spielen. Zukünftig wird es möglich sein, alle mRNA-Moleküle einer Zelle, das *Transkriptom*, zu untersuchen, sodass die Genaktivität von Zellen in sämtlichen medizinischen Zusammenhängen beobachtet werden kann.

GENOMSCANNING · Es gibt bereits DNA-Chips, die alle Gene des menschlichen Genoms tragen. Damit kann man die DNA eines Menschen auf verschiedene Allele oder Genexpressionsmuster untersuchen und feststellen, ob genetisch bedingte Krankheiten wie Diabetes, Alzheimer und Herzinfarkt oder die Anlagen dafür vorliegen. Die Untersuchung des menschlichen Genoms mit solchen DNA-Chips bezeichnet man als *Genomscanning*. Es ist zu erwarten, dass dieses heute noch recht teure Verfahren in Zukunft die medizinische Diagnose verändern wird. Untersuchte man bereits Neugeborene, könnten Prognosen für zukünftige Erkrankungen aufgestellt werden. Diese bergen einerseits die Chance auf rechtzeitige Vorsorge, andererseits könnten aber auch unerträgliche Ängste geschürt werden. Die daraus resultierenden rechtlichen und ethischen Probleme wird unsere Gesellschaft lösen müssen, wenn es darum gehen wird, genetische Diskriminierung zu verhindern, die freiwillige Entscheidung für ein Genomscanning zu garantieren und die ermittelten Daten zu schützen. Problematisch wird sein, dass der Zuwachs an wissenschaftlichem Erkenntnisgewinn und die praktische Umsetzbarkeit biotechnologischer Forschung rasant voranschreiten, während gesellschaftliche und politische Stellungnahmen und Diskussionsprozesse viel mehr Zeit erfordern, als es die Situation zulässt.

02 DNA-Chip

LEBENSMITTELHERSTELLUNG · Auch in anderen Bereichen wie beispielsweise der Lebensmittelproduktion werden DNA-Chips eingesetzt. Bei der Herstellung von Joghurt schreibt das deutsche Lebensmittelrecht Qualitätskontrollen zum Schutz der Verbraucher vor bakteriellen Krankheitserregern vor. Bisher dauern diese Untersuchungen wegen der Inkubation der Bakterien mehrere Tage. Mithilfe der DNA-Chips kann die DNA schädlicher Bakterien direkt und daher viel schneller nachgewiesen werden. Dazu werden Sonden mit spezifischen DNA-Abschnitten bestimmter Darmkeime oder anderer Krankheitserreger erzeugt. Zeigt das Punktmuster dann Hybridisierungen an, ist die produzierte Menge Joghurt verunreinigt und darf nicht in den Handel gelangen.

01 Schaf Dolly

Klone und transgene Tiere

Dolly ist das wohl berühmteste Schaf der Welt. Seine Geburt 1996 hatte weltweit ein großes Medienspektakel zur Folge. Dolly ist nämlich ein Klonschaf. Doch Klonierungsprozesse waren in der Tierzucht schon lange alltäglich. Was machte Dolly so besonders?

EMBRYOSPLITTING · Bei der Züchtung von Nutztieren wie Schafen oder Rindern stehen in erster Linie wirtschaftliche Interessen im Vordergrund. Zuchtbullen und -kühe mit über Generationen ausgewählten Eigenschaften werden nicht selten für fünfstellige Beträge verkauft. Um möglichst schnell Nachkommen dieser wertvollen Tiere zu erzeugen, wird zum Beispiel das Ejakulat eines Bullen in mehr als 500 Portionen aufgeteilt. Bei einer Kuh wird mithilfe von Hormonen der Eisprung mehrerer Eizellen, eine Superovulation, ausgelöst. Diese Eizellen können nun in vivo mit einer Spermaportion des Bullen befruchtet werden oder aus dem Eierstock entfernt und in vitro befruchtet werden. Sowohl bei der künstlichen In-vivo-Fertilisation als auch bei der In-vitro-Fertilisation werden die Embryonen in einem frühen Entwicklungsstadium in Ammenkühe übertragen, um dort heranzuwachsen. Die Anzahl der Embryonen kann weiter erhöht werden, wenn vor dem Transfer in die Ammenkühe die aus 16 Zellen bestehenden Embryonen mechanisch geteilt werden. Dieses Verfahren nennt man *Embryosplitting*. Alle Zellen haben die identische genetische Ausstattung. Wenn diese Zellen in Ammenkühe übertragen werden, können sich daraus genetisch identische Nachkommen entwickeln. Eine solche Gruppe von Lebewesen oder Zellen, die genetisch identisch sind, nennt man **Klon.** Diese Art des Klonens durch Embryonensplitting ist sehr alt und wurde schon 1900 von dem deutschen Entwicklungsbiologen Hans SPEMANN bei seinen Experimenten an Amphibien benutzt.

Hans SPEMANN 1869–1941

lat. in vivo = im lebenden Körper

lat. in vitro = im Glas, außerhalb des Körpers

KLONIERUNG DURCH KERNTRANSFER · Dolly hingegen war ein Duplikat eines adulten Schafes und entstand aus einer differenzierten Körperzelle. Bei dieser Methode werden Euterzellen des genetischen Mutterschafs gewonnen und in ein Medium mit wenigen Nährstoffen übertragen, sodass die Zellen die Teilung einstellen und viele aktive Gene abgeschaltet werden. Die so für die Transplantation vorbereiteten Zellkerne werden dann mit einer Mikropipette in zuvor entkernte Eizellen eines anderen Spenderschafs übertragen. Anschließend verhält sich die Eizelle mit dem neuen Zellkern im Idealfall wie eine normale befruchtete Eizelle. Es kommt zu Zellteilungen. Diejenigen Zellen, die sich zu einem mehrzelligen Embryo weiterentwickelt haben, werden in Ammenschafe eingesetzt. Wenn Komplikationen ausbleiben, bringt ein Ammenschaf ein Lamm zur Welt, das genetisch identisch mit dem Spendertier des Zellkerns ist. Allerdings stellt sich dieser Erfolg nur selten ein und der Weg dahin birgt viele Probleme. So war Dolly das einzige positive Ergebnis von 277 Ansätzen. Nur 29 der implantierten Embryonen lebten länger als sechs Tage in den Ammenschafen. Nach Dollys Geburt wurden weitere Tiere wie Ziegen, Schweine, Rinder, Katzen und Kaninchen geklont. Viele Klone waren sehr anfällig für Krankheiten und wiesen Missbildungen auf. Aus ebenfalls ungeklärten Ursachen ist die Sterberate unter den Ammentieren viel höher als bei natürlich zustande gekommenen Trächtigkeiten. Bei Dolly entdeckte man zudem, dass durch Kerntransfer erzeugte Klone vorzeitig altern. Das chromosomale Alter ihrer Zellen, das an der Länge der Telomere abzulesen ist, entsprach dem Alter der Zellen der genetischen Mutter. Denn dieses Schaf spendete den aus adulten Zellen entnommenen Zellkern mit alten Chromosomen. Entgegen der üblichen Lebenserwartung bei Schafen von zwölf Jahren wurde Dolly 2003 eingeschläfert, nachdem zwei Jahre zuvor Gelenkrheuma als Alterserscheinung und dann eine Lungenkrankheit diagnostiziert wurde.

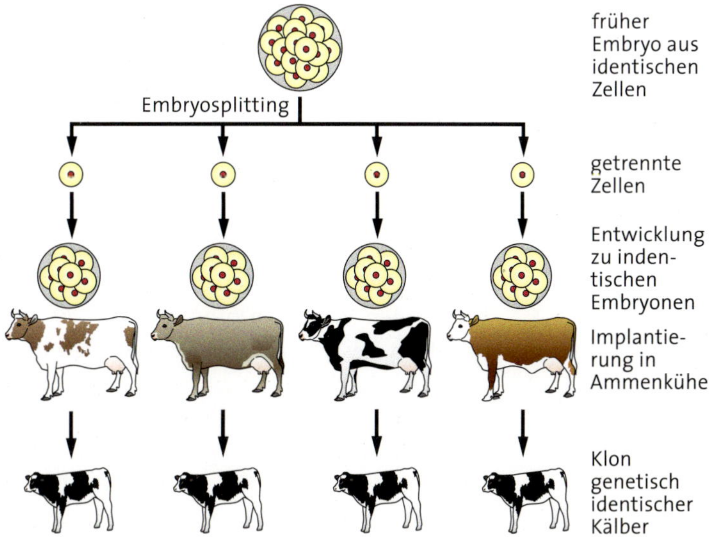

02 Embryosplitting

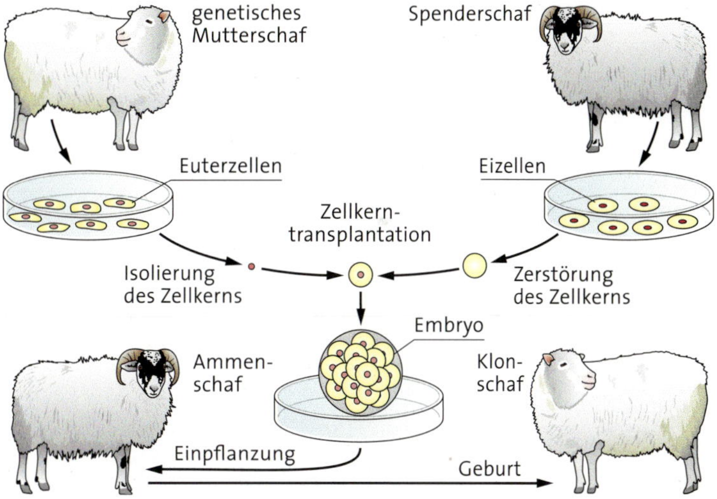

03 Klonierung durch Kerntransfer

STECKBRIEF

Ian WILMUT (*1944)

*Sir Ian WILMUT wurde 1944 in der englischen Grafschaft Warwikshire geboren. Nach dem Gymnasium besuchte er das Landwirtschaftscollege der Universität Nottingham, promovierte 1971 am Darwin College in Cambridge und kam 1973 als Embryologe zum späteren Roslin Institut bei Edinburgh. Dort leitete er in den 1990er-Jahren ein Forscherteam, das schließlich 1997 die Geburt Dollys verkündete. Für seine Verdienste für die Wissenschaft wurde WILMUT von Königin Elizabeth II. zum Ritter geschlagen. Er erinnerte daran, dass er die Auszeichnung stellvertretend für sein ganzes Forscherteam in Empfang genommen habe. Denn WILMUT leitete zwar die Forschergruppe, die entscheidenden Arbeiten hatte aber der Zellbiologe Keith CAMPBELL (*1954) vorgenommen. Seit 2008 versucht WILMUT Hautzellen so zu reprogrammieren, dass sie embryonalen Stammzellen ähneln.*

GENE-PHARMING · Tracy ist ein weiteres Schaf aus dem Roslin Institut, das berühmt wurde, weil es für einen zweistelligen Millionenbetrag von einem deutschen Chemiekonzern gekauft wurde. Tracys Milch enthielt nämlich das menschliche Protein α1-Antitrypsin, kurz AAT. Ein genetisch bedingter AAT-Mangel ist verantwortlich für eine Erkrankung der Atemwege und der Leber, die zu einem frühen Tod der betroffenen Menschen führt. Um AAT zur Behandlung dieser Krankheit herzustellen, wurde das menschliche AAT-Gen verwendet. Dieses Gen wurde mit einem Promotor verbunden, der normalerweise die Genexpression für ein Protein in der Schafsmilch kontrolliert. Dieses Protein heißt β-Laktoglobulin. Daher wird das Gen nur in der Brustdrüse während der postnatalen Milchproduktion exprimiert. Das entstandene Fusionsgen wurde in Schafzygoten übertragen, welche zunächst in vitro kultiviert und dann in Ammenschafe eingesetzt wurden. So entstanden vier weibliche Schafe, die das fremde menschliche Gen trugen. Solche Tiere, die zusätzlich zu den natürlich vererbten Genen ein oder mehrere Fremdgene stabil in ihrem Genom aufweisen, bezeichnet man als **transgene Tiere.** Die Schafe entwickelten sich normal, pflanzten sich natürlich fort und erzeugten nach der Geburt Milch, die AAT enthielt. Die höchste Konzentration von 35 Gramm AAT pro Liter Milch war bei Tracy zu finden. Das Protein kann leicht extrahiert und gereinigt werden. Schafe und Ziegen eignen sich besonders gut, weil sie sich rasch vermehren, leicht aufziehen und billiger halten lassen als beispielsweise Rinder, aber dennoch ausreichend Milch produzieren. Tierschützern erscheinen die Manipulationen zur Herstellung transgener Tiere bedenklich, weil viele Embryonen benötigt werden und nicht alle durch Hormongabe vorbereiteten Trächtigkeiten der Ammenschafe erfolgreich verlaufen. Außerdem weisen die mittels Kerntransfer erzeugten transgenen Tiere oft Fehlbildungen auf oder können früher sterben.

Bei Pflanzen gibt es weniger ethische Bedenken. Auch sie können komplexe Proteine bilden und beispielsweise durch Anhängen von Zuckerketten so modifizieren, dass sie auch im menschlichen Körper aktiv werden. So hat man das Gen für eine Untereinheit eines Proteins, das bei der Infektion mit Cholera eine Rolle spielt, in Kartoffelpflanzen transfiziert. Die Untereinheit dieses Enterotoxins wird in den Kartoffelknollen gebildet und führt nach dem Verzehr dazu, dass Menschen Antikörper gegen das Enterotoxin produzieren und daher gegen Cholera eine Immunität entwickeln. Da Proteine bei Hitze denaturieren, müssen die manipulierten Kartoffeln roh verzehrt werden. Dies kann aber zu Verdauungsbeschwerden führen. Inzwischen nutzt man daher transgene Bananen, da diese roh verzehrt werden und auch in den Ländern wachsen, in denen eine Immunisierung gegen Cholera notwendig ist. Die Produktion pharmazeutisch wirksamer Proteine mithilfe transgener Nutztiere oder -pflanzen bezeichnet man als *Gene-Pharming.*

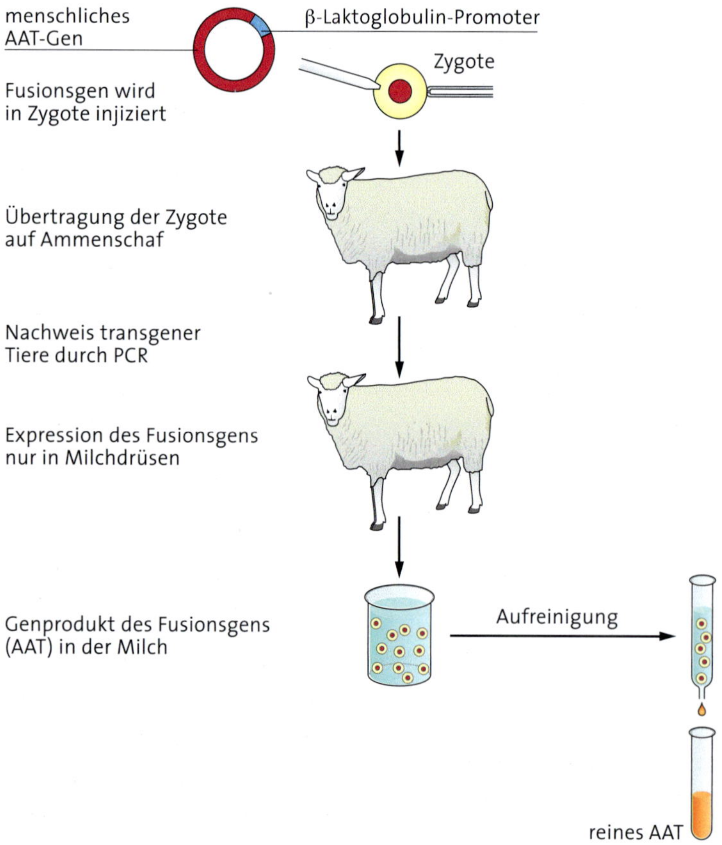

04 Erzeugung transgener Schafe

1 Beschreiben und bewerten Sie das Gene-Pharming!

Material A ▸ Transgene Moskitos

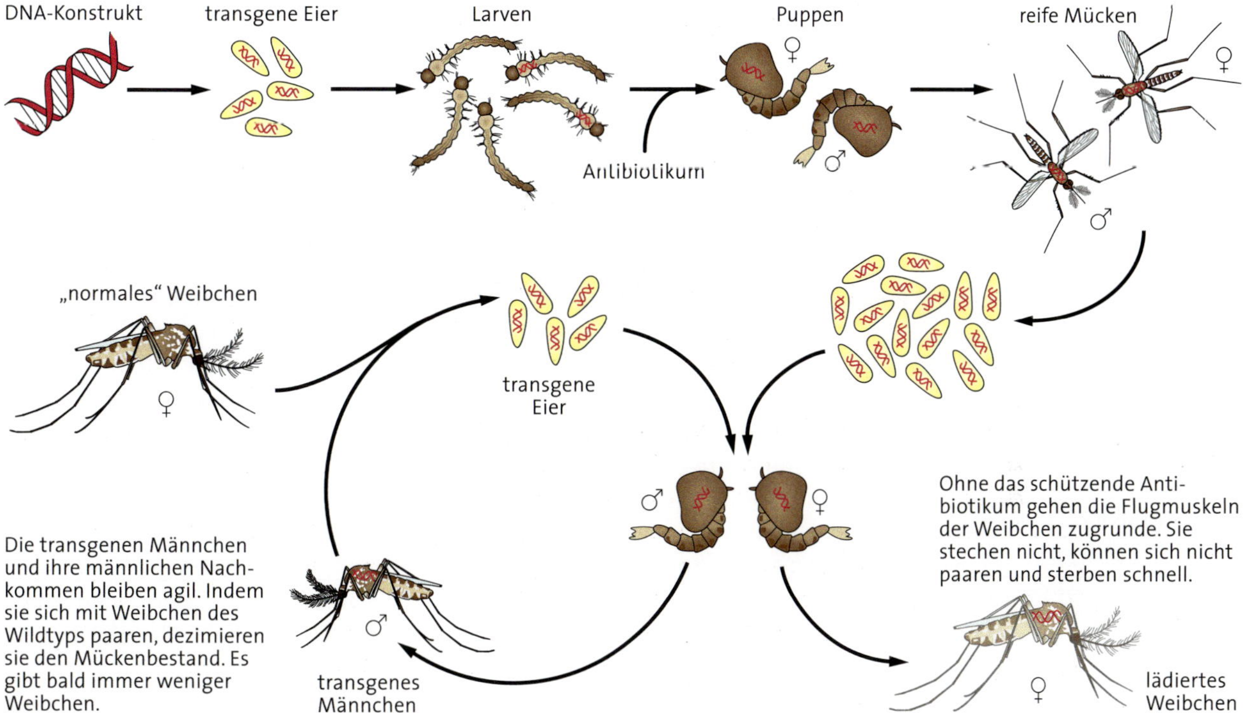

Die Stechmücke *Stegomyia aegypti* ist der Hauptüberträger des Denguevirus. Die Übertragung erfolgt, während das Weibchen Blut bei einem Menschen saugt. Dieses Virus löst jährlich bei etwa 100 Millionen Menschen in tropischen und subtropischen Ländern Amerikas, Asiens und Afrikas das Denguefieber aus, welches sich in hohem Fieber sowie Kopf-, Gelenk- und Muskelschmerzen äußert und lebensbedrohlich verlaufen kann. Die Anzahl der Infizierten verdoppelt sich seit den 1970er-Jahren alle zehn Jahre. Obwohl diese Erkrankung eine der aggressivsten Infektionskrankheiten ist, gibt es weder Impfungen noch Medikamente. Als Gegenmaßnahmen werden die Mückenbestände mit Insektiziden bekämpft und Netze oder schützende Kleidung gegen Mückenstiche empfohlen.

Gentechnische Maßnahmen sollen das Infektionsrisiko vermindern. Die gentechnische Veränderung der Mücken besteht in der Transfektion eines DNA-Konstrukts aus fünf verschiedenen Genen: Gen 1 gehört zu einer DNA-Region, die nur während der Metamorphose der weiblichen Mücken genutzt wird. Es codiert ein Protein, welches Gen 2 aktiviert. Dadurch wird ein Toxin produziert, welches die Entwicklung der Flugmuskulatur verhindert. Zwei weitere Gene codieren rot und grün fluoreszierende Proteine. Ein fünftes Gen enthält die Informationen für ein Regulationsprotein, das die Bildung des Toxins blockiert, solange das Antibiotikum Tetrazyklin vorhanden ist. Im Labor leben die Mückenlarven in tetrazyklinhaltigem Wasser, unter natürlichen Bedingungen überleben sie nicht.

Zwei Forscherteams arbeiten seit etwa 2004 mit *Stegomyia aegypti*. Eine Gruppe erwarb für Testzwecke ein Stück Land in Mexiko und baute dort eine abgeschottete Versuchsstation in Abstimmung mit den kommunalen Behörden. In dieser vom Denguefieber stark geplagten Region führten die Forscher regelmäßig Informationsveranstaltungen für die Bevölkerung durch. Die andere Gruppe ließ nach behördlicher Genehmigung Millionen gentechnisch veränderter Stechmücken auf einer Karibikinsel frei. Ihre Nachkommen auch aus Kreuzungen mit dem Wildtyp sterben als Larven.

A1 Nennen Sie Gründe, weshalb *Stegomyia aegypti* für eine transgene Veränderung ausgewählt wurde!

A2 Erläutern Sie die Funktion der transfizierten Gene!

A3 Erläutern Sie die Folgen der gentechnischen Veränderung der Stechmückenart für den Menschen, die Mückenpopulation und die Umwelt!

A4 Vergleichen Sie die Vorgehensweisen der beiden Forscherteams und beurteilen Sie diese!

IM BLICKPUNKT FORSCHUNG

Proteomik

Genom
DNA
↓
Transkriptom
mRNA
↓
Proteom
Proteine
↓
Metabolom
Stoffwechsel-produkte

BEDEUTUNG DER PROTEINE · In zellulären Prozessen spielen Proteine eine zentrale Rolle. Jede Zelle des menschlichen Körpers enthält mindestens 100 000 verschiedene Proteine. Im Gegensatz zum weitgehend unveränderlichen Genom ist die Gesamtheit der Proteine einer Zelle, das **Proteom,** in den verschiedenen Zelltypen und zu unterschiedlichen Zeitpunkten in einer Zelle sehr variabel. Denn Proteine werden ständig auf- und abgebaut, getrennt, aneinandergebunden oder verändert. Sie übernehmen vielfältige Aufgaben im Stoffwechsel der Zelle, dem *Metabolismus,* indem sie beispielsweise als Signalproteine, regulatorische Proteine, Enzyme, Antikörper oder Sauerstofftransporter wirken. Aufgrund dieser Fülle an Funktionen ist das Zusammenwirken der Proteine einer Zelle unüberschaubar. Daher beschäftigt sich eine relativ junge Wissenschaft mit der Struktur, der Funktion und den Interaktionen der Proteine, die **Proteomik.** Die gewonnenen Erkenntnisse können zur Erforschung von Krankheiten und ihrer Therapie herangezogen werden.

PROTEOMANALYSE · Um einen Überblick über das Proteom zu erhalten, werden alle im menschlichen Körper vorkommenden Proteine aufgelistet. Basierend auf diesen Erkenntnissen wird das Proteom verschiedener Zellen systematisch in Abhängigkeit von der Zeit und bestimmten Einflüssen untersucht. Werden beispielsweise die Proteome einer kranken und einer gesunden Person unter gleichen Bedingungen verglichen, können mögliche Unterschiede Hinweise auf Ursachen und Wirkungen von Krankheiten darstellen.

Dazu werden Proteine aus Probenmaterial wie Blut oder Gewebe extrahiert und anschließend auf ein viereckiges Kunststoffgel aufgetragen. Im ersten Schritt werden sie der Ladung nach elektrophoretisch getrennt. Für den zweiten Schritt wird das Gel um 90 Grad gedreht und Natriumdodecylsulfat, kurz SDS, hinzugegeben. Je größer die Proteinmoleküle sind, desto mehr SDS-Moleküle lagern sich an. Wird nun eine Spannung angelegt, bestimmt die Ladung des SDS-Moleküls, also die Größe der Proteine die

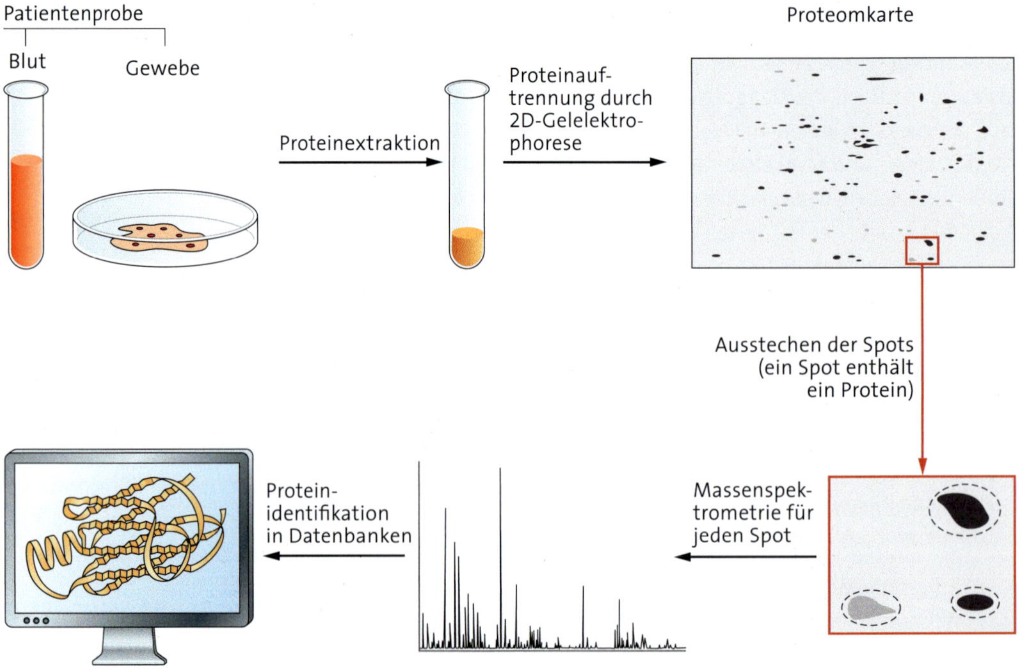

01 Arbeitsabläufe bei einer Proteomanalyse

Wanderungsgeschwindigkeit. Da die Auftrennung in zwei Richtungen erfolgt, spricht man von **2D-Gelelektrophorese.** Nach Anfärbung entsteht eine **Proteomkarte,** auf der jeder Fleck ein bestimmtes Protein darstellt. Je größer der Farbfleck ist, desto mehr Moleküle des jeweiligen Proteins waren in der Probe.
Zur weiteren Untersuchung wird der Fleck aus dem Gel ausgeschnitten und die Proteinmoleküle durch Enzyme, die Proteine an definierten Stellen spalten, zerschnitten. Durch den Einsatz dieser **Proteasen** erhält man eine Mischung unterschiedlich großer Peptide. Diese Peptidmischung wird auf ein Trägermaterial, eine Matrix, aufgetragen und in einem Massenspektrometer mit einem Laser beschossen. Dadurch werden die Peptide ionisiert und fliegen entlang einer starken Spannung in einem luftleeren Flugrohr, bis sie auf eine Messplatte treffen. Je kleiner die Peptide sind, desto schneller fliegen sie. Diese Technik heißt *Matrix-Assisted Laser Desorption Ionisation Time-Of-Flight Mass Spectrometry,* kurz MALDI-TOF MS. Das Ergebnis ist ein einzigartiges Spektrum, anhand dessen man das Protein zweifelsfrei identifizieren kann. Jeder Strich steht für ein Signal bestimmter Stärke und Zeit.
Heute können Überlegungen zur Struktur von Proteinen am Computer simuliert und mit Untersuchungsergebnissen verglichen werden. Weitere Forschungsergebnisse zur Identifizierung der Aminosäuresequenz, zur dreidimensionalen Struktur und zur Funktion der Proteine bündelt die Human Proteome Organisation, kurz HUPO.

KREBSFORSCHUNG · Alle neuen Erkenntnisse auf dem Gebiet der Proteomik bieten potenzielle Ansatzpunkte für die medizinische Forschung. So kann die Zusammensetzung des Proteoms in einer Krebszelle im Vergleich zu einer gesunden Zelle möglicherweise Aufschluss über Ursachen der Krebsentstehung und Anknüpfungspunkte für eine Therapie bieten. In einem Versuch mit Lymphozyten der Maus erkannte man bei einem solchen Vergleich, dass das Protein ICE 3 in den

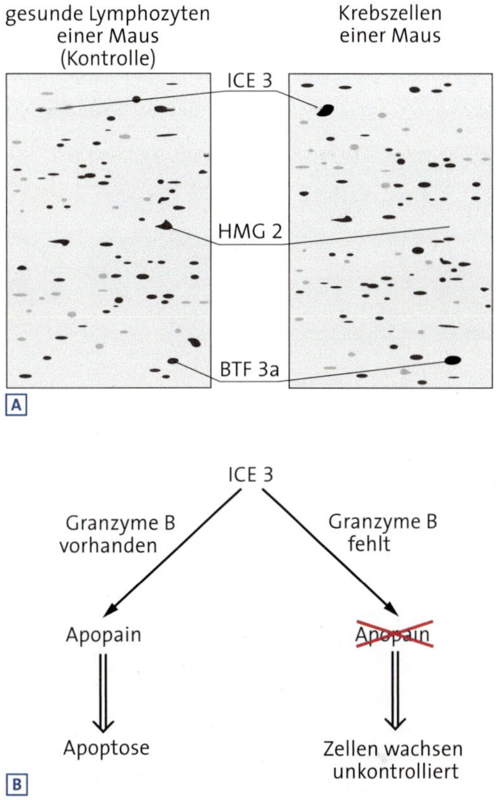

02 Krebs:
A Ausschnitt aus einer Proteomkarte von gesunden und von Krebszellen einer Maus,
B Signalweg in der Zelle

Krebszellen vermehrt vorhanden war. In gesunden Zellen wird ICE 3 von dem Enzym Granzyme B zu Apopain umgewandelt, welches den programmierten Zelltod, die Apoptose, einleitet. Dies ist eine Schutzfunktion, die bei mutiertem Genom einer Zelle die Umwandlung zu Krebszellen verhindern soll. Eine große Menge ICE 3 deutet auf eine Krebsentstehung hin. Ein weiterer Hinweis auf Krebs ist eine große Menge des Transkriptionsfaktors BTF3a, der als DNA-bindendes Protein die korrekte Transkription unterstützt. Dieses Protein wurde bisher nur in Krebszellen gehäuft vorgefunden. Der dritte Hinweis auf Krebs ergibt sich aus dem Fehlen des ebenfalls an die DNA bindenden Proteins HMG2. Dieses ist an der Reparatur von Doppelstrangbrüchen beteiligt, sodass sein Fehlen auf eine Schädigung des Genoms hindeutet. Solche Erkenntnisse über typische Merkmale von Krebszellen könnten in Zukunft für die Frühdiagnose genutzt werden.

Training A ▸ Transgene Fische

A1 Zebrabärblinge

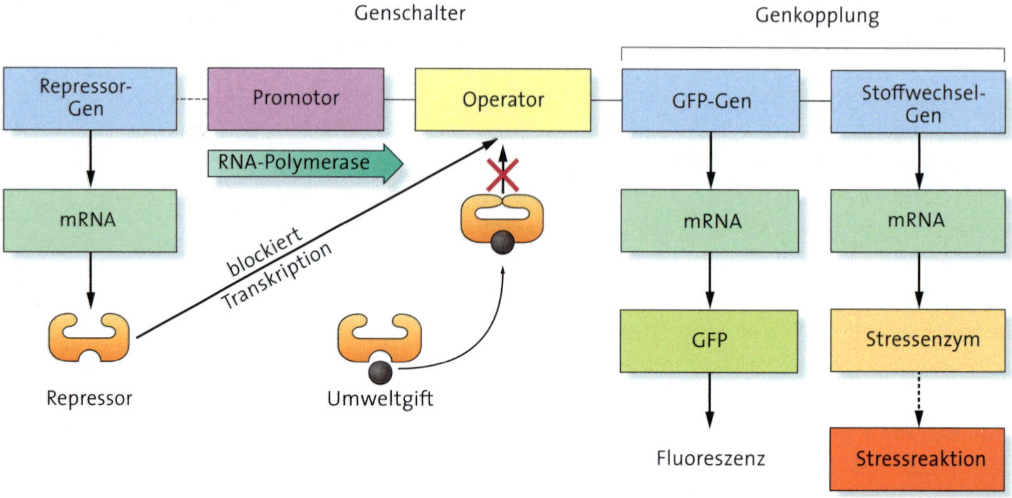

Das grün fluoreszierende Protein, kurz GFP, stammt aus den Leuchtorganen der ostpazifischen Qualle *Aequorea victoria*. Bei Bestrahlung mit blauem Licht fluoreszieren diese Leuchtorgane grün. In der Molekularbiologie wird das GFP-Gen häufig als Reportergen eingesetzt, um zu prüfen, ob sich ein eingeschleustes Gen an der gewünschten Stelle im Genom befindet. Durch die Transfektion des GFP-Gens in das Genom des in Asien heimischen Zebrabärblings wurde die Möglichkeit erforscht, transgene Fische als Bioindikatoren für die Gewässerqualität einzusetzen. Mittlerweile werden solche transgenen Zebrabärblinge, die unter ultraviolettem Licht fluoreszieren, nicht nur in Asien, sondern auch in Amerika unter dem patentgeschützten Markennamen Glofish® als Aquarienfische verkauft. US-amerikanische Behörden sehen die Verbreitung des transgenen tropischen Fisches als nicht genehmigungspflichtig an, zumal in den USA keine wild lebenden Populationen existieren. Lediglich der Bundesstaat Kalifornien beschränkt den Handel mit transgenen Tieren. In Europa sind der Verkauf und die Züchtung gentechnisch veränderter Tiere verboten.

a Erläutern Sie die Funktion des GFP-Gens als Reportergen und seine Bedeutung bei Transfektionsexperimenten!

b Erläutern Sie, weshalb transgene Zebrabärblinge als Bioindikatoren eingesetzt werden könnten!

c Bewerten Sie die unterschiedlichen rechtlichen Vorgaben für die Nutzung transgener Tiere als Heimtiere!

A2 Lachse

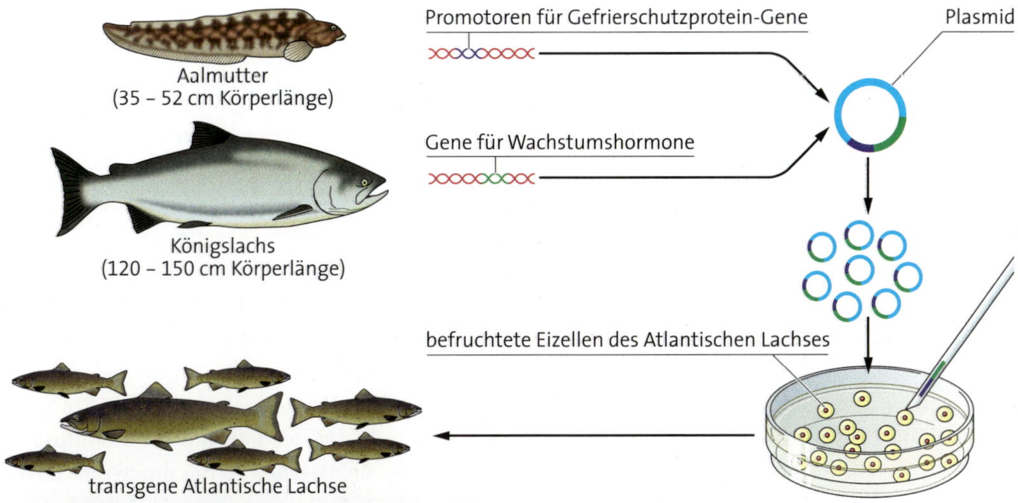

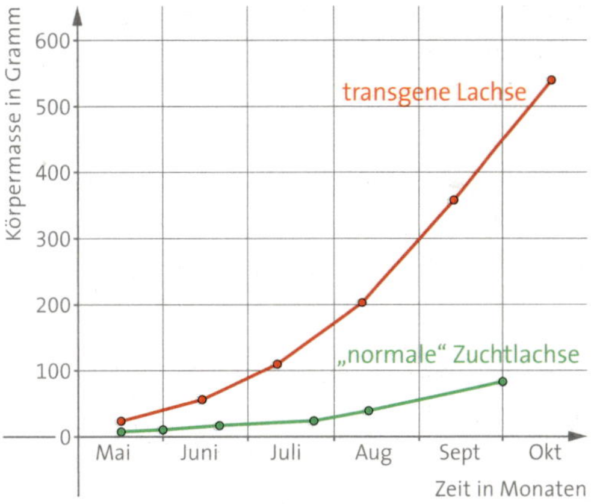

Zuchtlachse verfügen nur in den Sommermonaten über ausreichend Wachstumshormone. Damit sie auch im Winter wachsen, nutzt man Promotoren von Tieren, die über Gene für Gefrierschutzproteine verfügen wie die Aalmutter *Zoarces americanus.* Die Transkription der mit diesen Promotoren gekoppelten fremden Gene für Wachstumshormone wird durch tiefe Temperaturen ausgelöst. Bis heute ist eine kommerzielle Zucht transgener Lachse weltweit trotz laufender Anträge nicht genehmigt. Studien in künstlichen Flusssystemen oder Zuchtanlagen haben folgende Erkenntnisse erbracht:

- Transgene Lachse haben eine geringere Fortpflanzungsrate und eine deutlich kürzere Lebensdauer als Zucht- oder Wildlachse.
- Sie überleben eher bei Nahrungsengpässen und zeigen sich resistenter gegen Temperaturänderungen und Umweltgifte.
- Sie können sich auch in freier Wildbahn vermehren und mit Wildformen konkurrieren.
- Ihr Verzehr wird als unbedenklich eingestuft.

a Vergleichen Sie Größe und Wachstum der natürlichen und transgenen Lachse!

b Beschreiben Sie die Erzeugung transgener Lachse!

c Erläutern Sie die Funktion des Promotors!

d Nehmen Sie Stellung zu der Frage, ob die kommerzielle Züchtung transgener Lachse erlaubt werden sollte!

Werkzeuge der Gentechnik

Plasmid: ringförmiges DNA-Molekül in Bakterienzellen, das unabhängig vom übrigen Genom ist.

Promotor: DNA-Region mit regulatorischer Funktion, an die vor der Initiation der Transkription die RNA-Polymerase bindet.

Transkriptionsfaktor: regulatorisches Protein, das an die eukaryotische DNA bindet und so die Transkription durch die RNA-Polymerase ermöglicht.

Restriktionsenzym: auch Restriktionsendonuklease. Enzym, das eine spezifische Nukleotidsequenz in der DNA erkennt und die DNA an dieser Stelle spaltet. Der Schnitt ist entweder glatt oder es entstehen kurze einsträngige Enden, die *sticky ends*.

Transformation: Übertragung von DNA in Bakterien.

Reportergen: Gen, dessen Expression im transgenen Lebewesen beispielsweise durch Fluoreszenz oder eine Farbreaktion direkt sichtbar wird.

GFP: grün fluoreszierendes Protein der Qualle *Aequorea victoria*

Vektor: auch Genfähre. Mit Vektoren wie Viren oder Plasmiden kann man Fremd-DNA in Zellen einschleusen.

Bakteriophagen: Viren, die spezifisch Bakterien infizieren und daher als Vektoren genutzt werden.

lysogener Zyklus: Vermehrungszyklus eines Bakteriophagen, bei dem die Virus-DNA in die Bakterien-DNA eingebaut und bei jeder Zellteilung mit dieser verdoppelt wird. Die integrierte Virus-DNA nennt man Prophage. Da die Bakterienzelle nicht negativ beeinflusst wird, bezeichnet man den Phagen als temperent.

lytischer Zyklus: Vermehrungszyklus eines Bakteriophagen, bei dem die Virus-DNA im Bakterium abgelesen und vervielfältigt wird, sodass neue Phagen durch *selfassembly* entstehen. Da nach der Bildung der Phagen die Bakterienzelle lysiert wird, nennt man den Phagen virulent.

Transduktion: Übertragung von DNA durch Viren.

Klonieren: Vervielfältigung eines DNA-Moleküls.

Klonen: Vervielfältigung genetisch identischer Zellen oder Lebewesen.

Polymerasekettenreaktion: kurz PCR. Methode zur gezielten Vermehrung bestimmter DNA-Abschnitte mithilfe mehrerer Durchläufe des Dreischritts von Denaturierung, Hybridisierung spezieller Primer und Polymerisierung durch die Taq-Polymerase.

Gelelektrophorese: Verfahren zur Trennung von Molekülen, die unter Einfluss eines elektrischen Feldes durch ein Gel in einer Pufferlösung wandern. Je nach Ladung und Größe der Moleküle wandern sie in einer bestimmten Geschwindigkeit durch das Gel in Richtung Anode. Da das Gel als Molekularsieb wirkt, wandern kleine Moleküle schneller als große.

DNA-Sequenzierung: Methode zur Bestimmung der Basenabfolge eines DNA-Abschnitts. Nach der Denaturierung und der Primeranlagerung werden mithilfe der DNA-Polymerase komplementäre DNA-Stränge synthetisiert, bis der Einbau eines Didesoxyribonukleosid-Triphosphats zum Kettenabbruch führt. So entstehen unterschiedlich lange Fragmente, die der Größe nach getrennt und deren endständige ddNTP durch Fluoreszenzanalyse detektiert werden.

Shotgun-Methode: Zur Sequenzierung längerer DNA-Abschnitte werden diese in kleinere Fragmente zerlegt. Diese werden dann sequenziert und die Informationen zu den Teilsequenzen werden mithilfe spezieller Computerprogramme zur Gesamtsequenz zusammengefügt.

Genomik: Teilgebiet der Genetik, das sich mit der systematischen Analyse des Genoms beziehungsweise aller aktiven Gene einer Zelle, eines Gewebes oder eines Lebewesens beschäftigt.

Medizinische Anwendung

Fusionsprotein: Kombination aus einem bakterienfremden und einem bakterieneigenen Protein.

Bioreaktor: biotechnologische Anlage zur Produktion transgener Mikroorganismen wie Bakterien oder Hefe.

Erythropoietin: kurz EPO. Wachstumsfaktor, der die Bildung von Erythrozyten induziert und daher für die Steigerung der Ausdauerleistung bei Sportlern missbraucht werden kann.

CHO-Zellen: Zellen aus den Ovarien chinesischer Hamster, die zur Produktion rekombinanter Proteine genutzt werden.

Reverse Transkriptase: eine Polymerase, die zu einer RNA-Matrize ein einsträngiges DNA-Molekül bildet, die cDNA.

Mikroinjektion: Injektion von Plasmiden in einen Zellkern mithilfe einer sehr feinen Nadel.

Elektroporation: Durch einen starken elektrischen Impuls werden die Poren der Zellmembran geweitet, sodass Plasmide in die Zelle gelangen können.

Kalziumphosphatfällung: erleichterte Aufnahme von Plasmiden über die Zellmembran durch Kalziumphosphat, das die Plasmide umgibt.

Gentherapie: medizinische Behandlung einer Erkrankung, die auf der Fehlfunktion von Genen beruht, durch genetische Veränderungen von Zellen. Wenn Körperzellen verändert werden, spricht man von somatischer Gentherapie. Die Veränderung von Geschlechtszellen, die Keimbahntherapie, ist verboten.

DNA-Chip: auch *Microarray*. Es handelt sich um kleine Glasplättchen mit zahlreichen fixierten kurzen DNA-Sonden, mit denen parallel zahlreiche Moleküle analysiert werden können.

Transkriptom: Gesamtheit der mRNA-Moleküle einer Zelle.

Proteom: Gesamtheit der Proteine einer Zelle.

Transgene Pflanzen

Biofortifikation: gentechnische Veränderung einer Pflanze mit dem Ziel, diese mit bestimmten Inhaltsstoffen wie Vitaminen oder Mineralstoffen anzureichern.

Agrobacterium tumefaciens: Bodenbakterium, das Pflanzen an verletzten Stellen infiziert und dort zu Gewebewucherungen führt. Es kann DNA in pflanzliche Zellen übertragen.

Ti-Plasmid: tumorinduzierendes Plasmid. Dieses Plasmid wird von *A. tumefaciens* in pflanzliche Zellen übertragen und ruft deren unkontrollierte Teilung hervor.

T-DNA: Transfer-DNA. Sie ist ein Teil des Ti-Plasmids, der in das Pflanzengenom integriert wird und zur Produktion von Phytohormonen führt, sodass ein Zellwachstum ausgelöst wird.

Transfektion: Übertragung von DNA in eine eukaryotische Zelle.

Bt-Toxin: Endotoxin des Bodenbakteriums *Bacillus thuringensis,* das eine insektizide Wirkung hat.

Genkanone: Gerät, mit dem DNA, die auf Metallkügelchen übertragen wurde, in Zellen geschossen wird.

Antisense-Technik: Methode zur gezielten Inaktivierung eines Polypeptids in der Zelle. Dazu wird ein DNA-Abschnitt in die Zelle eingeschleust, der zur Transkription einer der mRNA des Zielproteins komplementären sinnwidrigen mRNA führt. Beide Moleküle hybridisieren, sodass keine Translation erfolgt.

Transgene Tiere

Embryosplitting: mechanische Trennung der Zellen eines 16-zelligen Embryos zur Erzeugung eines Klons.

Klon: eine genetisch identische Gruppe von Lebewesen oder Zellen.

Gene-Pharming: Produktion pharmazeutisch wirksamer Substanzen mithilfe transgener Nutztiere oder -pflanzen.

Humangenetische Forschungsschwerpunkte

In diesem Kapitel beschäftigen Sie sich mit

- der Analyse von Stammbäumen;
- der Bedeutung von Umwelteinflüssen für die Ausbildung von Merkmalen;
- Nachweisverfahren zur Funktion einzelner Gene;
- medizinischen Methoden der künstlichen Befruchtung;
- der Stammzellforschung;
- der Entwicklung von Krebstherapien;
- dem Immunsystem des Menschen.

Der auf natürlichem Wege unerfüllbare Kinderwunsch von Paaren kann durch medizinische Verfahren verwirklicht werden.

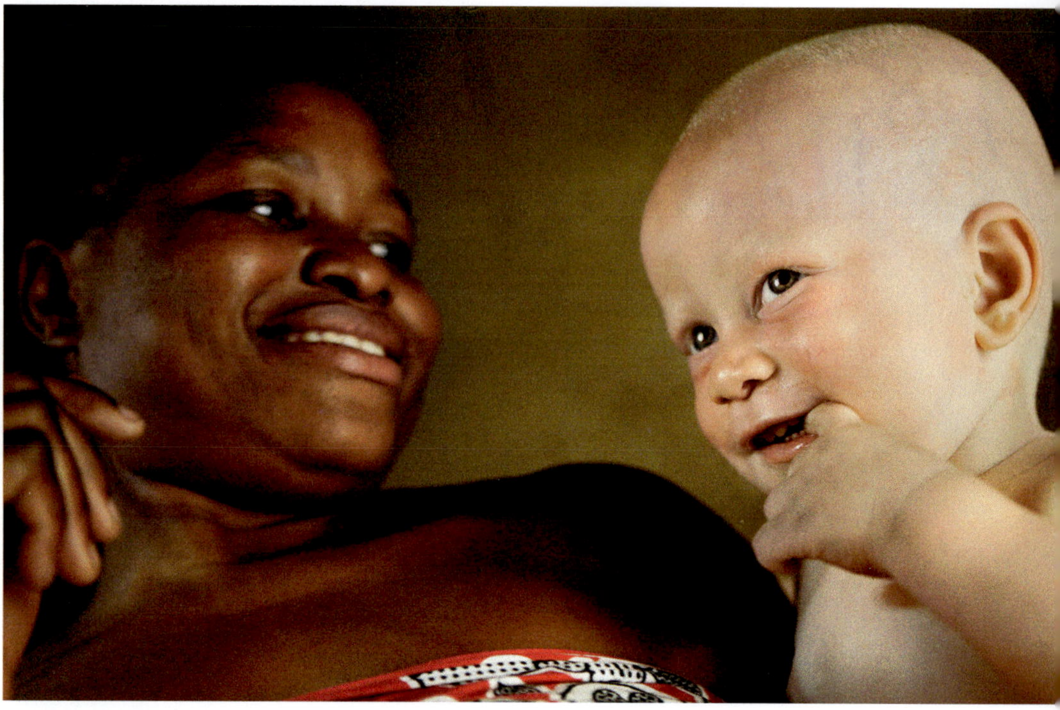

01 Afrikanisches Kind mit Albinismus

Stammbaumanalyse

Bei etwa einem von 20 000 Neugeborenen wird eine besonders helle Hautfarbe beobachtet. Sie ist auf eine angeborene Störung der Melaninsynthese zurückzuführen. Melanine bewirken die Pigmentierung von Haut, Augen und Haaren. Menschen mit Albinismus bekommen schneller Sonnenbrand und haben ein erhöhtes Risiko, an Hautkrebs zu erkranken. Die Weitergabe der Albinismusallele folgt, wie viele andere Erbgänge des Menschen, den MENDELschen Regeln. Gregor MENDEL führte Kreuzungsexperimente durch und wertete die Zahlenverhältnisse der Nachkommen aus. Bei Menschen ist diese methodische Vorgehensweise ausgeschlossen. Wie kann man dennoch bestimmen, welcher Erbgang dem Albinismus zugrunde liegt?

ANALYSE VON ERBGÄNGEN · Um zu erfahren, auf welchem Erbgang eine Merkmalsausprägung wie der Albinismus beruht, überprüft man zunächst über mehrere Generationen jedes Mitglied der betroffenen Familie und erstellt aus den gewonnenen Daten einen **Stammbaum.** Seine Darstellung erfolgt anhand international gebräuchlicher Symbole.

Für Humangenetiker ist zunächst interessant, ob das untersuchte Allel *dominant* oder *rezessiv* vererbt wird. Wenn ein dominantes Allel vorliegt, wird es im Phänotyp immer ausgeprägt, egal ob das Allel *homozygot* oder *heterozygot* vorkommt. Ein rezessiv vererbtes Allel wird im Erscheinungsbild nur sichtbar, wenn es homozygot vorliegt. Die meisten Gene sind auf einem der 22 *Autosomen* lokalisiert. Sie werden daher *autosomal* vererbt.

AUTOSOMAL-REZESSIVER ERBGANG · Anhand der Verteilung der Merkmalsausprägungen in einer Familie, in der Albinismus beobachtet wird, lässt sich ein Stammbaum erstellen. Wenn zum Beispiel der Vater Merkmalsträger ist, jedoch kein Nachkomme der folgenden Generation, so überspringt die Merkmalsausprägung eine Generation. Dies ist ein Hinweis auf einen *rezessiven* Erbgang. Ein weiterer Hinweis findet sich in der dritten Generation. Eltern, die die Merkmalsausprägung nicht zeigen, haben Kinder, die Merkmalsträger sind. Dies ist nur möglich, wenn beide Eltern bezüglich des Allels für Albinismus heterozygot sind. Beide

Geschlechter sind statistisch gleichermaßen betroffen. Ein solcher Erbgang wird als *autosomal-rezessiv* bezeichnet.

AUTOSOMAL-DOMINANTER ERBGANG · Bei einigen genetisch bedingten Erkrankungen führt bereits ein mutiertes Allel der betroffenen Personen zum Ausbruch der Krankheit. Wenn das Allel auf einem Autosom liegt, handelt es sich um einen *autosomal-dominanten Erbgang.* Heterozygote Eltern können gesunde Kinder bekommen.
Die meisten genetisch bedingten Erkrankungen kommen selten vor. Mit einer Wahrscheinlichkeit von 1:500 ist die **familiäre Hypercholesterinämie** die häufigste Krankheit, die auf einem autosomal-dominanten Erbgang beruht. Die Zellen der Betroffenen weisen einen Defekt in ihren Rezeptoren für Lipoproteine mit niedriger Dichte auf, die als *low density lipoproteins,* kurz *LDL,* bezeichnet werden. Zu ihnen gehört auch das LDL-Cholesterin. Die Zellen können weniger Cholesterin aus dem Blut aufnehmen. Deshalb ist die Konzentration an LDL-Cholesterin im Blut bei heterozygoten Merkmalsträgern etwa doppelt so hoch wie bei gesunden Menschen. Sie erleiden deshalb oft schon im Alter von unter 40 Jahren einen Herzinfarkt. Homozygote Merkmalsträger haben keine funktionsfähigen LDL-Rezeptoren. Bei ihnen ist der Wert des LDL-Cholesterins um das Zehnfache höher als normal. Herzinfarkte treten meist schon vor dem 15. Lebensjahr auf.
Eine weitere Krankheit mit autosomal-dominantem Erbgang ist die *Vielfingrigkeit* oder *Polydaktylie*. Die Merkmalsträger haben mehr als zehn Finger oder Zehen. Obwohl das Allel mit 1:5000 relativ häufig vorkommt, weist nicht jeder 5000. Mensch eine erhöhte Finger- oder Zehenanzahl auf. Einige betroffene Menschen haben trotzdem fünfgliedrige Hände und Füße. Das Allel ist zwar dominant, wird aber nicht von jeder Person, die das Allel trägt, ausgeprägt. Dieses Phänomen bezeichnet man als **unvollständige Penetranz.**
Bei anderen Menschen mit diesem Allel wird nur ein zusätzlicher Hautlappen gebildet und kein kompletter Finger oder Zeh. Das dominante Allel wird nicht vollständig ausgeprägt. Man bezeichnet diesen Sachverhalt als **variable Expressivität.**

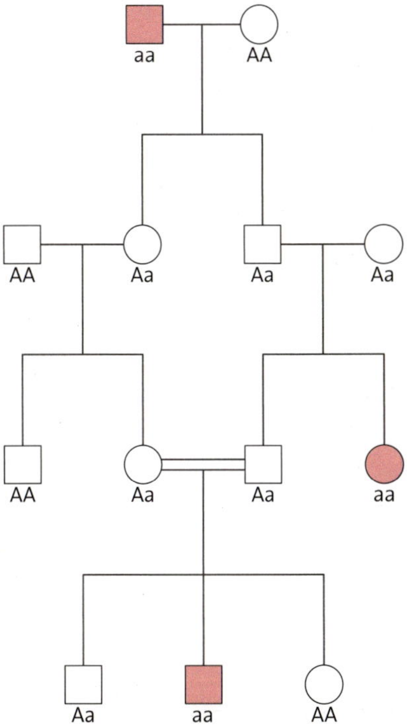

02 Stammbaum eines autosomal-rezessiven Erbgangs

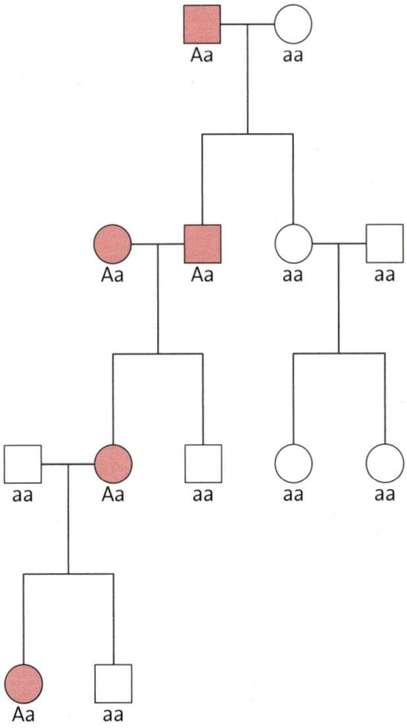

03 Stammbaum eines autosomal-dominanten Erbgangs

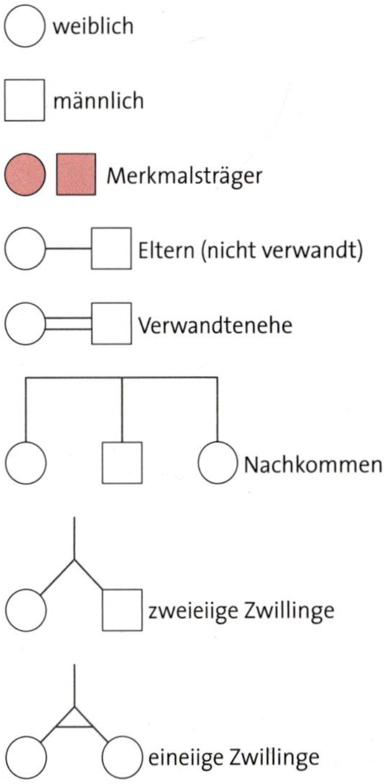

04 International gebräuchliche Symbole für Stammbäume

Phänotyp:	A, Rh+	B, Rh+	AB, Rh+	0, Rh+
Genotyp:	AA DD AA Dd A0 DD A0 Dd	BB DD BB Dd B0 DD B0 Dd	AB DD AB Dd	00 DD 00 Dd
Häufigkeit:	34 %	9 %	3 %	38 %

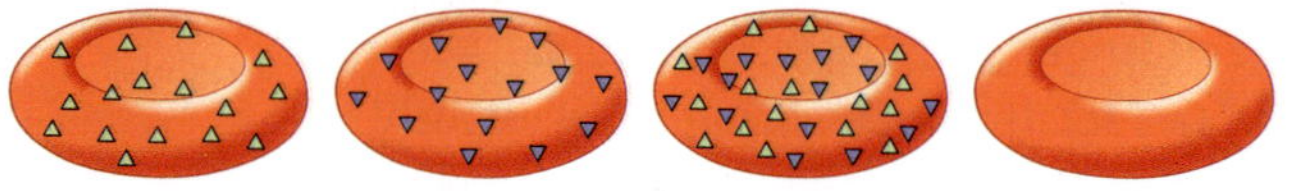

Phänotyp:	A, rh–	B, rh–	AB, rh–	0, rh–
Genotyp:	AA dd A0 dd	BB dd B0 dd	AB dd	00 dd
Häufigkeit:	6 %	2 %	1 %	7 %

05 Häufigkeit der Blutgruppen in Deutschland und ihre Genotypen

Blutgerinnung siehe Seite 96

MULTIPLE ALLELIE · Die erste erfolgreiche menschliche Blutübertragung gelang im Jahr 1825. Dennoch endeten viele Bluttransfusionen, die in der Folgezeit durchgeführt wurden, für den Empfänger tödlich. Der Österreicher Karl LANDSTEINER beobachtete, dass das Blutserum eines Menschen die roten Blutkörperchen eines anderen Menschen zum Verklumpen bringen kann. Im Jahr 1901 entwickelte er daraufhin die Grundlagen zum Verständnis des heute bekannten *AB0-Systems* mit vier Hauptblutgruppen. Das AB0-System beruht auf drei Allelen eines Genorts auf dem Chromosom 9. Wenn mehr als zwei Allele des gleichen Gens vorkommen, werden sie als *multiple Allele* bezeichnet. Jeder Mensch verfügt über zwei der drei Allele A, B und 0. Sie bewirken die Ausbildung unterschiedlicher Glykolipide, deren Kohlenhydratgruppen aus der Erythrozytenmembran herausragen. Diese Kohlenhydratgruppen werden als Antigene bezeichnet. Die Allele A und B sind gegenüber dem Allel 0 dominant. Phänotypisch unterscheiden sich A0 und AA deshalb nicht. Das Allel A und das Allel B sind jedoch **kodominant.** Die Allelkombination führt zu einem Phänotyp, bei dem beide Glykolipide gebildet werden, der Blutgruppe AB. Nur wenn beide rezessiven Allele 0 vorliegen, wird die Blutgruppe 0 ausgeprägt. Im Serum der Blutgruppe A befinden sich Antikörper gegen die Antigene der Blutgruppe B und im Serum der Blutgruppe B gegen die Antigene der Blutgruppe A. Diese Antikörper führen bei einer Blutübertragung zu einer Antigen-Antikörper-Reaktion und damit zur Verklumpung der roten Blutkörperchen.

RHESUSFAKTOR · Im Jahr 1940 wurde bei Rhesusaffen ein weiteres Blutgruppensystem, der **Rhesusfaktor,** entdeckt. Dabei handelt es sich um spezifische Proteine auf der Erythrozytenmembran. Das Allel für den wichtigsten Rhesusfaktor D wird dominant vererbt. Der Rhesusfaktor D bestimmt, ob das Blut einer Person als Rhesus-positiv, Rh+, oder Rhesus-negativ, rh-, bezeichnet wird. Er ist dann von Bedeutung, wenn eine Mutter Rhesus-negativ ist und aufgrund einer ersten Geburt bereits Antikörper gegen das Antigen D gebildet hat. Durch die Antikörper der Mutter werden in einer folgenden Schwangerschaft bei einem Rhesus-positiven Kind die roten Blutkörperchen aufgelöst. Um dies zu verhindern, führt man bei Rhesus-negativen Müttern eine Anti-D-Prophylaxe durch. Hierdurch wird die Bildung von Anti-D-Antikörpern blockiert.

GONOSOMALE ERBGÄNGE · Bei der *Hämophilie,* die auch als Bluterkrankheit bezeichnet wird, handelt es sich um eine Blutgerinnungsstörung. Davon sind in besonderem Maße die männlichen Nachkommen der europäischen Adelshäuser betroffen. Wie lässt sich diese Besonderheit erklären?
Die Gene für die Gerinnungsfaktoren liegen auf dem X-Chromosom, werden also *gonosomal* vererbt. Eine Veränderung im Gen für den Faktor VIII verursacht die häufigere Form Hämophilie A. Hämophilie B beruht auf einer Mutation im Gen des Faktors IX. Da die Allele für die Gerinnungsfaktoren auf dem Y-Chromosom fehlen, sind Männer auf die intakten Allele des X-Chromosoms angewiesen. Sie sind hinsichtlich der betreffenden Allele **hemizygot.** Eine heterozygote Frau ist aufgrund des funktionsfähigen zweiten Allels phänotypisch gesund. Sie gibt das mutierte Allel mit einer Wahrscheinlichkeit von 50 Prozent an ihre Nachkommen weiter und wird deshalb als *Konduktorin* bezeichnet. Die be-

troffenen männlichen Nachkommen erkranken, die betroffenen Töchter sind wiederum Konduktorinnen. Ein an Hämophilie erkrankter Mann hat ausschließlich gesunde Söhne, alle Töchter sind Konduktorinnen. Die Häufung des mutierten Allels im europäischen Adel ist ausschließlich auf Verwandtenehen zurückzuführen.

Weitere Erkrankungen mit einem X-chromosomal-rezessiven Erbgang sind die *Muskeldystrophien*. Im späten 19. Jahrhundert wurde erstmals eine fortschreitende Degeneration der Muskulatur beobachtet, die heute als *Muskeldystrophie Typ Duchenne* bezeichnet wird. Ab dem 3. Lebensjahr beginnt sie mit einer Schwächung der Beinmuskulatur. Mit 12 Jahren sind die meisten Betroffenen auf einen Rollstuhl angewiesen und mit 18 Jahren pflegebedürftig.

Das Allel für die Rot-Grün-Sehschwäche wird ebenfalls X-chromosomal-rezessiv vererbt. Von ihr sind neun Prozent aller Männer betroffen. Verursacht wird sie durch Veränderungen der DNA-Sequenzen, die für die Sehpigmentproteine codieren. Damit ändert sich die Empfindlichkeit der Zapfen in der Netzhaut des Auges.

Die Stammbaumanalyse liefert wichtige Hinweise über den zugrunde liegenden Erbgang. Eine eindeutige Bestimmung, ob ein Allel autosomal oder gonosomal vererbt wird, ist oft nur anhand der statistischen Verteilung innerhalb einer größeren Population möglich.

GENOMISCHE PRÄGUNG · Das *Prader-Willi-Syndrom* tritt mit einer Häufigkeit von 1 : 10 000 bis 1 : 15 000 auf. Betroffene sind lernbehindert und bleiben im Wachstum zurück. Sie leiden unter einem unkontrollierten Appetit, was zu Fettleibigkeit und Diabetes führt. Ursache ist eine Deletion im Chromosom 15. Das Prader-Willi-Syndrom entsteht aber nur, wenn die Deletion auf den Vater zurückzuführen ist. Stammt das mutierte Chromosom von der Mutter, entsteht eine völlig andere genetisch bedingte Erkrankung, das *Angelman-Syndrom*. Betroffene Kinder sind hyperaktiv, geistig behindert und zeigen eine eingeschränkte Sprachentwicklung. Diese phänotypische Variation, die ausschließlich auf den elterlichen Ursprung der genetischen Information beruht, wird als *genomische Prägung* bezeichnet.

Verursacht wird die Prägung wahrscheinlich durch DNA-Methylierung, die das Abschalten bestimmter Gene zur Folge hat. Das Methylierungsmuster beider Geschlechter ist jedoch verschieden. Im Spermienzellen-bildenden Gewebe werden deshalb andere Regionen der DNA inaktiviert als im Eizellen-bildenden Gewebe. Bei Säugetieren wurden bereits mehr als 50 Allele entdeckt, die einer genomischen Prägung unterliegen. Aber man weiß noch nicht, wie viele Gene des Menschen auf diese Weise beeinflusst sind.

Epigenetik siehe Seite 114 und 115 sowie Seite 180 und 181

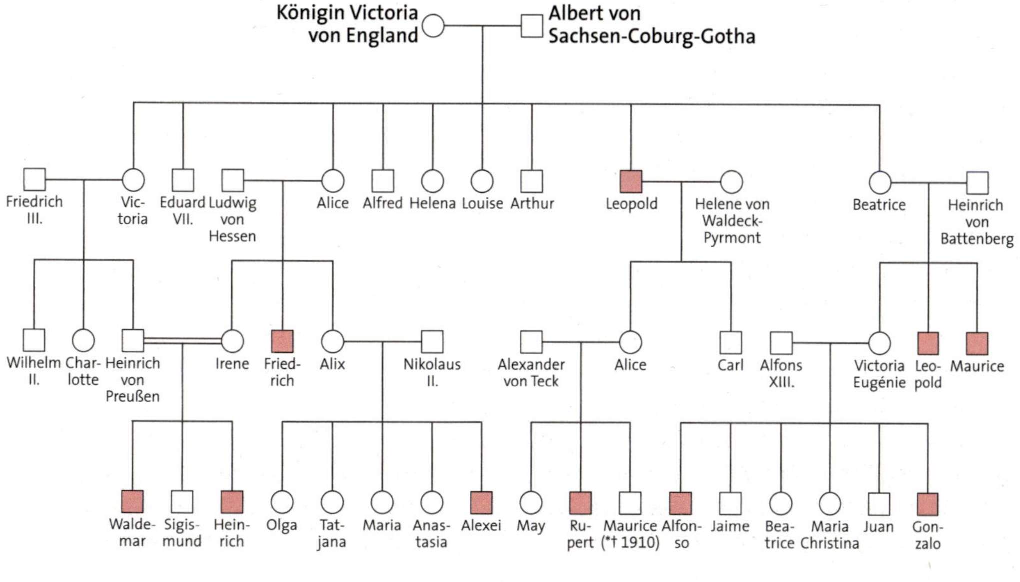

06 Hämophilie A in europäischen Fürstenhäusern

07 Hautfarben in einer Familie

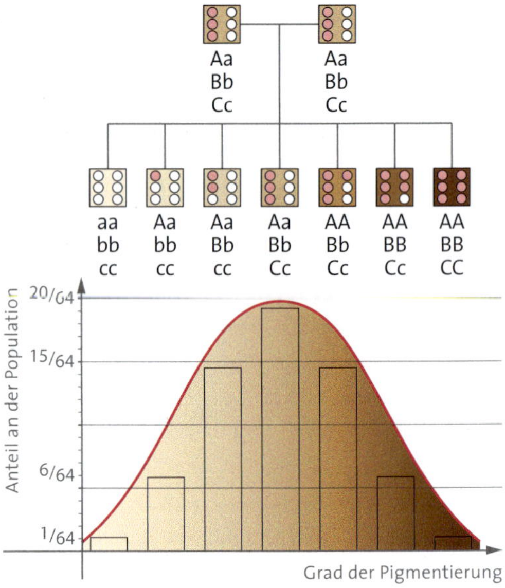

08 Modell der polygenen Vererbung der Hautfarbe

POLYGENIE · Die Kinder von Eltern mit dunkler und mit heller Hautfarbe haben verschiedene, graduell voneinander abweichende Pigmentierungen. Auch deren Nachkommen weisen vielfältige Unterschiede bezüglich der Pigmentierung auf. Da keine Aufspaltung in einfachen Zahlenverhältnissen wie zum Beispiel 3 :1 beobachtet wird, erkennt man sofort, dass sich die MENDELschen Regeln hier nicht anwenden lassen. Deshalb ist es auch nicht sinnvoll, die Verteilung der Merkmalsausprägungen mithilfe eines Stammbaums darzustellen. Worin liegt die Ursache für die vielfältigen Unterschiede?

Die Pigmentierung der Haut erfolgt durch Melanine, die in pigmentbildenden Zellen, den Melanozyten, produziert werden. Deren Aktivität wird durch mehrere Gene bestimmt, die sich gegenseitig ergänzen. Man nennt dies **additive Polygenie.** Man weiß heute noch nicht genau, wie viele Gene an der Ausbildung der Hautfarbe beteiligt sind. Die Variabilität der Phänotypen steigt mit der Anzahl der beteiligten Gene. Ein vereinfachtes Modell zur Hautfarbe verdeutlicht diesen Sachverhalt. Wenn man annimmt, dass drei Gene A, B und C an der Ausbildung der Hautfarbe beteiligt sind, ergeben sich sieben Kombinationsmöglichkeiten für die im Phänotyp sichtbare Intensität der Pigmentierung. Da die Pigmentierung auch durch die Intensität der Sonnenstrahlung und damit das menschliche Verhalten beeinflusst wird, sind die Übergänge fließend.
Viele weitere Merkmale wie Körpergröße, Augenfarbe und Intelligenz werden von mehreren Genen codiert. Teilweise beeinflussen Umwelt und Verhalten diese Merkmale in besonderem Maße. Deshalb ist es nicht möglich, die Bedeutung der Gene für diese Merkmale eindeutig zu bestimmen.

1 Erläutern Sie, anhand welcher Kriterien man im Stammbaum auf einen autosomal-dominanten oder -rezessiven Erbgang schließen kann!

2 Begründen Sie, weshalb ein Erbgang nur unter Berücksichtigung der statistischen Verteilung der Geschlechter innerhalb einer Population eindeutig bestimmt werden kann!

3 Die Gene für die Pigmentierung werden als unvollständig dominant bezeichnet. Begründen Sie diesen Sachverhalt anhand von Abbildung 08!

4 Die durchschnittliche Körpergröße der Frauen in Mitteleuropa lag im 19. Jahrhundert bei 156 und heute bei 165 Zentimetern. Erklären Sie dieses Phänomen!

Material A ▸ Phenylketonurie

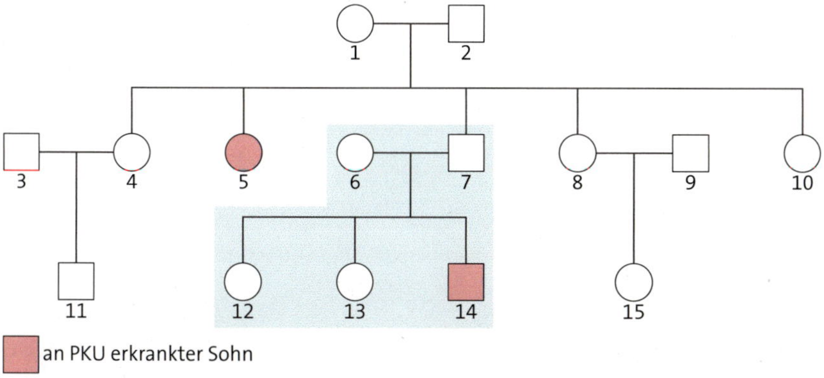

Bei den Personen 12, 13 und 14 wurde ein biochemischer Test durchgeführt. Dabei wurde ihnen eine genormte Menge an Phenylalanin verabreicht. Das Diagramm zeigt die jeweilige Tyrosinkonzentration im Blutplasma der drei Personen im Verlauf von acht Stunden.

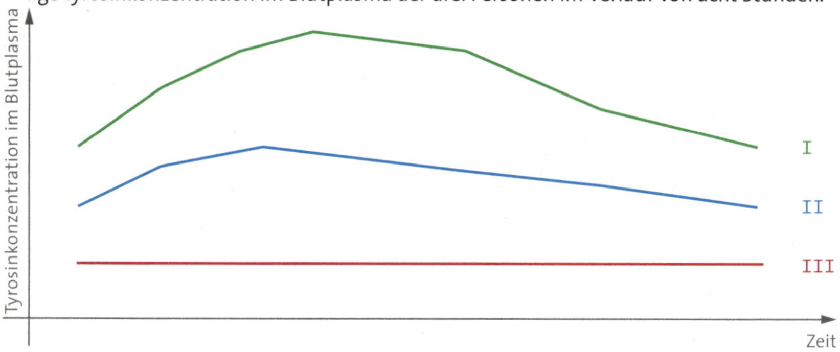

Phenylketonurie, kurz PKU, ist eine genetisch bedingte Stoffwechselstörung, die in Deutschland bei einem von 10 000 Neugeborenen auftritt.

Alle eiweißhaltigen Lebensmittel enthalten die essenzielle Aminosäure Phenylalanin. Normalerweise wird sie in der Leber durch ein Enzym in die Aminosäure Tyrosin umgewandelt. Bei PKU-betroffenen Menschen ist dieses Enzym aufgrund einer Mutation gar nicht oder nur teilweise aktiv. Phenylalanin häuft sich in Blut und Geweben an und verursacht schließlich eine Hirnschädigung, wenn die PKU nicht in den ersten Lebenswochen entdeckt und sofort behandelt wird. In Deutschland gibt es ein *Neugeborenen-Screening*, das am dritten bis fünften Lebenstag alle Neugeborenen erfasst.

Die einzige Behandlungsmöglichkeit ist eine phenylalaninarme Diät.

A1 Leiten Sie aus dem Stammbaum den vorliegenden Erbgang ab! Begründen Sie, welche Erbgänge auszuschließen sind!

A2 Ordnen Sie die Kurvenverläufe des Diagramms den Personen 12, 13 und 14 zu und erklären Sie den Zusammenhang zwischen Tyrosingehalt und Allelkombination!

A3 Schlussfolgern Sie den zu erwartenden Kurvenverlauf bei den Personen 6 und 7!

Material B ▸ Familiäre Hypophosphatämie

Auftreten der familiären Hypophosphatämie

Bei einer Erkrankung des Vaters sind alle Töchter von dieser Krankheit betroffen, während die Söhne alle gesund sind.
Ist die Mutter Merkmalsträger, erkranken sowohl die Hälfte der Töchter als auch die Hälfte der Söhne an Phosphatdiabetes.

Für die Festigkeit unserer Knochen ist die Aufnahme von Phosphat und Kalzium mit der Nahrung notwendig. Bei der Hypophosphatämie führt eine Genmutation zur Bildung eines Enzyms, welches in den Knochen und der Nebenschilddrüse Eiweißmoleküle spaltet. Damit beeinflusst es indirekt die Funktion der Nieren, die das mit der Nahrung aufgenommene Phosphat sofort wieder ausscheiden.
Der Phosphatmangel führt zu einer Knochenerweichung und hat ein Verbiegen und Verdrehen der Ober- und Unterschenkelknochen sowie Gelenkschmerzen zur Folge. Mit nur wenigen Hundert Betroffenen in Deutschland ist die Krankheit extrem selten.

B1 Ermitteln Sie aus den Angaben zum Auftreten der familiären Hypophosphatämie den vorliegenden Erbgang!

B2 Entwickeln Sie einen hypothetischen Stammbaum über drei Generationen für diesen Erbgang unter Berücksichtigung der Geno- und Phänotypen!

01 Eineiige Zwillinge

Zwillingsforschung und Epigenetik

Eineiige Zwillinge sehen sich meist zum Verwechseln ähnlich. Charakterlich unterscheiden sie sich jedoch häufig sehr. Die genetische Ausstattung eineiiger Zwillinge ist identisch. Aber die Ausbildung von Merkmalen kann bedingt durch Umwelteinflüsse unterschiedlich sein. Welchen Einfluss hat die Umwelt?

KONKORDANZWERTE · Eineiige Zwillinge entstehen durch Teilung und Aufspaltung einer befruchteten Eizelle, der Zygote. Sie sind genotypisch identisch. Unterschiede zwischen eineiigen Zwillingen werden deshalb ausschließlich auf Umwelteinflüsse zurückgeführt. Mit der 1979 begonnenen Minnesota-Studie sollte überprüft werden, ob Gene Einfluss auf das Verhalten haben. Man interviewte hierzu eineiige Zwillinge, die als Kleinkinder getrennt voneinander in verschiedenen Adoptivfamilien aufwuchsen. Viele Zwillingspaare wiesen erstaunliche Übereinstimmungen auf. Sie hatten zum Beispiel den gleichen Beruf und die gleichen Hobbys. Auch geistige Fähigkeiten und Krankheitsgeschichten waren häufig ähnlich. Heutzutage vergleicht man eineiige und zweieiige Zwillinge, die früh voneinander getrennt wurden, mit Zwillingen, die gemeinsam aufwuchsen. Zweieiige Zwillinge ähneln sich wie andere Geschwister. Wenn Zwillinge dieselbe Merkmalsausprägung aufweisen, wird dies als *konkordant* bezeichnet. Hohe *Konkordanzwerte* sind ein Hinweis darauf, dass das betreffende Merkmal genetisch bedingt ist.

Merkmal	eineiig	zweieiig
Blutgruppe	100	66
Augenfarbe	99	28
Diabetes	65	18
identische Allergie	59	5
Brustkrebs	6	3

02 Konkordanzwerte eineiiger und zweieiiger Zwillinge in Prozent

EPIGENETIK · Die Konkordanzwerte eineiiger Zwillinge liegen theoretisch für alle vererbten Merkmale bei 100 Prozent. Es zeigen sich jedoch Abweichungen im Phänotyp, die offensichtlich auf den Einfluss der Umwelt zurückzuführen sind. Wie lässt sich dies erklären?
Zytogenetische Untersuchungsmethoden machen Unterschiede zwischen den Chromosomen sichtbar. So lässt sich der Methylierungsgrad der DNA durch Anfärben der Chromosomen er-

kennen. DNA-Bereiche, die einen besonders hohen Methylierungsgrad gegenüber der Methylierung während der Embryonalentwicklung aufweisen, werden als *hypermethyliert* bezeichnet. Die entsprechenden Chromosomenabschnitte sind im mikroskopischen Bild grün. Gegenüber der Embryonalentwicklung unveränderte Abschnitte erscheinen gelb. *Hypomethylierte* Abschnitte mit einem geringeren Methylierungsgrad werden in roter Färbung dargestellt.
Vergleicht man die Methylierung der Chromosomen von 3 Jahre alten und von 50 Jahre alten eineiigen Zwillingen miteinander, zeigen sich auffällige Abweichungen. In den ersten Lebensjahren unterscheiden sich die Methylierungsmuster der Chromosomen nur wenig. Mit zunehmendem Alter verändert sich die DNA-Methylierung. Je unterschiedlicher die Lebensweisen sind, umso deutlicher weichen die Methylierungsmuster voneinander ab.
Die Methylierung der DNA beeinflusst deren Bindungskraft zu DNA-bindenden Proteinen. Dadurch wird die Genexpression verändert. Verschiedenfarbige Bereiche der angefärbten Chromosomen sind also Hinweise auf eine unterschiedliche Genexpression.

POSTZYGOTISCHE EINFLÜSSE · Nach der Befruchtung wird ein großer Teil der elterlichen Methylierungen entfernt. Bis zur Einnistung der Blastozyste in die Gebärmutter erfolgt eine Neumethylierung des Genoms. Dieser Vorgang wird als **genomische Prägung** bezeichnet. Noch bevor eine Schwangerschaft feststellbar ist, können die Lebensbedingungen der Mutter die Entwicklung des Embryos beeinflussen. Dazu gehören auch Alkohol, Nikotin und Umweltgifte.
Aufzeichnungen über eine Hungersnot 1944 in den Niederlanden belegen, dass eine Mangelernährung der Mutter innerhalb der ersten drei Schwangerschaftsmonate eine erhöhte Krankheitsanfälligkeit der Kinder zur Folge hat. Im Fetus werden Gene exprimiert, die das Nahrungsangebot in der Mangelsituation optimal ausschöpfen. Steht den Nachkommen später ein reichliches Nahrungsangebot zur Verfügung, so steigt die Anfälligkeit für Diabetes oder Herz-Kreislauf-Erkrankungen.

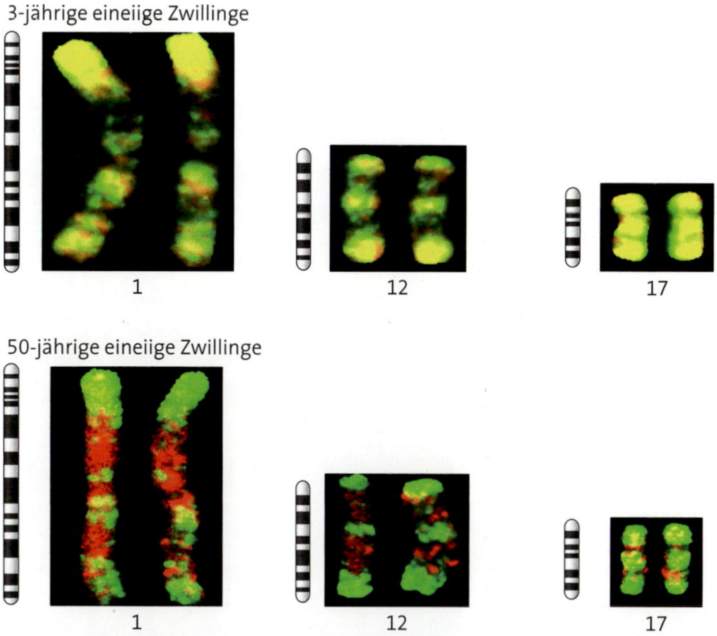

03 Methylierungsmuster der Chromosomen 1, 12 und 17 von Zwillingen

PRÄZYGOTISCHE EINFLÜSSE · In verschiedenen Untersuchungen wurde festgestellt, dass Kinder von Männern, die schon als Jugendliche rauchten, häufiger Übergewicht hatten als Kinder von Nichtrauchern. Auch hier wird ein epigenetischer Zusammenhang angenommen. Mit Eintritt der Pubertät reifen beim Jungen die männlichen Geschlechtszellen heran. Umwelteinflüsse in dieser Zeit verändern die Methylierung in den Geschlechtszellen und nehmen Einfluss auf die Entwicklung künftiger Kinder. Die für Umwelteinflüsse sensible Phase der Geschlechtszellreifung liegt bei Mädchen bereits vor der Geburt. Deshalb sind die Umweltbedingungen und das Verhalten der schwangeren Mutter für die Methylierung der Geschlechtszellen des ungeborenen Kindes von Bedeutung. Die Lebensumstände einer schwangeren Frau wirken sich also nicht nur auf die eigenen Kinder, sondern auch auf deren Geschlechtszellen und damit auf die Enkelkinder aus.

DNA-Methylierung siehe Seite 114 und 115

1 Erklären Sie die unterschiedlichen Konkordanzwerte bei ein- und zweieiigen Zwillingen!

2 Erläutern Sie prä- und postzygotische epigenetische Einflüsse!

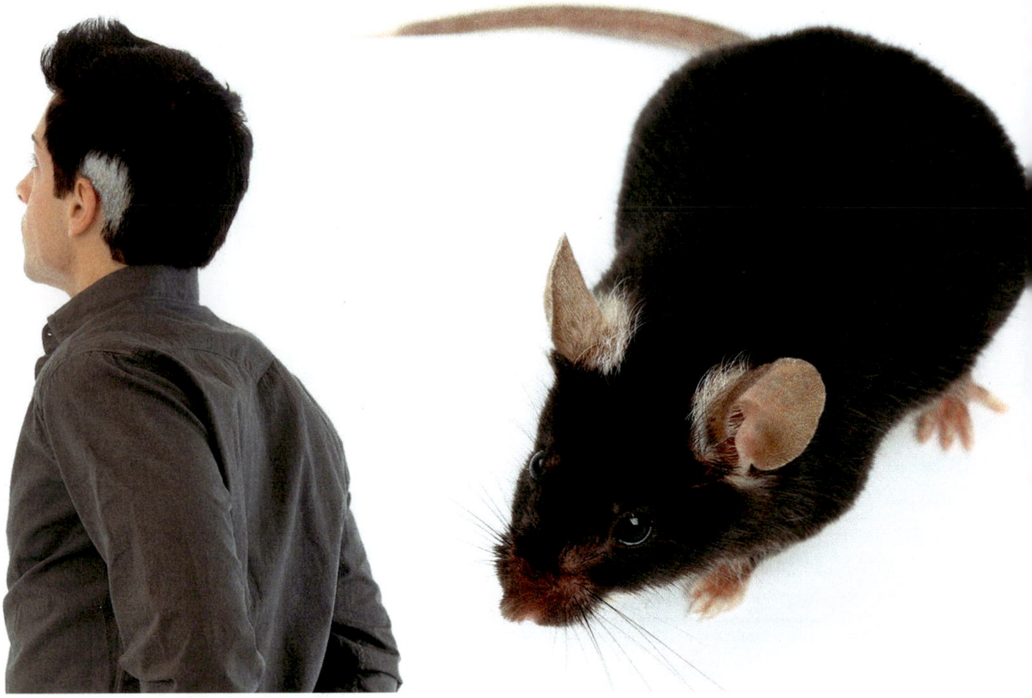

01 Mann und Maus mit gleicher Pigmentstörung

Molekulare Untersuchungsmethoden

Der Mann und die Maus haben am Kopf einen ähnlichen hellen Fleck. Ursache für diese Pigmentstörung ist jeweils eine Genmutation. Die betroffenen Zellen können die für die Pigmentierung notwendigen Farbstoffe nicht herstellen. Wie lässt sich erklären, dass Mensch und Maus eine derartige Ähnlichkeit aufweisen?

MODELLORGANISMUS MAUS · Die Genome von Mensch und Maus weisen große Ähnlichkeiten auf. Beide umfassen ungefähr drei Milliarden Basenpaare mit etwa 25 000 Genen. Für ungefähr 85 Prozent der menschlichen Gene finden sich die entsprechenden Gene bei der Maus, oft sogar in der gleichen Anordnung auf den Chromosomen. Aufgrund der ähnlichen DNA-Sequenzen werden viele biologische Prozesse bei der Maus und beim Menschen in gleicher Weise gesteuert. Dies gilt auch für die Pigmentierung der Haut und der Körperbehaarung. So lässt sich erklären, dass die gleiche Mutation bei beiden Lebewesen vergleichbare Auswirkungen hat.

ZIELGERICHTETE GENETIK · Wenn man verstehen will, welche und wie viele Gene ein bestimmtes Merkmal beeinflussen, ist es notwendig, die beteiligten Gene zu finden und ihre Funktion zu entschlüsseln.
Um ein Gen zu charakterisieren, wird es sequenziert und die Anordnung der Nukleotide mit bekannten Sequenzen aus DNA-Datenbanken verglichen. So ist es möglich, Mutationen auf der DNA zu lokalisieren. Auch für die translatierten Aminosäuresequenzen gibt es Datenbanken, die einen Vergleich der Genprodukte zulassen. Damit lässt sich jedoch keine Aussage darüber treffen, welche Funktion ein bestimmtes Gen im Stoffwechselprozess eines Lebewesens hat.

GEN-KNOCKOUT · Um feststellen zu können, welche Funktion ein bestimmtes Gen im Organismus erfüllt, züchtet man homozygote, genetisch identische Mäusestämme. Wenn eine Maus sich von den anderen Tieren nur durch den Verlust eines einzelnen Gens unterscheidet,

kann die Funktion dieses Gens eindeutig bestimmt werden.
Hierzu entfernt man zunächst Zellen aus der Blastozyste eines Mäuseembryos. Diese Embryoblastenzellen werden so kultiviert, dass sie sich ohne Zelldifferenzierung vermehren. Auf diese Weise erhält man eine Kultur embryonaler Stammzellen.

Gleichzeitig wird ein Vektor des zu untersuchenden Gens X vorbereitet. Dazu wird das Antibiotikaresistenzgen *neo* in ein Exon des Gens X eingefügt. Es bewirkt die Resistenz gegen das Antibiotikum Neomycin. In kurzer Entfernung zum Gen X wird zusätzlich das virale *tk*-Gen als Marker für eine spätere negative Selektion in die DNA eingefügt. Da der vorbereitete Vektor auf ein bestimmtes Gen und damit ein Ziel in der Empfängerzelle ausgerichtet ist, wird er als **Targeting-Vektor** bezeichnet.

Im nächsten Schritt schleust man den Targeting-Vektor, bestehend aus dem Gen X, dem Gen *neo* und dem *tk*-Gen, in die Zellen der Stammzellkultur ein. Dazu muss die Membran der embryonalen Stammzellen für den Vektor permeabel gemacht werden. Durch Stromstöße erzeugt man kurzzeitig Löcher in der Zellmembran. Diese Methode wird als *Elektroporation* bezeichnet.
Der eingeschleuste Vektor wird von den Empfängerzellen durch Rekombination in die DNA eingebaut. Dabei soll der Stückaustausch am Ort des entsprechenden Gens X im Genom der embryonalen Stammzelle erfolgen. Nur diese *homologe Rekombination* führt dazu, dass das Gen X funktionsunfähig, also ausgeschaltet wird. Damit wird das Gen zu einem *Knockout-Gen*.

Da ausschließlich Zellen von Interesse sind, in denen eine Rekombination stattgefunden hat, wird die Zellkultur anschließend mit Neomycin behandelt. Dadurch überleben nur die Stammzellen, die den Vektor aufgenommen haben.
Häufig kommt es jedoch zu einer nicht homologen Rekombination an einer anderen Stelle im Genom. Obwohl in diesem Fall das Zielgen nicht ausgeschaltet ist, sterben die Zellen meist ab. Zellen, in denen eine nicht homologe Rekombination stattfand, können auch gezielt durch Zugabe des Medikaments *Ganciclovir* abgetötet werden. Das in ihre DNA eingeschleuste tk-Gen codiert für das Enzym Thyminkinase. Ganciclovir wird von diesem Enzym in ein *Nukleosidanalogon* umgewandelt und in die DNA eingebaut. Es bewirkt den Abbruch der DNA-Replikation und somit den Tod der Stammzelle.

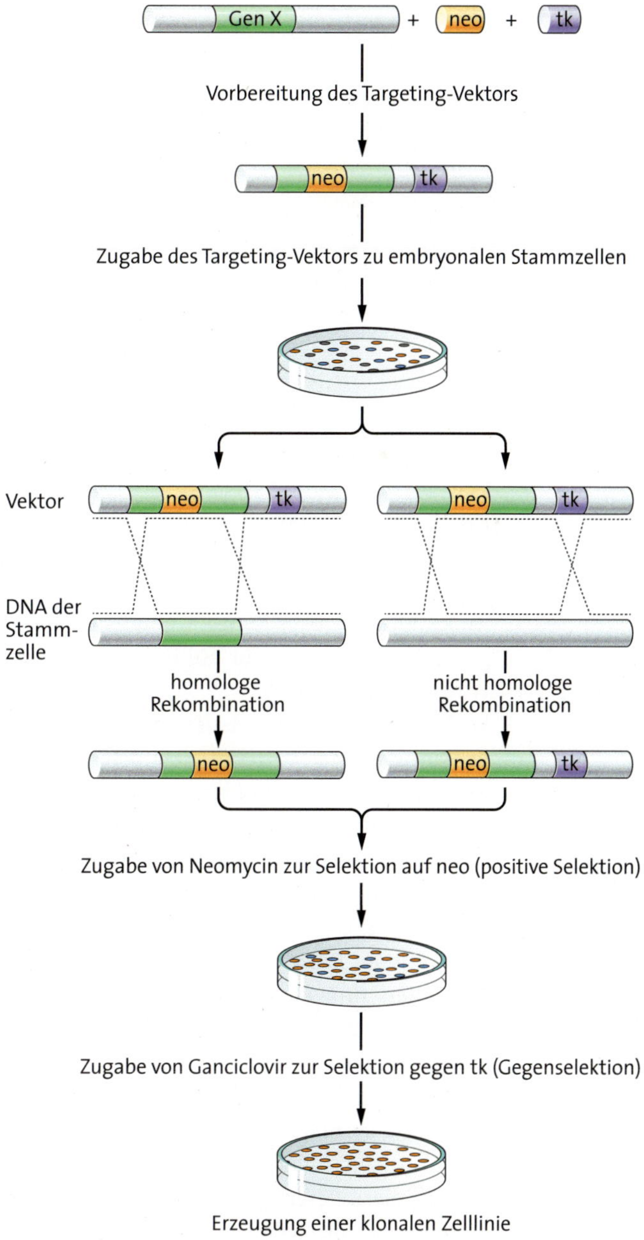

02 Herstellung eines Knockout-Gens

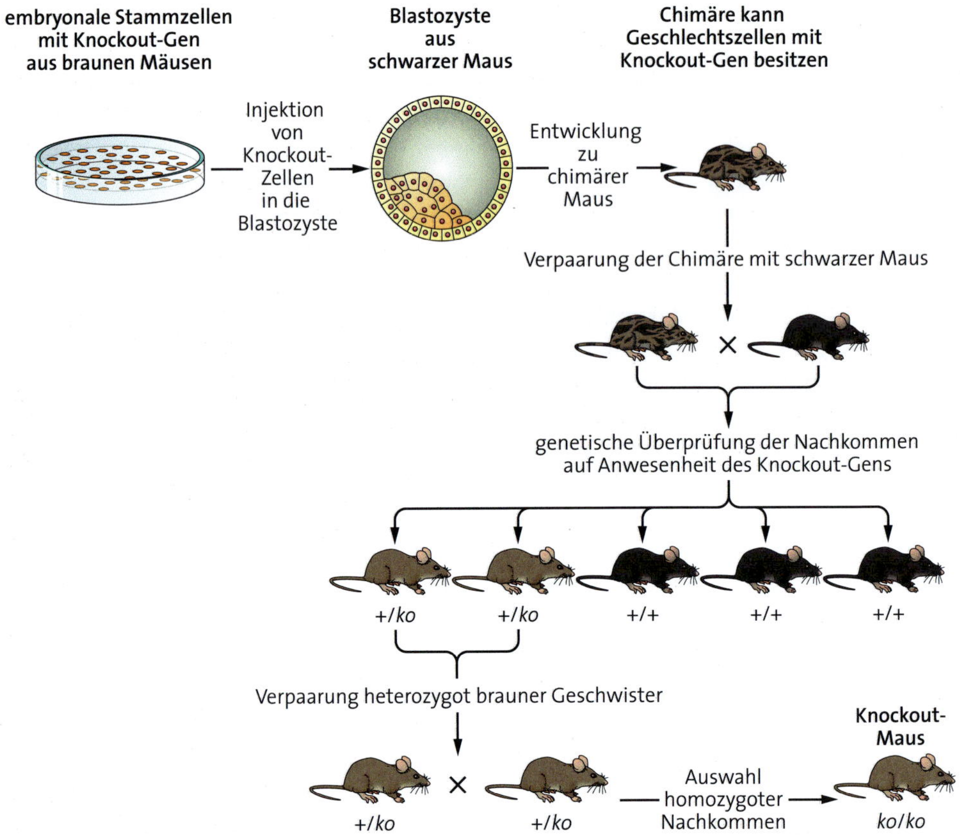

03 Erzeugung von Knockout-Mäusen

KNOCKOUT-MÄUSE · In einem weiteren Verfahren werden die Knockout-Zellen in andere Mäuse integriert. Man erzeugt zum Beispiel Knockout-Zellen aus Mäusen, deren Fell braun gefärbt ist. Das Allel für die braune Fellfarbe wird dominant vererbt.

Vorbereitend werden Mäuse mit schwarzem Fell miteinander verpaart. Das Allel für die schwarze Fellfarbe wird rezessiv vererbt. Kurz nach der Befruchtung entnimmt man die Blastozysten. Im ersten Schritt werden Knockout-Zellen in die Blastozysten injiziert und diese wieder in die Gebärmutter eingesetzt. Während der weiteren Entwicklung werden die Knockout-Zellen zum Bestandteil der wachsenden Embryonen. Da sie sich aus Zellen zweierlei Herkunft, elterlicher und nicht elterlicher, entwickeln, bezeichnet man die heranwachsenden Mäuse als **Chimären.** Alle Fellbereiche, die aus den Knockout-Zellen hervorgehen, sind braun gefärbt, die anderen Fellbereiche sind schwarz. Einige Knockout-Zellen gelangen während der Embryonalentwicklung auch in die Keimbahn. Die chimären Mäuse bilden deshalb Eizellen mit und ohne Knockout-Gen.

Im zweiten Schritt werden die Chimären mit homozygot schwarzen Mäusen gekreuzt. Da das Allel für die braune Fellfarbe dominant vererbt wird, entstehen heterozygot braune und homozygot schwarze Nachkommen. Durch die Verpaarung mischerbiger Nachkommen im dritten Schritt lassen sich entsprechend den MENDELschen Regeln homozygote Mäuse erzeugen, die das Knockout-Gen tragen. Diese Tiere bezeichnet man als *Knockout-Mäuse.*

Chimäre = Ungeheuer der griechischen Mythologie, bestehend aus Löwe, Ziege und Schlange

1 Erläutern Sie den Begriff „zielgerichtete Genetik"!

2 Erklären Sie, weshalb es notwendig ist, Knockout-Mäuse aus reinerbigen Mäusestämmen zu entwickeln!

3 Erläutern Sie am Beispiel der Knockout-Maus das Basiskonzept Struktur und Funktion!

ALS-GENTHERAPIE · Stephen HAWKING leidet an einer seltenen Krankheit, die als amyotrophe Lateralsklerose, kurz *ALS*, bezeichnet wird. Sie führt zu einer vollständigen Lähmung des Körpers, da die motorischen Nervenzellen absterben und das Gehirn keine Muskelbewegungen mehr steuern kann. Intellektuelle Fähigkeiten und Sinnesleistungen sind von der Krankheit nicht betroffen.

Bei einem Teil der ALS-Patienten konnte eine Mutation im Superoxiddismutasegen *SOD*1 festgestellt werden. Das von diesem Gen codierte Enzym ist dafür verantwortlich, dass für die Zelle giftige Peroxide in Sauerstoff und Wasser zerlegt werden. Die Mutation des Gens hat zur Folge, dass die Aminosäure Alanin durch Glycin substituiert wird.

Um die Auswirkung des mutierten Gens untersuchen zu können, wurde es in das Genom von SOD-Knockout-Mäusen integriert. Bei den so behandelten Mäusen entwickelten sich Symptome wie bei ALS-Patienten: Die motorischen Nervenzellen starben ab.

In einer weiteren Versuchsreihe wurden die SOD-Knockout-Mäuse mit einem Gen therapiert, das für den Nervenwachstumsfaktor *IGF*-1 codiert. Als Vektor nutzte man ein ungefährliches Adenovirus, das in den Muskel injiziert wurde. Das Adenovirus transportierte das Gen in den Zellkern der Nervenzellen. Die DNA der Nervenzellen integrierte das *IGF*-1-Gen. Im Anschluss verbesserte sich der Gesundheitszustand der so behandelten SOD-Knockout-Mäuse deutlich. Derzeit werden klinische Tests für diese Gentherapie entwickelt.

04 Stephen HAWKING

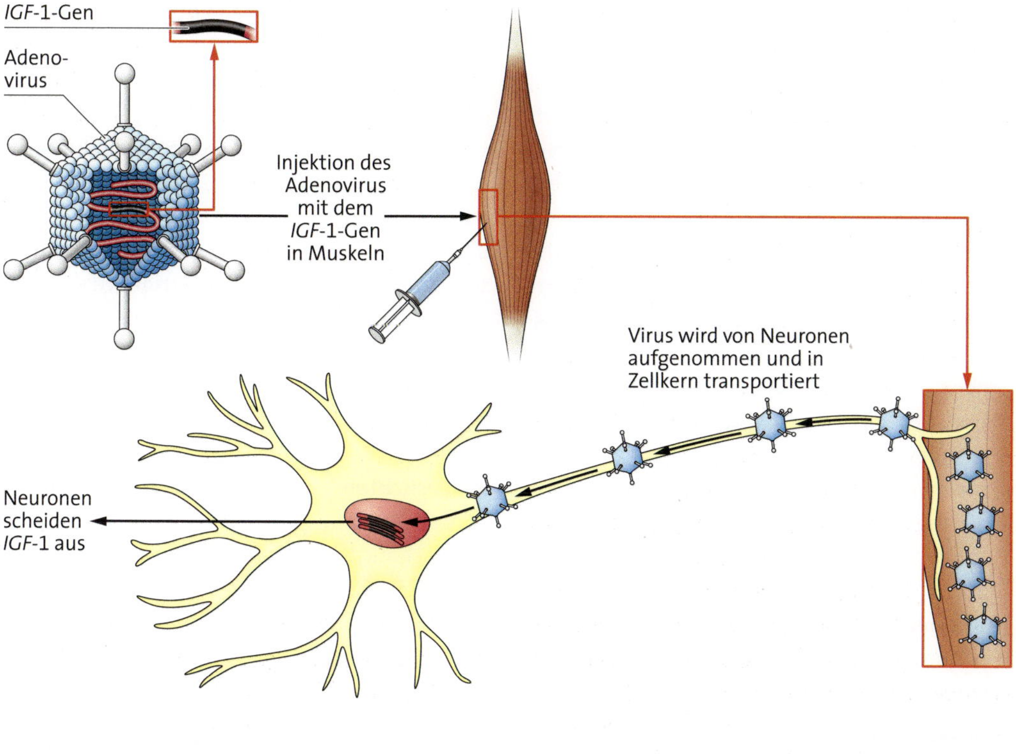

05 Gentherapie bei einer transgenen SOD-Knockout-Maus

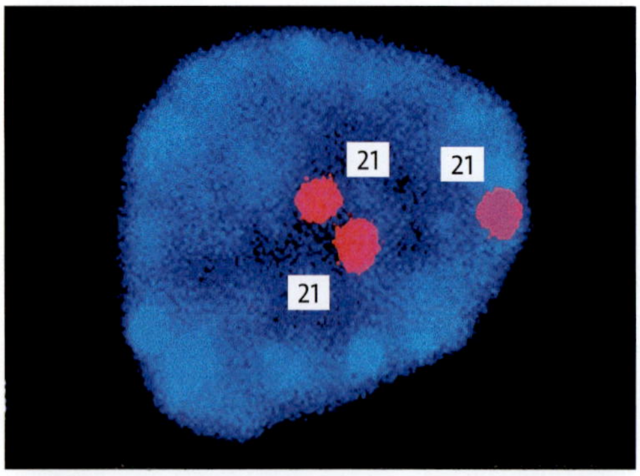

06 Ergebnis eines FisH-Tests bei Trisomie 21 (diploider Chromosomensatz)

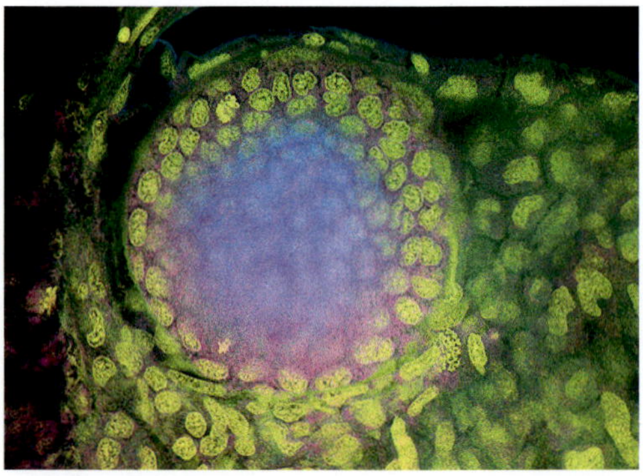

07 Immunfluoreszenzfärbung eines embryonalen Amphibienauges

GENEXPRESSIONSMUSTER · Nicht immer ist es notwendig, Gene auszuschalten, um ihre Funktion untersuchen zu können. Rückschlüsse auf die Funktion von Genen lassen sich auch ziehen, indem man ihre Produkte sichtbar macht. Dies geschieht beispielsweise durch die **Fluoreszenz-in-situ-Hybridisierung,** kurz **FisH.** „In-situ" bedeutet, dass die Untersuchung direkt in einer Gewebeprobe und nicht im Reagenzglas erfolgt.

FSH = Follikelstimulierendes Hormon

Zunächst erstellt man eine künstliche RNA, deren Basensequenz komplementär zur mRNA des zu überprüfenden Gens ist. Die künstliche RNA wird mittels eines Fluoreszenzfarbstoffs markiert und dient dadurch als Sonde. Vom zu untersuchenden Gewebe wird ein dünner Schnitt angefertigt. Die RNA-Sonde wird direkt zur Gewebeprobe gegeben und hybridisiert dort in den Zellen mit der einzelsträngigen mRNA. Nach Auswaschen der überschüssigen Sonden-RNA sieht man unter dem Mikroskop, in welchen Zellen das Zielgen aktiv ist. Mithilfe der FisH kann man das zeitliche Muster der *Genexpression* während der Embryonalentwicklung genau verfolgen, indem man Gewebeproben verschieden alter Embryonen untersucht. Der *FisH-Test* ist auch ein wichtiges Instrument der Pränataldiagnostik im Rahmen einer *Amniozentese* oder *Chorionzottenbiopsie.* Allerdings setzt man hier DNA-Sonden ein, um Veränderungen im Genom wie Trisomien oder Chromosomenstückverluste im Zellkern sichtbar zu machen.

Southern-Blotting siehe Seite 149

Um eine Aussage über die Menge der in einem Gewebe aktiven mRNA treffen und damit auf die Aktivität des codierenden Gens schließen zu können, wird die mRNA isoliert und gereinigt. Anschließend trennt man die RNA-Moleküle mittels Gelelektrophorese voneinander und überträgt sie auf eine Nitrozellulosemembran. Durch Zugabe spezifischer DNA-Sonden hybridisiert die RNA und wird somit quantitativ sichtbar. So kann man zum Beispiel untersuchen, ob ein Gen, wie bei der FSH-Knockout-Maus, ausgeschaltet ist. In Anlehnung an das Southern-Blotting bezeichnet man diese Methode zur Messung der Genaktivität als **Northern-Blotting.**

IMMUNFLUORESZENZFÄRBUNG · Wenn die Expression eines Gens auf der Ebene der Proteine reguliert wird, kann die Aktivität eines Gens nicht durch eine In-situ-Hybridisierung überprüft werden. Sie ist jedoch indirekt nachzuweisen, indem das vom Gen codierte Protein markiert wird.

Zunächst wird ein Dünnschnitt des zu untersuchenden Gewebes angefertigt. Als Sonde dienen bei dieser Vorgehensweise proteinspezifische Antikörper, die mit einem Fluoreszenzfarbstoff markiert werden. Behandelt man den Gewebedünnschnitt mit den Antikörpersonden, so docken diese nur an den Rezeptoren der gesuchten Proteine an. Überschüssige Antikörper werden aus dem Präparat herausgewaschen. Die markierten Proteine werden nun in einem Fluoreszenzmikroskop sichtbar.

4 Erklären Sie, weshalb bei Knockout-Zellen ein Northern-Blotting durchgeführt wird!

Material A ▸ Reverse Genetik

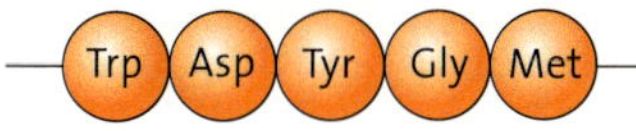

Aminosäuresequenz eines Ausschnitts des mutierten Gerinnungsfaktors VIII

Zur Analyse genetisch bedingter Erkrankungen wie der Hämophilie wird häufig das Verfahren der Reversen Genetik angewandt, um die mutierten Gene ausfindig machen zu können. Die genetische Analyse beginnt mit dem Genprodukt, also der gereinigten Aminosäuresequenz. Wenn diese Sequenz bekannt ist, wird sie zunächst in Oligopeptide zerlegt. Für jedes Oligopeptid bestimmt man die möglichen DNA-Sequenzen, die das jeweilige Peptid codieren können. Danach synthetisiert man die dazu passenden Antisense-Oligonukleotide. Sie werden entweder mit einem Fluoreszenzfarbstoff oder radioaktiv markiert. Anschließend werden die markierten Oligonukleotide als Sonden in einer DNA-Datenbank eingesetzt.

A1 Ermitteln Sie die möglichen Codons der mRNA und die möglichen Sequenzen des codogenen Strangs für die dargestellte Aminosäuresequenz!

A2 Bestimmen Sie die möglichen Antisense-Oligonukleotide zu den ermittelten DNA-Sequenzen!

A3 Erklären Sie, weshalb es bei diesem Analyseverfahren notwendig ist, verschiedene Antisense-Oligonukleotide herzustellen und diese zu markieren!

Material B ▸ RNA-Interferenz und Gene-Silencing

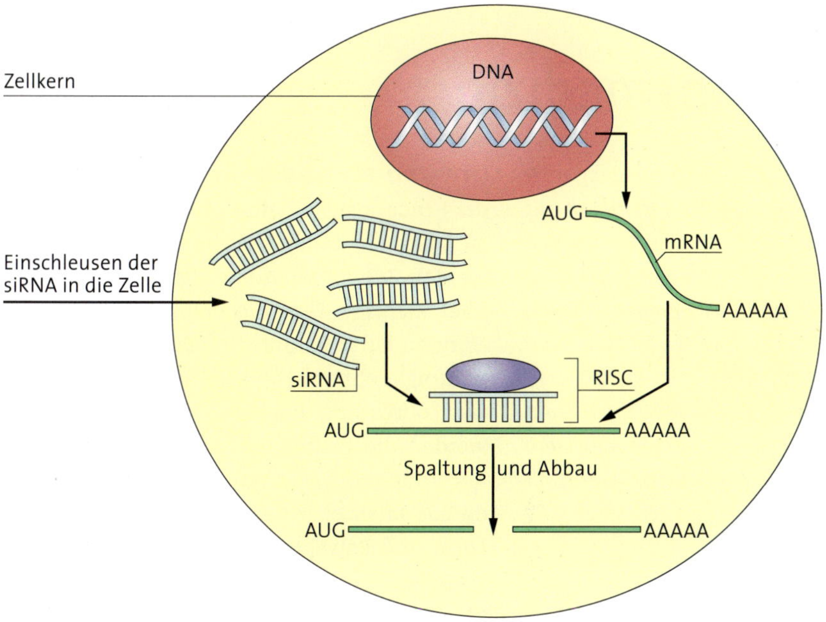

Bei vielen Zellen hat sich ein wirksamer Mechanismus entwickelt, der vor eindringenden RNA-Viren schützt: Die doppelsträngige RNA wird von einem Enzym, das als *Dicer* bezeichnet wird, zunächst in kleine Fragmente von etwa 21 Nukleotiden zerlegt. Die Fragmente nennt man *short interfering RNA,* kurz siRNA. Anschließend werden die siRNA-Moleküle an einen Enzymkomplex gebunden, den *RNA-induced silencing complex,* kurz RISC. Dieser trennt die siRNA zu einem Sense-Strang und einem Antisense-Strang. Die Einzelstränge hybridisieren mit komplementären mRNA-Molekülen der Zelle, werden hierdurch markiert, dann durch Enzyme gespalten und abgebaut.

Diesen Trick macht sich die Gentechnik zunutze. Mittels eines Vektors werden doppelsträngige kurze siRNA-Fragmente in die Zelle eingeschleust, deren Antisense-Stränge komplementär zu einem Abschnitt der transkribierten mRNA des Zielgens sind. Auf diesem Weg wird die Genexpression durch Stilllegung der mRNA verhindert. Man nennt die Technik daher **Gene-Silencing.**

B1 Erläutern Sie, wie durch Einschleusen künstlicher RNA-Fragmente ein Gen stillgelegt werden kann!

B2 Erklären Sie, weshalb es für die Anwendung dieser Technik notwendig ist, die Basensequenz des Zielgens zu kennen!

B3 Die RNA-Interferenz-Technologie wird als „Genetik ohne Mutationen" bezeichnet. Erklären Sie diesen Sachverhalt!

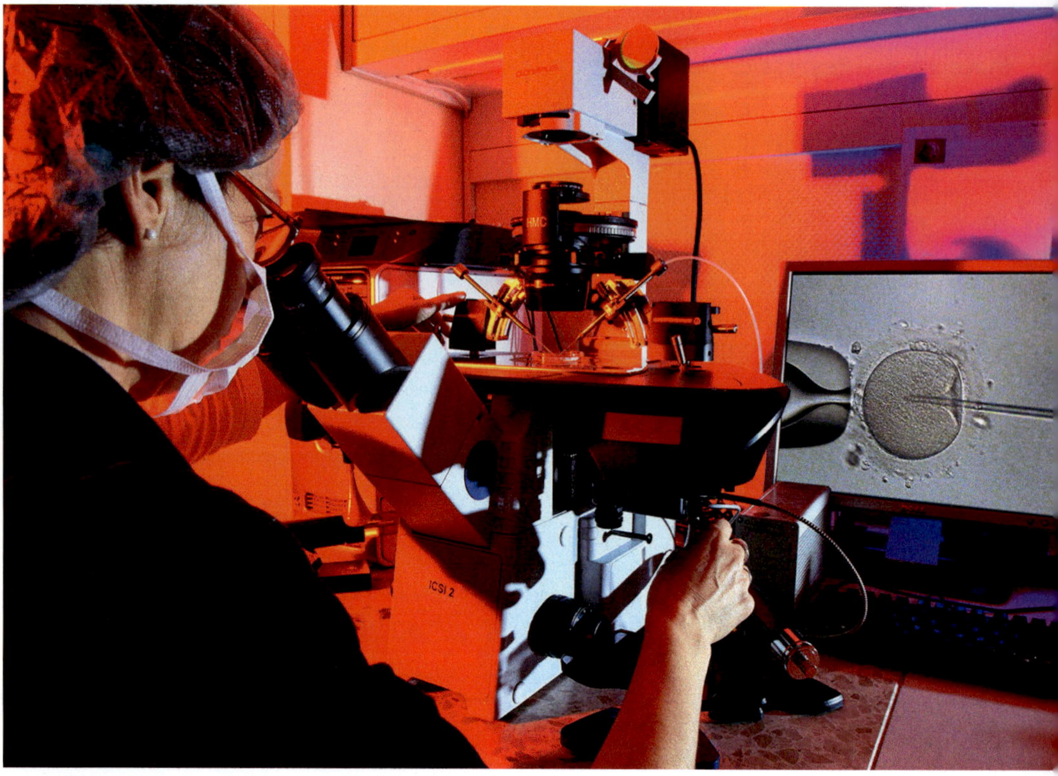

01 Intrazytoplasmatische Spermieninjektion

Reproduktionsmedizin

Man schätzt, dass ungefähr 15 Prozent aller Paare in Deutschland trotz Kinderwunsch auf natürlichem Wege keine Kinder bekommen können. Seitdem im Jahr 1978 in England das erste Kind nach einer künstlichen Befruchtung zur Welt kam, wurden weltweit etwa vier Millionen Kinder auf diesem Wege gezeugt. Jährlich kommen mehr als 200 000 Kinder hinzu. Mit welchen medizinischen Methoden kann der Wunsch nach einem Kind heutzutage erfüllt werden?

KÜNSTLICHE INSEMINATION · Bei dem ältesten und einfachsten Verfahren der Reproduktionsmedizin werden der Frau in der Zeit, in der eine Empfängnis am wahrscheinlichsten ist, die Spermienzellen ihres Partners mithilfe eines Katheters in den Eileiter injiziert. Man bezeichnet diese Vorgehensweise der *künstlichen Insemination als homologe Insemination.* Werden die Spermienzellen eines fremden Spenders injiziert, handelt es sich um eine *heterologe Insemination.*

Blastozyste siehe Seite 190 und 194

IN-VITRO-FERTILISATION · Wenn die Ursache der Kinderlosigkeit eine Blockade des Eileiters ist, muss ein anderes Verfahren durchgeführt werden. Zur Vorbereitung injiziert sich die Frau über mehrere Tage das follikelstimulierende Hormon, kurz FSH, unter die Haut. Dies führt zur Reifung mehrerer Follikel. Mittels einer Punktion durch die Bauch- oder Scheidenwand werden die Follikel entnommen und in ein Kulturmedium gegeben. Gleichzeitig werden die Spermienzellen des Mannes auf ihre Anzahl, Form und Beweglichkeit untersucht und anschließend mit den Eizellen im Kulturmedium vermischt. Nach dieser *In-vitro-Fertilisation* inkubiert man die Zygoten in einem Brutschrank. Nach zwei Tagen, im Achtzellstadium, werden meist zwei Embryonen in die Gebärmutter der Frau überführt. Laut Embryonenschutzgesetz ist es zulässig, maximal drei Embryonen einzusetzen. In vielen Kliniken wird der **Embryotransfer** erst nach fünf Tagen im Blastozystenstadium durchgeführt. Man verspricht sich hierdurch eine erhöhte Schwangerschaftsrate.

INTRAZYTOPLASMATISCHE SPERMIEN-INJEKTION · Wenn die Spermienzellen unbeweglich sind, ihre Anzahl sehr niedrig ist oder die In-vitro-Fertilisation nicht erfolgreich war, kann ein anderes Verfahren durchgeführt werden. Mithilfe eines Mikromanipulators wird eine Spermienzelle direkt in eine reife Eizelle injiziert. Hierzu wird die Eizelle mit einer dünnen Glaspipette angesaugt und damit fixiert. Die Spermienzelle befindet sich in einer feinen Kanüle, die in die Eizelle hineingeschoben wird. Unter dem Mikroskop und am Bildschirm lässt sich der Vorgang verfolgen. Doch auch diese *intrazytoplasmatische Spermieninjektion*, kurz ICSI, führt häufig nicht zum Erfolg. Eine Ursache hierfür ist, dass Spermienzellen ausgesucht werden können, die unter natürlichen Bedingungen nicht bis zur Eizelle vorgedrungen wären. Außerdem werden die komplizierten Wechselbeziehungen zwischen Eizelle und Spermienzelle vor der Befruchtung außer Kraft gesetzt.

Eine deutlich erhöhte Schwangerschaftsrate erzielen Mediziner, wenn die Spermienzellen vor der intrazytoplasmatischen Spermieninjektion unter einem hochauflösenden Mikroskop morphologisch untersucht und dann ausgewählt werden. Dieses Verfahren wird als *intrazytoplasmatische morphologisch selektierte Spermieninjektion*, kurz *IMSI*, bezeichnet.

AZOOSPERMIE · Bei einigen Männern finden sich keine Spermienzellen im Ejakulat. Dies wird als *Azoospermie* bezeichnet. Ursache hierfür kann ein Verschluss des Spermienleiters sein. In diesem Fall besteht die Möglichkeit, Spermienzellen auf operativem Weg durch eine Hodenbiopsie zu gewinnen. Das Verfahren heißt *testikuläre Spermienextraktion*, kurz *TESE*. Direkt nach der Entnahme wird das Hodengewebe im Labor auf Spermienzellen untersucht. Eine weitere Möglichkeit der Spermienzellgewinnung ist das Ansaugen der Spermienzellen aus den Nebenhoden. Diese Methode wird als *MESA* bezeichnet und ist die englische Abkürzung für *minimalinvasive Spermienzellgewinnung aus den Nebenhoden*.

Nach den jeweiligen chirurgischen Eingriffen erfolgt eine Kontrolle der gewonnenen Spermienzellen. Bei positivem Befund werden die Spermienzellen eingefroren. Die mithilfe dieser beiden Methoden gewonnenen Spermienzellen werden nur in Kombination mit einer ICSI-Behandlung verwendet.

engl. TESE = testicular sperm extraction

engl. ICSI = intracytoplasmic sperm injection

engl. MESA = microsurgical epididymal sperm aspiration

1 Beschreiben Sie die in der Reproduktionsmedizin eingesetzten Methoden!

2 Erklären Sie, weshalb die durch TESE und MESA gewonnenen Spermienzellen zunächst eingefroren werden!

engl. IMSI = intracytoplasmic morphologically selected sperm injection

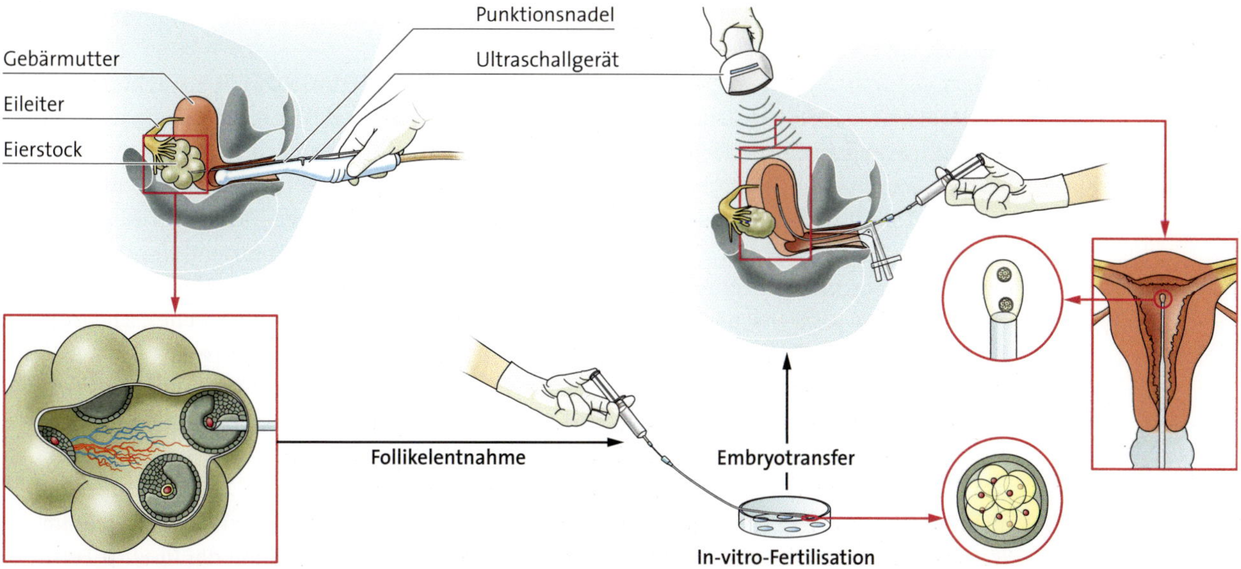

02 In-vitro-Fertilisation und Embryotransfer

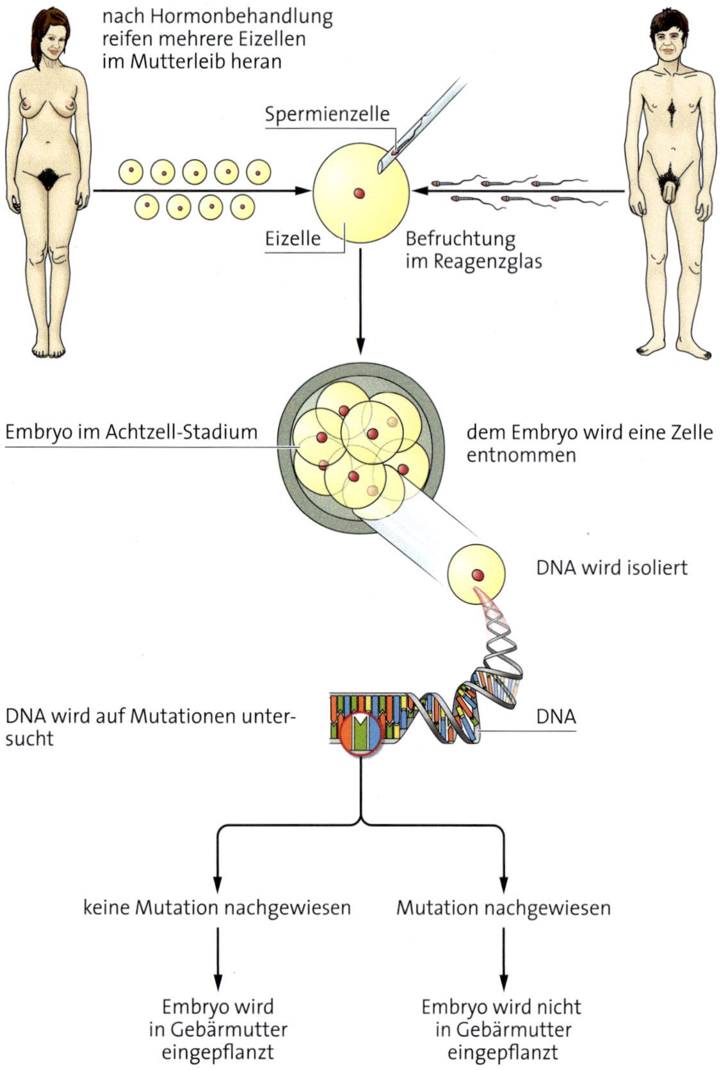

03 Ablauf der Präimplantationsdiagnostik

PRÄIMPLANTATIONSDIAGNOSTIK · Im Jahr 2008 kam in England ein Mädchen zur Welt, auf dessen Genotyp dem Wunsch der Eltern entsprechend Einfluss genommen wurde. In der Familie des Vaters waren in allen drei vorhergehenden Generationen Frauen an Brustkrebs gestorben. Man hatte nachgewiesen, dass für die Ausbildung des Tumors eine Mutation auf dem Tumorsuppressorgen *Breast Cancer* 1, kurz *BRCA*1, mitverantwortlich ist. Um zu verhindern, dass die Tochter ebenfalls an Brustkrebs erkrankt, sollte sie das mutierte *BRCA*1-Gen nicht tragen. Wie war es möglich, gezielt ein Wunschkind ohne diese Mutation zu bekommen?

Zunächst wird eine In-vitro-Fertilisation durchgeführt. Der Mutter werden mehrere Eizellen entnommen und diese im Reagenzglas befruchtet. Im Achtzellstadium werden den so erzeugten Embryonen jeweils eine oder zwei Zellen entnommen und daraufhin untersucht, ob sie das mutierte Gen tragen. Diese Untersuchung bezeichnet man als *Präimplantationsdiagnostik* oder PID. Die Embryonen mit dem mutierten Gen wurden anschließend aussortiert und ein Embryo mit dem intakten Gen in die Gebärmutter eingesetzt. Bei einem neueren Verfahren führt man die Zellentnahme erst am fünften Tag der Entwicklung im Blastozystenstadium durch. Die äußere Hülle der Blastozyste, der *Trophoblast,* entwickelt sich später zur Plazenta. Deshalb kann man dem Trophoblasten mehrere Zellen entnehmen, ohne die weitere Entwicklung des Embryos zu gefährden.

Seit den 1990er-Jahren wird die PID in verschiedenen Ländern angewandt. Mit ihrer Hilfe lassen sich bestimmte genetisch bedingte Erkrankungen oder Chromosomenaberrationen, zum Beispiel Trisomien, erkennen. Es ist aber auch möglich, das Geschlecht zu bestimmen oder gezielt ein Baby zu zeugen, das als Stammzellspender für ein erkranktes Kind dient. In Deutschland ist eine PID nur erlaubt, wenn aufgrund der genetischen Disposition der Eltern eine schwere genetisch bedingte Erkrankung beim Kind oder eine Tot- oder Fehlgeburt wahrscheinlich ist.

POLKÖRPERDIAGNOSTIK · Direkt nach einer ICSI, noch vor der Verschmelzung des mütterlichen und des väterlichen Zellkerns, werden ein oder zwei Polkörper der Eizelle entnommen. Die Polkörper können auf das Vorhandensein aller 23 Chromosomen untersucht werden. Außerdem lässt sich indirekt überprüfen, ob die Eizelle das Allel für eine genetisch bedingte Erkrankung der Mutter aufweist. Die aus dieser *Polkörperdiagnostik* gewonnenen Erkenntnisse sind jedoch relativ unpräzise und erlauben keinerlei Aussagen über das Genom des Vaters.

3 Erläutern Sie, weshalb eine PID nur im Zusammenhang mit der In-vitro-Fertilisation durchgeführt werden kann!

PID in der Wertediskussion

Dienstleistung	Preis in Euro
Erstgespräch	120
IVF	2045
ICSI	2900
Eizellspende inklusive Medikamente für die Spenderin, ICSI und IVF	7000
Transfer eigener gefrorener Embryonen	1850
Adoption gefrorener Embryonen	2880
Adoption frischer Embryonen	3990
PID für die Anzahl der Chromosomen X, Y, 21	1600
Gefrierkonservierung überzähliger Embryonen	350
Gefrierkonservierung von Spermienzellen	350

01 Preisliste einer russischen Klinik im Jahr 2012

Eine russische Klinik für Reproduktionsmedizin wirbt in ganz Europa um Patientinnen. Die Preisliste veranschaulicht, welche Auswege aus der Kinderlosigkeit sich für zahlungskräftige Paare bieten können. So besteht beispielsweise die Möglichkeit, der Frau tiefgekühlte oder frische Embryonen russischer Eizellspenderinnen einsetzen zu lassen. Die Spenderinnen seien garantiert jung und gesund.

ETHISCHES SCHUTZKONZEPT · Die Präimplantationsdiagnostik kann nicht nur genutzt werden, um eine Schwangerschaft bei kinderlosen Paaren herbeizuführen. Es ist technisch möglich, durch Auswahl der Blastozyste das Geschlecht des Embryos zu bestimmen oder ein Kind zu zeugen, das später als Knochenmarkspender für ein bereits schwer erkranktes Geschwisterkind dienen soll. Übrig gebliebene Embryonen werden nicht mehr benötigt und verworfen. Welche Rechte und welchen Schutz hat ein Embryo?
Eine Grundposition, die auch von der katholischen Kirche vertreten wird, geht davon aus, dass die Schutzwürdigkeit des Menschen mit der Verschmelzung der elterlichen Zellkerne beginnt. Das deutsche Embryonenschutzgesetz nimmt eine andere Position ein und spricht dem Embryo eine abgestufte Schutzwürdigkeit in Abhängigkeit vom Entwicklungsstand zu. Die PID ist in Deutschland nur dann zulässig, wenn eine hohe Wahrscheinlichkeit für eine schwerwiegende erblich bedingte Erkrankung vorliegt oder mit einer Fehl- oder Totgeburt zu rechnen ist.
Nicht geklärt ist, welche zukünftigen gesellschaftlichen Auswirkungen die PID haben wird. Kritiker befürchten, dass auf Paare mit Kinderwunsch ein gesellschaftlicher Druck zur Verhinderung der Geburt behinderter Kinder entstehen könnte. So würden hohe Kosten für die Pflege und medizinische Versorgung dieser Kinder vermieden.

GESETZGEBUNG IM AUSLAND · In Italien, Österreich und der Schweiz ist die Anwendung der PID verboten. Demgegenüber erlauben die meisten europäischen Länder die Durchführung der PID, wenn ein natürlich gezeugtes Kind mit einer hohen Wahrscheinlichkeit von einer schweren genetisch bedingten Krankheit betroffen sein würde. Dies gilt auch für die Niederlande. Zu jedem neuen Fall wird die Stellungnahme einer medizinisch ethischen Fachkommission eingeholt. In einigen Ländern wie Schweden und Frankreich ist es nach einer Einzelfallbewilligung möglich, eine Bestimmung der *humanen Leukozytenantigene* durchzuführen. Diese **HLA-Typisierung** ist eine Voraussetzung zur Zeugung von Kindern, die als Organspender für ältere Geschwister geeignet sind, da ihre Organe vom Immunsystem des Empfängers nicht abgestoßen werden. Sie sind *immunkompatibel.*
In England erfolgte am Beispiel des *BRCA*1-Gens erstmalig die Selektion eines mutierten Gens anhand der PID. Weiterhin sind die Untersuchung der Chromosomenanzahl und die HLA-Typisierung des Embryos erlaubt. Die Geschlechtswahl ist verboten.
Nach der jüdischen Auffassung gilt ein Embryo vor der Geburt nicht als eigenständiges menschliches Wesen. Deshalb hat Israel eine sehr liberale Gesetzgebung. So sind Chromosomenanzahl- und Geschlechtsbestimmung sowie HLA-Typisierung zulässig. Russland und viele Staaten der USA haben ähnlich liberale Bestimmungen wie Israel. Die russische Gesetzgebung erlaubt sogar die kommerzielle Embryonenübertragung. Daher werben dortige Kliniken im europäischen Ausland für ihre Dienste.

1 Stellen Sie die gesetzlichen Bestimmungen zur PID in den verschiedenen Ländern tabellarisch dar!

Material A ▸ Bewertung eines Fallbeispiels für die PID

Das Ehepaar Lea und Jan hegt seit drei Jahren einen starken Kinderwunsch. Beide gelten als Risikopersonen hinsichtlich der Weitergabe einer genetischen Disposition für die genetisch bedingte Krankheit Mukoviszidose. Jans älterer Bruder starb im Alter von 15 Jahren an Mukoviszidose. Deshalb hatten Lea und Jan ihren genetischen Status testen lassen. Das Ergebnis machte deutlich, dass sie das Mukoviszidose-Allel in ihrem Genom tragen. Lea und Jan stehen nun angesichts ihres Kinderwunsches vor der Frage, ob sie die Möglichkeit einer PID in Anspruch nehmen sollten, um von den in vitro gezeugten Embryonen diejenigen auszuwählen, die nicht Träger des Allels für Mukoviszidose sind.

Stellungnahmen:

1 „Fortpflanzungsmedizin aus islamischer Sicht"

„Der Islam ist für Wissenschaft aufgeschlossen [...]. Wissenschaft ist ein Teil der Religion, so wie Religion ein Teil der Wissenschaft ist. Allerdings maßen Muslime sich nicht an, Gottes Allmacht und Schöpfung infrage zu stellen. [...] Wissenschaft sollte immer mit Glauben und Ethik einhergehen. Unter dieser Prämisse begrüßen wir die PID als eine Errungenschaft, wenn sie dem Wohle der Menschheit dient und Schaden und Krankheiten von ihr abwendet.

Die Bestimmungen des islamischen Rechts dienen zum Schutz folgender Werte: Religion, Seele, Geist, Nachkommen, Vermögen. Demnach gehört der Schutz der Nachkommenschaft vor Krankheit und Verderb zu diesen fünf Zielen. [...]

Bei der Präimplantationsdiagnostik (PID) ist Folgendes zu beachten: Es steht dem Menschen nicht zu, zwischen lebenswert und lebensunwert zu entscheiden. Jeder Embryo hat aus islamischer Sicht Recht auf Leben. Missbräuche der PID müssen vermieden werden. [...] Der Mensch sollte grundsätzlich bereit sein, Krankheiten zu akzeptieren. Dies darf nicht in Selektion und Luxus ausarten. PID sollte nur zulässig sein, wenn ein Elternteil oder beide die Veranlagung für eine schwerwiegende Erbkrankheit in sich tragen oder mit einer Tot- oder Fehlgeburt zu rechnen ist."

Artikel vom 25.05.2011 auf www.islam.de

2 „Wer die PID verbietet, sagt Nein zum Leben"

„‚Die Präimplantationsdiagnostik ist eine Hoffnung für wenige, um unermessliches Leid zu verhindern. Ein Verbot von Genchecks an Embryonen ist falsch', meint Sven Stockrahm [Redakteur von Zeit online]. [...] Für Paare, die Erbschäden an ihre Kinder weitergeben würden, heißt das: Schwangerschaften auf Probe. Dabei wird in Kauf genommen, dass Mütter zahlreiche Fehlgeburten erleiden oder vor die Wahl gestellt werden, ob sie ihr schwerbehindertes Ungeborenes töten lassen sollen. Dieses unermessliche Leid, an dem viele Paare zerbrechen, kann eine Selektion von Embryonen am Beginn des Lebens verhindern. In der Petrischale wird gesundes Leben ausgewählt, um vorhersehbares Leid auszuschließen. Das ist nicht unchristlich, sondern zutiefst barmherzig."

Artikel vom 14.04.2011 auf www.zeit.de

3 „Reproduktionsmedizin aus jüdischer Perspektive"

„Wissenschaften und technische Fortschritte sind Ausdruck der kreativen Schöpferkraft des Menschen. [...] Daher werden Eingriffe in biologische Abläufe im Kontext von Schwangerschaft und Geburt nicht als unerlaubtes ‚Gott spielen' gewertet, sondern als legitim angesehen. [...] Erst ab der Geburt kommen dem Neugeborenen die volle Menschenwürde und die volle Schutzwürdigkeit zu. [...] Die problematische Erzeugung und Verwerfung von überzähligen Embryonen wird durch die Hochrangigkeit des Zieles der Herbeiführung einer Schwangerschaft gerechtfertigt. Auch die umstrittene Möglichkeit, mittels PID ein Geschwisterkind als Knochenmarkspender für ein älteres, an Leukämie leidendes Kind zu zeugen, wird von einigen jüdischen Autoren als besonders löbliche Tat bewertet."

Artikel der Jüdischen Zeitung Ausgabe 37 vom September 2008 auf www.j-zeit.de

4 „Wissenschaftler plädieren für Zulassung der PID"

„Eine hochrangige Expertengruppe der Nationalen Akademie der Wissenschaften hat sich für die Zulassung der umstrittenen Präimplantationsdiagnostik (PID) ausgesprochen. Allerdings fordern die Experten [...] strenge Auflagen für diese Gentests an Embryonen aus künstlicher Befruchtung vor der Einpflanzung in den Mutterleib. [...] Die Wissenschaftler verwiesen darauf, dass in Deutschland Schwangerschaftsabbrüche und die ‚Pille danach' zugelassen seien – Methoden, bei denen der Embryo ebenfalls absterbe. Zudem seien Tests am Embryo im Mutterleib legal – die sogenannte Pränataldiagnostik. Wenn dabei schwere Gendefekte festgestellt werden, entscheiden sich viele Mütter für eine Abtreibung."

Artikel vom 18.01.2011 auf www.24pr.de

5 „Bischof Fürst warnt vor Auswahl von Embryonen"

„Der Rottenburger Bischof Gebhard Fürst hat davor gewarnt, bei der Präimplantationsdiagnostik (PID) zwischen lebenswerten und lebensunwerten Menschen zu unterscheiden. ‚PID als Weg und technische Methode beansprucht die Herrschaft über Tod und Leben', kritisierte der Bischof der Diözese Rottenburg-Stuttgart [...] in seiner Osterpredigt. Menschliches Leben werde nicht mehr ‚als unverfügbares Geschenk' gewürdigt, sondern es sei ‚zum Objekt möglichst risikolosen Planens und wissenschaftlichtechnischen Experimentierens' geworden."

Artikel vom 24.04.2011 auf www.stimme.de

6 „PID gefährdet die Demokratie"

„Eine Zulassung der PID habe ‚erhebliche Konsequenzen für den Rechtsstaat, seine Verfassung und seine Rechtsordnung', [meint der Sozialwissenschaftler Dr. Manfred Spieker]. [...] Eine Zulassung der PID widerspräche nicht nur den ersten drei Artikeln des Grundgesetzes, der Wahrung der Menschenwürde (Art. 1 Abs. 1), dem Recht auf Leben (Art. 2 Abs. 2) sowie dem Diskriminierungsverbot Behinderter (Art. 3 Abs. 3); sie gefährde auch das ‚Gleichheitsprinzip', das ein ‚Pfeiler unseres Demokratieverständnisses' sei."

Artikel vom 09.06.2011 auf www.stoppt-pid-und-klonen.de

7 „Stellungnahme des Rates der Evangelischen Kirche in Deutschland zur Präimplantationsdiagnostik (PID)"

„Die Zumutbarkeit der Prozedur der Herstellung von befruchteten Embryonen muss erörtert werden. [...] Das Prozedere ist für Frauen extrem kräftezehrend und beschwerlich, die hormonelle Belastung ist hoch und Spätschäden sind nicht ausgeschlossen. [...] nur jede fünfte Frau wird nach einer IVF schwanger und sie wird sich während des Heranwachsens des Embryos weiterer pränataler Diagnostik unterziehen müssen. [...] Die Humanität unserer Gesellschaft wird auch in Zukunft daran gemessen werden, wie sie mit eingeschränkten Lebensmöglichkeiten und Behinderungen umgeht."

Stellungnahme vom 15.02.2011 auf www.ekd.de

Wertepool:

Glück	Freiheit	Bildung	Sicherheit
Unabhängigkeit	Gerechtigkeit	Frieden	Liebe
Wohlstand	Umweltschutz	Lebensqualität	Forschungsfreiheit
Verantwortung	Leistung	Gesundheit	Freundschaft
Wahrheit	Eigentum	Gehorsam	Respekt
Artenschutz	Wahlfreiheit	Menschenwürde	...

Informationsbox Werte:

Werte sind Eigenschaften, die der Mensch Objekten, Ideen oder Beziehungen zuordnet. Werte sind Kriterien, die der Mensch hat, um seine Umwelt zu bewerten. Diese Kriterien beziehen sich dabei auf erwünschte Zielzustände wie materieller Wohlstand oder auf erwünschtes Verhalten, zum Beispiel den Schutz der Natur.

Informationsbox Normen:

Im Gegensatz zu Werten, die Menschen besitzen, stellen Normen Regelungen unserer Gesellschaft dar, die allgemein akzeptiertes Verhalten definieren. Sie dienen zum Schutz gesellschaftlicher Werte und sind oftmals in Form von Regelungen und Gesetzen niedergeschrieben, zum Beispiel das Leitbild der nachhaltigen Entwicklung in der Agenda 21. Für den Einzelnen dienen sie somit als Handlungsorientierung. Normen sind dabei nicht ewig gesetzt, sondern bedürfen der fortwährenden Legitimation durch die Gesellschaft.

Informationsbox Moral:

Moral umfasst individuelle und gesellschaftliche Vorstellungen über das, was als gut oder schlecht bewertet wird. Handlungen jedes Einzelnen werden demnach durch die Gesellschaft an moralischen Maßstäben gemessen, die auf gesellschaftlichen Werten und Normen beruhen.

A1 Benennen Sie den Konflikt des Ehepaares Lea und Jan!

A2 Nennen Sie die möglichen Handlungsoptionen des Ehepaares und bewerten Sie diese mit Pro- und Kontra-Argumenten!

A3 Ordnen Sie den jeweiligen Argumenten die zugrunde liegenden Werte zu!

A4 Fällen Sie Ihr persönliches Werturteil zu diesem Konflikt und erläutern Sie die Konsequenzen!

A5 Nennen Sie ein weiteres mögliches Werturteil und dessen Konsequenzen!

01 Lucas Cranach der Ältere „Der Jungbrunnen"

Stammzellforschung

Die Sehnsucht nach ewiger Jugend und Unsterblichkeit ist ein Menschheitstraum, den Lucas Cranach der Ältere in seinem Gemälde „Der Jungbrunnen" aus dem Jahr 1546 zum Ausdruck brachte. Alte und gebrechliche Frauen werden auf Karren herbeigefahren und entkleidet. Im Wasser verjüngen sie sich zusehends und entsteigen am rechten Beckenrand in jugendlicher Gestalt. Auch die medizinische Forschung setzt sich mit der Frage auseinander, ob sich Alterungsprozesse beeinflussen lassen. Kann die Unsterblichkeit zur Realität werden?

ADULTE STAMMZELLEN · Die Zellen in unserem Körper unterliegen einem Alterungsprozess, der mit jeder Zellteilung fortschreitet und schließlich zu einem Verlust der Teilungsfähigkeit führt. Ständig sterben vor allem Zellen von Haut und Darmschleimhaut sowie des Blutsystems. Für die Erneuerung dieser Gewebe sind spezielle Zellen zuständig, die sich fortwährend teilen und spezialisierte Körperzellen bilden können. Diese *adulten Stammzellen* werden als **multipotent** bezeichnet, weil sie nur Zellen bestimmter Gewebetypen erzeugen können. Stammzellen des Knochenmarks produzieren vor allem die verschiedenen Typen von Blutzellen. So ist Leukämie dank Knochenmarkspenden in vielen Fällen heilbar. Seit einigen Jahren werden adulte Stammzellen aus Nabelschnurblut zur Therapie gegen Blutkrebs bei Kindern eingesetzt. Es enthält viele verschiedene Stammzelltypen. Man hofft, dieses Blut bald auch für die Behandlung anderer Krankheiten nutzen zu können. Ein noch nicht gelöstes Problem ist die geringe Anzahl der darin enthaltenen Stammzellen.

EMBRYONALE STAMMZELLEN · Bei der Befruchtung entsteht aus Eizelle und Spermienzelle die Zygote. Da sich aus ihr ein komplettes Individuum entwickeln kann, wird sie als **totipotent** bezeichnet. In den ersten Tagen der Embryonalentwicklung bildet sich aus der Zygote eine *Blastozyste*. Deren äußere Schicht ist der *Trophoblast*. Im Inneren der Blastozyste, dem *Embryoblast*, befinden sich *embryonale Stammzellen*. Sie haben nicht mehr die Fähigkeit, ein komplettes Individuum zu bilden, können sich aber zu jedem Zelltyp des Organismus entwickeln. Man nennt diese Stammzellen deshalb **pluripotent.**

MEDIZINISCHE FORSCHUNG · Bei der In-vitro-Fertilisation entstehen weltweit Hunderttausende überzählige Blastozysten, die für die Stammzellforschung von Interesse sind. Import und Nutzung unterliegen in Deutschland strengen gesetzlichen Vorschriften. Da menschliche embryonale Stammzellen kaum altern, können

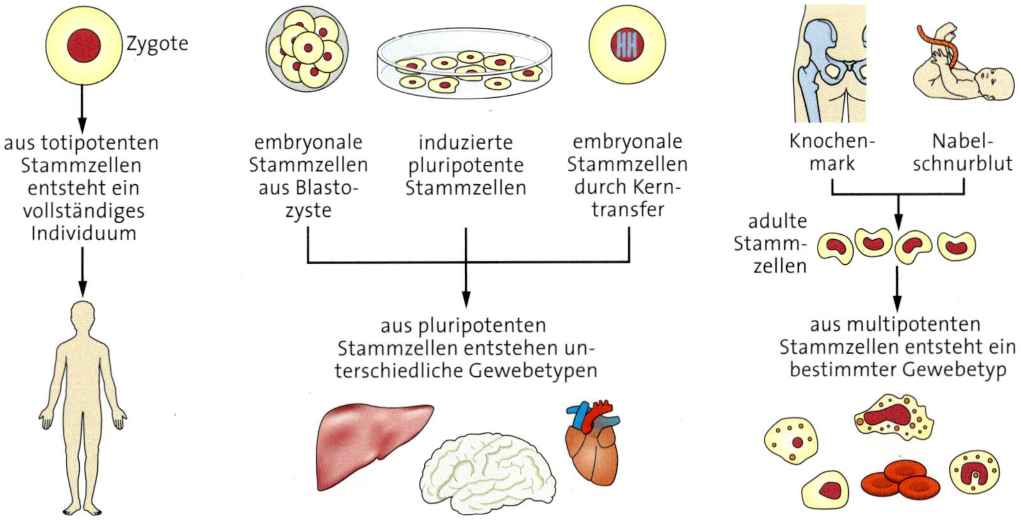

02 Unterschiedliche Stammzellen

im Labor kultivierte Zelllinien über 600 Teilungsrunden überdauern. Man kann sie sogar über längere Zeit einfrieren, ohne dass sie ihre typischen Merkmale verlieren. An embryonalen Stammzellen lassen sich die Steuerungsmechanismen von Entwicklungsprozessen während der Embryonalentwicklung erforschen. Außerdem hofft man, sie in Zukunft als Quelle für einen Zell- und Gewebeersatz nutzen zu können.

TRANSPLANTATE · Die Heilung verschiedener Krankheiten wie Diabetes Typ I oder Multiple Sklerose könnte in einigen Jahren möglich sein, wenn es gelingt, ein Transplantat aus embryonalen Stammzellen als Ersatz für das erkrankte Gewebe zu züchten. Zur Erzeugung eines solchen Transplantats wird im Labor eine Blastozyste in einem Nährmedium kultiviert. Durch Entfernung des Trophoblasten wird der Embryoblast freigelegt und anschließend durch Chemikalien in kleinere Zellhaufen geteilt. Aus jedem Zellhaufen entsteht eine Zellkolonie. Nach Zugabe spezifischer Differenzierungsfaktoren wachsen Zellen bestimmter Gewebetypen heran, die als Ersatz für das geschädigte Gewebe in den Körper des Patienten transplantiert werden können. Ein wesentlicher Nachteil dieses Verfahrens ist jedoch, dass die Immunverträglichkeit des Gewebes aus embryonalen Stammzellen der eines fremden Spenderorgans entspricht und daher nur wegen des Einsatzes von Medikamenten nicht abgestoßen wird.

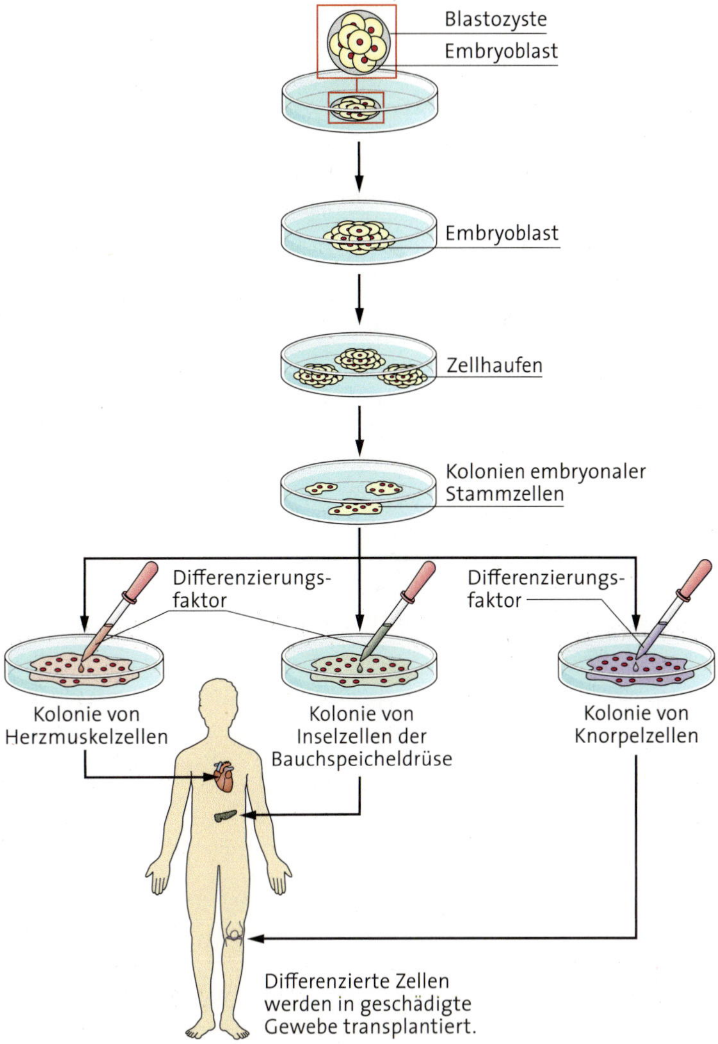

03 Erzeugung von Gewebe aus embryonalen Stammzellen

IPS-ZELLEN · Im Jahr 2006 gelang es einem Forscherteam, mittels eines Virusvektors vier spezifische Gene in Hautzellen einer Maus einzuschleusen. Diese Gene übernahmen die Kontrolle über das Hautzellgenom und bewirkten eine Reprogrammierung der Zellen. Einige Hautzellen verhielten sich anschließend ähnlich wie embryonale Stammzellen und waren in der Lage, sich in verschiedene Zelltypen zu differenzieren. Man bezeichnete sie deshalb als *induzierte pluripotente Stammzellen,* kurz *iPS-Zellen.* Da sie nicht aus Embryonen gewonnen werden, gibt es keine ethischen Bedenken gegen ihren Einsatz in der Medizin.

THERAPEUTISCHES KLONEN · Ein weiteres Verfahren zur Gewinnung embryonaler Stammzellen beginnt mit der Entnahme einer Gewebeprobe aus der Haut des Patienten. Gleichzeitig entnimmt man einer Eizellspenderin eine reife Eizelle. Der Kern der Eizelle wird entfernt und durch den Kern der Hautzelle des Patienten ersetzt. Mithilfe elektrischer Impulse wird die Eizelle aktiviert und beginnt sich zu teilen.
Innerhalb einiger Tage entwickelt sich eine Blastozyste. Durch Zerstören des Trophoblasten mithilfe von Laserstrahlen werden die pluripotenten embryonalen Stammzellen freigesetzt und können anschließend kultiviert werden. Nach Zugabe von Differenzierungsfaktoren entwickeln sich die Stammzelllinien zu den gewünschten Zelltypen und werden dem Patienten anschließend transplantiert. Da der Zellkern der durch Kerntransfer gewonnenen embryonalen Stammzellen vom Patienten stammt, erzeugt man durch das *therapeutische Klonen* Zelltypen, die immunkompatibel sind. Man ist jedoch auf eine Eizellspenderin angewiesen.

Ein ethisches Problem ergibt sich aus der Tatsache, dass therapeutisches und reproduktives Klonen nicht strikt zu trennen sind. Bis zur Entwicklung der Blastozyste sind alle Schritte der beiden Verfahren identisch. Man könnte die Blastozyste auch in die Gebärmutter einer Frau einsetzen, die damit ein geklontes Kind als genetisch identische Kopie des Genomspenders austragen würde.
In Deutschland ist jegliches Klonen menschlicher Embryonen verboten und damit auch die Gewinnung von Stammzellen auf dem Weg des therapeutischen Klonens. In Großbritannien und Südkorea ist das therapeutische Klonen ausdrücklich erlaubt.

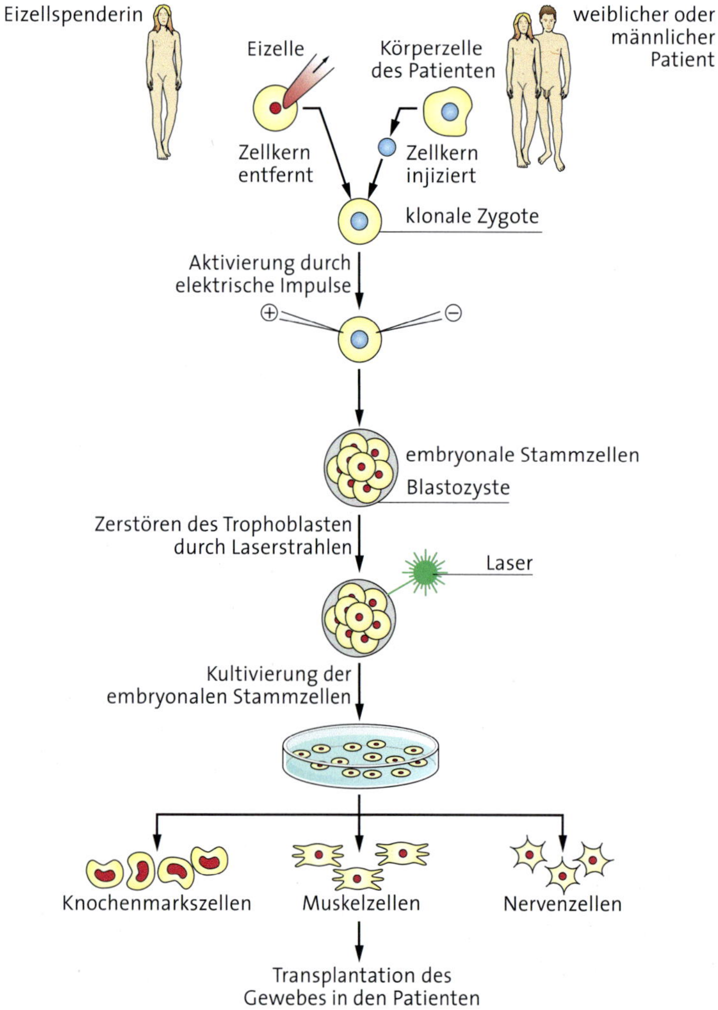

04 Therapeutisches Klonen

1 Beschreiben Sie das Verfahren zur Erzeugung eines Gewebetransplantats mithilfe embryonaler Stammzellen!

2 Erklären Sie die unterschiedliche Immunkompatibilität der aus verschiedenen Stammzellarten gewonnenen Transplantate!

3 Beurteilen Sie die Aussage: „Unsterblichkeit ist zur Realität geworden"! Führen Sie anschließend ein Partnerinterview!

Material A ▸ Induzierte pluripotente Stammzellen

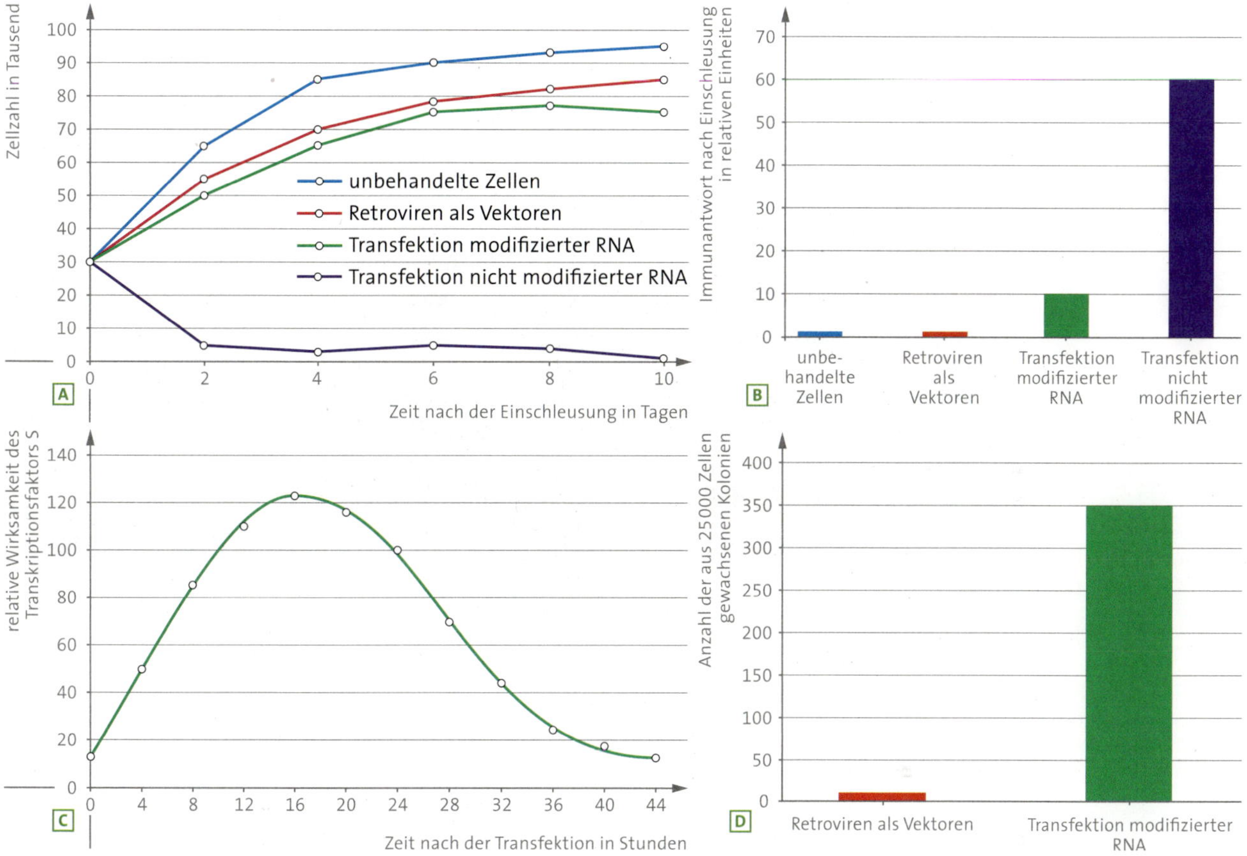

Wenn Mäuse mit von Retroviren erzeugten iPS-Zellen behandelt werden, entwickeln sich häufig Tumore. Deshalb versuchte man auf anderen Wegen iPS-Zellen herzustellen. Eine Methode basierte darauf, die vier für die Reprogrammierung notwendigen Transkriptionsfaktoren K, M, O und S mithilfe künstlicher mRNA in die Zellen zu schleusen. Man bezeichnet diesen Vorgang als Transfektion. Hierzu wurde die Permeabilität der Zellmembran durch einen kurzen Stromimpuls erhöht. Um die Halbwertszeit des Verbleibs in den Zellen zu steigern, erhielt die mRNA eine 5´-Guanin-Kappe und einen Poly-A-Schwanz.

Säugetierzellen lösen gegenüber fremder RNA eine Abwehrreaktion aus, indem sie Interferone bilden, die den Abbau der RNA katalysieren. Deshalb führte man zusätzlich Versuche mit modifizierter RNA durch. Das Cytosin wurde durch 5-Methylcytosin, kurz 5mC, ersetzt, Uracil durch Pseudouracil, kurz Psi. In verschiedenen Versuchsreihen wurde die Transfektion mit dem Einschleusen von RNA durch Retroviren verglichen. Als Kontrolle dienten unbehandelte Zellen.

In den Eigenschaften ähneln iPS-Zellen embryonalen Stammzellen. Sie weisen jedoch epigenetische Veränderungen auf und scheinen anfälliger für Mutationen zu sein.

A1 Beschreiben Sie die Entwicklung der Zellzahlen nach den Einschleusungsexperimenten!

A2 Erläutern Sie die Entwicklung der Zellzahlen anhand der Immunantwort der Zellen nach Einschleusung der Transkriptionsfaktoren!

A3 Bei der Transfektion mit künstlicher RNA wird innerhalb von zehn Tagen täglich eine bestimmte Menge mRNA eingeschleust. Begründen Sie diese Vorgehensweise anhand Abbildung C!

A4 Zur Überprüfung der Effizienz bei der Herstellung reprogrammierter Zellen werden 25 000 Zellen auf Nährböden plattiert und die Anzahl der daraus hervorgegangenen Kolonien bestimmt. Berechnen Sie anhand Abbildung D die Effizienz der beiden Verfahren!

A5 Beurteilen Sie die Vor- und Nachteile der beiden Methoden zur Herstellung pluripotenter Stammzellen mittels Transfektion und anhand von Retroviren!

01 Zweig einer Pazifischen Eibe

Krebstherapien

Die Pazifische Eibe ist ein immergrüner Nadelbaum, der an der Westküste Nordamerikas beheimatet ist und zur Familie der Eibengewächse gehört. Ihre Borke, Nadeln und Samen enthalten Taxol, ein hochgiftiges Alkaloid. Nur der leuchtend rote Samenmantel ist essbar. Seit Anfang der 1990er-Jahre wird Taxol als Medikament in der Krebstherapie eingesetzt. Welche Wirkung hat dieser Giftstoff?

ONKOLOGIE · Die Erforschung der Entstehung und der Heilungsmöglichkeiten von Krebserkrankungen ist eines der bedeutendsten Forschungsgebiete der Medizin, die *Onkologie*. Heutige Krebstherapien basieren meist auf der chirurgischen Entfernung des Krebsgewebes. Auf diese Weise kann jedoch nicht sichergestellt werden, dass alle Krebszellen vernichtet worden sind. Eine Möglichkeit der weiteren Behandlung ist die *Strahlentherapie*. Ionisierende Strahlung führt zur Bildung freier Radikale in den Zellen, welche die DNA schädigen und damit die Zelle zerstören oder ihre Teilung verhindern.

Eine weitere Möglichkeit der Bekämpfung von Krebszellen wurde durch die wachstumshemmende Wirkung des chemischen Kampfstoffs *Senfgas* auf Zellgewebe aufgezeigt. Man entwickelte daraufhin aus diesem Gift das weniger giftige *Stickstoff-Lost*, welches seit 1942 zur *Chemotherapie* bei der Krebsbehandlung Verwendung findet. Damit begann in der medizinischen Forschung die Suche nach weiteren Substanzen, die in der Chemotherapie eingesetzt werden können, um die Heilungschancen der Patienten zu erhöhen.

BIOTHERAPIE · Im Jahr 1957 entdeckte man ein Protein, das bei einer Virusinfektion von den befallenen Zellen produziert wird. Das Protein **Alpha-Interferon** ist in der Lage, andere Zellen vor den Viren zu schützen. Es gehört zu einer Gruppe von Botenstoffen, die vom Immunsystem gebildet werden. Einige von ihnen, **Interferone** und **Interleukine**, werden zur Therapie verschiedener Krebsformen eingesetzt. Sie binden an spezifischen Rezeptoren der Zellen und wirken zytotoxisch. Der genaue Wirkungsmechanismus ist noch nicht aufgeklärt.

TAXOL · In den 1960er-Jahren stellte man fest, dass ein Extrakt aus der Rinde der Pazifischen

Eibe das Wachstum von Krebszellen einer Zellkultur hemmt. So konnte in einer klinischen Studie nachgewiesen werden, dass der im Extrakt enthaltene Wirkstoff Taxol in 30 Prozent der Fälle zum Schrumpfen des Tumors bei Eierstockkrebs führt.

Eine Pazifische Eibe im Alter von 200 Jahren liefert nur 2,5 Kilogramm des kompliziert aufgebauten Wirkstoffs. Das entspricht einer Ausbeute von 0,004 Prozent. Um den großen Bedarf nach diesem Medikament nur in den USA decken zu können, hätten innerhalb eines Jahres alle Pazifischen Eiben Kaliforniens gefällt werden müssen. Deshalb entwickelten die Pharmafirmen ein Verfahren, Taxol halbsynthetisch aus den nachwachsenden Nadeln Europäischer Eiben herzustellen. Im Jahr 1995 war Taxol das Antikrebsmedikament mit dem schnellsten Verkaufszuwachs weltweit.

MITOSEHEMMER · Krebszellen teilen sich sehr häufig und bewirken damit das schnelle Wachstum eines Tumors. Bei jeder Mitose werden Spindelfasern aus Mikrotubuli auf- und wieder abgebaut. Taxol bindet an die Mikrotubuli, stabilisiert ihre Struktur und verhindert damit ihren Abbau. Daher kann der Teilungszyklus nicht beendet werden. Die Zelle leitet den Zelltod, die Apoptose, ein.

Weitere in der chemischen Krebstherapie eingesetzte Medikamente funktionieren nach ähnlichen Prinzipen. Sie verhindern auf verschiedenen Wegen die Zellteilung und werden deshalb als *Zytostatika* bezeichnet. Einige Medikamente binden an die DNA und verhindern deren Replikation, andere bewirken irreversible DNA-Brüche.

Zytostatika können jedoch nicht zwischen Tumorzellen und gesunden Zellen unterscheiden. Durch die Chemotherapie werden deshalb auch andere sich teilende Zellen angegriffen. Haarausfall, Beeinträchtigung der Blutbildung, Schädigungen von Schleimhäuten, Erbrechen und Übelkeit sind typische Begleiterscheinungen einer Chemotherapie.

ZIELGERICHTETE THERAPIE · Trotz der intensiven onkologischen Forschung sind die Erfolgsquoten der Chemotherapie bei der Behandlung bösartiger Tumore eher gering. Die Entwicklung der molekulargenetischen Forschung deutet allerdings darauf hin, dass greifbare medizinische Fortschritte in der Krebstherapie zu erwarten sind. So ist es mithilfe der Microarray-Analysetechnik möglich, die Genaktivität von Krebszellen anhand der gebildeten RNA-Moleküle zu bestimmen. Diese Kenntnis kann dazu beitragen, den Krankheitsverlauf und den Erfolg einer Krebsbehandlung vorherzusagen.

Microarray-Analyse siehe Seite 160

In die Zellmembran sind verschiedene Rezeptoren für Wachstumsfaktoren eingelagert. Einige Krebsformen sind darauf zurückzuführen, dass die Anzahl der Rezeptoren aufgrund eines Gendefekts erhöht ist. Bei einer Form des Brustkrebses können die Rezeptoren mithilfe spezieller Antikörper blockiert werden. Ein anderes Medikament greift die als *Liganden* bezeichneten Botenstoffe an.

Untersuchungen der Stoffwechselprozesse in Krebszellen lassen für Tumorzellen typische molekulare Informationswege erkennen. Sie nehmen Signale von außen auf und leiten sie in den Zellkern zu den Genen. Für die Übermittlung der Signale, die *Signaltransduktion,* sind spezifische Enzyme wie die *Tyrosinkinasen* notwendig. Sie übertragen eine Phosphatgruppe des ATP auf Tyrosinbausteine von Proteinen. Die medizinische Forschung sucht systematisch nach maßgeschneiderten Medikamenten, die die Enzyme des Stoffwechselwegs von Tumorzellen blockieren, um den Krebs damit zielgerichtet therapieren zu können.

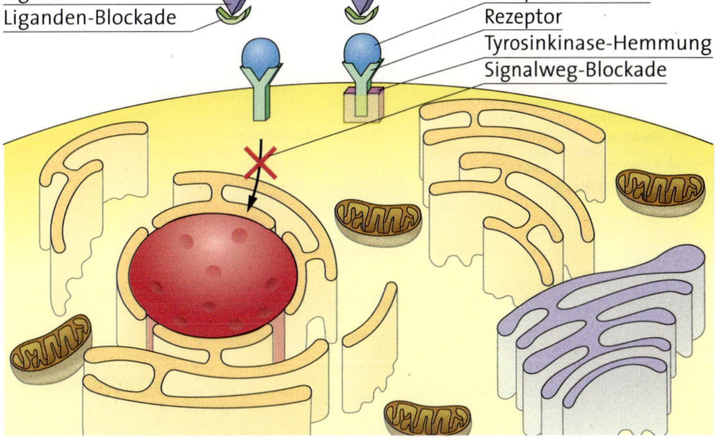

02 Zielgerichtete Therapie

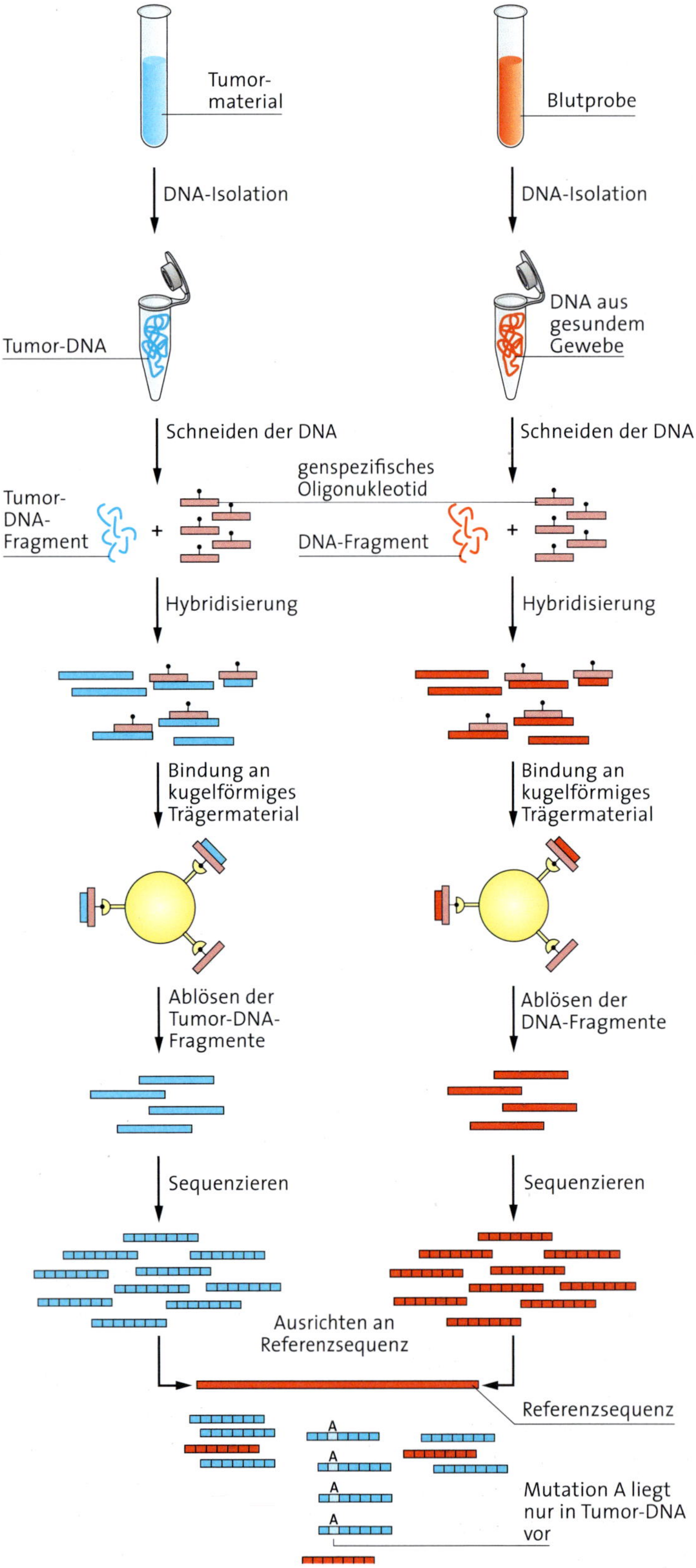

03 Bestimmung der Krebsmutation

LEUKÄMIE · Eine seltene Form von Blutkrebs, die *chronische myeloische Leukämie,* wird durch eine Translokation zwischen den Chromosomen 9 und 22 verursacht. Durch Aneinanderlagerung zweier normalerweise getrennter Gene entsteht ein Onkogen, das eine nicht mehr abschaltbare *Tyrosinkinase* produziert. Diese aktiviert ununterbrochen alle Proteine, die für die Zellteilung wichtig sind, was zu einer unkontrollierten Vermehrung der veränderten weißen Blutzellen führt. Mediziner entwickelten einen Wirkstoff, der am aktiven Zentrum der Tyrosinkinase andockt. Die Überlebensrate der Patienten ist mit dem neuen Medikament enorm gestiegen. Bei anderen Leukämieformen wirkt es nicht.

SEQUENZIERUNG DER TUMOR-DNA · Neuere Sequenzierautomaten erlauben es, die Genome von Krebszellen in kurzer Zeit bei verhältnismäßig geringen Kosten zu entschlüsseln. Die bisherigen Ergebnisse zeigen, dass jede Krebsart auf vielfältigere Mutationen zurückzuführen ist als bisher angenommen.

Eine zielgerichtete Therapie ist nur möglich, wenn man feststellen kann, welche Mutation für den speziellen Krebs eines Patienten verantwortlich und wo genau die Mutation lokalisiert ist. Dazu ist es notwendig, die Tumor-DNA eines Patienten mit der DNA seines gesunden Gewebes zu vergleichen. Zu beiden Proben werden genspezifische markierte Oligonukleotide gegeben. Sie dienen als Sonden, um die für den Krebs charakteristischen Genabschnitte zu finden. Beide DNA-Proben hybridisieren mit der Sonde. Aufgrund ihrer Markierung heften die hybridisierten DNA-Doppelstränge an ein spezielles kugelförmiges Trägermaterial an und lassen sich so von der restlichen DNA trennen. Die DNA-Stücke werden sequenziert und mit einer Referenzsequenz verglichen. Die dem Tumor zugrunde liegende Mutation ist nun sichtbar.

1 Erklären Sie die Ursache für die Nebenwirkungen der Chemotherapie!

2 Erläutern Sie anhand des Basiskonzepts Information und Kommunikation die Bedeutung der Sequenzanalyse für die zielgerichtete Krebstherapie!

Material A ▸ Zytostatika

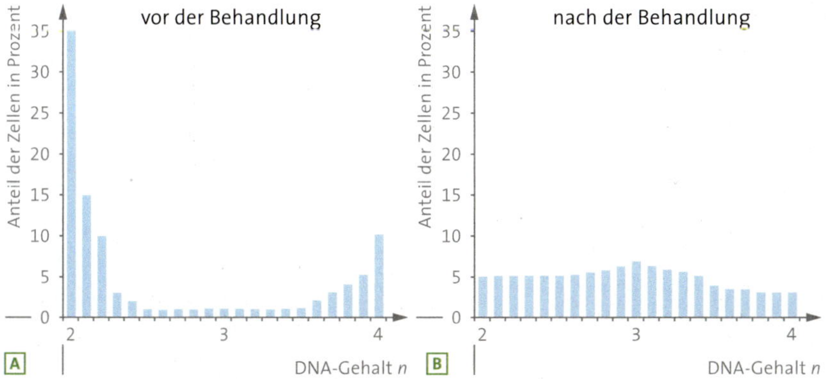

In einer humanen Tumorzelllinie wird der DNA-Gehalt der Zellen untersucht, die sich in unterschiedlichen Phasen des Zellzyklus befinden. Die Verteilung der DNA ist in Abbildung A wiedergegeben. Der Wert 2*n* entspricht dem doppelten Chromosomensatz. Nach Behandlung der Tumorzelllinie mit einem Mitosehemmer erfolgt eine erneute Untersuchung des DNA-Gehalts der Zellen. Das Ergebnis ist in Abbildung B dargestellt.

A1 Beschreiben Sie den DNA-Gehalt der Tumorzelllinie vor und nach der Behandlung mit dem Mitosehemmer!

A2 Erläutern Sie die Verteilung des DNA-Gehalts in der unbehandelten Tumorzelllinie!

A3 Erklären Sie die Wirkung des Hemmstoffs auf die Tumorzellen anhand der Veränderung des DNA-Gehalts in Abbildung B!

A4 Stellen Sie eine Hypothese auf, wie sich die DNA-Verteilung in der Tumorzelllinie durch die Gabe von Taxol verändern würde!

Material B ▸ Zielgerichtete Krebstherapie

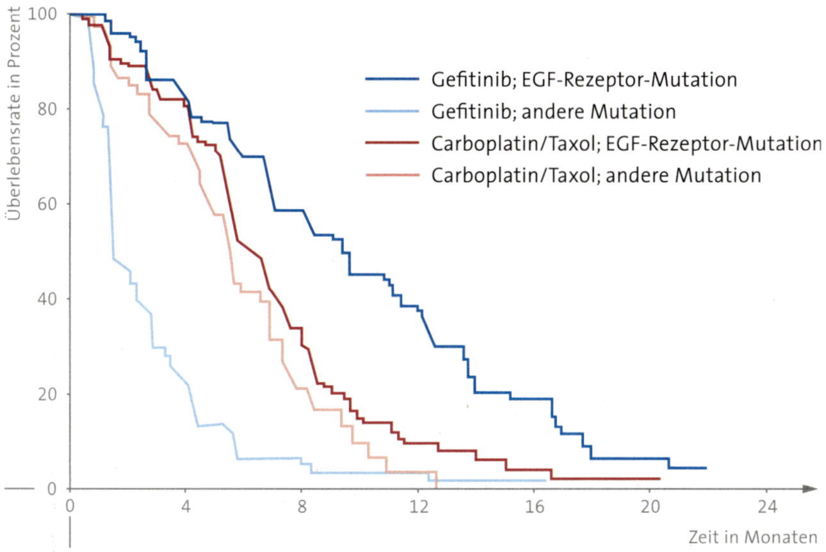

Eine Form des Bronchialkrebses entsteht häufig durch eine Mutation im Gen für den Rezeptor des *Epidermiswachstumsfaktors EGF*. Das Gen wird überexprimiert, was zu einer erhöhten Anzahl an Rezeptoren auf der Zellmembran führt. Wachstum und Teilung der Zelle geraten außer Kontrolle. Die bei diesem Krebs durchgeführte Chemotherapie basiert meist auf der Wirkstoffkombination von Carboplatin und Taxol. Carboplatin vernetzt DNA-Moleküle und macht sie damit funktionsunfähig. Ein anderer Wirkstoff, *Gefitinib*, wirkt als Hemmstoff am aktiven Zentrum des EGF-Rezeptors und verhindert das Andocken extrazellulärer Wachstumsfaktoren.

In einer klinischen Studie wurde die lebensverlängernde Wirkung der Krebsmedikamente auf Patienten mit diesem Bronchialkarzinom untersucht. Man verglich Tumore, die auf die Mutation des EGF-Rezeptorgens zurückzuführen sind, mit Tumoren, denen eine andere Mutation zugrunde liegt.

B1 Beschreiben Sie die im Diagramm dargestellten Versuchsergebnisse!

B2 Begründen Sie die unterschiedlichen Kurvenverläufe anhand der Wirkungsweisen der eingesetzten Medikamente!

B3 Bei vielen Krebsarten führt die Chemotherapie nur zu einer geringen Erhöhung der Lebenserwartung um wenige Wochen bis Monate. Bewerten Sie diesen Befund vor dem Hintergrund der erheblichen Nebenwirkungen!

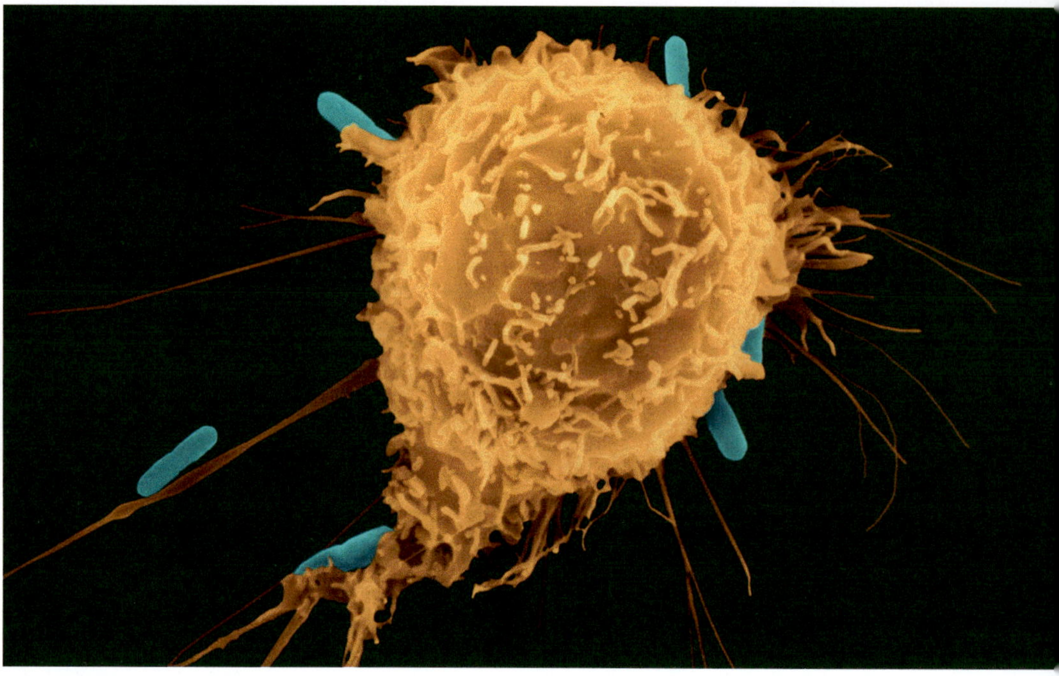

01 Makrophage greift Bakterien an

Immunabwehr

Unser Organismus ist ständig von Bakterien, Viren, Pilzen und Parasiten umgeben. Obwohl sie uns als Krankheitserreger bedrohen, erkranken wir nur selten. Wenn wir uns dennoch infizieren, gelingt es dem Körper meist auch ohne Medikamente, die Krankheit zu besiegen. So sind spezielle Leukozyten, die Makrophagen, dazu fähig, Bakterien durch Phagozytose aufzunehmen und so unschädlich zu machen. Woran erkennt der Organismus eingedrungene Fremdstoffe und welche Abwehrmechanismen nutzt er zu ihrer Bekämpfung?

Leukozyten = weiße Blutzellen

UNSPEZIFISCHE IMMUNABWEHR · Ein Organismus, der mit giftigen Fremdstoffen oder Krankheitserregern, den Antigenen, in Berührung kommt, muss sehr schnell reagieren können. Er verfügt dazu über ein angeborenes Abwehrsystem, die *unspezifische Immunabwehr.* Die Hornhaut der Körperoberfläche und die Schleimhäute des Verdauungs- und des Atmungstrakts bilden eine äußere beziehungsweise innere Barriere. Wenn sie gesund und unverletzt sind, schützen sie vor den meisten Krankheitserregern. Hierzu tragen auch der von den Talg- und Schweißdrüsen produzierte Säureschutzmantel sowie die bakterizid wirkenden Sekrete bei, die von Bakterien der natürlichen Hautflora gebildet werden.

Feine Härchen im Nasenraum filtern Bakterien aus der Atemluft. In den Bronchien werden von speziellen Zellen täglich bis zu 100 Milliliter eines dünnflüssigen Schleims produziert. Flimmerhärchen transportieren die im Schleim festgehaltenen Mikroorganismen aus den Atemwegen zum Rachen. Dort werden sie verschluckt und anschließend im stark sauren und proteasehaltigen Magensaft abgetötet. In Speichel und Tränenflüssigkeit ist das Enzym Lysozym enthalten, welches die Zellwand eingedrungener Bakterien auflöst.

Wenn Antigene die natürlichen Barrieren des Körpers überwinden, treffen sie auf weitere Abwehrmechanismen: verschiedene Typen Leukozyten, die als **Phagozyten** zusammengefasst werden. Sie phagozytieren und verdauen die Antigene. Zu ihnen gehören *neutrophile* Zellen, die Gefäße verlassen und in infizierte Gewebe einwandern können, *Makrophagen* als besonders effiziente Fresszellen und *eosinophile* Zellen, welche Enzyme zur Abwehr parasitärer Würmer produzieren.

LYMPHSYSTEM · Das komplizierte Abwehrsystem von Menschen und Säugetieren ist deshalb so effektiv, weil es im gesamten Organismus aktiv ist. Aus diesem Grund sind Blut und Lymphe von zentraler Bedeutung. Die Zusammensetzung der Lymphe entspricht nahezu der des Blutes. In beiden Flüssigkeiten sind Ionen und kleine Moleküle gelöst. Beide enthalten Leukozyten und Thrombozyten. Im Gegensatz zum Blut enthält Lymphe keine Erythrozyten.

Die Lymphe tritt aus den feinen Blutkapillaren aus und verteilt sich in den interzellulären Räumen des gesamten Körpergewebes. Von dort gelangt sie durch feine Lymphkapillaren in die größeren Gefäße des Lymphsystems. Auf ihrem Weg durchströmt sie die fünf bis zehn Millimeter großen Lymphknoten, die Giftstoffe und Bakterien aus der Lymphflüssigkeit herausfiltern. Spezielle **Leukozyten,** die *Lymphozyten*, sind hier als Abwehrzellen aktiv. Auch die Mandeln sind Lymphknoten.

Die Lymphgefäße münden in ein größeres Gefäß, den Milchbrustgang, der mit der Schlüsselbeinvene verbunden ist. Dadurch gelangt die Lymphe in den Blutkreislauf, über den sie wieder zu den Geweben transportiert wird.

Ein weiterer Bestandteil des lymphatischen Systems ist die im Brustraum liegende Milz. Hier reifen die Lymphozyten und werden die *Monozyten* gespeichert, die sich später zu den Makrophagen entwickeln. Oberhalb des Herzens liegt der Thymus, der im Kindesalter für die Reifung der T-Zellen wichtig ist. Während der Pubertät wird der Thymus weitgehend zurückgebildet.

KNOCHENMARK · Die Neubildung aller Blutzellen erfolgt im roten Knochenmark aus pluripotenten Stammzellen. Sie sind noch undifferenziert und teilen sich nur selten, bleiben aber lebenslang erhalten. Aus ihnen entwickeln sich schnell teilende *myeloide* und *lymphoide Vorläuferzellen*. Die myeloiden Vorläuferzellen differenzieren sich in mehreren Stufen zu Erythrozyten, Thrombozyten und den verschiedenen Phagozyten. Aus den lymphoiden Vorläuferzellen entwickeln sich die verschiedenen Lymphozyten. Komplizierte Regulationsmechanismen steuern die bedarfsgerechte Neubildung der verschiedenen Blutzelltypen.

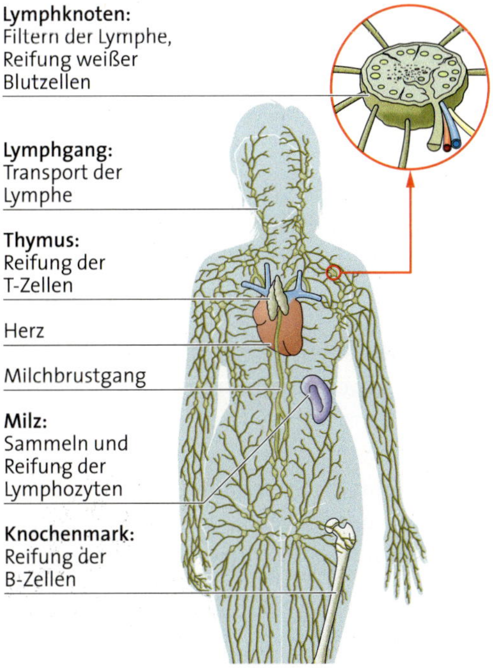

02 Lymphsystem

Thrombozyten = Blutplättchen

Erythrozyten = rote Blutkörperchen

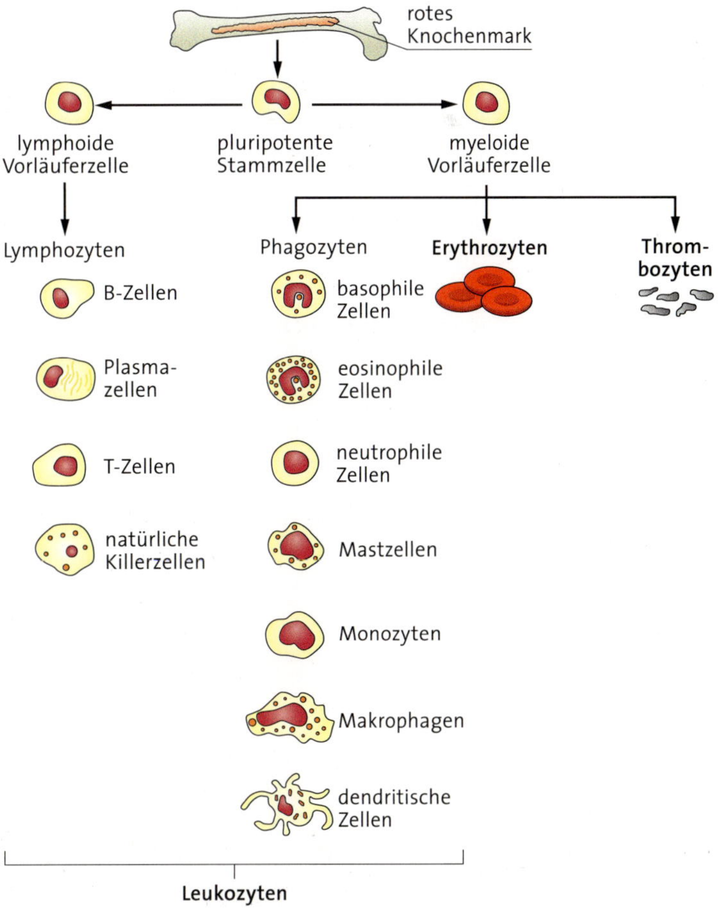

03 Differenzierung der Blutzellen

ANTIMIKROBIELLE PROTEINE · Auf der Zelloberfläche der Makrophagen befindet sich eine Vielzahl an Rezeptoren für verschiedene Antigene. Diese Rezeptoren werden als *Toll-Rezeptoren* bezeichnet. Sie binden bestimmte Bakterienbestandteile, sodass die Makrophagen Entzündungsproteine und *Zytokine* zur Bekämpfung der Krankheitserreger aussenden. Man kennt mehr als 20 solcher Proteine, die die Wirkung des Abwehrsystems ergänzen, also komplementieren, und deshalb als *Komplementsystem* bezeichnet werden.

Virusinfizierte Zellen setzen als weitere unspezifische Abwehrreaktion **Interferone** frei. Interferone diffundieren in nicht infizierte Nachbarzellen und regen dort die Produktion weiterer Proteine an, die die virale Reproduktion verhindern.

ENTZÜNDUNGSREAKTION · Wenn ein Holzsplitter eine Hautverletzung verursacht, führt dies schnell zu einer Rötung des umgebenden Gewebes. Der Infektionsbereich fühlt sich warm an und schmerzt.

Im Hautgewebe befinden sich *Mastzellen*, die in Vesikeln den Signalstoff *Histamin* und Proteine des Komplementsystems speichern. Durch den Splitter verletzte Mastzellen setzen die gespeicherten Stoffe frei. Histamin diffundiert in die umgebenden Blutkapillaren und bewirkt dort innerhalb von Sekunden, dass die Gefäße sich erweitern und durchlässiger für Phagozyten werden. Der durch die Gefäßerweiterung entstandene Blutstau führt zur Erwärmung und Schwellung des Gewebes. Die Proteine des Komplementsystems heften sich an die eingedrungenen Bakterien und lysieren sie. Gleichzeitig locken sie Makrophagen und neutrophile Zellen an, die die Bakterien phagozytieren. Die neutrophilen Zellen bilden weitere Signalstoffe, die *Prostaglandine*. Sie verstärken die Abwehr und damit die Entzündungsreaktion. Gleichzeitig erhöhen sie die Schmerzempfindlichkeit.

Nach der Phagozytose mehrerer Bakterien sterben die neutrophilen Zellen durch programmierten Zelltod, die Apoptose. Abgestorbene neutrophile Zellen, Gewebetrümmer und Lymphe bilden den Eiter, der innerhalb weniger Tage vom Körper resorbiert wird.

Wenn eine Entzündungsreaktion örtlich begrenzt bleibt, wird sie als *lokale* Infektion bezeichnet. Greift eine Infektion auf den ganzen Körper über, beispielsweise bei einer Angina, handelt es sich um eine *systemische* Infektion. Freigesetzte Signalstoffe regen die Produktion von Leukozyten an, deren Anzahl im Blut innerhalb von wenigen Stunden auf das Mehrfache ansteigt. Weitere Signalstoffe bewirken einen Anstieg der Körpertemperatur. Das Fieber erhöht die Stoffwechselintensität und damit die Abwehrleistung des Körpers.

1 Nennen und erläutern Sie die unspezifischen Abwehrmaßnahmen des Körpers!

2 Erläutern Sie, weshalb bei einer Blutuntersuchung die Leukozytenanzahl bestimmt wird!

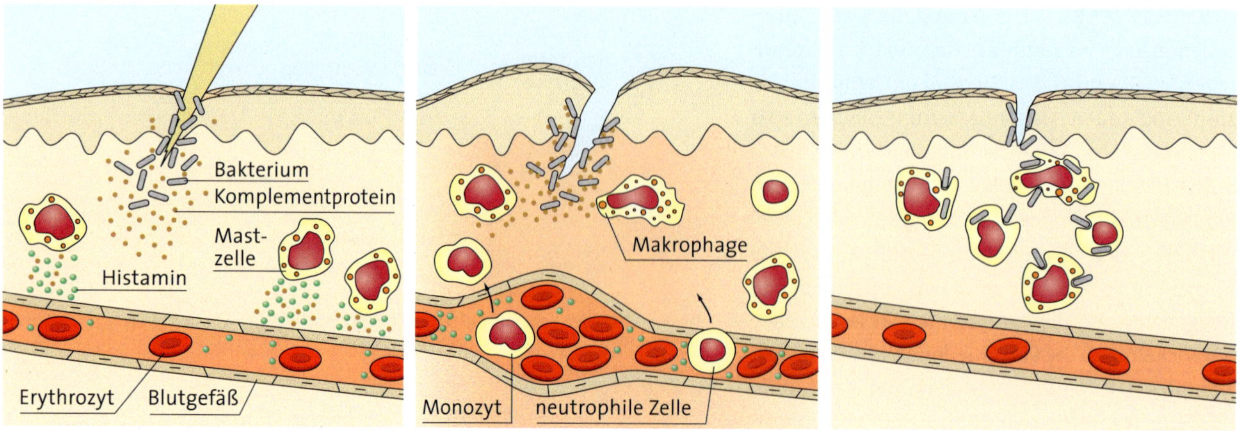

04 Verlauf einer Entzündung

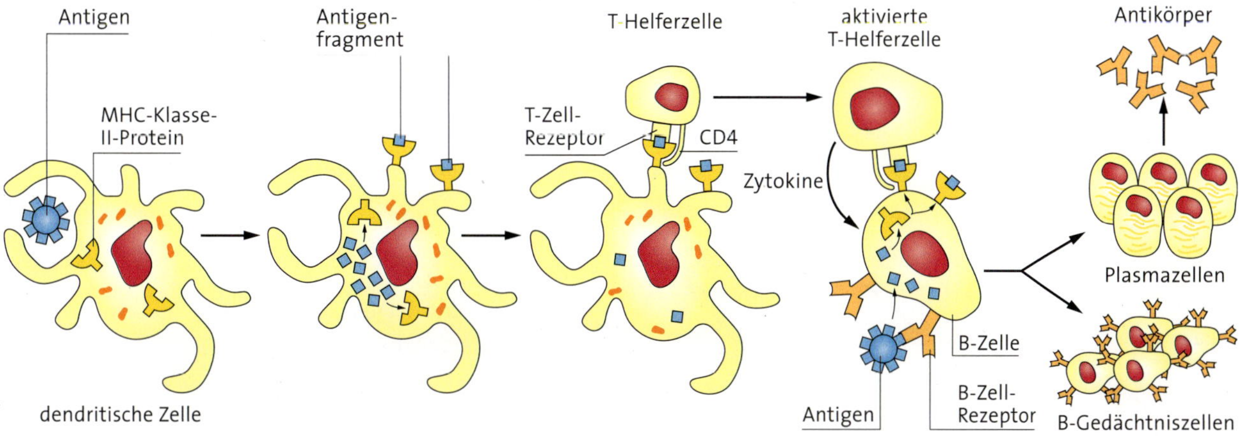

05 Produktion von Antikörpern

SPEZIFISCHE IMMUNABWEHR · Schon vor 2400 Jahren wurden in Griechenland diejenigen Menschen zur Pflege von Pestkranken eingesetzt, die eine frühere Pestepidemie überlebt hatten. Sie waren immun gegen diese Infektionskrankheit. Das Gleiche gilt auch für Masern und Windpocken. Unser Immunsystem verfügt, wie das aller Wirbeltiere, über ein immunologisches Gedächtnis, eine erworbene *spezifische Immunabwehr.*

HUMORALE IMMUNREAKTION · Die spezifische Immunabwehr basiert auf der Fähigkeit, körpereigene von fremden Zellen zu unterscheiden. So besitzt jede kernhaltige Zelle auf ihrer Oberfläche Proteine, die als *MHC-I* bezeichnet werden und für den Organismus charakteristisch sind.

Leukozyten verfügen zusätzlich über *MHC-II-Proteine.* Dazu gehören spezielle Phagozyten, die man wegen ihres verästelten Aussehens als *dendritische Zellen* bezeichnet. Sie haben eine besondere Bedeutung für die erworbene Immunantwort. Wenn ein Antigen auf eine dendritische Zelle trifft, wird es phagozytiert und intrazellulär abgebaut. Fragmente des Antigens werden von MHC-II- Proteinen gebunden und auf der Zellmembran präsentiert. T-Zellen binden an das präsentierte Antigenfragment. Hierzu benötigen sie einen speziellen zum Antigen passenden T-Zell-Rezeptor und einen CD4-Rezeptor. Die aktivierten T-Zellen reifen zu T-Helferzellen und treten mit spezifischen B-Zellen in Kontakt. Die T-Helferzellen schütten Zytokine aus, wodurch die B-Zellen angeregt werden und sich zu teilen beginnen. Aus jeder B-Zelle entwickelt sich ein Zellklon. Die meisten Zellen des Klons reifen zu *Plasmazellen* heran, die jeweils bis zu 2000 auf das Antigen passende **Antikörper** pro Sekunde produzieren. Antikörper sind globuläre, in der Lymphe und im Blut gelöste Proteine, die Immunglobuline. Deshalb bezeichnet man die Antikörperbildung als *humorale Immunreaktion.*

Gleichzeitig entwickeln sich einige Zellen des Klons zu *Gedächtniszellen.* Wenn der Organismus ein weiteres Mal mit dem gleichen Krankheitserreger in Kontakt kommt, reagiert er sofort mit einer spezifischen Immunabwehr.

Der häufigste Antikörper des Blutes ist das Immunglobulin G, kurz IgG. Es besteht aus zwei schweren und zwei leichten Polypeptidketten, die über Disulfidbrücken verknüpft sind.

lat. humoral = die Körperflüssigkeiten betreffend

engl. MHC, major histocompatibility complex = Haupthistokompatibilitätskomplex

griech. dendron = Baum

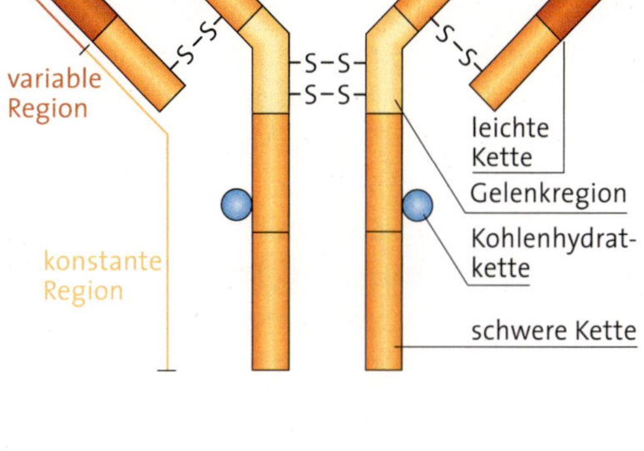

06 Struktur des IgG-Antikörpers

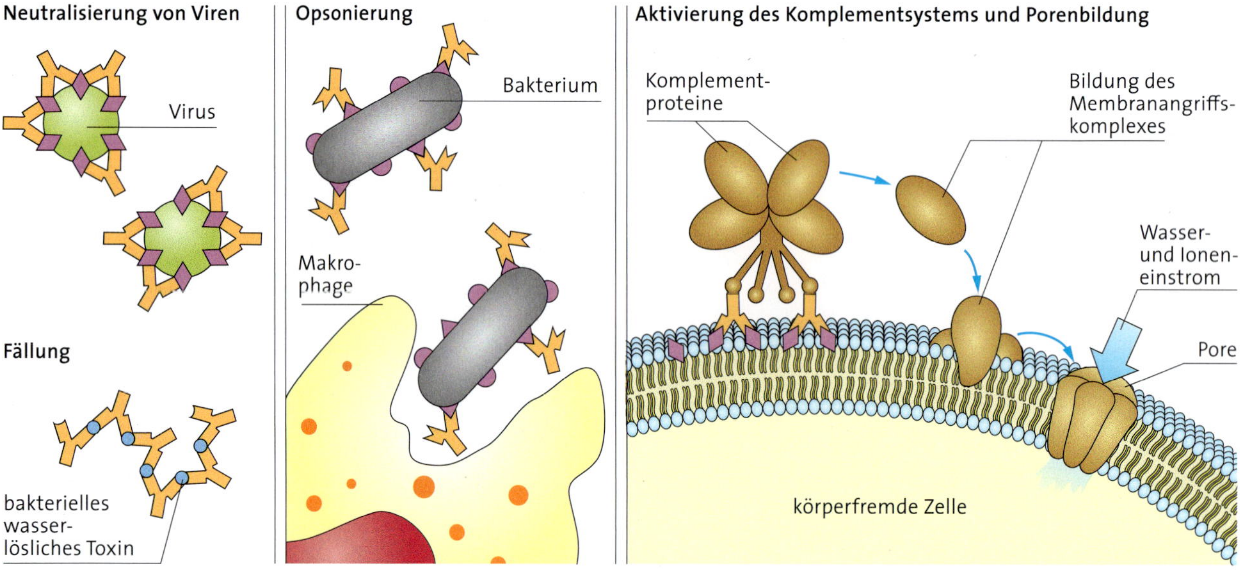

07 Humorale Immunreaktion durch Antikörper

ANTIGEN-ANTIKÖRPER-REAKTION · Die von einem Klon aus Plasmazellen produzierten Antikörper haben alle die gleiche variable Region, es sind *monoklonale Antikörper*. Mit dieser Erkennungsregion, dem *Epitop*, binden sie an das spezifische Antigen und bilden einen **Antigen-Antikörper-Komplex.** Viren und Bakterien werden somit neutralisiert. Wasserlösliche bakterielle Toxine werden durch Antikörper gefällt und wirken nicht mehr giftig. Bestimmte Antikörper binden an Phagozyten und regen diese zur Phagozytose an. Antikörper können auch an die Bakterienoberfläche binden und dadurch die Phagozytose durch Makrophagen auslösen. Dieser Vorgang wird als **Opsonierung** bezeichnet.

Weitere Antikörper binden mit dem Epitop an eingedrungene Bakterien. Die konstanten Regionen liegen infolgedessen frei an der Außenseite der Bakterienzelle, sodass dort andockende Komplementproteine aktiviert werden. Sie lösen eine Reaktionskaskade aus, die dazu führt, dass sich an der Zelloberfläche ein Proteinkomplex zusammensetzt, der in der Membran der körperfremden Zellen Poren ausbildet. Diese Poren lassen Wasser und Ionen in die Zellen einströmen und verursachen das Anschwellen und die anschließende Lyse der angegriffenen Bakterien. Das Komplementsystem bewirkt somit eine Verstärkung des Angriffs der Antikörper auf Bakterien.

ZELLULÄRE IMMUNREAKTION · Infizierte Körperzellen „verraten" einen Erreger, indem sie dessen Peptidfragmente an MHC-I-Proteinen ihrer Zelloberfläche präsentieren. Aktivierte T-Helferzellen erkennen das Antigenfragment. Sie können an den entsprechenden Zellen andocken, da sie über einen MHC-I-Rezeptor verfügen. Anschließend schütten die T-Helferzellen das Enzym *Perforin* aus, das die Zellmembran durchlöchert. Weitere Enzyme bewirken die Apoptose infizierter Zellen. Derartige T-Zellen bezeichnet man deshalb als *zytotoxische T-Zellen*.

T-Helferzellen stimulieren Makrophagen, toxische Substanzen herzustellen, mit denen die Erreger abgetötet werden. Andere T-Helferzellen, die *T-Suppressorzellen*, bewirken, dass die Immunabwehr abgeschaltet wird, nachdem die Antigene zerstört worden sind. Einige T-Zellen entwickeln sich zu T-Gedächtniszellen und stehen damit wie die aus B-Zellen entstandenen Gedächtniszellen für eine spezifische Immunabwehr bei einem wiederholten Kontakt mit dem Krankheitserreger zur Verfügung.

3 Erläutern Sie die besondere Bedeutung der T-Zellen für die spezifische Immunabwehr!

4 Beschreiben Sie die humorale Immunreaktion!

Material A ▸ Immunologisches Gedächtnis

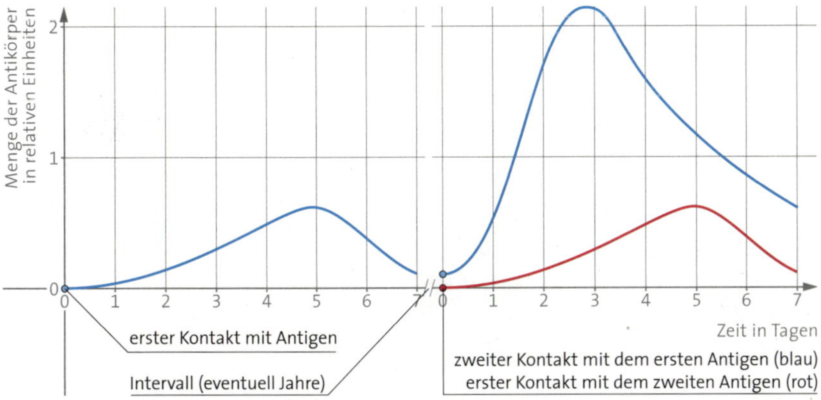

In einer Versuchsreihe zur Untersuchung der Immunantwort auf ein Antigen werden die im Blut nachweisbaren Antikörper in Abhängigkeit von der Zeit nach der Infektion bestimmt. Abbildung A stellt die Messergebnisse einer primären Immunantwort dar. Der Organismus ist erstmalig mit dem Antigen in Kontakt gekommen. Die blaue Linie in Abbildung B zeigt die Messergebnisse bei einer sekundären Immunantwort. Der Organismus ist zum zweiten Mal mit dem Antigen in Kontakt getreten. Die rote Linie zeigt die Immunantwort bei Kontakt mit einem neuen Antigen.

A1 Beschreiben Sie die dargestellten Messergebnisse!

A2 Deuten Sie den unterschiedlichen Verlauf der Kurven in beiden Abbildungen!

Material B ▸ Antikörpervielfalt durch somatische Rekombination

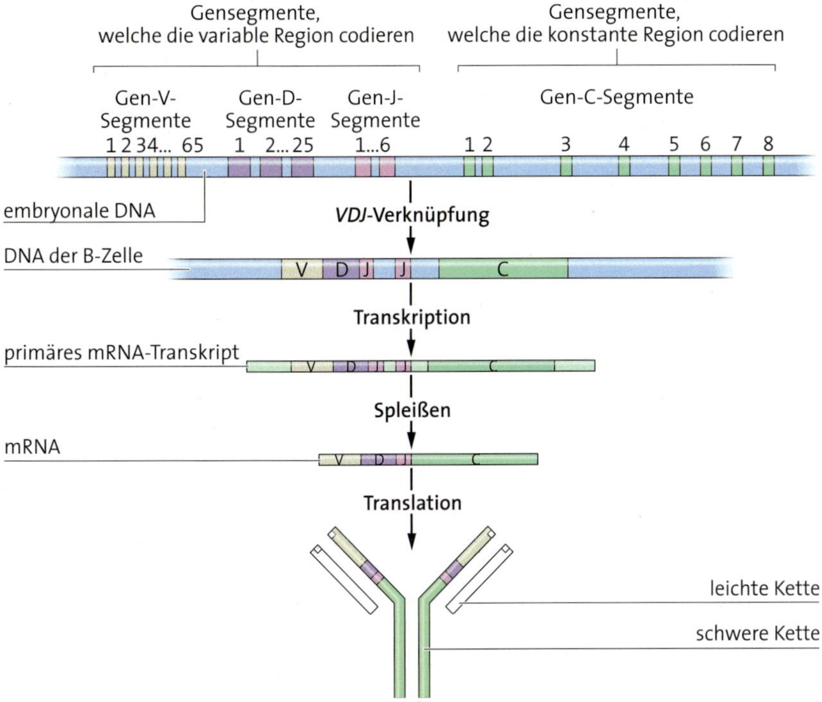

Im Laufe eines Lebens reagiert ein Organismus auf unbekannte Antigene mit der Bildung spezifischer Antikörper. In den 1970er-Jahren konnte nachgewiesen werden, dass die Vielfalt der Antigenbindungsstellen durch Neukombination von Gensegmenten in den B-Zellen, also somatischen Zellen, erfolgt. Der Vorgang wird daher als *somatische Rekombination* bezeichnet. Auf Chromosom 14 liegen die Gensegmente für die Codierung der schweren Peptidketten. Insgesamt 65 V-, 25 D- und 6 J-Gensegmente codieren für die variable Region und 8 C-Gensegmente für die konstante Region. Alle Segmente sind durch Introns voneinander getrennt. Bei der somatischen VDJ-Rekombination werden ein V-, ein D- und ein J-Segment miteinander kombiniert. Nach der Transkription wird die VDJ-Region mit der konstanten Region verknüpft. Die Synthese der leichten Ketten verläuft nach dem gleichen Prinzip, wodurch die Anzahl verschiedener Kombinationsmöglichkeiten zusätzlich erhöht wird. Weiterhin wird die Antikörpervielfalt durch eine hohe Mutationsrate in den Genen für die variable Region vergrößert.

B1 Beschreiben Sie den Ablauf der somatischen Rekombination!

B2 Berechnen Sie die Kombinationsmöglichkeiten bei der Synthese der variablen Region einer schweren Peptidkette!

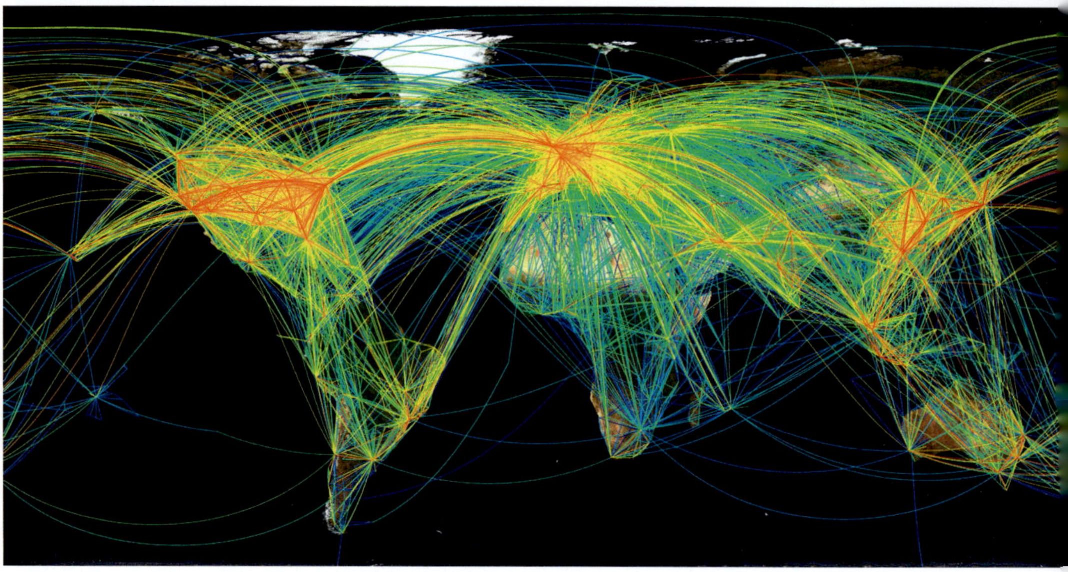

01 Mobilitätsnetzwerke bestimmen die Ausbreitung von Epidemien

Infektionskrankheiten durch Viren

Obwohl Viren jeweils nur bestimmte Körperzellen befallen, ist häufig der gesamte Organismus durch die Krankheitserreger beeinträchtigt. Innerhalb kurzer Zeit können sich die Erreger in einer Population ausbreiten und eine Epidemie auslösen, die sich schon bald nicht mehr lokal eingrenzen lässt. Mithilfe von Mobilitätsnetzwerken, die das Reiseverhalten der Menschheit aufzeigen, versucht man die Expansion von Epidemien vorherzusagen. Welche Eigenschaften von Viren begünstigen ihre Übertragung und ihre Ausbreitung?

INFEKTIONSWEGE · Virusinfektionen können wie auch Bakterieninfektionen auf verschiedenen Wegen erfolgen. Wenn der Krankheitserreger oral aufgenommen wird und über den Darm in den Körper gelangt, zum Beispiel durch verunreinigtes Trinkwasser, liegt eine *enterale* Infektion vor.

Gelangen die Krankheitserreger über Atemwege, Haut, Schleimhaut, Harntrakt oder Geschlechtsorgane in den Körper, so handelt es sich um eine *parenterale* Infektion.

Beispiele hierfür sind durch Niesen oder Händeschütteln übertragene *Tröpfcheninfektionen*, *Kontakt-* oder *Schmierinfektionen* an unsauberen Sanitäranlagen und Türklinken sowie die Aufnahme über Körperflüssigkeiten und *indirekte* Infektionen durch Insektenstiche.

REPRODUKTIONSZYKLUS · Das Genom eines Virus besteht aus DNA oder RNA. Es ist von einer Proteinkapsel, dem Kapsid, und häufig von einer äußeren Hülle aus Lipiden und Proteinen umschlossen. Da Viren keinen eigenen Stoffwechsel haben, sind sie zur Vermehrung auf Wirtszellen angewiesen. Die Wirtszellen weisen bestimmte Oberflächenstrukturen auf, die vom Virus erkannt werden. Glykoproteine der Virushülle binden an diese spezifischen Rezeptoren der Zellmembran der Wirtszelle. Da die verschiedenen Zelltypen des Menschen über unterschiedliche Rezeptoren verfügen, ist jedes Virus auf einen bestimmten Zelltyp als Wirt angewiesen. So infiziert das *Hepatitis-B-Virus* nur die Leberzellen des Menschen und des Schimpansen. Viren sind also nicht nur an spezifische Zelltypen angepasst, sondern auch bezüglich des Organismus wirtsspezifisch.

Nachdem die Virushülle an einen Rezeptor der Wirtszelle gebunden hat, nimmt die Zelle das Virus durch Verschmelzen der Membranen von Virus und Wirtszelle wie beim *Herpes-simplex-Virus* oder durch Endozytose auf. Nun wird das Proteingerüst des Kapsids enzymatisch abgebaut und damit die Virus-DNA freigesetzt. Die RNA-Polymerase der Wirtszelle beginnt mit der Transkription einiger Gene des Virus. Diese Gene werden als *frühe Gene* bezeichnet. Nach der anschließenden Translation der mRNA mithilfe des Syntheseapparats der Wirtszelle entstehen virenspezifische *frühe Proteine*. Diese sind notwendig, um die nun folgende Virusvermehrung zu gewährleisten: Ein Protein verhindert die Transkription der Wirtsgene, ein weiteres Protein stimuliert die DNA-Replikation des Virusgenoms, die bei DNA-Viren im Zellkern der Wirtszelle stattfindet. Ein drittes frühes Protein stimuliert die Transkription der *späten Virusgene*. Sie tragen die Information zur Bildung viraler Kapsidproteine.

Nach Zusammenbau der Virusbestandteile, dem *Virus-Assembly*, werden die Viren freigesetzt. Wenn dies durch Exozytose erfolgt, haben die neu gebildeten Viren eine Hülle, deren Struktur der Wirtsmembran entspricht. Bei anderen Virustypen wird die Zellmembran *lysiert*. Bei beiden Formen geht die Wirtszelle zugrunde. Mit den neu gebildeten Viren beginnt ein neuer Reproduktionszyklus.
Erst nach mehreren Zyklen werden die ersten Krankheitssymptome wahrgenommen. Die Zeit zwischen Infektion und Ausbruch der Krankheit bezeichnet man als *Inkubationszeit*.

EPIDEMIEN · Jeder von einer Viruskrankheit Betroffene trägt aufgrund seiner sozialen Kontakte zur Verbreitung des Virus bei. Zunächst stellte man sich vor, die Ausbreitung einer Virusinfektion erfolge ähnlich dem Prinzip der Diffusion. Später wurde das Reiseverhalten der Menschen berücksichtigt. Man überschätzte aber die Ausbreitungsgeschwindigkeit einer Epidemie, da nur wenige Menschen weite Reisen unternehmen.
Neue mathematische Modelle erfassen das Reiseverhalten einzelner Menschen als individuelles Mobilitätsnetzwerk. Daraus werden Mobilitätsnetzwerke der Gesamtpopulation berechnet. Dabei zeigt sich, dass weniger die Häufigkeit als vielmehr die mittlere Dauer einer Fernreise für die Ausbreitung einer Krankheit relevant ist und damit für die Frage, ob eine Epidemie zu einer globalen **Pandemie** wird.

1 Beschreiben Sie den Reproduktionszyklus eines DNA-Virus!

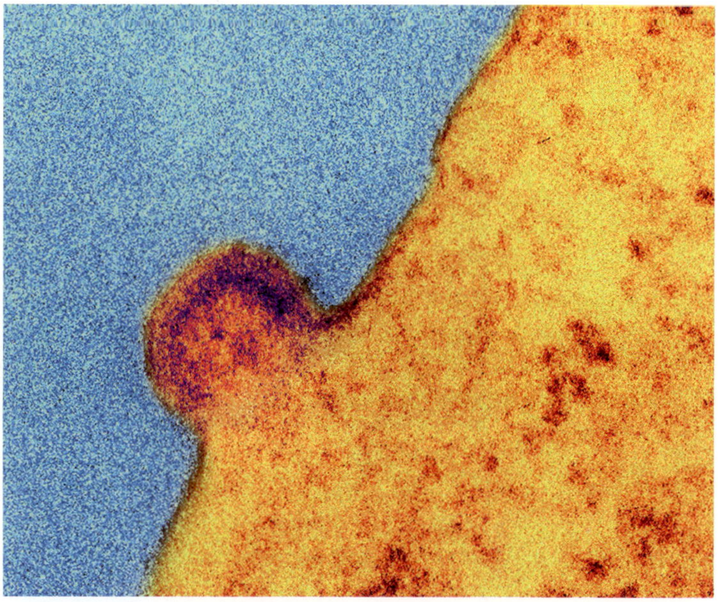

02 Eintritt des Herpes-simplex-Virus in die Zelle durch Verschmelzen der Membranen

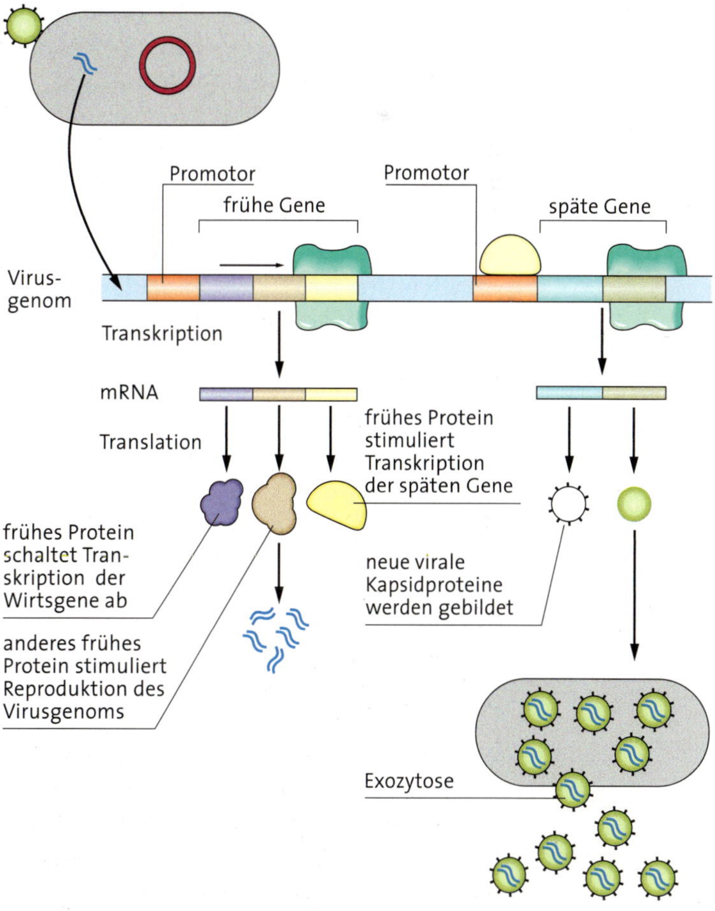

03 Reproduktion von DNA-Viren

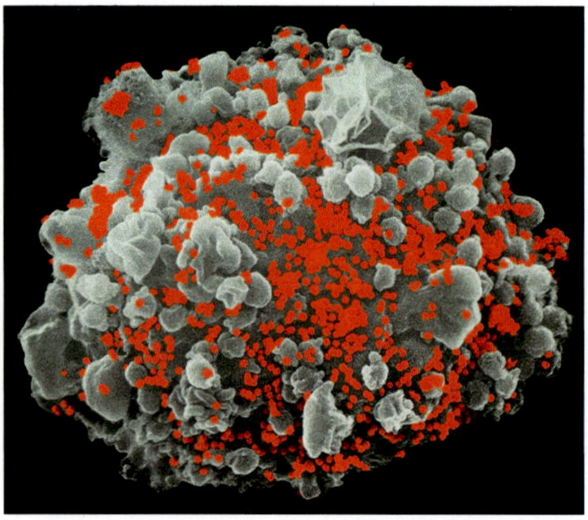

04 T-Zelle mit HI-Viren

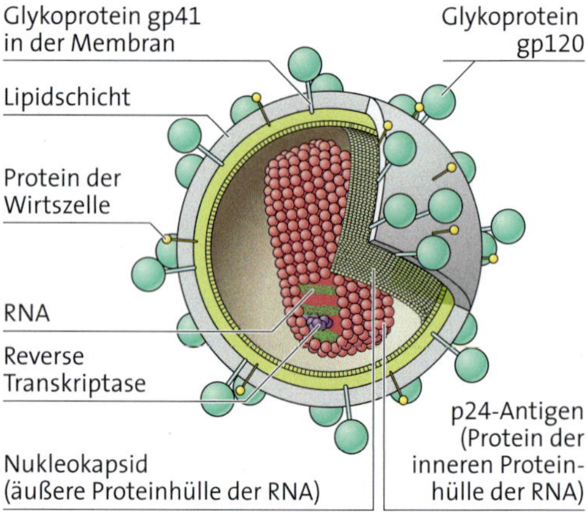

05 Aufbau des HI-Virus

AIDS · Im Jahr 1981 wurde in den USA erstmalig eine erworbene Immunschwächekrankheit diagnostiziert, die als *acquired immuno-deficiency syndrome,* kurz *Aids,* bezeichnet wird und sich sehr schnell weltweit verbreitete. Verursacher der Krankheit ist das *human immuno-deficiency virus,* kurz **HIV,** das durch eine Mutation aus einem ähnlichen, nur für Affen gefährlichen Virus, kurz *SIV,* entstand. Die Übertragung des Virus erfolgt über infizierte Körperflüssigkeiten wie Blut, Sperma und Vaginalsekret. Geschlechtsverkehr ohne Kondom und die Verwendung nicht steriler Spritzen bei Drogenkonsum gelten als häufigste Infektionswege. HIV enthält als genetisches Material eine einzelsträngige RNA, die erst in der Wirtszelle in eine DNA umgeschrieben wird. Man bezeichnet HIV deshalb als **Retrovirus.** HIV kann nur an Wirtszellen binden, die einen *CD4-Rezeptor* auf ihrer Oberfläche tragen. Dies sind vor allem *T-Helferzellen* und *Makrophagen.*

engl. SIV, simian immuno-deficiency virus = affenartiges Immunschwächevirus

opportunistische Infektion = Infektion, die bei Menschen mit normalem Immunsystem nicht zur Erkrankung führt

VERLAUF DER HIV-INFEKTION · Etwa drei bis sechs Wochen nach der Infektion kommt es zu einer *akuten Phase* mit grippeähnlichen Symptomen wie Fieber und Gelenkschmerzen sowie Hautausschlägen. Innerhalb der ersten zwölf Wochen sind keine Antikörper nachweisbar, ein Aidstest bleibt negativ.

Auch ohne Behandlung folgt eine längere Phase ohne akute Beschwerden, die mehrere Jahre andauern kann und als *Latenzzeit* bezeichnet wird. HIV-Infektionen bleiben aufgrund dessen häufig unerkannt. Da sich die Anzahl der T-Zellen stetig verringert, sinkt die Abwehrkraft des Immunsystems kontinuierlich. Nach durchschnittlich zehn Jahren ist die Anzahl der T-Zellen von ursprünglich mehr als 1000 auf etwa 200 pro Mikroliter Blutplasma gesunken. Man spricht von einem *Immundefekt.* Er hat zur Folge, dass der Organismus sich gegenüber anderen Krankheitserregern kaum noch wehren kann. Es kommt zu Lungenentzündungen, Tuberkulose oder dem *Kaposisarkom,* einer Krebserkrankung, die durch ein Herpesvirus ausgelöst wird. Man bezeichnet diese Infektionen und Tumore als **opportunistische Infektionen.** Der Betroffene hat Aids. Ohne aufwendige Behandlung führt Aids rasch zum Tod.

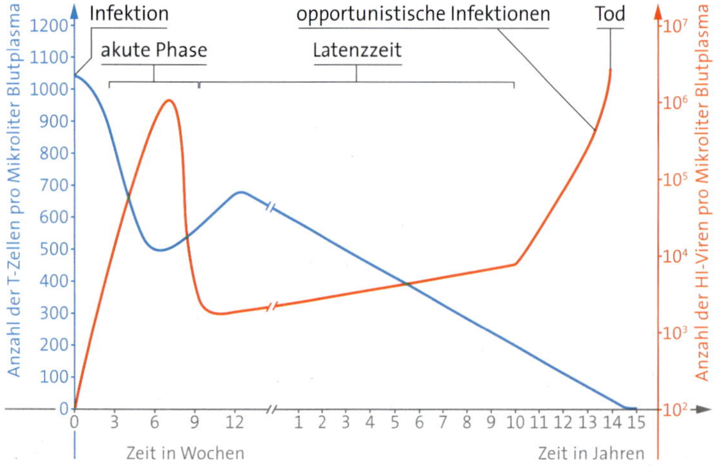

06 Verlauf einer HIV-Infektion

2 Erläutern Sie den Verlauf einer HIV-Infektion unter Berücksichtigung der Abbildung 06!

Material A ▸ Reproduktion und Bekämpfung von HIV

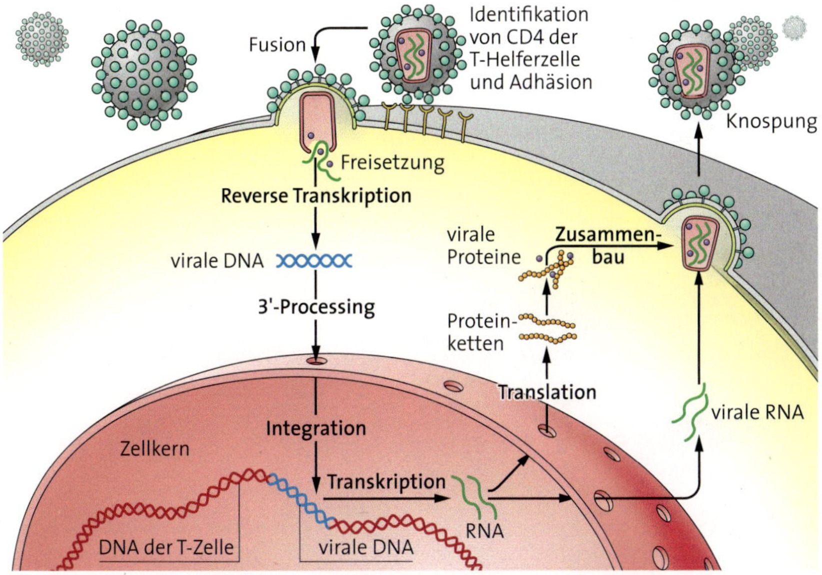

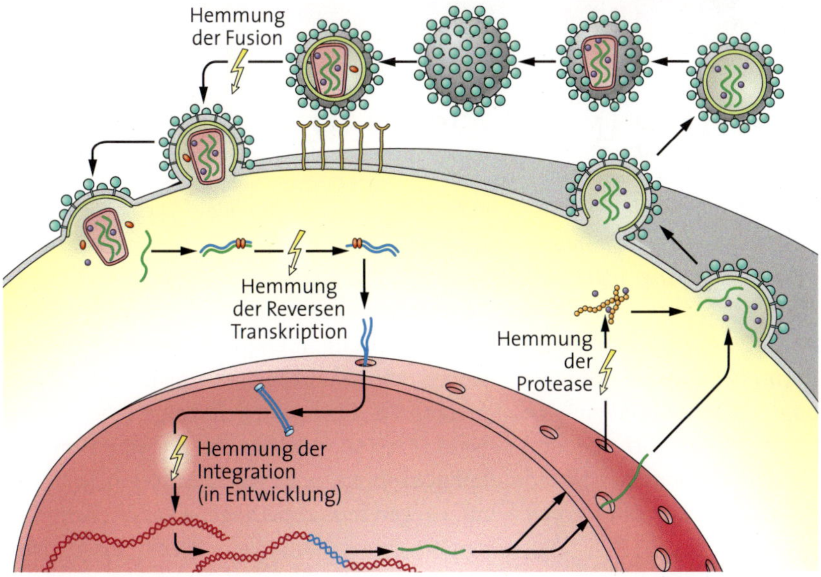

Das HI-Virus heftet sich mit seinem Hüllprotein gp120 an den CD4-Rezeptor der Wirtzelle. Hierzu benötigt das Virus ein zweites Protein, gp41. Anschließend erfolgt die Fusion der Virushülle mit der Zellmembran. Nach der Fusion wird das Kapsid des Virus abgebaut und die Virus-RNA freigesetzt. Mithilfe des viruseigenen Enzyms *Reverse Transkriptase* wird aus der einsträngigen Virus-RNA eine doppelsträngige DNA hergestellt.

Diese DNA wandert in den Zellkern und wird dort durch das Enzym Integrase in das zelleigene Genom eingebaut. Den nun erreichten Zustand bezeichnet man als *Provirus*. Das genetische Material des Virus nutzt den Proteinsyntheseapparat der Zelle und steuert die für seine Vermehrung notwendigen Prozesse. Nach Aktivierung des Provirus erfolgt die Transkription der Provirus-DNA zur Virus-RNA. Sie ist die Vorlage für die Produktion von Proteinketten.

Mithilfe einer *viralen Protease* werden die Kapsidproteine aus den Proteinketten ausgeschnitten. Nach Zusammenbau der Virusbestandteile erfolgt abschließend die Abschnürung der fertigen Viren von der Plasmamembran. Man schätzt, dass eine infizierte Zelle etwa 200 Viren produziert.

Moderne Therapien haben geringe Nebenwirkungen und erlauben HIV-positiven Menschen ein nahezu beschwerdefreies Leben. Die Therapien berücksichtigen verschiedene Angriffspunkte im Vermehrungszyklus des HI-Virus. Die Patienten erhalten unterschiedliche Kombinationen der verschiedenen Wirkstoffe. In Deutschland wurden die Kosten der Therapie im Jahr 2011 auf mehr als 25 000 Euro pro Person und Jahr geschätzt.

Ein gegen HIV eingesetztes Medikament hemmt die Funktion von gp41. Ein anderer Wirkstoff blockiert das Enzym Reverse Transkriptase. Mit leicht veränderten Nukleosiden, kurz Nukes, lässt sich die Funktion des Enzyms Reverse Transkriptase beeinflussen, indem ein Kettenabbruch induziert wird. Eine weitere in der Therapie eingesetze Wirkstoffgruppe wird als *Proteasehemmer* bezeichnet. Noch in der medizinischen Erforschung ist die Entwicklung von *Integrasehemmern*.

A1 Erläutern Sie die Besonderheiten des Vermehrungszyklus von HIV im Vergleich zu DNA-Viren!

A2 Erklären Sie, in welcher Weise die verschiedenen Wirkstoffe die Reproduktion von HIV beeinflussen!

A3 In einigen reichen Industrieländern wird diskutiert, HIV-Medikamente von Risikogruppen vorbeugend einnehmen zu lassen. Beurteilen Sie diesen Vorschlag!

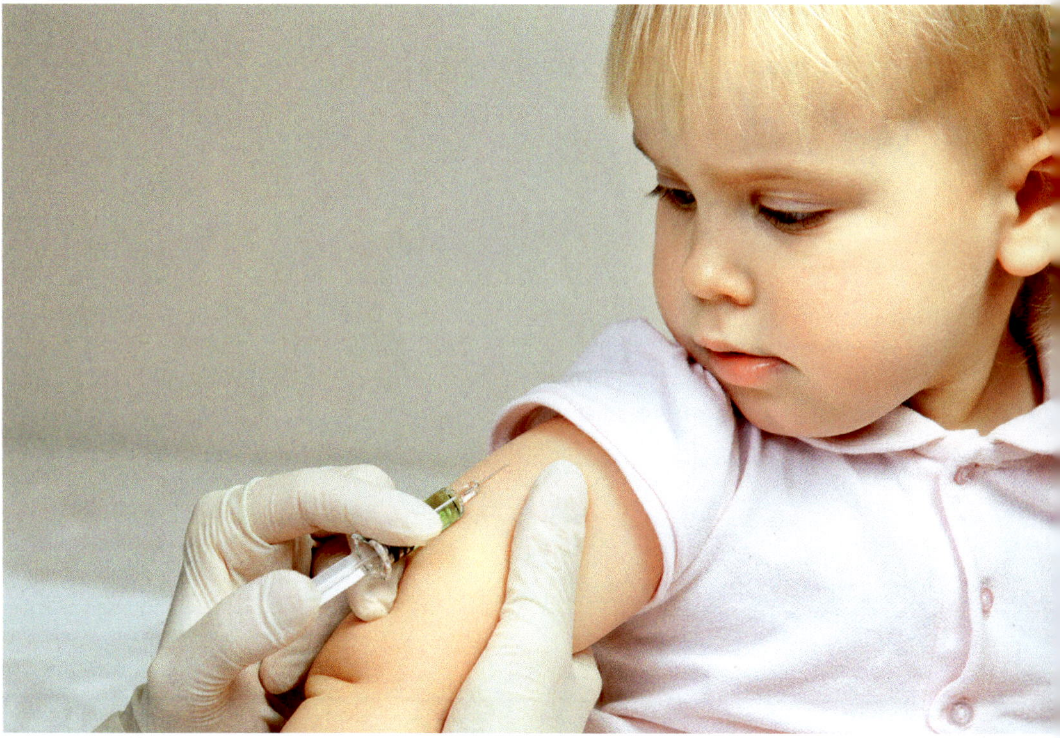

01 Impfung eines Kleinkindes

Immunisierung und Desensibilisierung

Bereits mit dem vollendeten zweiten Lebensmonat wird bei vielen Babys die erste Impfung gegen bis zu sieben verschiedene Infektionskrankheiten durchgeführt. Dies entspricht den Empfehlungen der „Ständigen Impfkommission" des Robert-Koch-Instituts. Spätestens bis zum 23. Lebensmonat sollte die Grundimmunisierung vollendet sein. Wie lässt sich erklären, dass der Ausbruch vieler Infektionskrankheiten durch rechtzeitiges Impfen verhindert werden kann?

griech. pathogen = krankheitserregend

lat. vacca = Kuh

Robert KOCH 1843–1910

Louis PASTEUR 1822–1895

engl. WHO = World Health Organization

VAKZINATION · Die Menschheit war lange Zeit gegen Seuchen durch Infektionskrankheiten machtlos. Insbesondere Pockenepidemien waren wegen ihrer hohen Todesrate in der Bevölkerung gefürchtet.

Erste Vorläufer von Impfungen gab es wahrscheinlich schon vor ungefähr 2000 Jahren in Indien. Dort wurde der Inhalt von Pockenbläschen in die Haut gesunder Menschen geritzt. In der ländlichen Bevölkerung des osmanischen Reiches gab es den Brauch, Kinder mit dem Sekret von Menschen, die leicht an Pocken erkrankt waren, zu behandeln. Dies beobachtete im Jahr 1716 Lady Montagu, die Frau des englischen Botschafters in Konstantinopel. Auf ihre Anregung wurde im 18. Jahrhundert diese Pockenimpfung in England verbreitet. Sie war jedoch riskant und deshalb umstritten.

Im Jahr 1796 beobachtete der englische Arzt Edward JENNER, dass Mägde, die an harmlosen Kuhpocken erkrankt waren, anschließend immun gegen humanpathogene Pocken waren. Er verabreichte daraufhin einem achtjährigen Jungen das Sekret einer an Kuhpocken Erkrankten unter die Haut des Arms. Sechs Wochen später infizierte JENNER den Jungen mit den echten Pocken. Der Junge blieb gesund. JENNER nannte seine Methode *Vakzination*. Impfstoffe werden seitdem auch als Vakzine bezeichnet.

Der deutsche Mediziner Robert KOCH und der französische Chemiker Louis PASTEUR begründeten im 19. Jahrhundert unabhängig voneinander die gezielte wissenschaftliche Erforschung der Infektionskrankheiten und die Entwicklung von Impfstoffen. Im Jahr 1980 verkündete die WHO, dass die Pocken weltweit ausgerottet seien.

AKTIVE IMMUNISIERUNG · Menschen, die eine Infektionskrankheit wie die Pocken überlebt haben, sind anschließend immun gegen diese Krankheit. Auch wer die Masern, Windpocken oder Röteln überstanden hat, ist gegen eine erneute Infektion geschützt. Der Kontakt mit dem Krankheitserreger führt dazu, dass erregerspezifische Gedächtniszellen gebildet werden. Bei einem zweiten Kontakt stehen deshalb sofort die Abwehrzellen und Antikörper gegen den Erreger zur Verfügung. Man hat eine *natürlich erworbene aktive Immunität.*

Bei der Schutzimpfung macht man sich die Immunantwort des Organismus zunutze. Abgeschwächte Viren oder Bakterien, die keine Erkrankung auslösen, sich aber noch vermehren können, werden als *Lebendimpfstoffe* bezeichnet. Humorale und zelluläre Immunantwort auf den Impfstoff führen zu einer lebenslangen Immunität. Gegen Masern, Mumps, Röteln und Kinderlähmung werden beispielsweise Lebendimpfstoffe eingesetzt.

Andere Impfstoffe enthalten abgetötete Viren oder Bakterien, die sich im Körper nicht weiter vermehren können, oder unschädlich gemachte Toxine von Krankheitserregern. Sie werden als *Todimpfstoffe* bezeichnet. Da sie dennoch wie das spezifische Antigen wirken, lösen sie eine Immunantwort aus. Diese Impfstoffe sind weniger effektiv als Lebendimpfstoffe. Außerdem hält die zelluläre Immunantwort nicht dauerhaft an, die Impfung muss in regelmäßigen Abständen wiederholt werden. Beispiele hierfür sind Tetanus-, Influenza- und Hepatitisimpfungen.

Ein Vorteil der Todimpfstoffe ist die bessere Verträglichkeit im Vergleich zu Lebendimpfstoffen. Außerdem besteht bei Lebendimpfungen ein höheres Risiko, dass es zu einer abgemilderten Form der Infektionskrankheit kommt. Während einer Schwangerschaft sollten deshalb keine Lebendimpfungen vorgenommen werden. Da die Immunisierung durch Impfung erfolgt, handelt es sich um eine *künstliche aktive Immunisierung.*

PASSIVE IMMUNISIERUNG · Häufig kommt es zu einer Infektion durch einen Krankheitserreger, für den kein Impfschutz besteht. Dies gilt auch für die Toxine eines Schlangenbisses. Für eine aktive Immunisierung ist es zu spät, da deren Schutzwirkung erst nach einigen Wochen einsetzen würde. Einen sofortigen Impfschutz als Notfallmaßnahme erreicht man hingegen durch Injektion von Antikörpern, die aus dem Serum eines aktiv immunisierten Menschen oder Tieres gewonnen wurden. Das eigene Immunsystem ist nicht an der Abwehr beteiligt, es handelt sich deshalb um eine *passive Immunisierung.* Da keine Gedächtniszellen gebildet werden, ist der Impfschutz auf wenige Monate begrenzt, bis die Antikörper abgebaut sind.

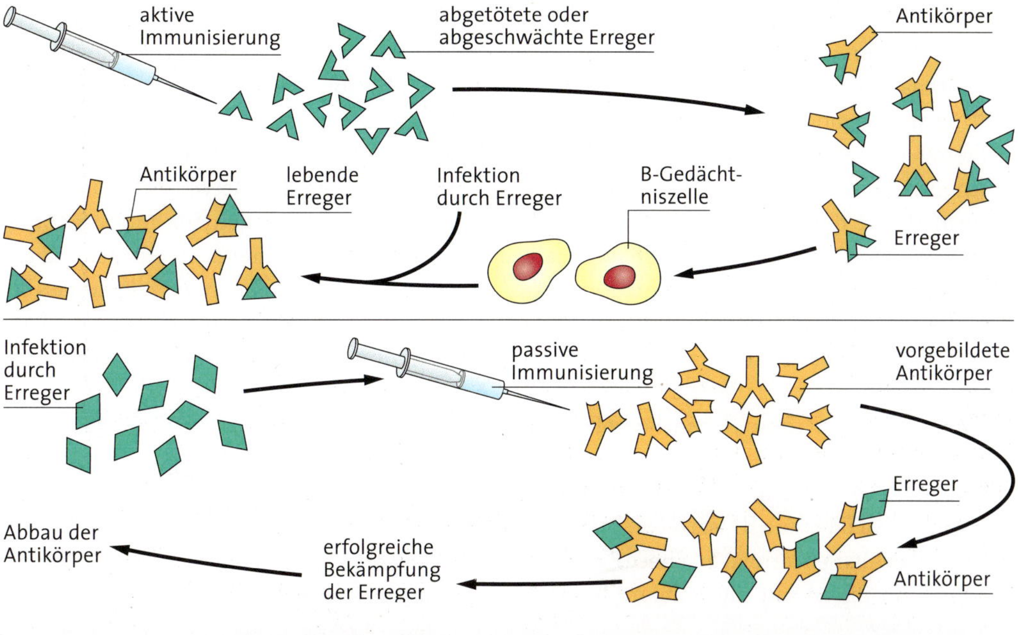

02 Aktive und passive Immunsisierung

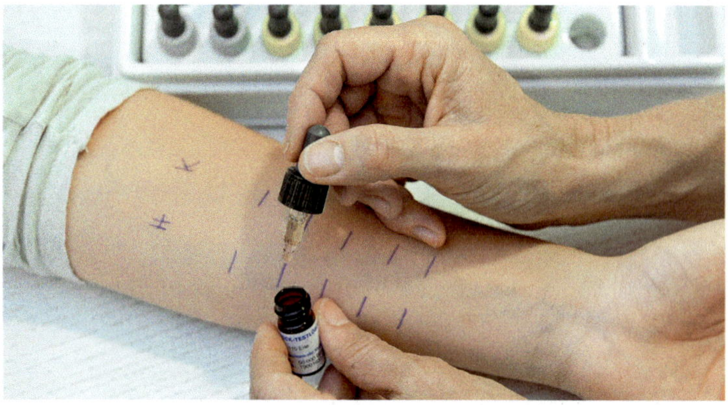

03 Allergietest

TLR2-Rezeptoren = „toll-like"-Rezeptoren der Klasse 2

ALLERGIEN · Heuschnupfen, Asthma und Ekzeme als Reaktionen des Körpers auf Umwelteinflüsse haben in den letzten Jahrzehnten erheblich zugenommen. Es wird geschätzt, dass 30 bis 40 Prozent der Weltbevölkerung von Allergien betroffen sind. Oft lösen Pollen, Hausstaub oder Tierhaare Allergien aus. Sie werden deshalb als **Allergene** bezeichnet. Das Immunsystem wird gegen die darin enthaltenen fremden Proteine sensibilisiert, wenn sie über die Schleimhäute oder die Haut in den Körper gelangen. Besondere T-Helferzellen vom Typ 2 senden nach Kontakt mit dem Allergen Zytokine aus. B-Zellen, die mit dem Allergen in Berührung kommen, werden durch die Zytokine angeregt, Immunglobuline des Typs IgE gegen das Allergen zu produzieren. Diese Immunglobuline heften sich an die Oberfläche von basophilen Zellen im Blut und an Mastzellen in den Schleimhäuten. Damit ist die *Sensibilisierung* vollzogen. Bei einem wiederholten Kontakt der Schleimhaut mit dem Allergen reagiert das sensibilisierte Abwehrsystem sofort: Die Allergene binden an die Antikörper auf den Mastzellen. Diese schütten Histamin aus und innerhalb von Sekunden setzt eine starke Entzündungsreaktion ein. Die Histaminausschüttung kann zur Folge haben, dass sich die peripheren Blutgefäße weiten und damit der Blutdruck schnell abfällt. Dies führt zum lebensbedrohlichen *anaphylaktischen Schock*.

Eine andere Form der Immunreaktion kommt bei Kosmetika oder Kunstfasern vor. Die Reaktion auf das Allergen erfolgt erst nach Tagen bis Wochen. An ihr ist nur die zelluläre Immunabwehr mit T-Zellen und Makrophagen beteiligt. Sie führt häufig zu Ekzemen.

Die Ursachen für zunehmende Allergien sind noch nicht eindeutig geklärt. Man vermutet einen Zusammenhang mit den verbesserten hygienischen Bedingungen. So stellte man fest, dass Kinder, die auf Bauernhöfen aufwachsen, selten an Allergien leiden. Ihre Immunzellen verfügen aufgrund des Kontakts zu Tieren über mehr TLR2-Rezeptoren, die das angeborene Immunsystem aktivieren. In Schwellenländern stieg mit der Ausrottung von Wurmkrankheiten die Anzahl der Allergiker. Man wies nach, dass auch Wurmparasiten die Immunzellen dazu anregen, zusätzliche Rezeptoren zu bilden, die das Immunsystem stärken.

DESENSIBILISIERUNG · Zur Bestimmung eines unbekannten Allergens werden verschiedene in Verdacht kommende Substanzen auf die Haut aufgetragen. Eine Hautrötung oder Quaddelbildung zeigt das Allergen an. Nach der Diagnose wird der allergieauslösende Stoff dem Patienten über einen längeren Zeitraum mit steigender Dosierung injiziert. Dadurch wird die Bildung von Antikörpern des Typs IgG angeregt und die allergische Reaktion zurückgedrängt. Dies nennt man *Desensibilisierung*.

AUTOIMMUNKRANKHEITEN · Manchmal greift das Immunsystem körpereigene Zellen an. Bei *Gelenkrheuma* dringen T-Zellen in die Gelenke ein und rufen dort eine Entzündung hervor. Multiple Sklerose wird durch T- und B-Zellen hervorgerufen, die die Myelinscheiden von Nervenfasern angreifen und dadurch die Erregungsleitung der Nerven behindern oder blockieren. Die Ursachen für Autoimmunerkrankungen sind immer noch weitgehend unbekannt. Stammbaumanalysen zeigen, dass ein genetischer Zusammenhang besteht, da manche Autoimmunkrankheiten in bestimmten Familien gehäuft auftreten.

1 Erläutern Sie die Unterschiede zwischen aktiver und passiver Immunisierung!

2 Beschreiben Sie den Verlauf einer allergischen Reaktion!

Material A ▸ Tollwut

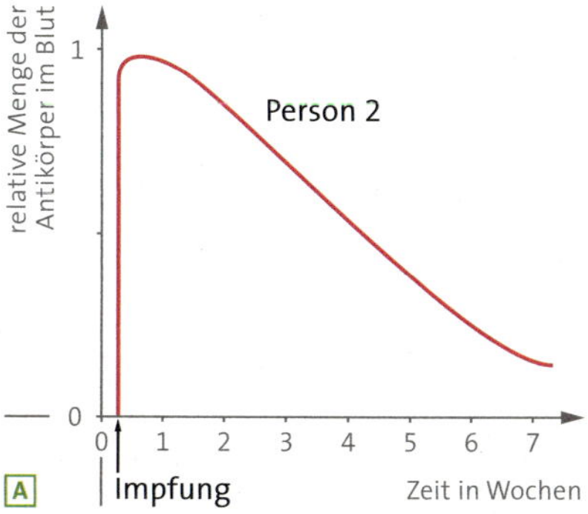

A

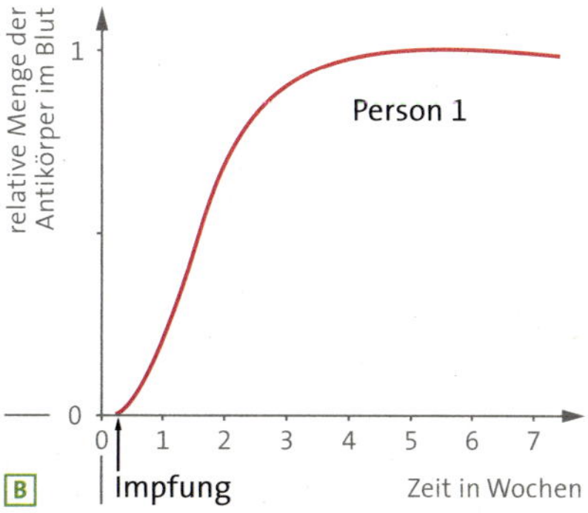

B

Tollwut ist eine Infektionskrankheit, die meist von Hunden oder Fledermäusen übertragen wird. Das die Krankheit auslösende Virus wandert nach einem Biss innerhalb von drei Tagen über das Nervensystem ins Gehirn und verursacht eine meist tödlich verlaufende Gehirnentzündung. Wenn durch den Biss ein Blutgefäß verletzt wird, wird das Gehirn innerhalb weniger Stunden befallen. Die Inkubationszeit beträgt meist ein bis drei Monate.

Deutschland ist seit 2008 tollwutfrei. In vielen tropischen Ländern besteht jedoch ein hohes Infektionsrisiko durch herumstreunende Hunde. Eine vorbeugende Impfung mit abgetöteten Viren ist möglich.

Nach einem Biss durch ein tollwutverdächtiges Tier muss innerhalb weniger Stunden ein Impfstoff verabreicht werden. Das Serum besteht aus einem Passiv- und einem Aktivimpfstoff.

A1 Beschreiben und erläutern Sie den Verlauf der Antikörperkonzentrationen in Abbildung A und B!

A2 Stellen Sie den Verlauf der Antikörperkonzentration nach einer Tollwutimpfung grafisch dar!

A3 Erklären Sie, weshalb nach einem Biss durch ein tollwutverdächtiges Tier eine passive und eine aktive Immunisierung gleichzeitig durchführt werden!

Material B ▸ Diabetes – die Zuckerkrankheit

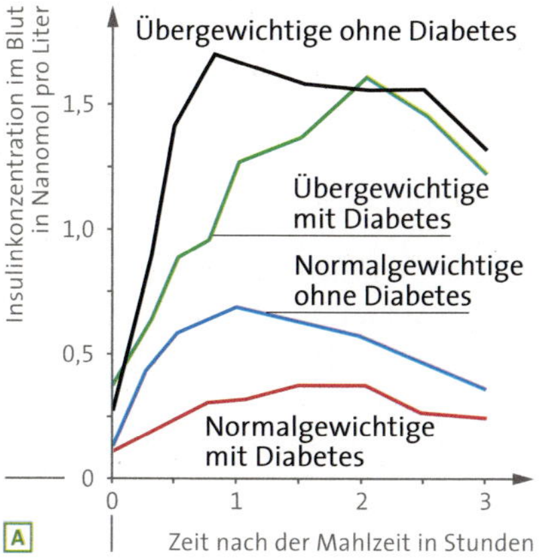

A

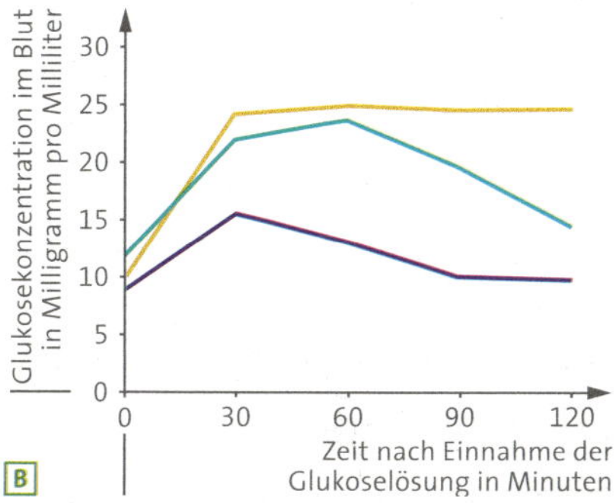

B

Bei der Verdauung von Kohlenhydraten wird die freigesetzte Glukose in die Blutbahn abgegeben. Zur Aufnahme der Glukose durch die Körperzellen wird Insulin benötigt, das in den Inselzellen der Bauchspeicheldrüse produziert wird.

Wenn T- und B-Zellen des Immunsystems die Inselzellen angreifen, sind diese nicht mehr in der Lage, Insulin zu produzieren. Dies führt zur Autoimmunerkrankung Diabetes mellitus Typ 1. Diabetiker müssen sich das fehlende Insulin zu jeder Mahlzeit injizieren.

Starkes Übergewicht gilt als Hauptursache für eine andere Form der Zuckerkrankheit: Diabetes mellitus Typ 2. Bei diesen Patienten entwickelt sich eine Insulinresistenz. Die Zellen nehmen trotz des Insulins keine Glukose aus dem Blut auf. Zunächst reagiert der Organismus mit einer gesteigerten Insulinproduktion. Im Verlauf der Krankheit kann es zu einer Erschöpfung der Insulin produzierenden Zellen kommen.

Zur Diagnose einer Diabetes Typ 2 wird ein oraler Glukosetoleranztest durchgeführt. Die Testperson trinkt eine konzentrierte Glukoselösung. Anschließend wird die Glukosekonzentration im Blut gemessen.

B1 Beschreiben Sie den zeitlichen Verlauf der in Abbildung A dargestellten Insulinkonzentrationen!

B2 Deuten Sie die Kurvenverläufe!

B3 Bei drei Personen wird ein Glukosetoleranztest durchgeführt. Ordnen Sie die Kurven in Abbildung B einem Diabetiker Typ 2, einem gefährdeten und einem gesunden Menschen zu! Begründen Sie Ihre Zuordnung!

Training A ▸ Bluttest statt Fruchtwasseruntersuchung

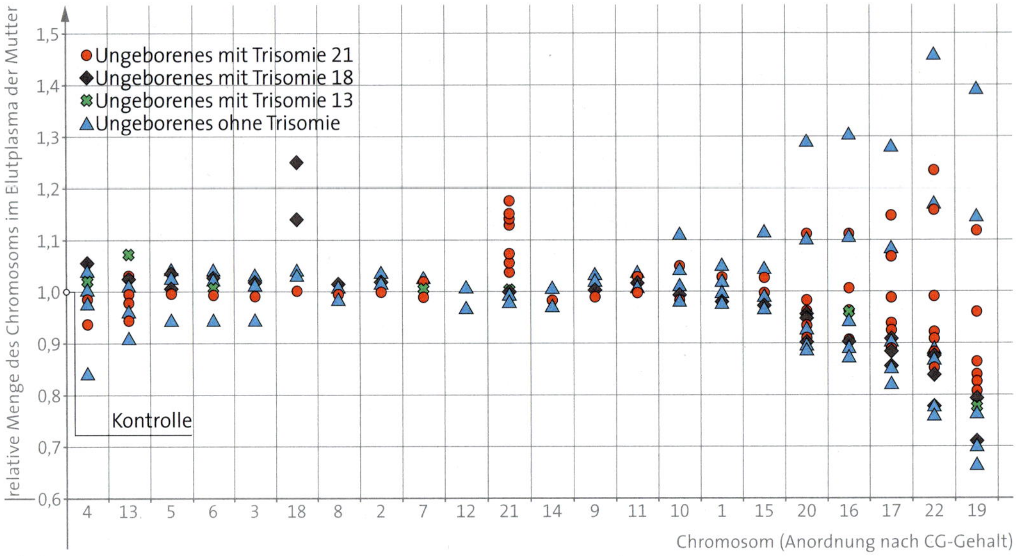

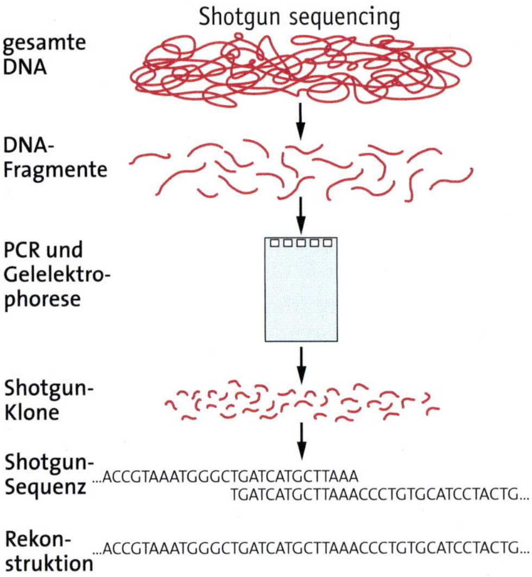

Um beim Embryo in der frühen Schwangerschaft eine Trisomie feststellen zu können, war es bisher notwendig, eine Amniozentese oder eine Chorionzottenbiopsie durchzuführen. Eine neue Methode erlaubt den Nachweis von Trisomien anhand eines Bluttests der Mutter.

Im Blutserum der Mutter befinden sich geringe Mengen fetaler DNA. Durch moderne Sequenzierungstechniken ist es möglich, diese nicht zelluläre DNA den jeweiligen Chromosomen zuzuordnen. Hierbei bedient man sich einer Methode, die als „Shotgun Sequencing" oder Schrotschuss-Methode bezeichnet wird. Dabei wird die DNA zunächst in kurze Fragmente von etwa 1000 Nukleotiden zerteilt. Da von jedem Chromosom viele Exemplare vorliegen, entstehen auch Fragmente, die sich teilweise überlappen. Nach PCR und Gelelektrophorese kann aus den sich überlappenden Fragmenten in einem weiteren Schritt die Gesamtsequenz der DNA rekonstruiert werden. Für die Blutuntersuchung reicht es aus, DNA-Sequenzen von ungefähr 150 000 Basenpaaren zu rekonstruieren.

Die Chromosomen werden in Abhängigkeit des CG-Anteils angeordnet. Für die Rekonstruktion der DNA ist es nicht notwendig, Unterschiede zwischen der fetalen und der mütterlichen DNA zu bestimmen. Es reicht aus, die relative Menge der Chromosomen mit einer Blutprobe ohne Trisomie zu vergleichen.

a Beschreiben Sie die Durchführung des Shotgun Sequencing bei der Pränataldiagnostik!

b Erklären Sie anhand des Vergleichs der relativen DNA-Mengen, weshalb die Blutuntersuchung nur zum Nachweis der Trisomien 13, 18 und 21 geeignet ist!

c Bewerten Sie diese Methode der Pränataldiagnostik!

Training B ▸ CCR5-Rezeptor und HIV

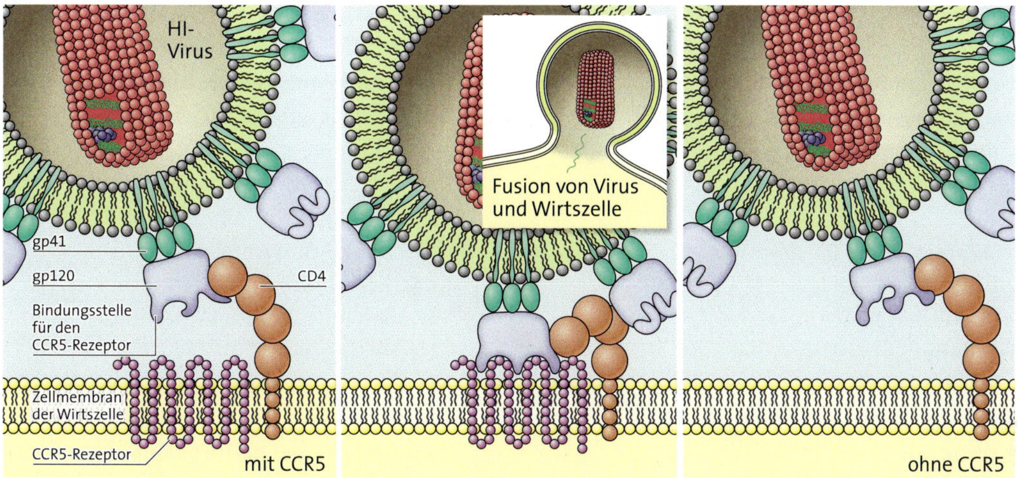

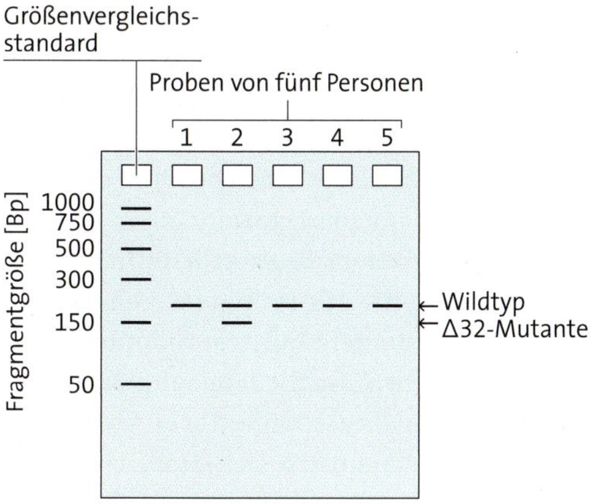

Gelelektrophorese

	768								
WT CCR5	5'-ACC	TGC	AGC	TCT	CAT	TTT	CCA	TAC	AGT
MT CCR5	*5'-ACC*	*TGC*	*AGC*	*TCT*	*CAT*	*TTT*	*CCA*	*TAC*	*A ..*
WT CCR5	CAG	TAT	CAA	TTC	TGG	AAG	AAT	TTC	CAG
MT CCR5	...	...	...	...	...	...	...	...	...
WT CCR5	ACA	TTA	AAG	ATA	GTC	ATC	TTG	GGG	CTG
MT CCR5	...	*TTA*	*AAG*	*ATA*	*GTC*	*ATC*	*TTG*	*GGG*	*CTG*
WT CCR5	GTC	CTG	CCG	GTC	CTT	GTC	ATC	GTC	ATC
MT CCR5	*GTC*	*CTG*	*CCG*	*CTG*	*CTT*	*GTC*	*ATC*	*GTC*	*ATC*
WT CCR5	TGC	TAC	TCG	GGA	ATC -3'				
MT CCR5	*TGC*	*TAC*	*TCG*	*GGA*	*ATC -3'*				
					890				

Ausschnitt der DNA-Sequenzen von Wildtyp (WT) und Δ32-Mutante (MT)

In den 1990er-Jahren beobachteten Aidsforscher, dass sich einige Menschen trotz wiederholten ungeschützten Geschlechtsverkehrs mit HIV-positiven Partnern nicht infizierten. Man stellte die Hypothese auf, dass die Wirtszellen dieser Personen besondere Merkmale zeigen könnten, die sie gegen das HI-Virus immunisieren. Zur Überprüfung dieser Hypothese untersuchten die Wissenschaftler die codierenden DNA-Sequenzen für die beiden Membranrezeptoren CD4 und CCR5. Hierzu isolierten sie das Genom von T4-Zellen aus dem Blut der geschützten Menschen im Vergleich zum Wildtyp. Mithilfe von Restriktionsenzymen wurden die DNA-Sequenzen herausgeschnitten, mittels PCR vervielfältigt und anhand der Gelelektrophorese getrennt.

a Beschreiben Sie die Auswirkung des fehlenden CCR5-Rezeptors auf die Wirtszelle!

b Erklären Sie anhand der DNA-Sequenzen das Bandenmuster der Gelelektrophorese von Wildtyp und Δ32-Mutante! Begründen Sie, ob die Δ32-Mutation homozygot oder heterozygot vorliegt!

c Begründen Sie, welchen Genotyp ein Mensch haben muss, der gegen HIV immun ist!

d Stellen Sie den Weg des naturwissenschaftlichen Erkenntnisprozesses der Aidsforscher dar!

Grundlagen der Humangenetik

Stammbaumanalyse: Methode der Humangenetik, bei der mehrere Generationen einer Familie hinsichtlich eines Merkmals untersucht werden.

Unvollständige Penetranz: Ein dominantes Allel wird nicht von jedem Träger ausgeprägt.

Variable Expressivität: Ein dominantes Allel wird von verschiedenen Trägern in unterschiedlicher Weise ausgeprägt.

Multiple Allelie: Es existieren mehr als zwei Allele für denselben Genlocus. Dies gilt beispielsweise für das AB0-System der Blutgruppen.

Genomische Prägung: Der unterschiedliche elterliche Ursprung der genetischen Information führt zu verschiedenen Phänotypen. Die Neumethylierung des Genoms nach der Befruchtung wird ebenfalls als genomische Prägung bezeichnet.

Polygenie: Mehrere Gene bestimmen die Variabilität des Phänotyps, beispielsweise der Hautfarbe.

Additive Polygenie: Mehrere Gene ergänzen sich in der Ausprägung eines Phänotyps.

Konkordanz: Gleichartigkeit hinsichtlich der Ausprägung eines Merkmals bei Zwillingen.

Präzygotische Einflüsse: Umwelteinflüsse während der sensiblen Phase der Geschlechtszellreifung der Eltern wirken auf die Entwicklung späterer Kinder.

Postzygotische Einflüsse: epigenetischer Einfluss der Lebensweise der Mutter während einer Schwangerschaft auf die genomische Prägung des Embryos.

Zielgerichtete Genetik: gezielte Bestimmung eines Gens und seiner Genprodukte.

Gen-Knockout: gezieltes Ausschalten eines Gens im Organismus zur Überprüfung seiner Funktion im Stoffwechsel.

Gentherapie: Einschleusen bestimmter Gene zur Heilung erkrankten Gewebes mithilfe eines Vektors.

Fluoreszenz-in-situ-Hybridisierung, FisH: Das Genprodukt mRNA wird durch Markierung mit einem Fluoreszenzfarbstoff sichtbar gemacht.

Genexpressionsmuster: mit der FisH-Methode mikroskopisch sichtbar gemachte Genprodukte.

Immunfluoreszenzfärbung: Sichtbarmachung von Proteinen durch Färbung mit markierten Antikörpern.

Künstliche Insemination: Spermienzellen werden mithilfe eines Katheters in den Eileiter injiziert.

In-vitro-Fertilisation: Spermienzellen und Eizelle werden außerhalb des Körpers in einer Kulturlösung miteinander vermischt.

Intrazytoplasmatische Spermieninjektion, ICSI: Injektion einer Spermienzelle in die Eizelle mithilfe eines Mikromanipulators.

Testikuläre Spermienextraktion, TESE: Spermienzellen werden operativ durch eine Hodenbiopsie gewonnen.

Präimplantationsdiagnostik, PID: Nach einer In-vitro-Fertilisation werden dem Embryo mehrere Zellen entnommen und untersucht. Anschließend wird der Embryo in die Gebärmutter eingesetzt.

Polkörperdiagnostik: Der Eizelle werden nach einer ICSI ein oder zwei Polkörper entnommen und deren Chromosomenanzahl untersucht.

Gentechnik beim Menschen

Adulte Stammzellen: Zellen, die sich ständig teilen und für die Erneuerung abgestorbener Zellen wie Haut-, Schleimhaut- und Blutzellen zuständig sind. Man bezeichnet sie als multipotent, weil sie nur bestimmte Gewebetypen bilden können.

Embryonale Stammzellen: Sie befinden sich im Inneren der Blastozyste. Man bezeichnet sie als pluripotent, da sie sich zu jedem Zelltyp des Organismus entwickeln können.

Induzierte pluripotente Stammzellen, IPS-Zellen: reprogrammierte adulte Gewebezellen, die sich ähnlich wie embryonale Stammzellen verhalten.

Therapeutisches Klonen: Verfahren zur Gewinnung von immunkompatiblem Gewebe. Hierzu werden embryonale Stammzellen aus einem adulten Zellkern gewonnen, den man in eine entkernte Eizelle einsetzt.

Onkologie: Gebiet der Medizin, das sich mit der Entstehung und den Heilungsmöglichkeiten von Krebs beschäftigt.

Biotherapie: Krebstherapie mithilfe von körpereigenen Botenstoffen.

Chemotherapie: Krebstherapie mithilfe von Giftstoffen, die den Zellzyklus oder die Mitose blockieren.

Zytostatika: Medikamente, die in der Chemotherapie eingesetzt werden, um die Teilung der Tumorzellen zu verhindern.

Zielgerichtete Therapie: Einsatz von spezifischen Medikamenten in der Krebstherapie. Sie wirken an krebstypischen Stoffwechselwegen und haben deshalb geringere Nebenwirkungen als Zytostatika.

Immunbiologie

Unspezifische Immunabwehr: angeborenes Abwehrsystem gegen Krankheitserreger und Giftstoffe.

Antigene: Fremdstoffe wie Krankheitserreger und Gifte, die in den Körper gelangen.

Spezifische Immunabwehr: erworbene Fähigkeit des Immunsystems, sich bei einem wiederholten Kontakt gegen den spezifischen Krankheitserreger zu wehren.

Humorale Immunreaktion: auf der Bildung von im Blut und in der Lymphe löslichen Antikörpern basierende Abwehr von Krankheitserregern.

Zelluläre Immunreaktion: Immunreaktion unter Beteiligung spezifischer Abwehrzellen wie T-Zellen und Makrophagen.

T-Zellen: weiße Blutzellen, die Krankheitserreger oder Antigene über einen spezifischen Rezeptor erkennen.

Gedächtniszellen: spezielle weiße Blutzellen. Sie entwickeln sich nach einer Infektion oder aktiven Immunisierung aus einem Zellklon der B-Zellen und bewirken eine schnelle Immunantwort bei erneutem Kontakt mit einem Antigen.

Mastzellen: weiße Blutzellen, die Botenstoffe wie Histamin speichern und bei einer Immunreaktion oder allergischen Reaktion ausschütten.

Inkubationszeit: Zeitraum zwischen der Infektion mit einem Krankheitserreger und dem Ausbruch einer Infektionskrankheit.

Epidemie: zeitliche Häufung einer Infektionskrankheit in einem Verbreitungsgebiet.

Pandemie: Eine Infektionskrankheit ist nicht mehr räumlich beschränkt, sondern breitet sich über Länder und Kontinente aus.

Retroviren: Viren, deren Genom aus einem RNA-Strang besteht, wie das HI-Virus. Der RNA-Strang muss in der Wirtszelle in eine DNA-Kopie umgeschrieben werden. Dies geschieht mithilfe des Enzyms Reverse Transkriptase.

Opportunistische Infektionen: Nach einer HIV-Infektion kommt es zu einem Immundefekt. Dies hat bei Betroffenen zur Folge, dass andere Krankheitserreger Infektionen wie Lungenentzündung oder Tuberkulose hervorrufen können.

Aktive Immunisierung: Die Impfung mit einem abgeschwächten oder abgetöteten Krankheitserreger führt zur Aktivierung des spezifischen Immunsystems.

Passive Immunisierung: Impfung mit Antikörpern bei einer akuten Infektion. Das Immungedächtnis wird nicht aktiviert.

Allergen: Bezeichnung für körperfremde Stoffe, die eine allergische Reaktion auslösen.

Autoimmunerkrankung: Das Immunsystem greift körpereigenes Gewebe an.

A

B

C

D

E

F

BILDQUELLENVERZEICHNIS

iStockphoto/Antagain: **Titel (weiße Maus)**; 2005 National Academy of Sciences, U.S.A.: **181.03;** Corbis / 3d4Medical.com: **9;** Corbis / Bettmann: **106.01 C;** Corbis / Carolina Biological / Visuals Unlimited: **81. Mat A li ob, 81. Mat A re ob, 81. Mat A Mitte unt;** Corbis / Christine Harrison / Visuals Unlim / Visuals Unlimited: **101.03;** Corbis / Don Hammond / Design Pics: **178.07;** Corbis / Mika: **38.01;** Corbis / Nancy Kedersha / Science Faction: **110.04 A;** Corbis / Solvin Zankl / Visuals Unlimited: **26.01;** Corbis / Ted Wilcox: **136.01;** ddp images / AP: **36.04;** Förderverein für Menschen mit Cri-du-Chat-Syndrom e.V.: **34.01 A;** Fotolia / Dmitry Naumov: **212.01;** Fotolia / pio3: **182.01 li;** Imago / Jochen Track: **188.01;** Imago / K-P Wolf: **40.01;** iStockphoto / Antagain: **182.01 re;** iStockphoto / G. Medina: **49. Mat A li;** iStockphoto / gemena communication: **173;** iStockphoto / Hedda Gjerpen: **32.05 A;** iStockphoto / Igor Marx: **32.05 B;** iStockphoto / li jingwang: **33. Mat A;** Jiri Bohdal : **77. Mat B C unt;** Juniors Bildarchiv: **118.01 C;** Juniors Bildarchiv / S.E.Arndt: **77. Mat B C Mitte;** Karly: **15.03 B;** Knoll, A.: **98.02;** lieder, Johannes: **16.05;** mauritius images / NPL – Wild Wonders of Europe: **169.01;** mauritius images / Mauritius: **202.01;** mauritius images / age: **59.03, 106.01 A;** mauritius images / Alamy: **180.01; 198.01;** mauritius images / Biophoto Associates / Photo researchers, Inc.: **14.02, 72.01;** mauritius images / Carolina Biological Supply Company / Phototake: **108.01 li ob, 108.01 re ob, 108.01 re unt, 118.01 B;** mauritius images / Cultura: **57;** mauritius images / Garden World Images / Carolyn Jenkins: **53.B1;** mauritius images / ib / ZAM-Photography: **122.01 re;** mauritius images / imagebroker: **42.01, 114.01, 118.01 A, 118.01 D, 214.03;** mauritius images / Phototake: **5.01, 20.01;** mauritius images / purestock: **14.01;** mauritius images / ROSENFELD: **146.04;** mauritius images / Science Photos library: **146.03;** Max-Planck-Institut für Dynamik und Selbstorganisation: **208.01;** Medtronic GmbH: **144.01;** Naturfoto-Online / Klaus Wernicke: **77. Mat B C ob;** Oak Ridge National Laboratory, U.S. Dept. of Energy: **132.01 C;** OKAPIA / Andreas Hartl: **46.01 A;** OKAPIA / David Scharf / P. Arnold, Inc.: **60.06;** Okapia / De Meyr: **17.07 A;** OKAPIA / NAS / Don W. Fawcett: **84.01, 113. Mat D;** OKAPIA / NAS / Michael Tweedie: **44.05;** OKAPIA / Science Source: **68.04, 68 li;** Panos Pictures / VISUM: **174.01;** PantherMedia / Detlef Trede: **156.01;** PantherMedia / Maximilian Buzun: **45. Mat A;** picture alliance: **162.01, 24. Mat B li unt;** picture alliance / akg-images: **11;** picture alliance / Arco Images GmbH: **24. Mat B li ob;** picture alliance / dpa: **163, 30.01, 106.01 B, 137;** picture alliance / dpa / dpaweb: **47.04, 152.01;** picture alliance / dpa / Photoshot: **185.04;** picture alliance / dpa / www.glofish.com: **168.01;** picture alliance / dpa / Zhang Yuwei: **133;** picture alliance / KPA / HIP / Jewis: **68 Mitte;** picture alliance / Mary Evans Picture library: **68 re;** picture alliance / maxppp: **7;** picture alliance / Sean Myles: **78.01;** picture alliance / United Archives / TopFoto: **148.01 B;** REUTERS: **131;** REUTERS / Ben Hirschler: **6.01;** Shutterstock / Irina oxilixo Danilova: **43.02;** SPL / Agentur Focus: **58.01, 74.01 A, 77. Mat B A, 161.02, 186.06, 186.07, 210.04;** SPL / Agentur Focus / A. BARRINGTON BROWN: **66.01 A;** SPL / Agentur Focus / CC STUDIO: **108.01 Mitte;** SPL / Agentur Focus / CHRIS KNAPTON: **138.03;** SPL / Agentur Focus / DEPT. OF CLINICAL CYTOGENETICS, ADDENBROOKES HOSPITAL: **34.01 B;** SPL / Agentur Focus / DR GOPAL MURTI: **62.01;** SPL / Agentur Focus / DR. E. WALKER: **108.01 li unt;** SPL / Agentur Focus / Dr. Elena Kiseleva: **88.01;** SPL / Agentur Focus / JACKIE LEWIN: **100.01 B;** SPL / Agentur Focus / NIBSC: **140.01;** SPL / Agentur Focus / POWER AND SYRED: **37. Mat A unt, 100.01 A, 113. Mat E li ob;** SPL / Agentur Focus / THOMAS DEERINCK, NCMIR: **209.02;** Theuerkauf, H., Gotha: **122.01 li;** Topic-Media: **96.01 A;** TOPICMedia / Ruckszio: **5.02;** USDA: **132.01 A;** vario images / foto-finder: **10.02;** Visuals Unlimited / vario images: **37. Mat A1, 37. Mat A2, 37. Mat A3, 37. Mat A4, 73.02 B, 73.02 C, 81. Mat A re unt;** Wikipedia / Jeffrey M. Vinocur: **138.04 A;** Wikipedia / Yikrazuul: **66.01 B;** www.rollingdominoes.com: **148.01 A.**

TEXTQUELLENVERZEICHNIS

Chargaff, Erwin: Wider den Genrausch. Eine Jahrhundertbegegnung. Doris Weber im Gespräch mit Erwin Chargaff. Publik Forum, Oberursel 1999, S. 50 (Textauszug).

Kitcher, Philip: Genetik und Ethik. Die Revolution der Humangenetik und ihre Folgen. Aus dem Amerikanischen von Thorsten Schmidt und Barbara Schaden. Luchterhand Literaturverlag, München 1998, S. 134 (Textauszug).

Schäuble, Wolfgang: Deutscher Bundestag, Plenarprotokoll 14/214 vom 30. 01. 2002, 21232 B (Textauszug).

Watson, James D. & Crick, Francis H. C. (1953) Molecular structure of nucleic acid: A structure for deoxyribose nucleic acid. Nature 171, 737-738 (Textauszug).

Bischof Fürst warnt vor Auswahl von Embryonen. In: http://www.stimme.de/suedwesten/nachrichten/pl/Kirchen-Bischof-Fuerst-warnt-vor-Auswahl-von-Embryos;art19070,2121154 – Stand: 24. 04. 2011.

Fortpflanzungsmedizin aus islamischer Sicht. In: http://www.islam.de/18225.php – Stand: 25. 05. 2011; Zentralrat der Muslime in Deutschland (ZMD).

PID gefährdet die Demokratie. In: http://www.stoppt-pid.de/beitraege/spieker_pid_gefaehrdet_die_demokratie – Stand: 09. 06. 2011.

Reproduktionsmedizin aus jüdischer Perspektive. Jüdische Zeitung, Werner Media Group GmbH, Berlin 2008. In: http://www.j-zeit.de/archiv/artikel.1455.html.

Stellungnahme des Rates der Evangelischen Kirche in Deutschland zur Präimplantationsdiagnostik (PID). In: http://www.ekd.de/download/pm40_2011_stellungsnahme.pdf – Stand: 15. 02. 2011

Wer die PID verbietet, sagt Nein zum Leben. In: http://www.zeit.de/wissen/2010-11/pid-debatte-kommentar – Stand: 14. 04. 2011.

Wissenschaftler plädieren für Zulassung der PID. In: http://www.24pr.de/article/Wissenschaftler+plaedieren+fuer+Zulassung+der+PID/97347.htm – Stand: 18. 01. 2011.

ANHANG

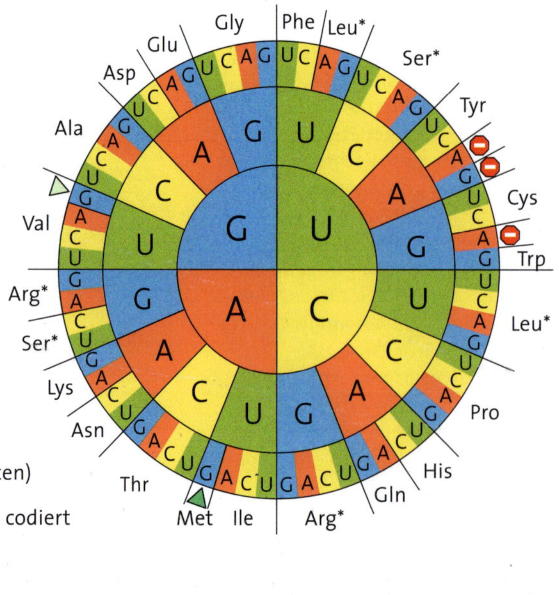

▶ Start
▷ Start (selten)
⛔ Stopp
* mehrfach codiert

Aminosäure	Drei-Buchstaben-Code	Ein-Buchstaben-Code
Alanin	Ala	A
Arginin	Arg	R
Asparagin	Asn	N
Asparaginsäure	Asp	D
Cystein	Cys	C
Glutamin	Gln	Q
Glutaminsäure	Glu	E
Glycin	Gly	G
Histidin	His	H
Isoleucin	Ile	I
Leucin	Leu	L
Lysin	Lys	K
Methionin	Met	M
Phenylalanin	Phe	F
Prolin	Pro	P
Serin	Ser	S
Threonin	Thr	T
Tryptophan	Trp	W
Tyrosin	Tyr	Y
Valin	Val	V